सैनिक संन्यासी
स्वामी विवेकानन्द

सैनिक संन्यासी
स्वामी विवेकानन्द

इन्द्रनाथ चौधुरी

राधाकृष्ण प्रकाशन

ISBN : 978-81-8361-991-2

सैनिक संन्यासी स्वामी विवेकानन्द

पहला संस्करण : 2021
पहली आवृत्ति : 2023
This book is printed on **Print on Demand** Technology : 2026

मूल्य : ₹895

प्रकाशक
राधाकृष्ण प्रकाशन प्राइवेट लिमिटेड
जी-17, जगतपुरी, दिल्ली-110 051
शाखाएँ : अशोक राजपथ, साइंस कॉलेज के सामने, पटना-800 006
पहली मंजिल, दरबारी बिल्डिंग, महात्मा गांधी मार्ग, प्रयागराज-211 001
1, अनमोल सोराबजी संतुक लेन, धोबी तलाव, मरीन लाइंस, मुम्बई-400 002
वेबसाइट : www.radhakrishnaprakashan.com
ई-मेल : info@radhakrishnaprakashan.com

SAINIK SANNYASI SWAMI VIVEKANAND
by Indranath Choudhuri

भगवान श्रीरामकृष्ण परमहंस के
चरणों में
सादर समर्पित

भूमिका

बचपन से ही आदर्शवादी युवकों की तरह मैंने भी स्वामी विवेकानन्द को अपने जीवन का ध्रुवतारा स्वीकार किया। बाद में उन पर नाना लेख लिखे, उनका वाचन किया और प्रकाशित भी हुए। स्वामी विवेकानन्द को सैनिक संन्यासी कहा जाता है। सन् 1915 में साहित्य में नोबेल पुरस्कार प्राप्त करनेवाले विख्यात लेखक रोम्याँ रोलाँ स्वामीजी को भविष्यवक्ता योद्धा (Warrior Prophet) कहते थे। सैनिक और Warrior में तो कोई अन्तर नहीं है। परन्तु संन्यासी और पैगम्बर में काफी अन्तर है। पैगम्बर ईश्वर का सन्देश लेकर धरती पर आता है और मानव जाति की भलाई और हित के लिए उसका प्रसार करता है और एक विशेष धर्म के दायरे में मानव जाति को एकत्रित करता है।

ऐसे भी बहुत वर्षों से मन में इच्छा थी कि स्वामी विवेकानन्द पर एक पुस्तक लिखूँ। बंगाली परिवार के होने के नाते घर के मन्दिर में श्रीरामकृष्ण परमहंस की तसवीर अवश्य रहती है। हर आस्तिक बंगाली हिन्दू श्रीरामकृष्ण परमहंस को ईश्वर के अवतार के रूप में स्वीकार करता है। श्रीरामकृष्ण परमहंस के साथ स्वाभाविक रूप से घर में इधर-उधर कहीं भी दीवार पर स्वामी विवेकानन्द का फोटो टँगा हुआ अवश्य दिखाई दे जाता है। हमारे घर में भी था। छोटी उम्र में पिताजी ने पढ़ने के लिए स्वामी विवेकानन्द की जीवनी पर छोटी-मोटी दो-तीन किताबें खरीद दी थीं। उन्हीं को पढ़कर विवेकानन्द के बारे में परिचय हुआ, उत्सुकता बढ़ी और क्रमश: 'रामकृष्ण मिशन इंस्टीट्यूट ऑफ कल्चर', गोलपार्क, कोलकाता से प्रकाशित विवेकानन्द की पुस्तकों के लिए लेख लिखने लगा। हिन्दी में लेख लिखकर विभिन्न पत्र-पत्रिकाओं में प्रकाशित किये। हिन्दी में जगह-जगह भाषण दिये। स्वामी विवेकानन्द से मन सराबोर हो गया।

इसी का परिणाम है यह पुस्तक। लिखते-लिखते विवेकानन्द के कॉलेज के समय से पिता की मृत्यु के बाद तक क्या निदारुण कष्ट सहना पड़ा, इसका उल्लेख किये बिना मैं रह नहीं पाया। लक्ष्य यह दिखाना था कि दुनिया का कोई भी बड़ा व्यक्ति असहनीय कष्ट के बीच से गुजरे बिना प्रसिद्ध नहीं हो सकता।

मैं अपनी पत्नी डॉ. (श्रीमती) उषा चौधुरी का धन्यवाद करता हूँ जिनके सहयोग से यह कार्य पूरा हो पाया है और श्रीमती नीलम कपाही को मैं हृदय से आशीर्वाद दे रहा हूँ जिसने अथक परिश्रम करके इस पूरी पुस्तक के टंकण का कार्य पूरा किया है।

मैं विशेष रूप से राधाकृष्ण प्रकाशन के निदेशक और मालिक श्री अशोक महेश्वरी का हृदय से धन्यवाद करता हूँ जिन्होंने इस पुस्तक को प्रकाशित करने की स्वीकृति दी है। इनके पूज्य पिता श्री प्रेमचन्द्र महेश्वरी मेरे परम मित्र थे। इस अवसर पर उन्हें स्मरण करते हुए इतिश्री करता हूँ।

गुरु पूर्णिमा
5 जुलाई , 2020

—इन्द्रनाथ चौधुरी

क्रम

1

बाल्यकाल, युवावस्था और संन्यास

स्वामी विवेकानन्द एक तरफ कहते हैं कि 'उठो, जागो, तब तक मत रुको, जब तक लक्ष्य की प्राप्ति न हो जाए।' यह बिलकुल किसी एक सैनिक का शंखनाद की तरह है और दूसरी ओर वे जब अपने प्रिय गीत को गाते हैं : 'मन चलो निज निकेतने...' [हे मन, अपने अंतरतम में निवास करने चल, अर्थात् अपनी आत्मा का संज्ञान लेते हुए आराधना शुरू कर] तब ऐसा प्रतीत होता है कि यह एक संन्यासी का वचन है।

वे या तो सैनिक ही हो सकते थे या संन्यासी। आखिरकार संन्यासी ही बने। मगर सैनिक को क्या गैरिक वस्त्र के द्वारा आवृत किया जा सकता है? वे ऐसा चाहते भी नहीं थे। इसीलिए उन्होंने कहा कि संन्यासी वह है, जो मृत्यु से प्यार करता है अर्थात् गैरिक वस्त्रधारी संन्यासी इस जीवन के युद्ध-क्षेत्र का सबसे बड़ा वीर है क्योंकि वह मरने से नहीं डरता है।

संक्षेप में संन्यास का अर्थ है : मृत्यु से प्यार करना। आत्महत्या नहीं, मृत्यु अवश्यम्भावी है, यह समझकर सर्वतोभाव से तिल-तिल करके, दूसरों के मंगल के लिए अपने को उत्सर्ग कर देना (शंकर, 'विवेकानन्द : जीवन के अनजाने सच', पृ. 1)। संन्यासियों की कोई सम्पत्ति नहीं होती, वे विवाह नहीं करते, उनका कोई परिवार नहीं होता। उनका एकमात्र बंधन गुरु-शिष्य का बंधन होता है।

और एक बार कहा था : 'कितनी ही बार मैं अनाहार, क्षत-विक्षत पाँव, थका-हारा मृत्यु के आमने-सामने खड़ा हुआ हूँ, कितनी ही बार, कई-कई दिनों तक मुट्ठी भर अन्न न पाकर, जब राह चलना तक असम्भव हो गया था, तब मेरी अवसन्न देह किसी पेड़ तले लोट जाती। तब ऐसा लगता, मानो प्राण-वायु शरीर छोड़ रही है। मुझमें बोलने तक की ताकत नहीं होती थी, सोच तब असम्भव हो आती, तभी मन में खयाल जाग उठता था—मुझे कोई भय नहीं है, मेरी कोई मृत्यु भी नहीं है। मेरा जन्म कभी नहीं हुआ, मृत्यु भी नहीं होगी। समूची प्रकृति में भी इतनी क्षमता नहीं कि मुझे कुचल-पीसकर मार दे। प्रकृति तो मेरी दासी है। हे देवाधिदेव, हे परमेश्वर, अपना महिमा प्रकाशित करो, स्वराज्य में प्रतिष्ठित हो। तुम विमुख मत

होना और मुझमें दोबारा शक्ति भर जाती। मैं दोबारा उठ खड़ा होता था। इसीलिए मैं आज भी जिन्दा हूँ (स्वामी विवेकानन्द, लॉस एंजिल्स में दिये गए भाषण का अंश, 'द ओपन सीक्रेट', 5 जनवरी, 1900)।

भारत के वीर, संन्यासी विवेकानन्द ने 16 अगस्त, सन् 1886 में बराहनगर, बंगाल के मठ में पहले-पहल जनता को इस वीरता का पाठ पढ़ाया। उससे पहले काशीपुर, कलकत्ता के बागानबाड़ी (बगीचेवाले मकान) में सन् 1886 में स्वामीजी अपने गुरु श्रीरामकृष्ण परमहंस की अन्तिम घड़ी में उनको अपने बारह गुरुभाइयों के साथ घेरकर उदास बैठे हुए थे। बुद्ध की करुणा, शंकर का ज्ञान, चैतन्य का प्रेम महात्रिवेणी के रूप में, उस गुरु में विद्यमान था। परन्तु उन दिनों गुलाम भारत के लिए कृष्ण की प्रज्ञा तथा अर्जुन की शक्ति की भी आवश्यकता थी। इसीलिए अपने गुरु के स्वर्गवास होते ही उनके शिष्य विवेकानन्द ने गीता के कर्मवाद और उपनिषद् की वेदान्तिक विचारधारा को 'कर्मठ वेदान्तवाद' में बदलकर उसे अपनाने का आदेश दिया। उसी के साथ सन् 1776 में एडवर्ड गिबन की कहानी 'रोम का उत्थान और पतन' को सम्मिलित किया एवं साथ में थॉमस कार्लाइल द्वारा सन् 1837 में तीन खंडों में लिखित 'द फ्रेंच रेवोल्यूशन' (फ्रांसीसी विप्लव) की कथा को स्वीकारने को कहा।

इस प्रकार उपनिषद्-गीता, गिबन-कार्लाइल की दीक्षा से दीक्षित हुए श्रीरामकृष्ण परमहंस के प्रत्येक शिष्य, और उनके नवीन गुरु बने स्वामी विवेकानन्द।

इसके पीछे की कहानी बहुत ही महत्त्वपूर्ण है। काशीपुर के एक बगीचेवाले मकान में श्रीरामकृष्ण का देहावसान हुआ था। वहाँ उन्होंने अपने शिष्य विवेकानन्द को एक छोटे से चिरकुट में लिखकर कहा था कि 'तुम्हें मात्र संन्यासी की साधना, समाधि में जुड़े रहने के स्थान पर जनता के बीच जाना होगा और गुरु के सन्देश-ज्ञान को फैलाना होगा। प्राचीन भारतीय सनातन धर्म का प्रचार करना होगा और वेदान्त के गूढ़ तत्त्वों को सरल भाषा में जनता को समझाना होगा।' जब विवेकानन्द ने कहा कि 'मैं जीवन के गूढ़ तत्त्वों को समझने के लिए समाधि में लीन रहना चाहता हूँ', तो फिर गुरु श्रीरामकृष्ण ने लिखकर कहा : 'इसमें जरा भी नहीं हिचकिचाना, यह काम तुम्हें करना ही होगा' ('श्री श्रीरामकृष्ण कथामृत', पृ. 985)।

श्रीरामकृष्ण के शिष्यों के नवीन गुरु स्वामी विवेकानन्द के स्वर से स्वर मिलाकर मोक्षकामी प्रत्येक गैरिक वस्त्रधारी संन्यासी के कंठ से ध्वनित होने लगा : 'ईश्वर की विजय हो' और इस ध्वनि के साथ 'प्रत्येक मानव की जय हो' की ध्वनि सम्मिलित होकर बराहनगर के मठ को कम्पित करने लगी।

ठाकुर श्रीरामकृष्ण के देहावसान के बाद बराहनगर के खँडहरनुमा आदिमठ में स्वामीजी के बारह गुरुभाई शिष्य मिलकर काफी दिनों तक जप-ध्यान में अपना समय बिताते रहे। यहीं उन्हें निर्विकल्प समाधि की अनुभूति हुई थी। एक गहरा

वैराग्य-भाव उनके भीतर समा गया था। दुनिया है या नहीं, इसका उन्हें कोई खयाल नहीं था। कुछ शिष्य प्रात: तीन बजे ब्राह्ममुहूर्त में उठकर स्नान आदि समाप्त कर पूजा-कमरे में जाकर ध्यान में डूब जाते थे—बिना कुछ खाये शाम के 4-5 बजे तक जप-ध्यान में लगे रहते थे। शशि (स्वामी रामकृष्णानन्द) चौबीस घंटे पूजा-कमरे में गुरु रामकृष्ण परमहंस की पूजा में व्यस्त रहता था। भिक्षा करके श्रीरामकृष्ण की पूजा में भोग चढ़ाता था और इन शिष्यों के खाने का बन्दोबस्त करता था। ध्यान में निमग्न शिष्यों को आखिरकार खींच-खींचकर ले जाकर खाना खिलाता, बिलकुल घर की गृहिणी की तरह।

वे सब तो साधु-संन्यासी थे। भीख माँगकर जो कुछ मिलता, उसी से काम चलाते थे। मठ में सुरेश बाबू नहीं थे जिनको श्रीरामकृष्ण कभी 'सुरेन्द्र' तो कभी 'सुरेश' के नाम से पुकारते थे। वे मठ के अन्यतम रसद जुगाड़ करनेवाले थे और अपनी तरफ से खर्चा आदि का वहन करते थे। वे मठ के प्रतिष्ठाता भी थे। बलराम बाबू भी नहीं थे जो श्रीरामकृष्ण के भक्त और सेवक थे।

रुपये-पैसों के अभाव के कारण मठ को बन्द करने के लिए जब ये शिष्यगण आपस में झगड़ना शुरू कर देते थे तो शशि किसी-न-किसी तरीके से इन्हें राजी करा लेते थे। शशि इन सबके सेंट्रल फिगर थे।

एक दिन मठ में खाने के लिए कुछ भी नहीं था। भीख माँगकर चावल आया तो नमक नहीं। एक-आध दिन केवल नमक और भात ही खाने को मिलता था, फिर भी किसी को कोई परवाह नहीं थी; जप-ध्यान के प्रबल प्रभाव में वे सब बह रहे होते थे। तेलाकुचोपाता (एक तरह का साग) उबालकर नमक और भात के साथ एक महीने तक खाते रहे।

नरेन्द्रनाथ (स्वामी विवेकानन्द का घर का नाम—नरेन्द्रनाथ दत्त और प्यार से नरेन) कहते हैं : 'आहा! उन सब दिनों की बात याद करने पर लगता है कि वहाँ यदि भूत भी रहता तो वह भी भाग जाता। हम मनुष्य मगर भागे नहीं। यह बात ध्रुव सत्य है कि किसी के भीतर यदि घोर संकल्प हो तो प्रतिकूल अवस्था में उसके भीतर शक्ति का उदय होगा ही।

हम लोगों ने ठाकुर (श्रीरामकृष्ण) के जीवन को देखा है, इसीलिए दुख और कष्ट से घबराते नहीं थे।'

मोटा कपड़ा और थोड़ा भात मिलने या न मिलने पर भी नरेन और उनके साथी साधन-भजन में हमेशा लिप्त रहते थे। जीवहित के लिए मृत्यु को वरण करने में भी उन्हें कोई रोक नहीं सकता था।

जो भी हो, नरेन सबके साथ मिलकर आध्यात्मिक जीवन-रूपी युद्ध में कूद पड़े। नरेन का कहना है कि 'हम मन-प्राण से यह विश्वास करते थे कि व्यावहारिक

वेदांतवाद की सहायता से एक दिन हम भारतवर्ष को युक्ति-परायण बना पाएँगे। इस विश्वास से यह स्थिर विश्वास पैदा हुआ कि इस सपने को साकार बनाने के लिए जितना भी त्याग जरूरी हो और भूखा रहना पड़े, वह भी हम स्वीकार करने के लिए तैयार हैं। त्याग के बिना कोई महत् कार्य सम्पन्न नहीं होता है। छाती चीरकर हृतपिंड निकालना पड़ेगा एवं उस रक्तसिक्त हृदय को बेदी-मूल पर उत्सर्ग करना होगा। तभी तो महत् कार्य सिद्ध होगा।

इस तरह हमारा वह नवयुवकों का दल दिन बिताता रहा। चारों तरफ से लांछना और अपमान ही मिला। द्वार-द्वार भीख माँगकर अन्न संग्रह करना पड़ता। यहाँ-वहाँ दो-एक टुकड़ा रोटी मिल जाती। बराहनगर के इस खँडहर मठ के नीचे जहरीले साँपों ने अपना डेरा डाल लिया था। बहुत ही कम भाड़े में गुरुपरायण उदार हृदय सुरेन्द्रनाथ मित्र ने बराहनगर में ही इन शिष्यों के रहने के लिए और एक मकान किराये पर दिला दिया।'

इसी तरह कई साल बीत गए। इस बीच भारत के चारों ओर घूम-घूमकर श्रीरामकृष्ण परमहंस की वाणी के प्रचार के लिए नरेन भारत-भ्रमण पर निकल पड़े (देखें, 'परिव्राजक' स्वामी विवेकानन्द पर एक अलग अध्याय)। दस साल बीत गए—कहीं से कोई रोशनी दिखाई नहीं पड़ी।

नरेन्द्रनाथ दत्त का जन्म सन् 1865 में हुआ। बी.ए. परीक्षा 22 वर्ष की उम्र में यानी 1885 में पास की। उसके चार साल पहले सन् 1881 में श्रीरामकृष्ण परमहंस से मुलाकात हुई। सन् 1886 के 6 अगस्त को श्रीरामकृष्ण का देहावसान हुआ। अगले वर्ष जनवरी, 1887 में यानी 24 वर्ष की उम्र में नरेन्द्रनाथ ने औपचारिक रूप से संन्यासी धर्म ग्रहण किया और उनका नाम, जो 24 दिसम्बर, 1886 में आँटपुरा गाँव में लिया गया था, वह बरकरार रहा, और वे स्वामी विवेकानन्द के नाम से विश्वविख्यात बने। सन् 1893 में अमरीका-यात्रा में यह नाम स्थायी बन गया।

इससे पहले 16 अगस्त, 1886 में, श्रीरामकृष्ण के देहावसान के बाद, दिसम्बर, 1886 में बाबूराम (गुरु भाई) की माँ ने नरेन्द्रनाथ के साथ उनके आठ गुरुभाइयों को आँटपुरा गाँव में आकर कुछ दिनों तक अपने घर में ठहरने का न्योता दिया था। नरेन्द्र अपने आठ दूसरे गुरुभाइयों के साथ वहाँ कुछ दिन बिताने गए थे और फिर वहीं अनौपचारिक रूप से 24 दिसम्बर, 1886 को संन्यास-धर्म ग्रहण करते हुए प्रतिज्ञा की थी कि श्रीरामकृष्ण के जीवन का अनुसरण करते हुए वे अपने संन्यास धर्म का पालन करेंगे।

नरेन्द्रनाथ को घर में सब बीरेश्वर के नाम से पुकारते थे। इसी तर्ज पर नरेन्द्रनाथ ने उस दिन स्वामी विवेकानन्द का नाम ग्रहण किया था (P.R. Bhuyan, 2003, Swami Vivekanand's America)।

सन् 1887 से लेकर सन् 1897 तक—10 वर्ष परिव्राजक के रूप में उन्होंने देश और विदेश का भ्रमण किया और भारत की अविस्मरणीय आध्यात्मिक वाणी से विश्व को परिचित कराया। सन् 1893 में शिकागो धर्म-अधिवेशन में भाषण देने के बाद स्वामीजी जगतविख्यात हुए और जीवन के अन्तिम नौ वर्षों में श्रीरामकृष्ण परमहंस के सपने को साकार किया।

इसके बावजूद स्वामीजी का यह कहना था कि दस साल बीत गए, परन्तु कहीं से कोई रोशनी दिखाई नहीं दी। वस्तुतः एक विशाल शिष्यवर्ग तैयार करके भारत और विदेश में रामकृष्ण मठों की स्थापना कर एक विराट धार्मिक आन्दोलन के प्रसार में असमर्थता की ओर उनका इशारा था। परन्तु यह सही बात नहीं थी।

नरेन का कहना है कि हमारे गुरुदेव के देह-त्याग के बाद बराहनगर में रहनेवाले हम बारह कपर्दहीन युवकों को हताशा के बीच में भी अपने गुरुदेव से मिली हुई एक वस्तु ने हमेशा आशान्वित बनाए रखा था और वह था : परस्पर एक-दूसरे के प्रति अगाध विश्वास और गहरा प्यार। सुख में, दुख में, दुर्भिक्ष या यातना में, श्मशान, स्वर्ग या नरक में जो दूसरे का त्याग न करे, वह आपका सच्चा मित्र है। संस्कृत में कहा भी गया है :

उत्सव व्यसने प्राप्ते दुर्भिक्षे शत्रु संकटे।
राजद्वारे श्मशाने च यस्तिष्ठति स बांधवः॥

स्वामी विवेकानन्दजी कहते हैं कि 'अगर हम सभी एक-दूसरे से इसी तरह प्यार करते रहे तो यह प्यार ही हमें मुक्ति दिलाएगा। यदि किसी में एक-दूसरे के प्रति विश्वास बना रहे, प्यार बना रहे तो उस विश्वास और प्यार से जो शक्ति पैदा होगी तो इस जगत में और कोई देवार्चना की आवश्यकता नहीं।'

दुखों से भरा उन दिनों यह प्यार ही इन युवा संन्यासियों के मन में हमेशा बना रहा। यह प्यार ही इन्हें हिमालय से कन्याकुमारी एवं सिन्धु नदी से ब्रह्मपुत्र तक परिचालित करता रहा।

स्वामीजी को लेकर कुल बारह ब्रह्मचारी युवकों का दल भारत-भ्रमण में निकल पड़ा। धीरे-धीरे इन युवकों का दल सबकी दृष्टि आकर्षित करने लगा। औसतन नब्बे प्रतिशत स्थानों में लोगों ने इनका विरोध किया, बहुत कम लोगों ने इन्हें स्वीकार किया। इसके पीछे कारण यह था कि इन लोगों में एक दोष था—ये लोग दुख-दारिद्र्य में पले हुए रूखे स्वभाव के हो गए थे। जिनको जीवन में अपना पथ खुद ही बना लेना पड़ता है, वे रूखे स्वभाव के बन ही जाते हैं। ये लोग, स्वामीजी का कहना है, बिना किसी यत्न के रखे हुए खुरदरे हीरे के खंड थे ('मैं विवेकानन्द बोल रहा हूँ', पृ. 95-96)।

आज हम फिर से विवेकानन्द के रुद्र रूप को पाना चाहते हैं और शौर्य के साथ जोड़कर विश्व को शान्ति का पाठ पढ़ाना चाहते हैं। दुर्बल व्यक्ति के शान्ति के स्वर की अपेक्षा सबल व्यक्ति के शान्ति का सन्देश लोगों का ध्यान अधिक आकर्षित करता है।

जब भारत गुलाम था, उन दिनों विवेकानन्द ने यह कहा था कि 'भारत में शान्तिवाद के प्रचार की क्या आवश्यकता है?—यहाँ तो पहले से ही श्मशान की शान्ति विराज रही है। बराहनगर के मठ में उस दिन विवेकानन्द ने यह प्रण किया था कि 'भारत को शक्तिशाली बनाकर ही विश्व को शान्ति का पाठ पढ़ाना है।'

विवेकानन्द एक ओर जहाँ शान्ति तथा सत्य के सन्देशवाहक थे तो दूसरी ओर पाप के विरुद्ध शक्ति के अवतार भी थे, मानो एक ओर हिमालय के शिखर के समान ध्यानस्थ हैं तो दूसरी ओर समुद्र की विक्षुब्ध तरंगों के समान विद्रोहात्मक। विवेकानन्द के लिए यह जीवन रण-क्षेत्र था।

मानव जब अध्यात्म की ओर अग्रसर होता है तो वह महामाया के साथ युद्ध करता है और मानव जब संसारिक जीवन जीता है तो वह अपने शत्रुओं के साथ युद्ध करता है। इसीलिए विवेकानन्द ने इतिहास की परिभाषा दी थी :

> 'मनुष्य के भीतर असीम शक्ति है—वह शक्ति क्रमशः उत्सरित हो रही है। एक देह के समाप्त हो जाने पर दूसरे देह के अवलम्बन से वह शक्ति प्रसारित होती है और उसकी शक्ति के कारण 'प्रमिथिउस' (यह एक मुहावरा है। ग्रीक देवता प्रमिथिउस को किन्हीं कारणों से सारे जीवन के लिए श्रृंखला में आबद्ध कर दिया गया था। प्रमिथिउस का बंधन टूटता नहीं है और अब यह मुहावरे की तरह प्रयोग में लाया जाता है। कठिन काम को कर दिखाना—इस मुहावरे का अर्थ है) की श्रृंखला टूट जाती है। इसी को मानव इतिहास कहते हैं। इसी का नाम धर्म, सभ्यता तथा प्रगति का इतिहास है।'

विवेकानन्द ने ध्वंस में सृष्टि और सृष्टि में ध्वंस की लीला देखकर ही कहा था कि 'मानव जन्म का अन्त अन्ततः मृत्यु है। मगर यह जानते हुए भी मृत्यु से लड़ना होगा। सिपाही की तरह आज्ञा का पालन करते हुए प्राणों को त्यागकर निर्वाण प्राप्त करना होगा और इस प्रक्रिया में भय का कोई स्थान नहीं है।' स्वामीजी के जीवन-दर्शन के अनुसार भय की किसी के भी जीवन में कोई जगह नहीं है।

जीवन के प्रति प्रेम को व्यक्त करने के मार्ग में मृत्यु ही सबसे बड़ी बाधा है। 'मैं एक दिन मर जाऊँगा'—यह बात दिमाग में आते ही आदमी चौंक उठता है और डर के मारे दोनों हाथों से अपनी छाती को दबा लेता है। जीवन की यही सबसे बड़ी ट्रैजेडी है। इस दुख से परित्राण कहाँ? मृत्यु के इस डर को कैसे दूर किया

जाए? स्वामीजी ने उत्तर दिया : 'भय की ही पूजा करो, तभी भयंकर तुम्हारे लिए अभयंकर बन जाएँगे। मृत्यु से प्यार करो, उसी की ही पूजा करो।'

इस भयंकर की उपासना ही विवेकानन्द के जीवन-दर्शन का एक अपरिहार्य अंग है। इसी मृत्यु की उपासना कर विवेकानन्द भारत में शान्ति स्थापित करना चाहते थे। उनके अनुसार : 'वेदों का एक महत्त्वपूर्ण पाठ है—'मा भैषी' अर्थात् डरो मत। मृत्यु का उपासक केवल सैनिक ही हो सकते हैं, इसीलिए उन्होंने यह प्रण किया कि भारत के पददलित जनगण की सेना तैयार करेंगे जिनका उद्धेश्य होगा—शक्ति के द्वारा शान्ति की स्थापना।

सेना के लिए रसद की आवश्यकता होती है, इसीलिए स्वामीजी ने कहा था कि 'खाली पेट धर्म की बात नहीं हो सकती है' (मगर अपनी इस बात को बराहनगर मठ में रहते हुए स्वामीजी ने झुठला दिया था। इसका उल्लेख पीछे किया गया है)।

अन्न की आवश्यकता होती है क्योंकि विवेकानन्द के शब्दों का अनुसरण करने पर अन्न ही हमें लोहे की तरह स्नायु, इस्पात की तरह मांसपेशी दे पाएगा। इसके बाद सेना के लिए नियम-शृंखला और अनुशासन की जरूरत है। आनुगत्य, आज्ञा का पालन और संघ के चरणों में आत्म-विसर्जन—ये तीन विशेषताएँ एक जाति के गौरव के प्रमाण हैं।

सेना को जब रसद प्राप्त हो गया, उसकी मांसपेशियाँ जब पुष्ट हो गईं, उसे हथियार मिल गए और अधिनायक की आज्ञा का पालन करनेवाला बन गया तो उसके विजयी होने में और बाधा क्या रह जाती है?

लक्ष्य की बाधा उस समय दिखती है, जब एक निश्चित आदर्श के साथ युद्ध नहीं करने पर लड़ाई में बाधा उत्पन्न होती है और लक्ष्य-प्राप्ति नहीं हो पाती। किसी आदर्श के बिना पृथ्वी की कोई भी सेना कभी भी कोई युद्ध जीत नहीं पाई।

आदर्श के बहुत-से रूप हैं। उनमें से प्रथम है : आत्मविश्वास। स्वामीजी ने कहा था कि 'तैंतीस करोड़ देवी-देवताओं में विश्वास रखते हुए भी यदि अपने में विश्वास नहीं है तो तुम नास्तिक ही बने रहोगे। 'सोऽम् सोऽम् शिवोऽम्' के उच्चारण से ही मन में अपने प्रति विश्वास उत्पन्न होता है। आत्मविश्वास के साथ-साथ देश में प्राचीन गौरव में भी विश्वास होना चाहिए एवं भविष्य की उन्नति में आस्था। आत्मविश्वास के साथ-साथ स्वामीजी अतीत के उज्ज्वल पक्ष को उजागर करते हुए वर्तमान में हम क्या करें, इसे स्पष्ट करते हैं और फिर हमारे उज्ज्वल भविष्य को आँकते हैं। उनकी वाणी में एक ओर भारत की अतीत महिमा की ध्रुव ज्योति का प्रसार होता है, तो दूसरी ओर भविष्य के मंगलमय जीवन का आनन्द-कोलाहल सुनाई पड़ता है।

वीरता का आदर्श प्रस्तुत करने के लिए स्वामीजी शिवाजी का उल्लेख करते थे। मगर उन दिनों की अंग्रेज सरकार संन्यासियों से डरती थी कि कहीं उनके वस्त्र

के भीतर से कोई दूसरा शिवाजी न निकल आए। वस्तुतः ब्रिटिश सरकार को 18वीं शती के हिन्दू साधुओं के साथ मुस्लिम फकीरों के विद्रोह से जूझना पड़ा था, जो लगभग अर्द्धशतक तक चलता रहा। इन साधु और फकीरों ने सरकारी खजानों को लूटा, अफसरों की हत्या की और उत्तर भारत में चारों ओर अराजकता और दुख-दुर्गति का माहौल बन गया। संन्यासियों से ब्रिटिश सरकार के डरने का यह बड़ा कारण रहा है।

शिवाजी के साथ स्वामीजी महाराणा प्रताप का भी उल्लेख करते थे। उनका कहना था कि 'महाराणा प्रताप ही एकमात्र राजपूत थे जिन्हें कोई भी अपने वश में नहीं कर सका था।' और गुरु गोविन्द सिंह? इनका 'भारत के इतिहास में कोई और दृष्टान्त मिलना कठिन ही है।'

किन्तु स्वामीजी को जिसने सबसे अधिक आकर्षित किया था, वह पुरुष नहीं था, नारी थी—लक्ष्मीबाई। उनका कहना था कि 'लक्ष्मीबाई मानवी नहीं थीं, देवी थीं। जब अंग्रेजों के विरुद्ध विजयी होना सम्भव नहीं दिखाई दिया तो वे अपनी तलवार पर ही गिर पड़ीं—वीर पुरुषों की तरह ही मृत्यु को प्राप्त हुईं।'

विवेकानन्द अपने शिष्यों को वीर चरित्रों की ही कहानी सुनाया करते थे जिससे कि वे वास्तविक सैनिक संन्यासी बन सकें। मद्रास के एक भाषण में उन्होंने कहा था कि 'यदि तुम मेरा शिष्य बनना चाहते हो तो बिना किसी प्रश्न के तोप के सामने खड़ा होना पड़ेगा। साहसी बनो, साहसी बनो! मनुष्य केवल एक बार मरता है। मेरा कोई भी शिष्य कापुरुष न बने, तभी सारी दुनिया तुम्हारे चरणों में मस्तक झुकाएगी—मा भैः, मा भैः—डरो नहीं, डरो नहीं। आग में कूद पड़ो। फैल जाओ, छा जाओ। मगर पीछे नहीं हटना—आगे बढ़ो, लक्ष्य को प्राप्त करना होगा। हजारों आदमी इसी कोशिश में अपने प्राण त्याग देंगे, फिर नये आदमी उनका स्थान ले लेंगे। यह जीवन तुच्छ है। मरण, क्षुधा, शीत—सब तुच्छ हैं। आगे बढ़ो—प्रभु हमारे नेता हैं। कौन मर गया—देखने की जरूरत नहीं—तुम आगे बढ़ते चलो—आगे, आगे!'

इस प्रकार के शब्दों को सुनते हुए संदेह होता है कि स्वामीजी संन्यासी थे या सेनापति? सेनापति की तरह ही आगे बढ़कर वह शत्रु की गोली खा सकते थे। सेना के पास खड़े होकर कह सकते थे कि 'मुझे यदि एक टुकड़ा ही रोटी मिले तो भी वह सारा तुम्हारा ही होगा।'

मगर बहुत कम लोग जानते हैं कि स्वामी विवेकान्दजी के पिता विश्वनाथ दत्त की मृत्यु के बाद पूरा परिवार एक रोटी के टुकड़े के लिए मोहताज हो गया था। पूरे परिवार को काफी समय तक गरीबी में बिताना पड़ा था।

विश्वनाथ ने एटॉर्नी और प्रोक्टर के रूप में अपनी जीविका शुरू की थी। वे हिन्दू धर्म के माननेवाले थे और बंगाल के कलकत्ता से दूर पंजाब के लाहौर में माँ

काली के मन्दिर की प्रतिष्ठा की थी। वे उदार मन के थे और हिन्दू संन्यासी की तरह मुस्लिम पीरों पर उनकी अगाध श्रद्धा थी। बंगला भाषा बोलनेवाले विश्वनाथ का और भी बहुत-सी भाषाओं—संस्कृत, हिन्दी, उर्दू, फारसी, अरबी—पर पूर्ण अधिकार था। 'दीवान-ए-हाफिज' उनका प्रिय ग्रंथ था। साथ ही श्रीमद्‌भागवत् का पाठ करते थे (भूपेन्द्रनाथ दत्त, 'बंगला स्वामी विवेकानन्द', कलकत्ता, सन् 1976, पृ. 51)।

छोटी उम्र से ही नरेन्द्रनाथ (स्वामी विवेकानन्द) प्रश्न करते थे कि एक व्यक्ति को दूसरे से ऊँचा क्यों समझा जाए?

उनके पिता के कार्यालय में हिन्दू रीति के अनुसार विभिन्न जाति के लोगों के लिए अलग-अलग हुक्के की व्यवस्था थी और मुसलमान लोगों के पीने का हुक्का बिलकुल अलग रहता था। एक दिन नरेन्द्र ने परीक्षा के लिए सभी हुक्कों से—मुसलमानों के हुक्के से भी—कश लेकर देखा। पिता विश्वनाथ के डाँटने पर बोले, 'इनमें कोई अन्तर तो नहीं दिखाई पड़ता।'

और एक बार नरेन्द्र ने नाराज होकर अपनी माँ को कठोर अपशब्द कह दिये। बात पिता तक पहुँचने पर डाँटने के बदले नरेन्द्र के दरवाजे पर कोयले से लिख दिया : 'नरेन्द्र बाबू ने आज अपनी माँ को कहा...' और वे सारे अपशब्द लिख दिये जिससे कि उनके साथियों को नरेन्द्र के अनुचित व्यवहार का पता चले।

एक अन्य अवसर पर नरेन्द्र ने स्पष्ट रूप से अपने पिता से पूछ लिया, 'आपने मेरे लिए क्या किया है?' पिता ने बिना किसी नाराजगी के उत्तर दिया, 'जाकर आईने में देख, तब समझेगा।'

और एक दिन नरेन्द्र ने पिता से प्रश्न पूछा था, 'मुझे संसार में किस तरह रहना चाहिए?' पिता का उत्तर था, 'कभी किसी भी बात पर विस्मित न होना' ('विवेकानन्द : एक जीवनी', स्वामी निखिलानन्द, पृ.16-17)।

विश्वनाथ दत्त की पत्नी, भुवनेश्वरी देवी ने अंग्रेज ईसाई मिशनरी महिला से अंग्रेजी सीखी थी और बालक नरेन (विवेकानन्द) को अंग्रेजी का पहला पाठ पढ़ाया था।

नरेन्द्रनाथ का बाल्यकाल घर के उदारवादी वातावरण में बीता था मगर साथ ही बंगाली हिन्दू परिवार का अति-धार्मिक पौराणिक कर्मकांडीय वातावरण उतना ही प्रसारित था।

श्रीरामकृष्ण परमहंस से मिलने से पहले नरेन्द्रनाथ अंग्रेजी शिक्षा में दीक्षित नवयुवक थे। उनकी तीव्र स्मृतिशक्ति थी और किसी भी पुस्तक को प्रारम्भ से अन्त तक शीघ्रता से पढ़ने की उनमें असीम शक्ति थी। बहुत शीघ्र ही प्रथम और अन्तिम पृष्ठ पढ़कर वे बता सकते थे कि पुस्तक का सार क्या है। देश-विदेश में मानवीय

गुणों के कारण उनकी प्रसिद्धि फैल गई थी। उनमें प्रबल आत्मविश्वास था और निडर होकर अपनी बात रखने की कला में सिद्धहस्त थे।

परन्तु अचानक नरेन्द्रनाथ के पिता विश्वनाथ की मृत्यु के बाद पूरा परिवार कंगाली के कगार पर आ गया था (The Life of Swami Vivekananda by His Eastern-Western Disciples, 5th Edition, 1, Calcutta, 1979, p. 44)। उनकी अपनी पुस्तक (Swami Vivekananda : On Himself, Advaita Ashrama, Uttarakhand, 1963, पृ. 75-78)।

पिता विश्वनाथ के द्वारा अमीरी में जीवन बिताने पर भी उनकी मृत्यु के बाद पता चला कि उन्होंने काफी कर्ज ले रखा था और शिमला अहाते में स्थित 2 नम्बर, गौरमोहन स्ट्रीट के मकान के कई हिस्सों पर बिरादरी के दूसरे सदस्यों ने अपना अधिकार कर लिया था।

यह सूचना विवेकानन्द पर लिखी गई अधिकतर पुस्तकों में नहीं दी गई है कि पिता विश्वनाथ की मृत्यु के बाद उनकी माँ भुवनेश्वरी देवी और युवक नरेन्द्रनाथ को असहनीय दुख झेलना पड़ा था। पति की मृत्यु के पहले से ही भुवनेश्वरी देवी को संयुक्त परिवार में रहते हुए कुल एक साड़ी में दिन बिताना पड़ा था। आज के समय के बहुत-से लोगों के लिए यह समझ के बाहर है कि संयुक्त परिवार में कमाऊ पति के होते हुए भी उसकी पत्नी एक साड़ी में, लगभग अनाहार कैसे रह सकती है? घर, पति विश्वनाथ के होते हुए भी अदालत में कैसे उनकी पत्नी फँसती चली गई, यह बिलकुल अबूझ और रहस्यमय लगता है।

जेठ राममोहन दत्त के बेटे तारकनाथ और उनकी पत्नी ज्ञानदासुन्दरी ने नरेन्द्रनाथ की माँ भुवनेश्वरी देवी और युवक नरेन्द्रनाथ को, जो उनके काका-काकी थे, मामला-मुकदमा में फँसा कर बुरा हाल कर दिया था। मुकदमा विश्वनाथ की पत्नी बनाम तारकनाथ दत्त की पत्नी के बीच था। यह सब घटना उन दिनों हो रही थी जब नरेन्द्रनाथ ने श्रीरामकृष्ण से मिलना शुरू कर दिया था।

वैसे भी विश्वनाथ के संयुक्त परिवार में मामला-मुकदमा नरेन्द्रनाथ की चौदह साल की उम्र (सन् 1877) से ही शुरू हो गया था और 28 जून, 1902 तक, लगभग चौदह वर्ष गुजर गए थे, फिर भी मामला खत्म नहीं हुआ था। 23 नवम्बर, 1888 में भुवनेश्वरी देवी को अपना कानूनी हक मिला, फिर भी दूसरे कारणों से मुकदमा चलता रहा।

4 जुलाई, 1902 में स्वामीजी ने देह त्याग किया। इससे कुछ ही दिनों पहले, अपने जीवन के आखिरी शनिवार, 28 जून को कलकत्ते आकर मामले की समाप्ति कराई।

यहाँ यह भी बता देना बेहतर होगा कि इस काकी की छह बेटियाँ थीं और बाद में मुकदमे में सब कुछ गँवा कर, उन्होंने अन्त में भुवनेश्वरी के बेटे के सामने

आत्मसमर्पण कर दिया था। ज्ञानदासुन्दरी का घर-द्वार-सामान नीलाम हो गया था। बाद में स्वामीजी से ही मदद की प्रार्थना करने पर, उन्होंने एकमुश्त रुपये दिये थे, बाद में और भी दिये।

इस सम्बन्ध में शिकागो धर्मसभा (11 सितम्बर, 1893) में भाग लेने के चार साल पहले 24 जुलाई, 1889 में स्वामीजी ने कलकत्ते से वाराणसी के प्रेमदास मित्र को जो पत्र लिखा था, उसमें मामले का थोड़ा-बहुत आभास मिलता है।

'मेरी माँ और दो भाई कलकत्ते में रहते थे। बीच वाला भाई फर्स्ट ईयर आर्ट्स में पढ़ रहा था और छोटा काफी छोटा था। इनमें मैं ही बड़ा था। मेरे पिता की मृत्यु के बाद, हम सब काफी गरीब हो गए थे। कभी-कभी उपवास में दिन गुजरता था। नाते-रिश्तेदारों (काका-काकी) ने कमजोर समझकर हमारी पैत्रिक सम्पत्ति से हमें खदेड़ दिया। माँ भुवनेश्वरी देवी ने हाईकोर्ट में मुकदमा दायर करके, पैतृक घर का अपना हिस्सा 23 नवम्बर, 1888 में वापस तो ले लिया, मगर काकी ज्ञानदासुन्दरी यथासर्वस्व गँवाकर अपनी छह बेटियों के साथ सड़क पर आ गई थीं। अब मुकदमा खत्म हो गया है। कुछ दिन कलकत्ते में रहकर उन लोगों की जरूरतें पूरी करने के बाद मैं कलकत्ता छोड़कर काशीधाम आपके पास रहने चला आऊँगा।'

इस अंश की जानकारी हुए बिना, यह समझना मुश्किल है कि स्वामीजी का दिल कितना बड़ा था। अपने दायित्व का पालन करने से वे कभी पीछे नहीं हटे। मोक्ष की तलाश में निकले विवेकानन्द आम इनसानों को यह राह दिखा गए हैं कि भविष्य के प्रति आत्मसमर्पण के स्थान पर भविष्य की राह अपने-आप बनाते हुए कैसे मानवता के चरम शिखर पर पहुँचा जा सकता है।

नरेन की माँ और उनके भाइयों का नरेन्द्रनाथ ही अन्तिम सहारा थे। परन्तु कोशिश करने के बावजूद बी.ए. पास, बीस वर्ष के नरेन को कोई नौकरी नहीं मिली।

अंग्रेजी में 56, द्वितीय भाषा में 43, गणित में 61, इतिहास में 56, दर्शन में 45—कुल 261 अंक लेकर नरेन्द्रनाथ ने कलकत्ते के प्रतिष्ठित जेनरल एसेम्बलीज इंस्टिट्यूशन से, जिसे आजकल 'स्कॉटिस चर्च कॉलेज' कहते हैं, सन् 1881 में एफ. ए. और सन् 1885 में बी.ए. की परीक्षा पास की थी। इस कॉलेज के अध्यक्ष विलियम हेस्टी साहब बड़े पंडित, कवि तथा दार्शनिक थे। एफ. ए. पढ़ते हुए नरेन्द्रनाथ ने स्टुअर्ट मिल आदि पाश्चात्य नैयायिकों का ज्ञान प्राप्त कर लिया था तथा डेविड ह्यूम एवं हर्बर्ट स्पेन्सर के दार्शनिक ग्रंथों का अध्ययन प्रारम्भ कर दिया था।

हेस्टी साहब को नरेन्द्रनाथ, ब्रजेन्द्रनाथ शील आदि कुछ प्रतिभाशाली छात्र विशेष प्रिय थे। एक बार कॉलेज की 'आलोचना सभा' में नरेन्द्रनाथ के द्वारा दार्शनिक मत के गूढ़ विश्लेषण से विशेष रूप से सन्तुष्ट होकर हेस्टी साहब ने कहा था :

'He is an excellent philosophical student. In all the German and English Universities there is not one student so brilliant as he.' (सत्येन्द्रनाथ मजुमदार, 'विवेकानन्द चरित', अनु : मोहिनी मोहन गोस्वामी, पृ. 64-65)।

मगर ऐसे विद्वान होते हुए भी कलकत्ते के दफ्तर-मोहल्ले में अपने लिए पन्द्रह रुपये महीने की भी नौकरी जुटाने में, भविष्य के विवेकानन्द असमर्थ रहे। उन्होंने यह बात अमरीका में, किसी प्रसंग में, अपने भक्तों को बताई थी। हर जगह से विफल मनोरथ होकर वापस लौटते थे। नरेन का कहना था कि 'दुनिया से यह मेरा पहला परिचय था और मैंने खास तौर पर यह महसूस किया कि इस दुनिया में स्वार्थशून्य सहानुभूति अतिशय विरल है। कमजोर और दरिद्र लोगों के लिए यहाँ कोई जगह नहीं है। मैंने देखा कि दो दिन पहले तक जो लोग, किसी भी तरह से, रंचमात्र भी मदद करने का मौका पाकर अपने को धन्य मानते थे, वही लोग समय के तकाजे को समझते हुए अब मुझे देखते ही मुँह फेर लेते थे और सक्षम होते हुए भी मेरी मदद करने से पीछे हट गए थे।' नरेन का कहना है कि 'इतने दुख-कष्ट में भी मेरी आस्तिक बुद्धि विलोप नहीं हुई थी और मंगलमय ईश्वर के प्रति मेरे मन में कभी कोई संदेह पैदा नहीं हुआ था।'

अपने माँ-भाइयों को भोजन उपलब्ध करवाने में असमर्थता के दिनों में एक बार नरेन्द्रनाथ अपने बचपन के दोस्त अन्नदा के साथ श्रीरामकृष्ण से मिलने के लिए गए थे। अन्नदा को देखकर श्रीरामकृष्ण ने कहा था कि 'नरेन्द्र के पिता का देहान्त हो गया है। उनकी माँ, भाई बड़े कष्ट में हैं। इस समय दोस्त वगैरह उनकी सहायता करें तो ठीक है।'

अन्नदा के चले जाने के बाद नरेन्द्र ने श्रीरामकृष्ण पर नाराज होते हुए कहा था, 'आपने अन्नदा को यह सब बात क्यों कही?' तिरस्कृत होने पर रोते हुए श्रीरामकृष्ण ने कहा था, 'अरे, तेरे लिए मैं द्वार-द्वार भीख माँग सकता हूँ।'

नरेन्द्र ने कहा था : 'श्रीरामकृष्ण ने अपने प्यार से मुझे वशीभूत कर लिया था' ('श्री श्रीरामकृष्ण कथामृत', तृतीय भाग, पृ. 268)।

बाद में एक दिन परिवार में अन्न-वस्त्र के अभाव को देखकर नरेन्द्र दक्षिणेश्वर मन्दिर में बहुत ही चिन्ताग्रस्त चेहरा लेकर उपस्थित हुए थे। श्रीरामकृष्ण ने नरेन्द्र को देखकर कहा था : 'जा, माँ काली के पास जा। जो भी तू माँगेगा, मिल जाएगा।'

परन्तु माँ से विवेक, वैराग्य, ज्ञान के सिवाय वह और कुछ नहीं माँग सके। तीन बार ऐसा ही हुआ। आगे इसका विवरण है।

परन्तु दूसरी ओर श्रीरामकृष्ण के सात्त्विक आध्यात्मिक विचारों और आध्यात्मिक साधना का गहरा आकर्षण भी था। साथ में नरेन यह भी सोचते थे कि इस आध्यात्मिकता से देश और दुनिया का परित्राण कैसे किया जा सकता है?

यह आध्यात्मिक आकर्षण नरेन को बाल्यकाल से ही था। दो वर्ष की उम्र से ही नरेन वैरागियों की तरह माथे पर राख मलकर, कौपीन धारण कर घर की घोड़ेगाड़ी के सईस के साथ खेलते थे। घर में एक वृद्ध मास्टर आकर उन्हें गणित, संस्कृत व्याकरण, हिसाब-किताब और संस्कृत के सुभाषित पढ़ाया करते थे। उनमें से दो श्लोक उन्हें बेहद पसन्द थे। पहला श्लोक है :

कुलस्यार्थे त्यजेदेकम्, ग्रामस्यार्थे कुलम् त्यजेत्।
ग्रामं जनपदस्यार्थे आत्मार्थे पृथ्वीम् त्यजेत्॥

अर्थात् कुल की भलाई के लिए अपने को त्याग देना चाहिए और ग्राम की भलाई के लिए कुल को त्याग देना चाहिए और इसी तरह जनपद के लिए ग्राम को और आत्माज्ञान के लिए पृथ्वी को त्याग देना चाहिए ('स्वामी विवेकानन्द वाणी और रचना', पृ. 442)।

और दूसरा :

मातृवत् परदारेषु परद्रव्येषु लोष्टवत्।
आत्मवत् सर्वभूतेषु यः पश्यति स पंडितः॥

अर्थात् किसी दूसरे की पत्नी को माँ की तरह, दूसरे के धन को मिट्टी के समान और सभी को अपने समान जो देखता है, वह पंडित (ज्ञानी) है (The complete volumes of Swami Vivekananda, Vol. 9)।

अपनी पुस्तक 'मैं विवेकानन्द बोल रहा हूँ' (पृ. 21) में उन्होंने लिखा है : 'स्कूल में पढ़ाई के दौरान एक दिन रात को दरवाजा बन्द कर ध्यान करने की अभिलाषा जगते ही बैठकर मैं ध्यान में तन्मय हो गया था। कब तक इस प्रकार ध्यान में तन्मय रहा था, मुझे याद नहीं।

'एक बार ध्यान खत्म होने के बाद चुपचाप बैठा था कि कमरे की दक्षिणी दीवार को भेद कर एक ज्योतिर्मय मूर्ति निकलकर सामने आकर खड़ी हो गई। एक अद्‌भुत ज्योति, यद्यपि कोई भाव नहीं है। महाशान्त एक संन्यासी मूर्ति, मुंडित मस्तक, हाथ में दंड और कमंडल। टकटकी बाँधकर मुझे देखते रहे मानो कुछ कहना चाह रहे हों! मैं भी अवाक् होकर उन पर आँखें टिकाये हुए था। उसके बाद कुछ डर लगा और जल्दी से दरवाजा खोलकर मैं बाहर निकल आया। बाद में ऐसा लगा कि बड़े ही निर्बोध बालक की तरह मैं डर गया था। शायद वे मुझे कुछ कहना चाहते थे। उस मूर्ति को मैंने और कभी नहीं देखा। कितने दिन मन में आया कि अगर उस मूर्ति को फिर देख पाऊँ तो अबकी बार डरूँगा नहीं, उससे बात करूँगा। मगर फिर देख नहीं पाया। सोचकर भी मुझे कोई कुल-किनारा नहीं मिला। अब लगता है, भगवान् बुद्ध को देखा था' (उप., खंड 9, पृ. 72-73)।

'सारा जीवन सोने के समय आँख मूँदते ही मैं अपनी भौंहों के बीच एक अपूर्व ज्योति-बिन्दु देख पाता था और मन लगाने पर उसमें नाना प्रकार के परिवर्तन दिखाई पड़ते थे। सहज ही उस ज्योति को माथा टेककर छाती के बल पर मैं प्रणाम कर सकूँ, यह सोचकर मैं जमीन पर छाती के बल सोता था। वह अपूर्व बिन्दु नाना रंगों में बदलता हुआ, क्रमशः बड़ा होते-होते बिम्बाकार में बदल जाता था और आखिरकार फट कर मुझे सिर से पैर तक शुभ्र तरल ज्योति से आवृत कर देता था—ऐसा होते ही मेरी चेतना लुप्त हो जाती थी।

बहुत दिनों तक मेरी धारणा थी कि इसी तरह लोग सोते हैं। यह गलत धारणा काफी दिनों तक रही थी। बड़े होने पर जब मैंने ध्यानाभ्यास शुरू किया तब आँख बन्द करते ही वह ज्योति-बिन्दु पहले ही उपस्थित हो जाती थी और उस बिन्दु पर ही मैं अपनी चित्त को आकर्षित करता था।'

ब्रह्मसमाज के महर्षि देवेन्द्रनाथ के उपदेशों के अनुसार : 'मुझसे बड़े कइयों के साथ ध्यान करते हुए क्या दिखाई पड़ता है और क्या उपलब्धि होती है', इसे लेकर स्वामीजी आलोचना करते थे (स्वामी सारदानन्द, 'श्री श्रीरामकृष्ण लीला प्रसंग' (बांग्ला), 2-2/57)।

स्वामीजी के अनुसार : 'यौवन में पदार्पण करने तक प्रत्येक रात को बिस्तर पर सोते ही दो दृश्य मेरी आँखों के सामने दिखाई पड़ते थे। एक दृश्य था कि मेरे पास अशेष धन-जन-सम्पद ऐश्वर्यादि है। संसार में जिन्हें अमीर कहते हैं, मैं उनके शीर्षस्थान पर हूँ। फिर दूसरे क्षण दूसरा दृश्य आँखों के सामने आ जाता था कि मैं इस दुनिया का सब कुछ त्याग करके एकमात्र ईश्वरेच्छा पर निर्भर एक कौपीनधारी हूँ और मुझे जो कुछ मिल गया, खाकर पेड़ के नीचे रात बिता रहा हूँ। ऐसा लगता था कि ऋषि-मुनियों की तरह इसी प्रकार मैं जीवन बिता सकता हूँ। दो तरह जीवन बिताने के चित्र मेरी कल्पना में खिंच जाते थे परन्तु आखिरकार ऋषि-मुनियों वाला जीवन ही मुझे घेर लेता था' ('आमि विवेकानन्द बलछि', पृ. 22)।

नरेन्द्रनाथ के पिता काम के सिलसिले में मध्यप्रदेश के रायपुर में रहने लगे थे। 14 साल की अवस्था में पेट की बीमारी से नरेन काफी कमजोर हो गए थे। हवा बदलने से स्वास्थ्य में सुधार होगा, यही सोचकर पिता विश्वनाथ ने अपने परिवार को रायपुर में बुला लिया था। 1877 ई. में नरेन रायपुर पहुँच गए। रेल से नागपुर पहुँचने के बाद लगभग 15 दिनों तक रायुपर पहुँचने के लिए बैलगाड़ी की यात्रा करनी पड़ती थी। नरेन के शब्दों में : 'धीर-मंथर गति से चलते हुए यह गो-यान क्रमशः एक ऐसे स्थान पर उपस्थित हुआ जहाँ दोनों तरफ के पर्वत की चोटियाँ प्रेमातुर होकर शीर्ष वनपथ को मानो बन्द करने में जुटी थीं। उस मिलन-बिन्दु को ध्यान से देखने पर पहाड़ के पाददेश में एक बड़ी-सी दरार दिखाई पड़ी। उसी में

मधुमक्खियों ने युग-युगान्तर के परिश्रम के नमूने के तौर पर एक बहुत बड़ा छत्ता बना रखा था। विस्मय से यह सब देखते हुए और उन मधुमक्खियों के आदि-अन्त की बात सोचते-सोचते, तीनों जगत के नियन्ता ईश्वर की अनन्त शक्ति की उपलब्धि करते-करते मेरा बाह्य ज्ञान लोप हो गया। मालूम नहीं, कब तक बैलगाड़ी में बेहोशी की स्थिति में ऐसे ही पड़ा हुआ था; जब होश आया तो देखा, उस स्थान से मैं बहुत दूर आ गया हूँ। बैलगाड़ी में चूँकि मैं अकेला था, इसीलिए किसी को कुछ पता नहीं लगा।

छोटी उम्र में मैं बहुत ही नटखट था। नहीं तो फूटी कौड़ी के बिना ही मैं कैसे सारी दुनिया का भ्रमण कर पाता', ('स्वामी विवेकानन्द', प्रमथनाथ बिशी, पहला भाग)?

नरेन को याद आता है कि एक बार बचपन में एक ईसाई पादरी भारतीयों के सामने ईसा मसीह की प्रशंसा करते हुए काफी मधुर वचन कहने के बाद अचानक कह उठा, 'अगर मैं पुतलीनुमा तुम्हारी देवमूर्ति पर लाठी से आघात करूँ तो क्या वह मुझे कोई चोट पहुँचा पाएगी?'

नरेन वहीं खड़े थे और तत्क्षण उन्होंने कहा, 'अगर मैं तुम्हारे भगवान् को गाली दूँ तो वे मेरा कुछ कर पाएँगे क्या?'

पादरी ने उत्तर दिया, 'मौत के बाद तुम्हें सजा भुगतनी होगी।'

नरेन ने कहा, 'तुम्हारे मरने के बाद हमारे देवता भी तुम्हें सजा देंगे।'

पादरी आग बरसाती दृष्टि से नरेन को देखते हुए वहाँ से निकल गया।

माँ भुवनेश्वरी देवी (1841-1911) के बारे में नरेन ने लिखा था : 'सब कुछ गँवाने के बाद भी, 7 नं. रामतनु बोस लेन में एक झोंपड़ीनुमा घर में, एक हजार रुपये से घर चलाने वाली मेरी माँ अब 30 रुपये महीने पर बहुत ही योजनाबद्ध तरीके से अपनी माँ रघुमणि बसु और बच्चों की देखभाल करती है।' और इस पर नरेन ने लिखा था : 'जो वास्तविक ढंग से माँ की पूजा नहीं कर सकता, वह कभी भी बड़ा आदमी नहीं बन पाता।'

भुवनेश्वरी देवी को, सन् 1902 में विवेकानन्द की मृत्यु के बाद, एक और झटका तब लगा जब उनकी लड़की योगीन्द्रवाला ने सुदूर शिमला पहाड़ के अपने पतिगृह में आत्महत्या कर ली थी।

नरेन दस भाई-बहन थे। एक और महामना हुए हैं, जोड़ा साँको के रवीन्द्रनाथ, वे भी पन्द्रह भाई-बहन थे।

नरेन के परिवार के बारे में पूरी जानकारी उपलब्ध नहीं है। विश्वनाथ के प्रथम पुत्र और एक कन्या के नाम का पता नहीं है। शायद नितान्त कम उम्र में मौत के कारण उसका नामकरण ही नहीं हुआ था। उनकी तीसरी संतान, बेटी हरिमणि, कुल

बाईस वर्ष की आयु में भगवान् को प्यारी हो गई। उसके बारे में कोई खास उल्लेख नहीं मिलता। चौथी संतान, स्वर्णमयी देवी, के बारे में भी ज्यादा कुछ मिलता नहीं है। वे 70 वर्षों तक जीवित रहीं, और अपने पिता के 2 नं. गौर मोहन स्ट्रीट वाले घर में ही निवास करती थीं। भुवनेश्वरी की पाँचवीं संतान भी बेटी थी, जिसकी मृत्यु छह वर्ष की उम्र में हो गई थी। नरेन्द्रनाथ उनकी छठी संतान थे। वे कुल 39 वर्ष तक जीवित रहे। सातवीं संतान किरणबाला की 18-19 वर्ष की उम्र में पतिगृह में मृत्यु हो गई। नौवें थे महेन्द्रनाथ और दसवें थे भूपेन्द्रनाथ। अन्तिम दोनों यथाक्रम 88 वर्ष (1868-1956) और 81 वर्ष (1880-1896) तक जीवित रहे।

मझले भाई महेन्द्रनाथ के साथ स्वामीजी की अचानक लंदन में मुलाकात हो गई थी। उन्होंने परवर्ती युग में स्वामीजी के बारे में कई एक अविस्मरणीय ग्रंथों की रचना की। त्याग-भावना से प्रेरित होकर वे पैदल लंदन से भारत लौटे थे। महेन्द्रनाथ की मृत्यु कलकत्ते में 88 साल की उम्र में हुई।

छोटे भाई स्वामीजी के तिरोधान के बाद विप्लव आन्दोलन से जुड़कर जेल गए थे। जेल से निकलकर माँ के गहने बेचकर विदेश (इटली) चले गए थे। 1925 में देश में वापस आए। मृत्यु हुई सन् 1961 में। उनकी प्रसिद्ध पुस्तक है : 'Swami Vivekananda : Patriot Profet.'

सन् 1881 के नवम्बर के महीने से नरेन्द्रनाथ ने श्रीरामकृष्ण से मिलना शुरू किया था। सन् 1884 में, जैसा ऊपर कह चुका हूँ, उनके पिता की मृत्यु के बाद, पूरा परिवार सड़क पर आ गया था।

परन्तु माँ, भाई-बहनों को भयानक अभाव, दुख-दारिद्र्य में दिन बिताते देखकर अपने को नरेन रोक नहीं पाए थे और दक्षिणेश्वर श्रीरामकृष्ण के पास पहुँचकर नरेन्द्रनाथ हठ करने लगे कि 'मेरी माँ, भाई, बहनों का अभाव, दुख-दारिद्र्य दूर कर दें।'

श्रीरामकृष्ण ने कहा, 'बेटा, मैंने माँ से कितनी दफा कहा है—माँ, नरेन्द्र का दुख-कष्ट दूर करो; तू माँ को मानता नहीं है। इसीलिए तो माँ सुनती नहीं। आज मंगलवार है, काली बाड़ी में जाकर माँ को प्रणाम कर। तू जो भी माँगेगा, माँ वही देगी। माँ मेरी चिन्मयी ब्रह्मशक्ति है। अपनी इच्छा से इस जगत को जन्म दिया है। अगर वह चाहे तो क्या नहीं हो सकता!'

रात्रि का एक पहर बीत जाने के बाद मन्दिर में उपस्थित होकर नरेन ने देखा, सचमुच माँ चिन्मयी जीवित हैं एवं अनन्त प्रेम और अपूर्व सौन्दर्यमयी हैं। भक्ति-प्रेम से उच्छ्वसित हृदय से विह्वल होकर नरेन माँ को बार-बार कहने लगा, 'माँ, विवेक दो, वैराग्य दो, ज्ञान दो, भक्ति दो—जिससे माँ, तुम्हारा अबाध दर्शन नित्य प्राप्त कर सकूँ, ऐसा मुझे बना दो।'

एक असीम शान्ति से प्राण भर गया। यह जगत-संसार नि:शेष में अन्तर्हित हो गया, एकमात्र माँ ने ही हृदय को परिपूर्ण कर दिया, ऐसा नरेन ने महसूस किया।

नरेन के वापस आते ही श्रीरामकृष्ण ने पूछा, 'माँ के पास सांसारिक अभाव दूर करने को कहा है न?'

प्रश्न सुनकर नरेन ने चौंककर कहा, 'नहीं, यह कहना तो भूल गया। अब क्या करूँ?'

श्रीरामकृष्ण ने कहा, 'जा, जा, फिर से जा, जाकर यह बात कहकर आ।'

मन्दिर में माँ के सम्मुख उपस्थित होकर नरेन फिर मंत्रमुग्ध हो गए और सब कुछ भूल बैठे। केवल माँ को बार-बार प्रणाम करते हुए भक्ति-लाभ के लिए प्रार्थना की।

श्रीरामकृष्ण ने नरेन को मन्दिर से बाहर आते देखकर हँसते हुए कहा, 'क्यों रे, इस बार तो जरूर सांसारिक दुखों के बारे में कहा होगा?'

फिर दुबारा चौंककर नरेन ने कहा, 'नहीं, माँ को देखते ही पता नहीं, किसी एक दैवशक्ति के प्रभाव से मैं सब कुछ भूल जाता हूँ और मुँह से केवल ज्ञान, भक्ति प्राप्त करने की बात ही निकलती है।'

'अब क्या होगा?' श्रीरामकृष्ण ने कहा, 'हट छोकरे, अपने को थोड़ा सँभाल, और जाकर यह सब सांसारिक अभाव की बात माँ को कह दे।'

किन्तु मन्दिर में प्रवेश करते ही नरेन को बड़ी शर्म आई : 'यह क्या तुच्छ बात माँ को कहने जा रहा हूँ? श्रीरामकृष्ण तो कहते हैं कि माँ से राजा की प्रसन्नता प्राप्त होती है और मैं आलू, बैंगन की भीख माँगूँ, यह तो बड़ी बुद्धिहीनता होगी! ऐसी हीनबुद्धि मेरी, छि:-छि:!—लज्जा, घृणा से बार-बार प्रणाम करते हुए माँ को कहा, 'और कोई चीज मुझे नहीं चाहिए, केवल ज्ञान और भक्ति दो।'

मन्दिर के बाहर आकर नरेन को लगा, यह सब रामकृष्णदेव का करिश्मा है, नहीं तो तीन-तीन बार जाकर भी वह यह सब कुछ बोल नहीं पाया। फिर नरेन ने उन्हें पकड़कर कहा, 'आप ही अपनी शक्ति से मुझे भुला देते हैं और मैं कुछ कह नहीं पाता। अब आपको ही माँ को कहना होगा जिससे मेरा परिवार भूखा न रहे।'

परमहंसदेव ने कहा, 'अरे, मैं किसी के लिए इस तरह की प्रार्थना कर नहीं पाता हूँ, मेरे मुँह से यह सब बातें निकलतीं नहीं। तुझे कहा, माँ से माँगने के लिए, तू नहीं माँग सका, तेरे भाग्य में संसार-सुख नहीं है, तो मैं क्या करूँ?'

नरेन ने कहा, 'नहीं, ऐसे नहीं चलेगा। मेरे लिए आपको बोलना ही होगा। मेरा दृढ़ विश्वास है, आपके बोलते ही उनका दुख-कष्ट दूर हो जाएगा।'

जब नरेन बहुत ही हठ करने लगे तो आखिरकार श्रीरामकृष्ण ने उनको आश्वासन देते हुए कहा, 'तू जब माँग नहीं सकता, तो तेरे भाग्य में सांसारिक सुख

ही नहीं है। फिर भी तुम लोगों को भात और मोटे वस्त्र का कभी अभाव नहीं होगा' ('श्री श्रीरामकृष्ण लीला-प्रसंग', स्वामी सारदानन्द, 2 खंड, 117-122)।

भूपेन्द्रनाथ और महेन्द्रनाथ की बात तो भुवनेश्वरी देवी की मृत्यु के बाद की है। पति की मृत्यु, अधिकतर संतानों की मृत्यु के बाद भी भुवनेश्वरी देवी ने हार नहीं मानी थी। विवेकानन्द ने और एक स्थान पर कहा था कि 'मैं इस दुनिया में यदि किसी पर श्रद्धा करता हूँ तो वह मेरी माँ है।' सन् 1900 में अमरीका से मृत्यु के पहले उन्होंने लिखा था : 'इस दुनिया को छोड़ने से पहले मैं अपनी माँ के साथ कुछ समय बिताना चाहता हूँ।'

सन् 1900 में मृत्यु के कगार पर खड़े रहते हुए भी विवेकानन्द भारत वापस आकर माँ के प्रति अपने कर्तव्यों को निभाया था। कलकत्ते के कालीघाट स्थित काली मन्दिर में माँ की इच्छा के अनुकूल सारे कर्मकांडों का पालन करते हुए पूजा की थी और खराब सेहत के बावजूद माँ को सन् 1901 में पूर्व बंगाल के सारे तीर्थों का भ्रमण करवाया था।

स्वामीजी ने अपनी माँ के चरित्र का गौरवपूर्ण वर्णन करते हुए लिखा था : 'मेरी माँ ने मुझे जो वात्सल्य प्रेम दिया, उसके फलस्वरूप आज जो हूँ, मैं हो पाया हूँ। मैं उनके ऋण से कभी उत्तीर्ण नहीं हो सकता। मुझे मालूम है कि मेरे जन्म से पहले उन्होंने व्रत रखा, उपासना की। और भी सैकड़ों काम दो साल तक ईश्वर को रिझाने के लिए किये थे जो मैं पाँच मिनट भी नहीं कर सकता। मेरे भीतर जो कुछ भी धार्मिक संस्कार हैं, वह मेरी माँ के कारण हैं। मेरे भीतर जो अच्छी भावनाएँ हैं, वह चेतन या सचेतन रूप से मेरी माँ की दी हुई हैं।'

कैलिफोर्निया के पैसेडेना शहर में सन् 1900 में दिये गए भाषण में विवेकानन्द ने कहा था : 'मातृत्व के साथ गहरी जिम्मेदारी शुरू होती है। माँ की पूजा क्यों करनी चाहिए? क्योंकि मेरी माँ एक साध्वी थीं जिन्होंने 2 वर्ष कृच्छ्र साधना करके पवित्र से भी पवित्रतम बनकर मुझे जन्म दिया था। वे सचमुच पूजा के योग्य हैं' (स्वामी तथा गथानन्द, 'Swamiji's Devotion to His mother Bhuvaneshwari Devi')।

उस समय विवेकानन्द सरीखे बंगाली हिन्दू बुद्धिजीवियों का धार्मिक तथा आध्यात्मिक विरासत के प्रति एक आकर्षण बढ़ा था। 19वीं शती का बंगाल पुण्यशीलता, लोकोत्तर अतीन्द्रियता, नैतिकता और सांस्कृतिक आत्मबल को आधार बनाकर पश्चिमी सभ्यता के सामने खड़ा होना चाहता था। इन सबके पीछे का उद्देश्य राष्ट्रवाद को भारतीयों के मन में जगाना था। नरेन्द्रनाथ ने विवेकानन्द बनने से पहले एक बार ब्रह्मसमाजी देवेन्द्रनाथ से पूछा था, 'क्या आपने ईश्वर को

देखा है?' मगर सकारात्मक उत्तर उन्हें एक अनपढ़ देव सदृश व्यक्ति श्रीरामकृष्ण, जिसकी हिन्दू परम्परा में गहरी पैठ थी, से मिला था।

दूसरे अध्याय में इस सम्बन्ध में विस्तार से देखें जहाँ इससे सम्बन्धित घटना का उल्लेख किया गया है।

'कथामृत' (श्रीरामकृष्ण परमहंस के कथनों का विशाल संग्रह) के लेखक महेन्द्रनाथ गुप्त (श्रीम) सिद्धेश्वर मजुमदार के साथ जब पहली दफा दक्षिणेश्वर आए थे तो ठाकुर श्रीरामकृष्ण के कमर में आकर देखते हैं कि दरवाजा बन्द है और उसके सामने उनकी देखभाल करनेवाला परिचारक (भांजा) बृन्दे खड़ा है। महेन्द्रनाथ गुप्त यानी मास्टर ने बृन्दे से पूछा :

'अरे भाई, वह साधु कमरे के भीतर हैं?'

बृन्दे : 'हाँ, इस कमरे के भीतर हैं।'

मास्टर : 'वे कितने दिनों से हैं?'

बृन्दे : 'वे तो बहुत दिनों से हैं।'

मास्टर : 'अच्छा, क्या वे बहुत किताब-फिताब पढ़ते हैं?'

बृन्दे : 'अरे बाबू, किताब-फिताब सब उनकी जुबान पर है।'

मास्टर हाल ही में पढ़ाई-लिखाई करके आए हैं। ठाकुर श्रीरामकृष्ण किताब नहीं पढ़ते हैं, सुनकर अवाक् हो गए थे।

विद्यार्थी जीवन में अपने कई साथियों के साथ नरेन्द्रनाथ पहले-पहले नवम्बर (सन् 1881) में जब ठाकुर रामकृष्ण से मिलने दक्षिणेश्वर कालीबाड़ी आए थे तो उन्हें ठाकुर एक 'अनपढ़ मूर्ख' लगे थे (महेन्द्रनाथ दत्त, 'श्री रामकृष्णेर अनुध्यन', 21, 23-5, बांग्ला भाषा में)।

वस्तुत: श्रीरामकृष्ण से मिलने के लिए आने के पीछे एक कारण था। सन् 1880 में, सत्रह वर्ष की उम्र में, नरेन्द्रनाथ जेनरल एसेम्बलीज इन्स्टिट्यूशन में पढ़ते थे। वहाँ के अंग्रेजी अध्यापक विलियम हेस्टी ने 19वीं शती के अंग्रेजी कवि वर्ड्सवर्थ की कविता 'द एक्सकर्शन' पढ़ाते हुए कहा था कि ' 'ट्रांस' के सही अर्थ को यदि तुम जानना चाहते हो तो दक्षिणेश्वर के मन्दिर में जाकर वहाँ के सन्त रामकृष्ण से मिलो।'

विलियम हेस्टी साहब के कहने पर दक्षिणेश्वर कालीबाड़ी में, 1881 ई. के नवम्बर महीने में, प्रथम दर्शन के अवसर पर उनके ही कमरे में नरेन्द्रनाथ ने दो गीत गाये थे। पहला, 'मन चलो निज निकेतने' और दूसरा, 'जाबे कि हे दिन आमार बिफले चलिया' यानी 'मन चलो अपने निकेतन यानी हृदय में स्थित आत्मा की गहराई में' और 'अरे क्या मेरा दिन ऐसे ही विफल चला जाएगा!'

रामकृष्ण ने प्रश्न किया था, 'यह लड़का कौन है? आहा, क्या गाता है!'

गाना गाने के बाद वे नरेन्द्रनाथ को कमरे की उत्तर दिशा के बरामदे में ले गए। जाड़े का समय था, उत्तर की ठंडी हवा से बचने के लिए बरामदा खरपाल के बेड़े से घिरा हुआ था, इसीलिए कोई देख नहीं पा रहा था। उसके बाद उन्होंने नरेन्द्र के दोनों हाथ पकड़कर जो कहा, वह नरेन्द्रनाथ की कल्पना के अतीत था। श्रीरामकृष्ण नरेन का हाथ पकड़कर और आँसू पोंछते हुए पूर्व परिचित की तरह कहने लगे, 'इतने दिनों के बाद क्या आना सही है? तेरे लिए मैं कितने दिनों से इन्तजार में हूँ, यह पता तो तुझे होना चाहिए था न? दुनियादारी की बात सुनते-सुनते मेरे कान पक गए—दिल की बात किसी को कह नहीं पाता।' इस तरह की बहुत-सी बातें कहते-कहते वे रोने लगे।

उसके बात नरेन के सामने हाथ जोड़कर कहने लगे, 'मैं जानता हूँ प्रभु, तुम वही पुरातन ऋषि हो—नररूपी नारायण। जीवों की दुर्गति दूर करने के लिए फिर से तुमने शरीर धारण किया है।'

नरेन्द्र को रामकृष्ण उस दिन मनोमेनियक लगे थे, एक ढंग का पागल। फिर भी ऐसा लगा कि उन्माद होने के बावजूद ये महात्यागी हैं तथा महापवित्र हैं। सिर्फ इसी कारण मानव-हृदय की श्रद्धा, पूजा और सम्मान के यथार्थ अधिकारी हैं। यही सोचते-सोचते उस दिन प्रणाम कर नरेन्द्र विदा हुए थे (मानदा शंकर दासगुप्त, 'स्वामी विवेकानन्द', पृ. 41, 42)।

यह नरेन्द्रनाथ उर्फ विवेकानन्द का श्रीरामकृष्ण के साथ पहला दर्शन था।

'श्री श्रीरामकृष्ण और विवेकानन्द' शीर्षक से द्वितीय अध्याय शुरू करने से पहले प्रथम अध्याय के पटाक्षेप के रूप में कुछ कहना अनुचित नहीं होगा। सन् 1800 में कलकत्ते में फोर्ट विलियम कॉलेज की स्थापना हुई तो ब्रिटिश सरकार के भारत में काम करनेवाले युवक अफसरों को भारत की ज्ञान-मीमांसा, व्याकरण, संस्कृति, अरबी, फारसी, बांग्ला, हिन्दी, उर्दू आदि की शिक्षा देने के लिए वहाँ अनुवाद का काम शुरू हुआ था। इसी समय हिन्दू कॉलेज, कलकत्ते में पढ़ाने के लिए बहुत ही विद्वान परन्तु नास्तिक डेविड हेअर उपस्थित हुए।

नास्तिकता के कारण छात्रों में हर प्रकार के कुसंस्कार, शराब पीना आदि, शुरू हो गया था। परन्तु ईसाई मिशनरियों ने नास्तिकता से हटकर ईसाई धर्म का प्रचार करना शुरू कर दिया और हिन्दू धर्म को हर दृष्टि से निम्न स्तरीय प्रमाणित करने के लिए एड़ी-चोटी का जोर लगा दिया। कलकत्ते का माहौल उस समय इन मिशनरियों के अनुकूल हो गया था।

कलकत्ते के बाबू लोग 'कवि लड़ाई' में भाग लेने यानी आशु कवियों की फब्तियों और कुरुचिपूर्ण कविताओं के पक्षधर हो गए थे। वे बुलबुल की लड़ाइयों, पतंगों के खेल, वेश्याओं के साथ बगीचों में मौज उड़ाना तथा चटकीली भड़कदार पोशाक में ही मस्त रहते थे। उस समय नीचे गिरती हुई बंगाली जाति को एक

कठोर आघात देकर चेतना में लानेवाले राजा राममोहन राय (1772-1833) ने ब्रह्मसमाज की स्थापना की और उपनिषदों के आधार पर एकाकार ईश्वर की प्रतिष्ठा की। युक्तिवाद के सहारे निराकार एकेश्वरवाद की प्रतिष्ठा हुई। हिन्दुओं के कुसंस्काराछन्न जीवन से मुक्ति दिलाने के लिए स्वदेश प्रेम और शिक्षा का प्रसार किया। हिन्दू धर्म के संस्कार के लिए उपनिषद् के साथ-साथ शंकराचार्य के अद्वैत वेदान्त को स्वीकार किया।

इन्हीं दिनों इंग्लैंड से पादरी एलेक्जेंडर डफ हिन्दू कॉलेज के अध्यापक नियुक्त हुए। कॉलेज के छात्रों की नास्तिकता कम करने की दिशा में उनका प्रयत्न काफी सराहनीय था। उन्हें आशा थी कि अब इनको वे ईसाई धर्म में दीक्षित कर पाएँगे। परन्तु 'ब्रह्मसमाज' आड़े आ गया। राजा राममोहन राय के बाद, रवीन्द्रनाथ टैगोर के पिता महर्षि देवेन्द्रनाथ ठाकुर ने ब्रह्मसमाज का बागडोर सँभाला था। और भी कई विद्वान थे : पंडित शिवनाथ शास्त्री, ईश्वरचन्द्र विद्यासागर, केशवचन्द्र सेन (जिन्होंने आर्यसमाज के प्रतिष्ठापक स्वामी दयानन्द को संस्कृत के स्थान पर हिन्दी में प्रचार करने की सलाह दी थी) आदि। केशवचन्द्र की अंग्रेजी भाषा की भाषणपटुता की बाढ़ में कलकत्ता निवासी बहने लगे। चारों तरफ वाह-वाह होने लगी। परन्तु ब्रह्मसमाज का निराकार विलायती परिपाटी की लगभग नकल ही था।

समय का ऐसा चक्र चला कि मूर्तिपूजा-विरोधी, विलायती तर्ज के ब्रह्मसमाजी, केशवचन्द्र सेन का श्रीरामकृष्ण के साथ साक्षात्कार हो गया और फिर ऐसा चमत्कार हुआ कि मूर्तिपूजक ब्राह्मण की वाणी का प्रचार करते हुए केशवचन्द्र ने ब्रह्मसमाज की अपनी पत्रिका 'इंडियन मिरर' में लिखा : 'यदि शान्ति चाहते हो, तो दक्षिणेश्वर के महापुरुष के चरणों में बैठकर धन्य बनो।'

यह आश्चर्यजनक बात है, परन्तु है सच। केशवचन्द्र सेन, प्रतापचन्द मजुमदार, विजयकृष्ण गोस्वामी आदि ब्रह्मसमाज के प्रतापशाली व्यक्ति इस महापुरुष के प्रभाव से प्रभावित होने लगे और इन्हीं लोगों के प्रचार के फलस्वरूप कलकत्ते का शिक्षित वर्ग श्रीरामकृष्ण परमहंस के बारे में जान सका।

सन् 1879 में 'Theistic Quarterly' के अक्तूबर अंक में, प्रतापचन्द्र मजुमदार ने लिखा : 'मेरा मन अभी तक एक ऐसे उज्ज्वल ज्योतिर्मय वातावरण में घूम रहा है, जिसे वह अद्भुत महापुरुष जहाँ भी जाते हैं, वहीं अपने चारों ओर फैलाए रहते हैं। जब भी उनके साथ साक्षात्कार होता है, वे जिस अनिर्वचनीय रहस्यपूर्ण भाव द्वारा मेरे हृदय को परिपूर्ण कर देते हैं, उसके प्रभाव से मेरा मन अभी तक मुक्त न हो सका।'

नरेन्द्रनाथ और उनके मित्र राखाल चन्द्र घोष (बाद में स्वामी ब्रह्मानन्द), दोनों श्रीरामकृष्ण के पास आते-जाते रहते हुए भी ब्रह्मसमाज की नियमित उपासना आदि में सम्मिलित होते थे। नरेन्द्रनाथ निराकार में विश्वास करते थे, इसलिए एक दिन

दक्षिणेश्वर में जब दोनों गए थे तो श्रीरामकृष्ण के पीछे-पीछे राखाल को माँ काली की प्रतिमा को प्रणाम करते देख नरेन्द्रनाथ क्रुद्ध हो गए थे। निराकार का ध्यान ही नरेन्द्र को अच्छा लगता था, इसलिए श्रीरामकृष्ण कभी जबरदस्ती उन्हें साकार में विश्वास करने के लिए अनुरोध नहीं करते थे और कभी ब्रह्मसमाज में जाने के लिए मना भी नहीं करते थे। किसी के स्वाधीन धर्माचरण में हस्तक्षेप उन्होंने कभी नहीं किया। बाद में नरेन्द्र ने सगुण निराकार विशिष्टाद्वैतवाद को स्वीकार किया और अन्ततः अद्वैतवाद और आखिरकार सारे जगत में व्यावहारिक अद्वैतवाद का प्रचार किया।

ब्रह्मसमाज के नेता श्रीरामकृष्ण के पास आने लगे। नरेन्द्र, केशव सेन, विजय गोस्वामी के सामने एक दिन श्रीरामकृष्ण भावस्थ हो गए थे। अन्त में जब केशव विदा हो गए तो उन्होंने भक्तों को सम्बोधित करते हुए कहा : 'भाव में मैंने देखा, केशव ने जिस शक्ति के बल से प्रतिष्ठा प्राप्त की है, नरेन्द्र में उस प्रकार की अठारह शक्तियाँ हैं। केशव व विजय के मन में ज्ञान का दीया जल रहा है, नरेन्द्र में ज्ञानसूर्य मौजूद है।'

सुनकर नरेन्द्र ने कहा था : 'कहाँ विश्वविख्यात केशव सेन और कहाँ एक नगण्य कॉलेज का लड़का नरेन्द्र! लोग सुनेंगे तो आपको पागल कहेंगे।'

इस बीच विजय गोस्वामी ने अपना धर्ममत बदलकर हिन्दू धर्म ग्रहण कर लिया था। तब शिवनाथ शास्त्री आदि ने डर के मारे श्रीरामकृष्ण के पास आना छोड़ दिया और नरेन्द्र को दक्षिणेशवर जाने की मनाही कर दी।

नरेन्द्र संदेहपूर्ण चित्त से गम्भीर चिन्ता में घुलने लगे। श्रीरामकृष्णदेव के अपूर्व निष्काम प्रेम ने उनको बहुत आकर्षित कर लिया था और दूसरी ओर ब्रह्मसमाज में उपासना-प्रार्थना करके उनका हृदय कभी शान्त नहीं हुआ। उनका हृदय हमेशा अशान्त बना रहा और वे बहुत दिनों तक दक्षिणेश्वर नहीं गए।

श्रीरामकृष्ण नरेन्द्र को देखने के लिए व्याकुल हो उठे और इसी आशा से कि ब्रह्मसमाज में जाने पर निश्चय ही नरेन्द्र से मुलाकात हो सकेगी, श्रीरामकृष्ण एक रविवार शाम को 'साधारण समाज' की उपासना में उपस्थित हुए। ब्रह्मसमाज के आचार्य उस समय मंच (वेदी) से व्याख्यान दे रहे थे। ईश्वर की कथा सुनकर भाव में उन्मत्त हुए श्रीरामकृष्ण अनजाने में ही वेदी के पास पहुँच गए। नरेन्द्र वहाँ उपस्थित थे और अनुमान से उनके आने का कारण समझकर उनके पास आकर उनकी गिरती हुई भावमय देह को पकड़ लिया।

परन्तु यह देखकर नरेन्द्र आश्चर्यचकित हो गए कि परमहंसदेव को सामने देखकर वेदी पर बैठे हुए आचार्यों का उठ खड़ा होना तो दूर रहा, उन्होंने तथा दूसरे ब्रह्मों ने उनसे संभाषण तक नहीं किया और न साधारण भद्रतासूचक शिष्टाचार का ही प्रदर्शन किया। कई लोगों के चेहरे पर अवज्ञामिश्रित विरक्ति के चिह्न भी स्पष्ट रूप से दिखाई देने लगे। इसी बीच श्रीरामकृष्ण समाधि-मग्न हो गए।

उनको देखने के लिए जब अनेक लोग आग्रह प्रकट करने लगे तो उपासना-गृह में विश्रृंखल कोलाहल होते देख संचालकों ने गैस की बत्तियाँ बुझा दीं।

नरेन्द्र बहुत ही कठिनाई से उपासना-गृह के पिछले दरवाजे से श्रीरामकृष्ण को बाहर निकाल लाए और उन्हें दक्षिणेश्वर भेज दिया।

श्रीरामकृष्ण के प्रति ब्रह्मसमाजियों के आचरण से उनके हृदय में गहरी चोट पहुँची। श्रीरामकृष्ण को इस प्रकार अपमानित होते देख क्षुब्ध और व्यथित नरेन्द्र फिर कभी ब्रह्मसमाज में नहीं गए।

नरेन्द्र उन दिनों कलकत्ता शहर में 'सत्यान्वेषण' के लिए इधर-उधर घूमते थे और बड़े-बड़े भाषण सुनने के बाद वक्ता से पूछते थे, 'आपने क्या कभी ईश्वर के दर्शन किये हैं?'

सुनकर वे हक्के-बक्के रह जाते थे।

एक दिन इसी प्रश्न के उत्तर पाने के लिए वे महर्षि देवेन्द्रनाथ ठाकुर के पास पहुँचे। उस समय महर्षि गंगाजी पर एक बड़ी नौका में रहा करते थे जहाँ उनका एक अलग कमरा था। गंगा किनारे पहुँचकर वे जल्दी से नौका पर चढ़ आए और नौका के बड़े कमरे को धक्का मारकार खोल दिया। महर्षि उस समय ध्यानमग्न थे। एकाएक शब्द सुनकर चौंक उठे और देखा कि पागलों की तरह नरेन्द्र उनकी तरफ देख रहे हैं। आँख से आँख मिलते ही नरेन्द्र ने पूछा, 'क्या आपने ईश्वर के दर्शन किये हैं?'

विस्मयचित्त महर्षि ने दो बार न जाने क्या उत्तर देने की कोशिश की और आखिरकार बोल बैठे, 'नरेन्द्र, तुम्हारी आँखों से पता लग रहा है कि तुम योगी हो।' उन्होंने नरेन्द्र को कई तरह के आश्वासन देकर कहा कि यदि वे नियमित रूप से ध्यान का अभ्यास करें तो वे ब्रह्मज्ञानी बन सकेंगे।

निराश नरेन्द्र का सोचना था—यदि महर्षि की तरह भक्तिमान ईश्वर-प्रेम में डूबे हुए व्यक्ति को यदि ईश्वर-दर्शन नहीं हो सकते, तो वे किसके पास जाएँ?

एकाएक रात को नरेन्द्र को दक्षिणेश्वर के उस अद्‌भुत ऋषि की बात याद आ गई। भोर होते ही दक्षिणेश्वर की ओर वे दौड़ पड़े। नरेन्द्र को देखकर श्रीरामकृष्ण का प्रशान्त मुखमंडल अपूर्व शान्ति व पुण्य की झाँकी से उद्‌भासित हो उठा।

नरेन्द्र ने अपने प्रश्न को दोहराते हुए कहा, 'ठाकुरजी, क्या आपने ईश्वर के दर्शन किये हैं?'

उन्होंने कुछ भी सोच-विचार न करते हुए उत्तर दिया, 'बेटा, मैंने ईश्वर का दर्शन किया है। तुम्हें जिस प्रकार प्रत्यक्ष देख रहा हूँ, इससे भी अधिकतर स्पष्ट रूप से उन्हें देखा है।' नरेन्द्र का विस्मय सौ गुना बढ़ाते हुए उन्होंने फिर से

कहा, 'क्या तुम भी देखना चाहते हो? तो तुम मेरे अनुसार काम करो, तुम्हें भी दिख जाएगा।'

श्रीरामकृष्ण सारे दिन माँ के आहार-विहार में, उसके समस्त कार्यों में, उसके साथ ही रहते। स्वामी सारदानन्द रचित पुस्तक 'महाप्रभु रामकृष्ण', (द्वितीय खंड, सन् 1920) मद्रास के मैलापुर रामकृष्ण मठ से प्रकाशित हुई। उसमें इस सम्बन्ध में जो वर्णन दिया गया है, वह निम्नलिखित है :

'एक दिन मैं असह्य यंत्रणा से व्याकुल हो रहा था। मेरा हृदय गीले वस्त्र के समान ऐंठने लगा। मैं पीड़ा से बेचैन हो गया। सोचने लगा—यदि यही होना है तो जीवन से क्या लाभ है? देवी के मन्दिर में खड्ग झूल रहा था, उसे देखते ही बिजली के समान एक विचार मेरे मन में कौंध गया। इस खड्ग से ही मैं अपना जीवन का अन्त कर दूँगा। मैंने एकदम दौड़कर खड्ग हाथ में उठा लिया। और फिर एक आश्चर्यजनक घटना घट गई। एक क्षण में मेरे आगे का दरवाजा, खिड़की, यहाँ तक कि मन्दिर पर्यन्त समस्त दृश्य विलुप्त हो गया। ऐसा प्रतीत होने लगा कि किसी वस्तु का कोई अस्तित्व नहीं है। उसके स्थान पर मुझे केवल असीम ज्योतिष्मान तरंगें उठती दिखाई देती रहीं और वह तरंगमाला गर्जन करती हुई मुझे ग्रास करने के लिए बढ़ी चली आ रही थी। एक क्षण में तरंगों ने मुझे चारों तरफ से घेर लिया। मेरे ऊपर थपेड़ें मारने लगीं—और मुझे अपने अन्दर समेट लिया। मेरी साँसें रुक गईं। मैं संज्ञाहीन होकर भूमि पर गिर पड़ा। मेरी स्वाभाविक चेतना विनष्ट हो गई और दूसरी तरफ आन्तरिक जगत् का एक अन्य उच्चतर चैतन्य अत्यन्त तीव्रता के साथ दृष्टिगोचर होने लगा। वह दिन, और उससे अगला दिन मेरा किस तरह बीता, यह मैं नहीं जानता। मेरे चारों तरफ एक अक्षय आनन्द का समुद्र निरन्तर डोलने लगा। मैं अपनी आत्मा के अन्दर यह अनुभव करने लगा कि देवी माँ वहीं विराजमान है।'

विवेकानन्द ने 'आमि विवेकानन्द बलछि' (पृ. 49) में लिखा है कि 'उसके बाद से मैं श्रीरामकृष्ण के पास जाने लगा और उनके सान्निध्य में यह अनुभव किया कि धर्म जो दे सकता है, वह मैंने वास्तविक प्रत्यक्ष किया। एक बार स्पर्श से, एक बार सिर्फ नजरों से, एक पूरा जीवन बदल सकता है।'

2

श्री श्रीरामकृष्ण के शिष्य

स्वामी विवेकानन्द का बाल्यावस्था से ही धर्म और दर्शन-चर्चा में विशेष आग्रह था। शास्त्र में कहा गया है कि मनुष्य के लिए त्याग ही श्रेष्ठ आदर्श है। बाद में श्रीरामकृष्ण परमहंस के साथ परिचय होने के बाद उन्हें ऐसा लगा कि उनका जो श्रेष्ठ आदर्श है, वह उन्होंने अपने जीवन में परिणत कर डाला है। परिणामस्वरूप श्रीरामकृष्ण जिस पथ के पथिक थे, उस पथ पर चलने की प्रबल आकांक्षा स्वामीजी के मन में जग गई थी और उन्होंने संन्यास-धर्म ग्रहण कर लिया।

उसके पीछे की कहानी काफी दिलचस्प है। नरेन्द्रनाथ बी.ए. परीक्षा पास करने के बाद कानून की पढ़ाई शुरू की थी। पढ़ाई से अधिक श्रीरामकृष्ण से मिलना उन्हें ज्यादा अच्छा लगता था। श्रीरामकृष्ण से मिलने पहले-पहल काशीपुर जाया करते थे। एक दिन घर में डाँट पड़ गई, 'कानून की परीक्षा इतने करीब है, पढ़ाई-लिखाई का नाम नहीं। बस, भटकता फिर रहा है।' उन दिनों अपनी माँ और भाइयों के साथ नरेन अपनी नानी रघुमणि बसु के साथ 7 नं. रामतनु बोस लेन में रहते थे।

जैसे ही पढ़ाई के कमरे में जाकर उन्होंने पढ़ना शुरू किया, अचानक एक भयानक आतंक ने उन्हें घेर लिया। पढ़ाई बहुत डरावनी लगने लगी। किताब वगैरह इधर-उधर फेंककर वे सड़क पर उतर आए और दौड़ने लगे—किसी तरह काशीपुर पहुँचे और फिर याद आया कि शंकराचार्य ने अपने प्रवचन में एक बार कहा था कि तीन वस्तुएँ बड़ी तपस्या, बड़े भाग्य से मिलती हैं : 'मनुष्यत्व, मुमुक्षुत्व और महापुरुषों का सान्निध्य।' नरेन के मन में यह बात घर कर गई। उन्हें लगा कि यह तीनों चीजें मुझे मिली हुई हैं, मानव-जन्म मिला हुआ है, काफी तपस्या के फलस्वरूप मुक्ति की कामना जगी है और उससे भी अधिक माता-पिता की कृपा और तपस्या के फलस्वरूप महापुरुष की संगति प्राप्त हुई है। ये महापुरुष श्रीरामकृष्ण ही थे।

राजा राममोहन राय (1994-1834) ने जिस नवजागरण का सूत्रपात किया था, श्रीरामकृष्ण परमहंस के जीवन में उसका पूर्ण विकास दिखाई पड़ता है। पाश्चात्य देशों में 15-16वीं शती के नवजागरण का अर्थ था : आध्यात्मिकता से मुक्ति,

मानववाद की प्रतिष्ठा, व्यक्ति का बहुमुखी विकास, प्रेम और भोग की प्रतिष्ठा, मनुष्य के साथ मनुष्य की निःसंकोच आत्मीयता।

भारत के लिए मानवतावाद या मानव की श्रेष्ठता की बात महाभारत काल से कही जा रही है। इसीलिए भारत में 19वीं शती के नवजागरण का अर्थ था : परमात्मा का भग्नांश ही मनुष्य है। वेदान्त ने तो यहाँ तक कह डाला कि मनुष्य और ईश्वर में कोई अन्तर नहीं है, दोनों एक हैं। इसीलिए हमारे मानवतावाद में आध्यात्मिकता जुड़ी हुई है। वैदिक काल से ही युक्ति-तर्क के आधार पर प्रत्येक वस्तु की स्वीकृति की बात चली आ रही है, अतएव यह बहुत पुराना विचार है। वैदिक काल के अन्तिम दिनों में, 5-6वीं सदी ईसा पूर्व में, यास्क नाम के ऋषि ने वैदिक संज्ञाओं की निरुक्ति की थी।

यास्क के 'निरुक्त' में यह कहा गया है कि जब ऋषिगण इस पृथ्वी पर अपना काम पूरा करके चले जा रहे थे तो मनुष्यों ने ईश्वर से पूछा, 'अब हमारे ऋषि कौन होंगे?' तो ईश्वर ने उत्तर दिया कि 'अब से तर्क ऋषि तुम्हारी सहायता करेंगे।' युक्ति-तर्क के आधार पर जीवन जीने की बात तब से भारत देश के लोगों ने स्वीकार कर लिया। इस युक्ति-तर्क की सहायता से 19वीं शती में राष्ट्रवाद, समाज-सुधार और पुनरुत्थानवाद का प्रसार हुआ यानी धर्म की पुनःप्रतिष्ठा की ओर लोगों का ध्यान गया।

धर्म की प्रतिष्ठा के पीछे सबसे बड़ा कारण था : विदेशियों के द्वारा मूर्ति-पूजा का विरोध और तथाकथित प्रगतिशील जड़वादी व संदेहवादी हिन्दुओं के द्वारा उसके समर्थन के फलस्वरूप, ऐतिहासिक प्रयोजन को ध्यान में रखकर, भारतवर्ष के जातीय जीवन के मूल स्वर यानी धर्मचेतना का प्रसार होना। समाज और धर्म-चेतना को मिलाकर देखा जाना शुरू हुआ। हमारे यहाँ जो धार्मिक क्रान्ति हुई है, वह फ्रांसीसी या रूसी क्रान्ति के अनुरूप नहीं थी। इसके पुरोधा थे श्रीरामकृष्ण परमहंस, जिनकी वाणी में सारे धर्मों का सप्त स्वर गूँजता था।

स्वामी विवेकानन्द ने 'आमि विवेकानन्द बलछि' में लिखा है कि 'नाना पथों के द्वारा एक ही लक्ष्य की प्राप्ति के विचार की परीक्षा करने के लिए श्रीरामकृष्ण एक मुसलमान सन्त के द्वारा दिखाई गई साधना-प्रणाली का अनुसरण करते हुए मुसलमान मजहब का पालन करने लगे। मुसलमानों के कुरान के अनुरूप समुदाय के साथ मिलकर नमाज पढ़ने लगे। और श्रीरामकृष्ण को यह जानकर आश्चर्य हुआ कि ये सारी साधना-प्रणालियाँ एक ही लक्ष्य यानी ईश्वर, अल्लाह, ईसामसीह तक पहुँचा देती हैं। ईसाई धर्म का अनुसरण करने पर श्रीरामकृष्ण को एक ही फल प्राप्त हुआ। वह यह कि किसी साधक से परिचय प्राप्त होते ही उनके सामने नतमस्तक होकर, उनके निर्देशानुसार उनकी साधना-प्रणाली की शिक्षा ग्रहण करते। सर्वान्तःकरण से, गहरी निष्ठा के साथ, वे धर्मीय आचार-अनुष्ठान सीखते थे। विभिन्न धर्मगुरु उन्हें

जो-जो सिखाते, वे वही करते थे और सारी स्थिति में एक ही अनुभव प्राप्त होता। इस तरह अपने प्रत्यक्ष अनुभवों से श्रीरामकृष्ण यह समझ पाए कि प्रत्येक धर्म का लक्ष्य एक है—भिन्नता केवल साधना-प्रणाली में है, भिन्नता केवल भाषा में है।

स्वामी विवेकानन्द ने एक स्थान पर कहा है कि 19वीं शती के इस महान शिक्षक ने किसी भी धर्म के विरुद्ध एक भी अपशब्द नहीं कहा क्योंकि उन्होंने यह अनुभव किया था कि वास्तव में ये सारे धर्म विभिन्न रास्ते से चलते हुए अन्ततः एक ही अनादि अनन्त शक्ति का परिचय देते हैं। इसी को स्पष्ट करते हुए श्रीरामकृष्ण ने कहा था कि माँ काली काले रंग की हैं, दूर हैं, इसीलिए काली हैं। पास आने पर कोई रंग ही नहीं। जैसे दूर से आकाश नीला दिखता है, पास आने पर कोई रंग नहीं, सब एक हैं। विभिन्न धर्मों में उसी एक को देखा है। जल, जल ही है मगर हिन्दू उसे जल, मुसलमान पानी और ईसाई वाटर कहते हैं। श्रीरामकृष्ण का कहना है कि प्रत्येक मनुष्य को अपने धर्म पर चलने दो। यदि उसके अन्दर हार्दिक भाव से भगवान् को जानने की उत्कट लालसा है तो उसे शान्तिपूर्वक चलने दो। वह अवश्य ही उसे पा लेगा।

विवेकानन्द ने कहा है कि बराहनगर मठ में हम बारह जन श्रीरामकृष्ण के आदर्श-प्रचार करने के लिए कटिबद्ध हो गए थे। हमारी रोजमर्रा की जिन्दगी में हिन्दुओं की आध्यात्मिकता, बौद्धों की करुणा, ईसाइयों की कर्मप्रवणता और इस्लाम के भाईचारों को बढ़ावा देने के लिए हम सब जुट गए थे। एक विश्वजनीन धर्म के प्रसार में हमने और विलम्ब करना उचित नहीं समझा।

श्रीरामकृष्ण यदि अध्यात्म-दर्शन के प्रतीक हैं तो विवेकानन्द सामाजिक या राष्ट्रीय मार्ग पर अग्रसर होते हुए उस अध्यात्म के प्रसारक हैं। पहले सारथी श्रीकृष्ण, फिर रथारोही अर्जुन। पहले श्रीरामकृष्ण और फिर विवेकानन्द। श्रीरामकृष्ण का वस्त्र भारत के गाँव के साधारण मनुष्य के वस्त्र के अनुरूप रहा है और विवेकानन्द का वस्त्र उस अध्यात्म जीवन का प्रतीक-रूप रहा है। इन दोनों के मणिकांचन योग से भारत के अध्यात्म जीवन के एक युग का निर्धारण हुआ है।

अध्यात्म की व्याख्या करते हुए श्रीरामकृष्ण कहते हैं कि पूजा से जप बड़ा है। जप से ध्यान। ध्यान से भाव बड़ा है। भाव से महाभाव प्रेम बड़ा है। भक्ति का अर्थ है : जो विभक्त नहीं, वह भक्त है यानी जो भगवान् के साथ एकमेक होकर जीता है।

स्वामी विवेकानन्द का कहना है कि 'मैं अपने गुरु श्रीरामकृष्ण के साथ छह वर्ष रहा मगर कभी भी मैंने किसी का विरोध करते नहीं देखा। साथ में यह भी अनुभव किया कि धर्म या आध्यात्मिकता अन्तिम बात नहीं है। इसके साथ जीवन की वास्तविकता को स्वीकारना है। मानव के भीतर परम चैतन्य का उद्‌बोधन करना है। इसीलिए दूसरे स्तर पर श्रीरामकृष्ण ने एक नये मानवतावाद का विकास किया।'

रामकृष्ण का 'नर-नारायण' या विवेकानन्द का 'दरिद्रनारायण' आध्यात्मिकता के साथ इन्द्रियग्राह्य जगत का सम्मिलन है। जीव के प्रति दया नहीं—जीव ही शिव है, यह सोचकर सेवा करना है, मानो ईश्वर कहते हैं कि मैं मनुष्य के भीतर हूँ, तुम मनुष्य की सेवा करते हुए आनन्द-विभोर होकर जीना सीखो। आगे चलकर उन्होंने कहा कि शालिग्राम नारायण से भी मनुष्य बड़ा है—नर नारायण है। प्रतिमा में यदि उसका आविर्भाव होता है तो मनुष्य में नहीं होगा। शिवदृष्टि से जीव-सेवा या नर-नारायणवाद आज के युग की जरूरत है। मनुष्य क्या कोई कम है? मनुष्य ईश्वर का चिन्तन कर सकता है, अनन्त को अपनी धारणा में सँजो सकता है।

पहले धर्मज्ञान—'ओम् इति ब्रह्म'—वह ईश्वर एक परमब्रह्म है। फिर सामाजिक स्तर पर इसका अहसास—'भूमैव सुखं नाल्पे सुखमस्ति'।

इस भारतीय मानवतावाद की तीन कड़ियाँ हैं :

श्रीरामकृष्ण के अनुसार : ईश्वर के चरणों में अपने को समर्पित कर देना या दूसरे शब्दों में : ईश्वर के प्रति भक्ति या ईश्वर प्रेम। दूसरी कड़ी, दरिद्रनारायण की सेवा और अन्त में त्याग, भोग का त्याग, कर्म का त्याग। काफी लोग प्रश्न पूछते हैं कि कर्म-त्याग तो अनुचित है, विवेकानन्द तो कर्म-योग में विश्वास करते थे। बात सही है। यहाँ भोगयुक्त कर्म को छोड़ने की बात की जा रही है। सब प्रकार के भौतिक कार्य से मुक्ति ही जीवन-मुक्ति है। श्रीरामकृष्ण ने उदाहरण देते हुए कहा था कि एक चिड़िया जहाज के मस्तूल पर अनमनी बैठी थी—फिर निश्चेष्ट होकर बैठ गई—तब कोई अशान्ति नहीं। तब कोई कोशिश भी नहीं रही। हमारे जीवन की सबसे बड़ी ट्रैजडी है कि हम भोगयुक्त कर्म को सबसे अधिक महत्त्व देते हैं। उससे हमारी सफलता को आँका जाता है परन्तु हम संसार से कटे एक निर्वासित व्यक्ति के रूप में जीने के लिए बाध्य हो जाते हैं—हमारा आन्तरिक मन, जो ईश्वर से साथ हमें जोड़ता है, मर जाता है। फिर सामाजिक महत्त्व के कार्य से अपने को जोड़ नहीं पाता। कर्म ही जीवन का अन्त नहीं—इसको पार कर जाना है—अगर ऐसा कर सकेंगे तो पता चलेगा कि ईश्वर ही वस्तु है, बाकी सब अवस्तु है—ईश्वर-प्राप्ति ही जीवन का उद्देश्य है। कर्म को निष्काम करना होगा। अनासक्ति विवेकहीनता या उत्साहहीनता नहीं—केवल निःस्वार्थपरता है।

एक लकड़हारा था—वह जंगल में लकड़ी काटने गया था। अचानक एक ब्रह्मचारी मिला। उसने लकड़हारे से कहा—अरे, आगे बढ़ो, आगे। लकड़हारा सोचने लगा कि ब्रह्मचारी ने ऐसा क्यों कहा? वह आगे बढ़ा, सामने चन्दन का वन दिखाई दिया, और आगे चाँदी की खान, फिर सोने की। इनको पार करना ही निष्काम कर्म को समझना है। इस तरह मानवतावाद के आधार हैं : भक्ति, सेवा और त्याग। इसके साथ एक चौथी चीज भी जुड़ी है—सत्य।

'मैंने माँ से केवल भक्ति माँगी थी। माँ के चरणों में फूल अर्पित करके मैंने कहा था—माँ, यह लो तुम्हारा पाप, यह लो तुम्हारा पुण्य, मुझे श्रद्धाभक्ति दो। यह

लो तुम्हारी पवित्रता, अपवित्रता, मुझे श्रद्धा-भक्ति दो। यह लो तुम्हारा धर्म, यह लो तुम्हारा अधर्म, मुझे श्रद्धाभक्ति दो।'

धर्माधर्म से मुक्त होने पर श्रद्धाभक्ति विशुद्ध प्रेमभक्ति में बदल जाती है। ईश्वर-प्रेम ही धर्म का आधार तत्त्व है, जीवन का आधार तत्त्व है—मानववाद का आधार है।

आगे चलकर श्रीरामकृष्ण ने कहा : 'ये सब मैं जब कह रहा था तब यह नहीं कह सका—यह लो तुम्हारा सत्य, यह लो तुम्हारा असत्य। सत्य ही विश्वास है—जिस विश्वास के आधार पर 'शिव-शिव' कहलवाने से पतित-पतिता भी पवित्र हो जाते हैं।'

सत्य ही हमारे मूल्यों को निर्धारित करते हैं, नीति के प्रश्न को सुलझाने का आधार सत्य है। सत्य ही जीवन-संग्राम का स्थिर लक्ष्य है। जब तक हम मानवतावाद को एक स्थिर जीवन-मूल्यबोध पर प्रतिष्ठित नहीं कर सकेंगे, तब तक अध्यात्म जीवन और यथार्थ जीवन का योग नहीं हो सकेगा और सही अर्थ में उस समाज का निर्माण नहीं हो सकेगा, जहाँ प्रत्येक धर्म, प्रत्येक जाति, प्रत्येक मानव, प्रत्येक इच्छा, प्रत्येक सम्भावना की पूर्ति हो सकेगी; जहाँ धर्म से जुड़े हुए भी साम्प्रदायिकता से मुक्त रह सकेंगे; जहाँ स्वार्थहीन होते हुए भी जीवन के वृहत्तर स्वार्थ, जनता की सेवा, देश की सेवा में तन-मन-धन न्योछावर कर सकेंगे और ऊँचे स्वर में कह सकेंगे :

आनन्दं ब्रह्मणो विद्वान् न विभेति कदाचनेति।

ब्रह्म के आनन्द को जो जानता है, वह कभी डरता नहीं है। अध्यात्म-जीवन और समाज-जीवन के संगम से अन्ततः आनन्द मिलता है जो हमें निर्भीक बनाता है। यही तो श्रीरामकृष्ण परमहंस के मानवतावाद का सबसे बड़ा उपदेश है।

बंगाल की हरियाली से घिरे हुए एक छोटे-से गाँव 'कामारपुकुर' में एक वृद्ध ब्राह्मण पिता खुदीराम चट्टोपाध्याय और माता चन्द्रमणिदेवी के पुत्र रामकृष्ण का जन्म 18 फरवरी, 1836 में हुआ था। पिता खुदीराम अत्यन्त धर्मभीरु और दरिद्र थे, शक्ति और मर्यादा पुरुषोतम श्रीराम के उपासक थे। सीधे-सच्चे व्यक्ति थे। झूठी साक्षी न देने के कारण वह अपना सर्वस्व खो चुके थे। खुदीराम की जब आयु 60 वर्ष की थी तो तीर्थ करने के लिए वे गयाधाम गए थे। वहाँ विष्णु का पदचिह्न अंकित है। लोकमुख में यह कहानी प्रचलित है कि रात्रि के समय भगवान् उनके सम्मुख प्रकट हुए और कहा : 'मैं विश्व की मुक्ति के लिए शीघ्र ही पुनः जन्म धारण करूँगा।'

लोकमुख की यह कहानी भी है कि उस समय कामारपुकुर में उनकी पत्नी चन्द्रमणि ने भी स्वप्न देखा कि एक देवता ने उनके अन्दर प्रवेश किया है। उनकी कुटिया के सामने मन्दिर में शिव की मूर्ति एक क्षण में सजीव हो गई। उसके बाद एक आलोक रश्मि आकर चन्द्रमणि के शरीर में प्रवेश कर गई। उसके बाद उन्हें

होश हुआ तो वे गर्भवती थीं। पति खुदीराम ने तीर्थ-यात्रा से वापस आकर सुना कि उनकी पत्नी प्राय: एक देव-वाणी सुनती हैं कि उनके गर्भ में भगवान् हैं।

जन्म के बाद जब रामकृष्ण छह वर्ष के हुए तो एक घटना घट गई, जिससे लोगों ने यह अनुमान लगाना शुरू किया कि यह कोई असाधारण बालक हैं।

एक दिन प्रात: वर्षा ऋतु के समय बालक रामकृष्ण अपने कुर्ते के पल्ले में कुछ चिवड़े लेकर इधर-उधर खेतों में घूम रहा था। अचानक उसने आकाश की ओर अपनी नजर उठाई, ऊपर काले बादल छाये हुए थे जो और भी घने काले होते जा रहे थे। देखते ही देखते सारे आकाश में घने काले बादल छा गए। ऐसे समय दूधिया सफेद रंग के सारस पक्षी एक माला जैसी पंक्ति बनाकर उन काले बादलों को छूते हुए बालक रामकृष्ण के ऊपर से गुजर गए। उससे ऐसा लगा कि माँ काली मुंडमाला धारण किये हुए आकाश में विराजमान हैं। यह कल्पना बालक के लिए साकार बन गई और वह सुधबुध खोकर संज्ञाहीन पृथ्वी पर गिर पड़ा। पड़ोस के किसी ने बेहोश बालक रामकृष्ण को उठाकर घर पहुँचा दिया। यह उनके जीवन का प्रथम अवसर था जब श्रीरामकृष्ण बाल्यावस्था में इस तरह भावाविष्ट हुए थे।

दूसरी घटना एक साल बाद की है, जब सात वर्ष की अवस्था में पिता की मृत्यु हो गई और पूरे परिवार को धनाभाव के कारण काफी कठिनाइयों का सामना करना पड़ा। बड़े लड़के रामकुमार कलकत्ते में नौकरी की तलाश करने चले आए। यहाँ आकर उन्होंने एक पाठशाला की स्थापना की। सन् 1852 में उन्होंने रामकृष्ण को भी वहीं बुला भेजा परन्तु उन्होंने अपनी चंचल और नटखट प्रवृत्ति के कारण तथा आन्तरिक मन की दिव्य शक्ति से प्रभावित होकर उस पाठशाला में पढ़ने से इनकार कर दिया।

यह सौभाग्य की बात थी कि उस समय रानी रासमणि, जो मूलत: एक दलित (कैवर्त मछेरे) परिवार की लड़की थीं परन्तु सुन्दर रूप के कारण एक बड़ी उम्र वाले विदुर व्यक्ति राजचन्द्र दास से उनका विवाह हो गया। राजचन्द्र दास का बहुत बड़ा व्यापार था और कलकत्ते के जानबजार के रईसों में गिने जाते थे। प्रगतिशील दृष्टिवाले पति ने पत्नी को दान-दक्षिण, जनसेवा निमित्त मन्दिर-निर्माण आदि के लिए हमेशा उत्साहित किया। यहाँ तक कि पत्नी के बुद्धि-विवेक से परिचित होने पर व्यापार में उन्हें जोड़ लिया और पत्नी ने व्यापार का विस्तार तो किया ही, साथ में इतने लोकोपकारक काम किये कि उस समय कलकत्ते में चारों ओर उनकी प्रशंसा सुनने को मिलने लगी। लोग उन्हें 'रानी' कहकर पुकारने लगे।

रानी रासमणि ने कलकत्ते से लगभग चार मील दूर गंगा के पूर्वीय तट पर, दक्षिणेश्वर में, सन् 1855 में माँ काली महादेवी का एक भव्य मन्दिर बनवाया था परन्तु निम्न जाति की होने के कारण उनके मन्दिर में कोई कठमुल्ला ब्राह्मण पौरोहित्य के लिए तैयार नहीं था। परन्तु सन् 1855 में रामकुमार पुरोहित बनने के

लिए राजी हो गए और उनके देहान्त के बाद सन् 1856 में 20 वर्ष की अवस्था में इस पदभार को श्रीरामकृष्ण ने ग्रहण किया। तीस वर्षों तक वे इस पद पर आसीन रहे। रामकृष्ण का कद छोटा, रंग भूरा व समय के साथ छोटी दाढ़ी आ गई थी। उनकी सुन्दर आँखें, विस्तृत काली आँखें, जो प्रकाश से परिपूर्ण, तनिक तिरछी व अर्द्ध-निमीलित मुद्रा में रहती थीं, कभी पूरी नहीं खुलती थीं; परन्तु अर्द्धमुद्रित अवस्था में भी वे भीतर और बाहर दूर-दूर तक देख सकती थीं। इस बीच उनकी ख्याति दिन-प्रतिदिन बढ़ने लगी। चारों तरफ दूर-दूर से उस अभूतपूर्व व्यक्ति के दर्शन के लिए युवक, वृद्ध, स्त्री-पुरुषों का जमघट लगने लगा। श्रीरामकृष्ण को साधना के सभी मार्गों का गहरा ज्ञान था और बीच मार्ग में बैठकर सभी को सही रास्ता बताते नजर आते थे। बुद्धिजीवी, साधु, संन्यासी, फकीर, आम आदमी, विचारक—कहने को कलकत्ते के सभी वर्गों के लोग उनके दर्शन और उनके वचन सुनने के लिए दक्षिणेश्वर उपस्थित होने लगे। जीवन के अन्तिम दिनों तक उनमें सहज सरलता बनी रही। जनसाधारण की भाषा में गूढ़ से गूढ़ बातें समझाने की उनमें अपूर्व शक्ति थी।

रानी रासमणि के प्रसंग में यहाँ एक कहानी का उल्लेख करते हुए पटाक्षेप करना ठीक रहेगा। श्रीरामकृष्ण माँ काली महादेवी की पूजा में व्यस्त थे—मन्दिर के बिलकुल चौखट के पास रानी रासमणि बैठी हुई थीं। अचानक श्रीरामकृष्ण ने उनके गाल पर जोर से एक थप्पड़ जड़ते हुए भारी गले से कहा कि माँ काली के मन्दिर में भी रुपये-पैसे, दुनियादारी के मामलों में मन को उलझा रखा है। रासमणि के लोग रामकृष्ण को पीटने के लिए उतारू हो गए मगर रासमणि ने उन्हें मना कर दिया और अपनी तरफ से क्षमा माँगते हुए माँ काली महादेवी को प्रणाम कर वहाँ से निकल गईं।

यह घटना 1856 और 1861 की बीच कभी भी घटी होगी। सन् 1861 में रानी रासमणि देवी की मृत्यु हो गई परन्तु एक अच्छी बात यह हुई कि रासमणि की मृत्यु के बाद उनके जामाता माथुर बाबू को पूरी जमींदारी के साथ दक्षिणेश्वर मन्दिर की देखभाल का काम करने का सौभाग्य प्राप्त हुआ था। माथुर बाबू रामकृष्ण के प्रति अनुरक्त थे इसलिए मुख्य पुजारी का काम रामकृष्ण का वैसा ही बना रहा, कोई परिवर्तन नहीं हुआ।

विवेकानन्द का कहना है कि शंकराचार्य का विराट मस्तिष्क था और रामानुज का विशाल हृदय। और उनके गुरु में हृदय और मस्तिष्क का समन्वय था : एक ऐसे व्यक्ति, जो सारे धार्मिक सम्प्रदायों में एक महत्भाव देख पाते थे, जिन्हें प्रत्येक प्राणी में ईश्वर दिखाई पड़ता था, जिनका हृदय प्रत्येक दुर्बल दरिद्र व्यक्ति के लिए व्यथित हो उठता था।

श्रीरामकृष्ण का भावमय समाधि में खो जाने का कोई ठिकाना नहीं था। 20 वर्षीय श्रीरामकृष्ण आनन्दमयी जगन्माता महाकाली के मन्दिर के पुरोहित बन गए थे। सुबह-शाम उनको पूजा करनी पड़ती थी। पूजा करते-करते केवल यही भाव मन में उठता रहता था कि इस मूर्ति के पीछे सचमुच कुछ है या नहीं? इस विश्वजगत में सचमुच कोई आनन्दमयी माँ हैं? क्या वे सचमुच विश्व की नियन्ता हैं, अथवा यह सब मायामात्र है? धर्म में कोई वास्तविकता है?

श्रीरामकृष्ण के मन में जब ऐसे प्रश्न उठते थे तो उनकी आँखों से केवल आँसू की धारा बहने लगती थी। पूछते, 'माँ, सचमुच क्या तुम हो या केवल कल्पना मात्र हो?' स्कूल-कॉलेज की शिक्षा उन्होंने प्राप्त नहीं की थी, उससे उनको लाभ हुआ था। अकादमीय शिक्षा के अभाव में उनकी स्वभाविकता अथवा मस्तिष्क स्वस्थ, ठीक बना रहा। मगर यह चिन्ता, भगवान् का दर्शन कैसे किया जा सकता है, उनके मन में प्रबल हो उठने लगी। फिर ऐसा एक दिन आया कि वे और कुछ सोच ही नहीं पाते थे। नित्य पूजा और सारे छोटे-मोटे नियम उनके लिए पालन करना कठिन हो जाता। प्राय: देवी को भोग चढ़ाना तक भूल जाते थे। कभी आरती करना भूलते या फिर सब कुछ भूलकर घंटों तक आरती करते रहते।

उनके मन में केवल एक ही प्रश्न घुमड़ता रहता था—माँ, क्या तुम सचमुच हो? क्यों तू बात नहीं करती? क्या तुम मृत हो?

आखिरकार श्रीरामकृष्ण के लिए मन्दिर में पुरोहित का काम करना कठिन हो गया। वे अपना दायित्व बिना निभाए मन्दिर के पास पंचवटी वन में रहने लगे।

उनके जीवन की इस भावसमाधि के बारे में नरेन्द्रनाथ ने एक बार कहा था : 'कब सूरज उगता है, कब डूबता, वे बोल नहीं पाते थे। अपने शरीर के बारे में कोई ज्ञान नहीं। इन दिनों उनकी बिरादरी का कोई व्यक्ति उनके मुँह में कुछ खाना ठूँस देता था—बाह्यज्ञानहीन व्यक्ति के समान वे खाना खा लेते थे।' श्रीरामकृष्ण के भतीजे हलधर मन्दिर में एक दूसरे पुरोहित के रूप में काम करने लगे। रामकृष्ण ने यह सुना था कि जब तक आप सर्वस्व त्याग नहीं करते, तब तक माता नहीं आतीं। जिस मुहूर्त माँ को कोई अन्तर से बुलाता है, उसी क्षण वे आ जाती हैं। यह सोच आते ही उनकी जो भी थोड़ी-बहुत सम्पत्ति थी, उसे उन्होंने परित्याग कर दिया। प्रतिज्ञा की कि वे कभी भी पैसा स्पर्श नहीं करेंगे।

परवर्ती काल में विवेकानन्द कह रहे हैं कि 'मैं यदि एक पैसा उनके शरीर से स्पर्श कराता तो उनका शरीर टेढ़ा और अवश हो जाता था।'

अर्थ-त्याग के बाद उनके मन में विचार उठा था कि दूसरा शत्रु है काम। मानव आत्मा है और आत्मा लिंगहीन है—नारी भी नहीं, पुरुष भी नहीं। श्रीरामकृष्ण को ऐसा लगा कि अर्थ और काम की धारणा, दोनों अलग-अलग हैं और ये दोनों मातृ-दर्शन में बाधक हैं। सारा विश्व ही माँ का प्रकाश है। वे प्रत्येक नारी-शरीर में निवास करती हैं।

'प्रत्येक नारी माँ की प्रतिमूर्ति है, इसलिए मैं किसी प्रकार भी किसी नारी के साथ यौन-संपर्क की बात सोच ही नहीं सकता।' सारे जीवन भर यही धारणा उनकी बनी रही।

विवेकानन्द का कहना है कि गुरुदेव में नारी मात्र में ही, चाहे वह किसी जात की क्यों न हो, मातृ-दर्शन करते थे।

एक घटना का उल्लेख करते हुए विवेकानन्द ('आमि विवेकानन्द बलछि', पृ. 74) कहते हैं कि इस निरक्षर पंडित ने बड़े-बड़े पंडितों को एक बार तर्क से परास्त कर दिया था। दक्षिणेश्वर के एक पुजारी से विष्णुमूर्ति का एक पैर टूट गया था। शास्त्रों के पृष्ठों को उलट-पलट कर अन्ततः पंडितों ने अपना मत दिया कि टूटी मूर्ति की पूजा नहीं हो सकती, नई मूर्ति की प्रतिष्ठा करनी होगी। आखिर में श्री परमहंस को बुलाया गया। उन्होंने कहा, पति का पैर यदि टूट जाए तो फिर उसकी स्त्री उसे क्या त्याग देगी? इसके बाद पंडितों की टीका-टिप्पणियाँ बेकार हो गईं। विद्या-शिक्षा के इस अभिनव रूप के संचारण का श्रेय बाद में स्वामी विवेकानन्द ने अपने कंधे पर उठा लिया था।

बाद में एक दिन श्री परमहंस ने विवेकानन्द से पूछा, 'कल्पना करो कि एक कमरे में सोने के मोहरों से भरी हुई थैली है और दूसरे कमरे में एक चोर है। तुम क्या सोचते हो कि वह चोर रात को सो पाएगा? उसे नींद आएगी ही नहीं। वह तो लगातार यही सोचता रहेगा कि कैसे उस कमरे में घुसकर मोहरों की थैली को अपने कब्जे में ले सके।'

श्रीरामकृष्ण ने आगे चलकर कहा कि अगर यह सच है तो तुम यह सोच सकते हो कि जिसकी यह धारणा दृढ़ हो चुकी है कि इस आपात-प्रतीयमान वस्तु के पीछे एक सत्य विराजमान है, ईश्वर एक हैं, एक अवनीश्वर अनन्त आनन्दस्वरूप हैं, जिस आनन्द के साथ तुलना करने से इन्द्रिय-सुख बच्चों का खेल लगता है, तो फिर उस अनन्त आनन्द को पाने के लिए वह प्राणपण कोशिश क्यों नहीं करेगा? एक मुहूर्त के लिए क्या वह अपने प्रयत्नों का परित्याग करेगा? यह कभी हो ही नहीं सकता। उस अवनीश्वर अनन्त आनन्दस्वरूप ईश्वर को पाने के लिए वह प्राणपण प्रयत्न करता रहेगा।

श्रीरामकृष्ण में भी यही उन्मत्तता दिखाई पड़ती थी। उस समय उनका कोई गुरु नहीं था। ऐसा कोई नहीं था जो उनकी आकांक्षित वस्तु का पता दे सके। सभी सोचते थे कि वह पागल हो गया है।

दिन-पर-दिन, सप्ताह-पर-सप्ताह, मास-पर-मास सत्य की खोज चलती रही। कभी-कभी श्रीरामकृष्ण को नाना प्रकार के अलौकिक और अद्‌भुत दर्शन होने लगते, मानो आवरण-पर-आवरण खुलता जा रहा हो! जगन्माता मानो स्वयं गुरु बनकर इस साधक के आकांक्षित सत्य-लाभ की साधना में दीक्षित

करने आई हैं। माँ काली के स्वरूप (साकार) का रहस्य धीरे-धीरे उनके सामने खुलता चला गया।

इसी समय सन् 1861 में एक परम सुन्दरी अनुपम विदुषी, भैरवी, संन्यासिनी वहाँ उपस्थित हुईं। दक्षिणेश्वर के मन्दिर में आकर उन्हें पता लगा कि कालीदेवी का पुजारी, 26-27 वर्ष का एक बालक, दिन-रात ईश्वर का साक्षात्कार करने के लिए आँसू बहाता रहता है, और लोग उसे पागल कहते हैं। वैसे ही भैरवी ने उनसे मिलना चाहा। इस भैरवी संन्यासिनी से श्रीरामकृष्ण को पहले-पहल सहायता मिली।

श्रीरामकृष्ण के मन की बात समझकर उन्होंने कहा, 'बेटे, तुम्हारी जैसी उन्मत्तता जिसमें आई है, वह धन्य है। ऐसे लोगों की संख्या इस दुनिया में काफी कम है।'

यह भैरवी संन्यासिनी श्रीरामकृष्ण के पास कई वर्षों तक रहीं और उन्हें विभिन्न शास्त्रों की शिक्षा दी और योग का रास्ता सुझाया। भैरवी ने रामकृष्ण को तंत्र-साधना का रास्ता दिखलाया मगर यह रास्ता बहुत ही दुर्गम और फिसलन से भरा है—लोग इस रास्ते पर चलकर बहुत ही कम वापस आ सके हैं। परन्तु पवित्र आत्मायुक्त रामकृष्ण इस पथ पर यात्रा करने से पूर्व जिस प्रकार निष्कलंक थे, उसी निष्कलंक अवस्था में, बल्कि अग्नि में तपाये हुए इस्पात के समान पहले से भी दृढ़तर होकर वापस आए।

रामकृष्ण की दीक्षा-गुरु भैरवी ने रामकृष्ण के अन्दर भगवान् के अवतार का दर्शन किया था। इसीलिए उन्होंने दक्षिणेश्वर में पंडितों की एक सभा बुलाई, जिसमें विद्वानों के पांडित्यपूर्ण वाद-विवाद के पश्चात् भैरवी ने धार्मिक सम्प्रदायों के आचार्यों से यह अनुरोध किया कि वे श्रीरामकृष्ण को नव अवतार घोषित करें।

भैरवी ब्राह्मणी कुछ वर्ष दक्षिणेश्वर में रहकर सन् 1867 में मन्दिर से विदा हो गईं।

इस सम्बन्ध में ('आमि विवेकानन्द बलछि', पृ. 83-85) विवेकानन्द का कहना है कि 'शास्त्रीय विद्या श्रीरामकृष्ण में न के बराबर थी। मगर आन्तरिक ज्ञान के सागर होने के बावजूद वे लिखना-पढ़ना कम किया करते थे। मगर प्रत्येक विश्वविद्यालय के बड़े-बड़े अधिकारी शिक्षक तक उनको एक महामनीषी के रूप में स्वीकार करते थे। वे भारत के ऋषियों के परिपूर्ण रूप थे, युगावतार थे, और उनकी वाणी प्रत्येक के लिए कल्याणप्रद थी। गुरुदेव की पीछे एक ईश्वरीय शक्ति काम करती रही, यह लक्षणीय था। भावराज्य के राजा अठारह भावों में सिद्धिलाभ किया था। धर्म की ग्लानि दूर करने के लिए भगवान् श्रीरामकृष्ण का शरीर धारण करके वर्तमान युग में अवतीर्ण हुए थे। उन्हें देवता व मनुष्य का अवतार कहा जा सकता है।' सिस्टर निवेदिता का कहना है कि 'काली महादेवी की इच्छापूर्ति के लिए वे काली के अवतार-रूप में धरती पर उतरे थे' ('स्वामीजी को जैसे देखा है', सिस्टर निवेदिता, पृ. 10)।

विवेकानन्द आगे कहते हैं : 'अवतार वही होते हैं, जो भोग-सुख का कौवे की बीट के समान परित्याग करते हैं और 'जगद्धिताय' और 'जीव हिताय' जीवन को बिता देते हैं।' विवेकानन्द फिर कहते हैं : 'अवतार कहना उन्हें छोटा करने जैसा है। वे देवता थे। जब कभी कोई अवतार आते हैं, तब उनके साथ मुक्त और मुमुक्षु पुरुष उनकी लीला में सहायक बनकर शरीर धारण करते हैं।' अन्त में वह कहते हैं : 'रामकृष्ण परमहंस भगवान् के अवतार हैं, इसमें मुझे थोड़ा भी संदेह नहीं है।'

कुछ दिन बाद सन् 1864 में पंजाब से तोतापुरी नाम के एक परम पंडित और दर्शनशास्त्रविद् नागा संन्यासी मन्दिर में आ उपस्थित हुए। उस समय श्रीरामकृष्ण की उम्र 28 वर्ष थी। अद्भुत यह संन्यासी यह विश्वास करते थे कि मूलतः जगत का कोई अस्तित्व नहीं है। यह प्रमाणित करने के लिए वे किसी के गृह में तीन दिन से अधिक नहीं रहते थे। धूप, आँधी, बारिश में भी अधिकतर आकाश के नीचे ही बिताते थे। निराकार भगवान् के वे सन्देशवाहक थे।

श्रीरामकृष्ण तब तक साकार माँ काली भगवती के दर्शन कर चुके थे परन्तु इससे उनके भीतर विनय, मानव-प्रेम, सर्व-धर्म-विश्वास और भी अधिक दिखाई देने लगा। संन्यासी तोतापुरी ने उन्हें वेदान्त की शिक्षा देना शुरू किया मगर बहुत जल्दी उन्हें यह अनुभव हुआ कि गुरु की अपेक्षा शिष्य अनेक विषयों में उनसे अधिक जानता है। तोतापुरी ने देखा कि युवक पुरोहित अपने ही ध्यान में लिप्त आनन्द-निमग्न है। तोतापुरी की आन्तरिक आँखें उसे देखकर विस्मय से खुली रह गईं। उन्होंने कहा, 'बेटा! मुझे यह स्पष्ट प्रतीत हो रहा है कि तुम पहले ही सत्य के मार्ग पर काफी दूर तक अग्रसर हो चुके हो। यदि तुम चाहो तो मैं तुम्हें इसके बाद की अगली मंजिल पर पहुँचा सकता हूँ। मैं तुम्हें वेदान्त की शिक्षा दूँगा।'

रामकृष्ण ने सहज सरल भाव से उत्तर दिया, 'माँ से पूछ लूँ!'

उनकी इस सरलता ने उस कठोर संन्यासी तोतापुरी को मुग्ध कर दिया और उनके चेहरे पर स्मित हास्य खिल उठा।

माँ की अनुमति मिलने के बाद रामकृष्ण ने बड़ी विनम्रता के साथ तोतापुरी के चरणों में पूरे विश्वास के साथ आत्मसमर्पण कर दिया।

रोम्याँ रोलाँ की पुस्तक 'रामकृष्ण' में यह उल्लिखित है कि दीक्षा लेने से पूर्व रामकृष्ण को परीक्षा देनी पड़ी थी। परीक्षा की शर्तों के अनुसार उन्हें अपने सब विशेषाधिकार व संकेत चिह्न और जनेऊ, पुरोहित की पद-मर्यादा एवं अन्य सब सुविधाएँ त्यागनी पड़ेंगी। केवल यही नहीं, रामकृष्ण जिस वस्तु को लेकर जीवित थे, उस साकार भगवान् तथा उनके प्रति स्नेह, ममता-माया तथा अन्यत्र भी प्रेम व त्याग के द्वारा उन्होंने अब तक जो कुछ प्राप्त किया था, उस सबको भी उन्हें एक क्षण में चिरकाल के लिए विसर्जन करना होगा। पृथ्वी के समान नग्न होकर उन्हें प्रतीक के रूप में स्वयं अपना शवदाह करना होगा। अपने अहंकार व अस्तित्व

के अन्तरतम अवशेष को भी उन्हें दफनाना होगा। तभी वे संन्यासी के उन गैरिक वस्त्रों के अधिकारी हो सकेंगे जिनको उनके नवजीवन के प्रतीक-रूप में स्वीकृति मिलेगी। और रामकृष्ण के लिए ये सब तुच्छ वस्तुएँ थीं।

अब तोतापुरी उन्हें अद्वैत वेदान्त के मुख्य सिद्धान्तों से परिचित कराने लगे। अद्वैत वेदान्त उपनिषदों के मूल विचारों पर आधारित है। इस दुनिया में ब्रह्म केवल एक ही है, दो नहीं : 'एको ब्रह्म द्वितीयो नास्ति।' और वह एक मैं ही हूँ : 'अहम् ब्रह्मास्मि' और 'ब्रह्म जगदोद्भव कारणम्'—ब्रह्म ही जगत के उद्भव का कारण है और फिर 'ब्रह्म सत्यं जगन्मिथ्या'—ब्रह्म सत्य है, जगत मिथ्या है, माया है। चिन्मय, भगवान्, असीम, अव्यय, ब्रह्म, आत्मा इस सत्य के ही नाम हैं क्योंकि इस सत्ता को अपने लक्षण में सहायता प्रदान करने के लिए किसी गुण की आवश्यकता नहीं है। तोतापुरी की शिक्षा के बारे में श्रीरामकृष्ण ने अपने शब्दों में कहा था :

> 'नग्न तोतापुरी ने मेरे मन को सब वस्तुओं से हटाकर उस आत्मा के गम्भीर में निमग्न करने की शिक्षा दी। परन्तु मेरे सब प्रकार के प्रयत्नों के बावजूद मैं नाम और रूप-सीमा का उल्लंघन कर निरपेक्ष अवस्था में अपनी आत्मा को न ले जा सका। अवश्य ही ज्योतिर्मय माँ काली महादेवी की सुपरिचित मूर्ति के अतिरिक्त अन्य सब पदार्थों से मन को पृथक् करने में मुझे कोई असुविधा अनुभव नहीं हुई। परन्तु माँ तो ज्ञान सार हैं, इसीलिए वह मेरे सम्मुख एक जीवित वास्तविकता के रूप में प्रकट रहीं। उन्होंने परमनिराकार के पथ को रोक दिया। मैंने अनेक बार अद्वैत वेदान्त के आदेशों पर अपने मन को केन्द्रित करने की चेष्टा की, परन्तु हर दफा माँ ने बीच में आकर दखल दिया।

'अन्त में हताश होकर मैंने तोतापुरी से कहा : "इससे कुछ लाभ नहीं। मैं अपनी आत्मा को निरपेक्ष अवस्था की उच्चता तक पहुँचाने व आत्मा के अतिरिक्त और किसी की उपस्थिति को नकारने में कभी सफल न हो सकूँगा।—उन्होंने भर्त्सना के स्वर में कहा : क्या कहा? तुम नहीं कर सकोगे? तुम्हें करना ही होगा।—यह कहकर उन्होंने अपने इधर-उधर नजर दौड़ाई और एक काँच के टुकड़े को उठाकर उसे मेरे दोनों नेत्रों के ठीक बीच में रखकर कहने लगे : अपने मन को इस स्थान पर केन्द्रित करो।—मैंने पुनः अपनी पूरी शक्ति के साथ ध्यान करना प्रारम्भ किया, और जैसे ही दिव्य माँ की सुन्दर मूर्ति मेरी आँखों के सामने प्रकट हुई, मैंने विचार की तलवार से उसे खंडित कर दिया।'

इस प्रकार अन्तिम बाधा भी विनष्ट हो गई और श्रीरामकृष्ण निर्विकल्प समाधि के अन्तिम मंजिल पर पहुँच गए।

जिस सिद्धि को प्राप्त करने के लिए तोतापुरी को चालीस वर्ष का लम्बा समय लग गया था, रामकृष्ण ने वह एक दिन में प्राप्त कर लिया।

परन्तु बहुत शीघ्र श्रीरामकृष्ण को यह अहसास हो गया कि साकार माँ काली महादेवी और निराकार ब्रह्म एक ही सत्ता हैं। वे उसी प्रकार एक हैं, जैसे दूध और उसकी धवलता, हीरा और उसकी चमक अथवा साँप और उसकी वक्रता। एक के बिना दूसरे का विचार असम्भव है। दोनों एक-दूसरे से उसी प्रकार अभिन्न हैं जिस प्रकार अग्नि व उसका दहन-कार्य। काली देवी को स्वीकार करना, ब्रह्म को स्वीकार करना है और ब्रह्म को स्वीकार करना, माँ काली को स्वीकार करना है। ब्रह्म और उनकी शक्ति अभिन्न है।

इसे ही श्रीरामकृष्ण शक्ति या काली कहते हैं।

एक दफा महेन्द्रनाथ गुप्त या 'म' (मास्टर), 'श्रीरामकृष्ण कथामृत' के संचालक श्रीरामकृष्ण के पास बैठे हुए थे। चर्चा करते हुए श्रीरामकृष्ण ने पूछ डाला, 'अच्छा, तुम्हारा विश्वास 'साकार' में है या 'निराकार' में?' मास्टर ने उत्तर दिया, 'निराकार मुझे अधिक पसन्द है।' श्रीरामकृष्ण ने कहा, 'अच्छी बात है। किसी एक पर विश्वास रखने से काम हो जाएगा। निराकार पर विश्वास करते हो, अच्छा है। मगर यह न कहना कि यही सत्य है और सब झूठ। यह समझना कि निराकार भी सत्य है और साकार भी। जिस पर तुम्हारा विश्वास है, उसी को पकड़े रहो।'

दोनों सत्य हैं, यह सुनकर मास्टर चकित हो गए। यह बात उनके किताबी ज्ञान में तो थी ही नहीं! मास्टर ने फिर प्रश्न पूछा, 'अच्छा, वे साकार हैं, यह मान लिया, पर मिट्टी की या पत्थर की मूर्ति में तो वे हैं नहीं?' श्रीरामकृष्ण ने कहा, 'मिट्टी की मूर्ति में वे क्यों होने लगे? पत्थर या मिट्टी होती नहीं है, वह चिन्मयी मूर्ति होती है।' मास्टर ने फिर सवाल उठाया, 'जो मिट्टी की मूर्ति पूजते हैं, उन्हें समझना तो चाहिए कि मिट्टी की मूर्ति ईश्वर नहीं है।' रामकृष्ण ने उत्तर दिया, 'यह ईश्वरीय ज्ञान है, भक्ति है—ज्ञान और भक्ति का मणिकांचन संयोग है।'

स्वामी विवेकानन्द ने भी साकार और निराकार में विश्वास करते हुए भी अपने गुरु श्रीरामकृष्ण के आदेश पर सारे विश्व भर में निराकार या अद्वैत वेदान्त का प्रचार किया था। केवल वेदान्त नहीं, कर्मठ वेदान्तवाद का भी प्रचार किया था। विवेकानन्द ने अपने युग के संदर्भ में यह कहा था कि 'आजकल यह बात चालू हो गई है कि मूर्ति-पूजा अन्याय है। मैं भी एक समय ऐसा ही सोचता था। उसकी सजा मुझे यह मिली कि मुझे एक ऐसे व्यक्ति से शिक्षा-लाभ हुआ जिसने मूर्ति-पूजा करके सब कुछ प्राप्त किया था। अगर मूर्ति-पूजा करके रामकृष्ण परमहंस जैसे व्यक्ति का आविर्भाव हो सकता है तो हजारों मूर्तियों की पूजा करने के लिए मैं तैयार हूँ।'

शिष्य से काफी कुछ सीखकर तीन दिन के स्थान पर ग्यारह महीने रहकर तोतापुरी एक दिन दक्षिणेश्वर से विदा हो गए।

तोतापुरी के विदा होने के बाद श्रीरामकृष्ण और बाईस वर्ष जीवित रहे और इस बीच लगभग भाव-समाधि में चले जाना, पूजा-कार्य छोड़कर पंचवटी में चुपचाप बैठ जाने में कोई अन्तराल नहीं आया।

इन सबसे अलग पूर्व घटनाओं का स्मरण करते हैं। मन्दिर में श्रीरामकृष्ण की अजीबोगरीब पूजा-पद्धति देखकर बहुतों ने यह सोचना शुरू किया कि इनकी मस्तिष्क-विकृति हुई है। उनके स्वजनों ने उन्हें गाँव ले जाकर एक बालिका शारदा देवी के साथ सन् 1859 में उनकी शादी करा दी। उस समय शारदा देवी की उम्र मात्र सात वर्ष की थी। आशा थी कि इससे मन ठीक हो जाएगा और मानसिक बीमारी खत्म हो जाएगी। मगर श्रीरामकृष्ण वापस आ तो गए मगर कोई परिवर्तन उनमें दिखाई नहीं दिया। डेढ़ साल वे कामारपुकुर में रहे, फिर दक्षिणेश्वर मन्दिर में वापस आकर सन् 1868 में रानी रासमणि के जामाता माथुर बाबू के साथ तीर्थयात्रा पर निकल पड़े और देवघर, वाराणसी, इलाहाबाद और वृन्दावन की यात्राएँ कीं। उसके बाद माथुर बाबू के साथ सन् 1870 में कालना और चैतन्य महाप्रभु के जन्मस्थान नवद्वीप की यात्रा की। मन में कभी साधारण सुधार हुआ तो कभी विक्षिप्तता की स्थिति बनी रही।

गाँव में शारदा देवी के पास यह खबर पहुँची तो वह स्वयं पता लगाने के लिए पैदल चलकर सन् 1872 में 19 वर्ष की उम्र में मन्दिर में आ उपस्थित हुईं। पति के साथ पहले साक्षात्कार में ही पति ने अपनी जीवनसंगिनी को ग्रहण करना चाहा, यद्यपि भारतवर्ष में पुरुष या नारी किसी धर्मसाधना का अवलम्बन करने पर पारिवारिक बंधन से मुक्त हो जाते हैं, लेकिन स्त्री के पैरों पर गिर पड़े तरुण साधक ने कहा, 'माँ जगदम्बा ने मुझे समझा दिया है कि प्रत्येक स्त्री में वे विराजती हैं। मैंने भी सीख ली है कि प्रत्येक स्त्री को जननी के रूप में देखना है। इसी रूप में मैं तुम्हें देखना चाहता हूँ। मगर तुम यदि खींचकर संसार-धर्म में ले आना चाहोगी तो मैं तुम्हारी बात सुनूँगा क्योंकि मैंने अग्नि को साक्षी मानकर तुम्हारे साथ विवाह किया है।'

विशुद्ध स्वभावा महीयसी शारदा देवी ने स्वामी के मनोभाव को समझकर सहानुभूति प्रकट करते हुए तत्काल कहा, 'जबरदस्ती आपको संसारी बनाने की मेरी कोई इच्छा नहीं है। मैं केवल पास रहकर आपकी सेवा करना चाहती हूँ, आपसे साधना-भजन सीखना चाहती हूँ।' इस तरह वे पति की अनुगत शिष्या बन गईं। पति को ईश्वररूप मानते हुए उनकी भक्ति-पूजा करने लग गईं।

इस प्रकार स्त्री की अनुमति मिलने के बाद श्रीरामकृष्ण की सारी बाधाएँ दूर हुईं और अपने मनोनीत साधना-पथ पर बढ़ने में समर्थ हुए ('स्वामी विवेकानन्द',

मानदा शंकर दासगुप्त, पृ. 41-42)। इस अवसर पर शारदा देवी को पूजा पीठ पर बैठाकर षोड्शी पूजा की।

सन् 1874 में शारदा माँ दूसरी बार मन्दिर में आईं, सन् 1877 में तीसरी बार और सन् 1885 में आखिरी बार शारदा देवी के भक्तजनों ने उनकी माँ शारदा देवी के रूप में पूजा-आराधना शुरू कर दी थी। श्रीरामकृष्ण के देहावसान के बाद माँ शारदा देवी चौंतीस वर्ष जीवित रहीं और 20 जुलाई, 1920 को उनका देहावसान हुआ।

विवेकानन्द का कहना है कि पूर्ण भक्ति के अतिरिक्त श्रीरामकृष्ण में और कुछ नहीं था; मगर अन्तर से वे थे पूर्ण ज्ञानी। स्वामीजी का कहना है कि 'मैं ज्ञान के बिना और कुछ नहीं हूँ मगर अन्तर से मैं भक्त हूँ।' मैं और क्या कहूँ! उनके सामने उनको भला-बुरा कहता था, सुनकर वे हँसते थे।

एक दिन तूफानी रात को, मूसलाधार बारिश में नरेन्द्रनाथ दक्षिणेश्वर आ उपस्थित हुए थे। नरेन्द्र के देखते ही श्रीरामकृष्ण ने भर्त्सना के स्वर में कहा था, 'जब तू मेरी माँ काली को नहीं मानता, मुझे नहीं मानता, तो तू यहाँ आता क्यों है?'

नरेन्द्र ने कहा था, 'मैं क्यों आता हूँ, जानना चाहते हो? क्योंकि मैं तुमसे प्रेम करता हूँ।'

श्रीरामकृष्ण ने उत्तर में कहा था, 'ठीक है, वह दिन दूर नहीं, जब तू न केवल मेरी जगदम्बा को मान लेगा, बल्कि उनका नाम लेकर रोएगा।'

विवेकानन्द आगे कहते हैं : 'माँ काली और मन्दिर में काली के सर्वप्रकार के कार्यकलापों के प्रति मैंने अपनी अवज्ञा प्रकट की है। मेरे छह वर्षों के मानसिक द्वन्द्व का कारण यह था कि मैं उसे मानता नहीं था। मगर अन्ततः मुझे उसे मानना पड़ा। श्रीरामकृष्ण परमहंस मुझे उनके पास समर्पित कर गए हैं और अब मैं विश्वास करता हूँ कि सारे कार्यों में माँ काली मुझे परिचालित करती हैं एवं उनकी जो इच्छा होती, वही वे मेरे द्वारा करा लेती हैं। फिर भी कितने दिन मैंने उनके विरुद्ध युद्ध किया है! असली बात, मैं श्रीरामकृष्ण को प्यार करता था और यह प्यार मुझे पकड़े रहता था, बाँधे रखता था।'

विवेकानन्द का वक्तव्य श्रीरामकृष्ण को लेकर विशेष महत्त्वपूर्ण है। 'आमि विवेकानन्द बलछि' में उन्होंने कहा है कि 'मैंने उनकी पवित्रता देखी है। मैंने उनको दूसरों के प्रति आश्चर्यजनक रूप से प्यार जताते देखा है। यद्यपि तब तक उनकी महानता मेरे सामने प्रकट नहीं हुई थी। बाद में जब मैंने उनके प्रति अपने को समर्पित कर दिया, तब उनकी पवित्रता आदि सब कुछ दिखाई देने लगी थी। नहीं तो मुझे वे एक विकृत मस्तिष्क शिशु समान लगते थे और अन्ततः मुझे माँ काली महादेवी को स्वीकार करना पड़ा। मेरे परिवार और मेरे जीवन में जब घोर भाग्य-विपर्यय चल रहा था, तब श्रीरामकृष्ण ने ही मुझे माँ काली के चरणों में अर्पित

किया था। मैं उनको 'गॉड' (ईश्वर) नहीं कह रहा हूँ परन्तु वे 'गॉड लाइक मैन' (ईश्वर सदृश व्यक्ति) थे।'

माया के बंधनों से मुक्त हो जाने के कारण, श्रीरामकृष्ण दृष्टिरोधक कुसंस्कार व धार्मिक असहिष्णुता के आवरण तथा मन और हृदय की संकुचितता से पहले ही दूर हो चुके थे और उनके, जैसाकि रोम्याँ रोलाँ कहते हैं, स्वतंत्र व उदात्त विचार के मार्ग में कोई रुकावट न रहने के कारण वे प्रत्येक वस्तु व प्रत्येक मनुष्य के बारे में सहास्य सरल बुद्धि के साथ विचार कर सकते थे। उनकी व्यंग्य की शैली अथवा आनन्ददायक विनोद मनुष्य को ताजगी व सजीवता प्रदान करता था।

रामकृष्ण अपने शिष्यों को विशेष रूप से दो कहानियाँ सुनाया करते थे : एक कहानी थी हाथी की और दूसरी साँप की।

हाथी की कहानी में मनोरंजक व्यंग्य के द्वारा हिंसा से बचने के व्यावहारिक पक्ष पर अधिक महत्त्व दिया है। कथा इस प्रकार है : एक बार की घटना है कि एक जंगल में रहनेवाले महात्मा ने अपने शिष्यों को यह उपदेश दिया था कि परमात्मा प्रत्येक पदार्थ और प्राणी में बसते हैं, इसलिए हमें हरेक प्राणी में ईश्वर की अनुभूति करते हुए प्रणाम करना चाहिए।

जंगल में लकड़ी बीनने गए उनके शिष्यों को एक पागल हाथी का सामना करना पड़ा। तत्काल सब इधर-उधर भाग गए परन्तु एक शिष्य हटा नहीं। उसका तर्क था, हाथी भी परमात्मा का ही एक रूप है, तो मुझे क्यों भागना चाहिए? इसलिए वह हटा नहीं और हाथी को भगवान् के रूप में प्रणाम करके स्तुतिगान करने लगा।

उस पगले हाथी का महावत चिल्लाता रहा, 'बचाओ, अपने आपको बचाओ', परन्तु वह शिष्य वहाँ से एक कदम भी न हटा। हाथी ने उसे अपनी सूँड़ से ऊपर उठाकर दूर फेंक दिया। बेचारा चोट खाकर लहूलुहान बेसुध पड़ा रहा।

जब गुरु के पास खबर पहुँची तो वे अपने अन्य शिष्यों के साथ भागते हुए उसकी सहायता के लिए घटनास्थल पर पहुँचे और उसको उठाकर आश्रम ले जाकर उसकी मरहम-पट्टी की।

जब उसको होश आया तो गुरु ने कहा, 'महावत के चिल्लाकर सावधान करने पर भी तुम हटे क्यों नहीं?' शिष्य ने कहा, 'आपकी शिक्षा के अनुसार हाथी को भी परमात्मा ही समझकर उस स्थान से हटना ठीक नहीं समझा।' तब गुरु ने उससे कहा, 'यह ठीक है कि हाथी परमात्मा-स्वरूप है परन्तु महावत भी तो परमात्मा स्वरूप है। हाथी तो निर्वाक् था परन्तु महावत चिल्ला-चिल्लाकर आपको हिदायत दे रहा था तो आपको उसकी बात सुननी चाहिए थी या नहीं?' शिष्य चुप रह गया, उसे अपनी गलती का पता लग गया ('श्री श्रीरामकृष्ण कथामृत', प्रथम खंड)।

इसी तरह की एक और कहानी प्रचलित है। श्रीरामकृष्ण अपने शिष्यों से घिरे हुए थे और वहाँ नरेन्द्रनाथ (विवेकानन्द) भी उपस्थित थे। श्रीरामकृष्ण ने नरेन्द्र से कहा कि संसारी व्यक्ति आम तौर से ईश्वर-भक्त पुरुषों को लेकर हँसी-मजाक तो करते ही हैं, कभी-कभी उनके बारे में अनेक कटु बात भी करते हैं। मगर जब हाथी चलता है, तो उसके पीछे कितने जीव-जन्तु शोर मचाते हुए उसका पीछा करते हैं। हाथी बिना कोई परवाह के अपने रास्ते आगे बढ़ता रहता है। 'अच्छा नरेन, अगर तेरी पीठ पीछे, मनुष्य तेरी बदनामी करे तो तू क्या करेगा?' श्रीरामकृष्ण ने प्रश्न पूछा।

उत्तर में नरेन न कहा, 'मैं उन्हें सड़क पर मेरे पीछे भौंकने वाले कुत्तों की तरह समझूँगा।'

'नहीं, नहीं, बेटा! प्रत्येक जड़ व चेतन में ईश्वर का निवास है, किसी को कुत्ता मानना ठीक नहीं है। फिर भी मनुष्यों से सम्बन्ध स्थापित करते हुए यह देखना चाहिए कि हम साधु पुरुषों की ही संगति करें, दुष्ट की नहीं। यह ठीक है कि शेर के अन्दर ईश्वर विराजमान है, परन्तु इसका यह अर्थ नहीं कि शेर को अपने आलिंगन-पाश में बाँधकर हृदय से लगा लें।'

यह सुनकर सारे शिष्य हँस पड़े।

नरेन ने तब सवाल पूछा, 'यदि दुष्ट लोग अपमान करें तब भी क्या चुप रहना चाहिए?'

यह सुनकर नरेन को श्रीरामकृष्ण ने एक साँप की कहानी सुनाई :

एक समय कुछ ग्वाले एक मैदान में गायें चरा रहे थे। उस मैदान में एक जहरीला साँप रहता था। एक दिन एक महात्मा उस रास्ते से जा रहा था, ग्वाले चिल्लाकर उन्हें सावधान करने लगे, मगर महात्मा निडर होकर आगे बढ़ते गए। तभी एक साँप उन्हें देखकर फन उठाकर उनकी तरफ लपका। महात्मा ने वशीकरण मंत्र से उसे निस्तेज करते हुए उपदेश दिया कि 'तुम जो करते हो, वह ठीक नहीं है। दूसरों को तकलीफ देना ठीक नहीं है। अब से ऐसा नहीं करना। मैं तुम्हें भगवान् के नाम का एक पवित्र मंत्र देता हूँ। उसी का जाप करना फिर तुम मोक्ष को प्राप्त हो जाओगे।'

साँप ने महात्मा के कहे अनुसार जाप करना शुरू किया, और लोगों को डराना बन्द कर दिया। ग्वाल बालकों ने जब देखा कि साँप ने काटना छोड़ दिया है तो उन्होंने उस पर पत्थर फेंकना शुरू किया, लेकिन लहू-लुहान होकर भी महात्मा के कहे अनुसार साँप किसी को भी काटने नहीं दौड़ा। आखिरकर उसके मुँह से खून आने लगा और उसे मरा समझकर ग्वालों ने उसे दूर फेंक दिया।

कुछ दिनों के बाद वह महात्मा वहाँ से गुजरे तो उन्हें साँप की याद आई और उसकी खोज करते हुए देखा कि वह अपने बिल के पास मरा हुआ-सा पड़ा है। पूछने पर साँप ने कहा, 'आपकी आज्ञा के अनुसार जब मैंने लोगों को डराना छोड़ दिया था, तब निडर होकर ग्वालों ने मेरी यह हालत कर दी।' महात्मा ने कहा, 'यह क्या तुम्हारा पागलपन है! मैंने तो तुम्हें फुफकारने व लोगों को डराने के लिए

मना किया था, परन्तु अपनी रक्षा करने के लिए तो मना नहीं किया था। इसलिए अपना फन उठाकर फुफकार मारो, मगर काटो नहीं।'

यह कहानी सुनाकर रामकृष्ण ने अन्त में कहा, 'समाज में रहनेवाले प्रत्येक नागरिक, विशेषत: एक परिवार के पिता को आत्मरक्षा के लिए हिंसा के विरोध का बाह्य प्रदर्शन आवश्यक है। साथ ही उसे इस बात से भी सावधान रहना चाहिए कि वह हिंसा के लिए प्रतिहिंसा को जाग्रत् न होने दे।'

दूसरों के प्रति सीमाहीन प्रेम उनकी एक खास विशेषता थी। उनके जीवन में कोई आराम नहीं था। जीवन के पहले अंश में उन्होंने धर्म का ज्ञान-लाभ किया था और दूसरे अंश में उसको हर एक के लिए बाँटा था। भारी संख्या में लोग उन्हें सुनने आते थे। मनुष्य के प्रति उनमें अगाध प्रेम था। जो लोग उनकी कृपा प्राप्त करने आते, ऐसे हजारों स्त्री-पुरुषों में अतिसामान्य व्यक्ति भी उनकी कृपा से वंचित नहीं रहता था।

क्रमश: उनके गले में एक घाव दिखाई दिया, फिर भी उनका बात करना कोई बन्द नहीं कर सका। जब वे सुनते थे, लोग उन्हें देखने आए हैं, तब वे उनसे मिलने का आग्रह प्रकट करते थे। फिर उनके पास पहुँचकर उनके सब प्रश्नों का उत्तर देते थे। अगर कोई पूछता, 'इन सब लोगों के साथ बात करने पर आपको कष्ट नहीं होगा?' वे कहते थे, 'क्या, देहकष्ट? मेरी कितनी देह थीं, कितनी देह चली गईं। अगर वर्तमान देह दूसरों की सेवा में खत्म हो जाए तो मैं अपने को धन्य मानूँगा। अगर केवल एक व्यक्ति का सही ढंग से उपकार होता है, तो उसके लिए मैं हजार-हजार शरीर धारण करने के लिए भी प्रस्तुत हूँ।'

नरेन्द्रनाथ ('आमि विवेकानन्द बलछि', पृ. 67) ने कहा है कि हमारे गुरुदेव श्रीरामकृष्ण के गले के कैंसर से अस्वस्थ हो जाने पर एक ब्राह्मण ने रोगमुक्ति के लिए उन्हें प्रबल मन:शक्ति का प्रयोग करने की सलाह दी थी। उनके अनुसार, आचार्यदेव यदि रोगाक्रांत अंश के ऊपर सारा मन एकाग्र करें, तो फिर बीमारी दूर हो सकती है। यह सुनकर पहले तो श्रीरामकृष्ण ने कोई उत्तर नहीं दिया, पर उस आदमी ने जब यह बात दुबारा उठाई तो श्रीरामकृष्ण ने उत्तर दिया, 'जिस मन को मैंने ईश्वर को अर्पित कर दिया है, क्या उस मन को इस तुच्छ शरीर पर केन्द्रित करूँ?' फिर उस आदमी की ओर देखते हुए कहा, 'तुमको मैं ज्ञानी समझता था, मगर देख रहा हूँ, तुम आम दुनियादारी में फँसे हुए आदमी जैसे बात करते हो। इस मन को मैं माँ काली के पाद-पद्म पर अर्पित कर चुका हूँ। तुम क्या चाहते हो, उसे वापस लाकर आत्मा के पिंजड़े के समान देह में ले जाऊँ?"

नरेन्द्रनाथ का कहना है कि देह और रोग की कथा वे सोचना नहीं चाहते थे। जिस मन को उन्होंने ईश्वर को अर्पित कर दिया था, वे उस मन को और किसी उद्‌देश्य के लिए इस्तेमाल करना नहीं चाहते थे।

श्रीरामकृष्ण के सम्पर्क में आकर नरेन्द्रनाथ के दिन बहुत अच्छे बीतते थे। खेल-खेल में, हँसी-हँसी में मजाक करते हुए, रोजमर्रा के जीवन की घटनाओं के बीच में से वे निरन्तर उच्च शिक्षा देते हुए, नरेन्द्र की अज्ञानता में उनके आध्यात्मिक जीवन का गठन करने में लगे हुए थे, यह सोचकर विवेकानन्द काफी विस्मय में पड़ जाते थे। किसी बालक को सिखाने के लिए कोई शक्तिशाली पहलवान अपने को संयत रखते हुए, अपनी आंशिक शक्ति का प्रयोग कर आसानी से बालक को पराजित करते हुए भी नये-नये दाँव सिखाता चलता है, ठीक वैसे ही श्रीरामकृष्ण विवेकानन्द के साथ करते थे और कभी-कभी स्वयं पराजित होकर बालक के मन में आत्मविश्वास पैदा कर देते थे। वे बिन्दु के भीतर हमेशा सिन्धु देख पाते थे। अपनी भविष्य-दृष्टि के सहारे विवेकानन्द और दूसरे शिष्यों में आध्यात्मिकता के प्रसार की सम्भावना को देखकर उनके उत्साह को बढ़ाते रहते थे एवं वासना विशेष में आबद्ध होकर कहीं शिष्य अपनी सफलता को खो न बैठे, इसके प्रति विशेष सतर्क करते हुए नरेन्द्रनाथ को संयत रहने का उपदेश देते थे।

नरेन्द्रनाथ की गुरु-भक्ति हर प्रकार की सीमाओं को पार कर गई थी। एक बार उन्होंने एक मित्र से कहा था कि 'मेरे हृदय के तार—हृदय के एक गहरे तार पर मेरे गुरुदेव ने आघात किया था। वे ही मेरे आचार्य थे, मेरे इष्ट, मेरे प्रणम्य देवता थे। यदि मैंने शरीर-मन-वचन से कोई सत्कार्य किया है, अगर मेरे मुख से ऐसी कोई बात निकली है जिससे जगत का कोई व्यक्ति उपकृत हुआ है तो उसका गौरव मेरा नहीं है, मेरे गुरुदेव श्रीरामकृष्ण का है। मगर यदि मेरी जिह्वा से कोई अभिशाप निकला हो, यदि मेरे मुँह से कभी भी किसी के प्रति घृणासूचक वाक्य निकला हो तो वह मेरा था, और किसी का नहीं। जो कुछ दुर्बल, जो कुछ दोषयुक्त है—वह सब मेरा है, गुरुदेव का नहीं और जो कुछ जीवनप्रद है, पवित्र है—सभी उन्हीं की प्रेरणा से है, उन्हीं की वाणी है, वे स्वयं हैं' ('स्वामी विवेकानन्द : वाणी ओ रचना', पंचम खंड, पृ. 208, 298)।

इस देश में ऐसे ही एक आदमी की विशेष आवश्यकता थी—इस प्रकार के त्याग की भावना की जरूरत थी, जो अपने जीवन को विसर्जित करना जानता था, मनुष्य का सेवादास था। इसी को ही तो त्याग कहते हैं। सिर्फ बात से त्याग का पता नहीं चलता। उठो और अपने काम में लग जाओ। तुमको देखते ही संसारी, कांचनवासनायुक्त मनुष्य के भीतर डर पैदा हो जाए—मेरे गुरुदेव स्वयं ही ऐसी अपनी उपमा थे।

आगे चलकर नरेन्द्रनाथ कहते हैं : 'उठो, खड़े हो जाओ, ईश्वर का अनुभव करो। जिस देश में गुरुदेव जैसे व्यक्तियों का जितना अभ्युदय होगा, वह देश उतनी ही उन्नति करेगा। और जिस देश में ऐसे आदमी नहीं हैं, उसका पतन अनिवार्य है। उससे देश के उद्धार की कोई आशा नहीं है। इसीलिए मानव जाति के प्रति हमारे

आचार्य का उपदेश है : 'पहले स्वयं धार्मिक बनो और फिर सत्य की उपलब्धि करो।' देश के दृढ़ संकल्प वाले बलिष्ठ युवकों को सम्बोधित कर वे कहते थे, 'तुम लोगों के त्याग का समय आ गया है। ईश्वर चाहते हैं कि तुम लोग भ्रातृस्वरूप समग्र मानवजाति के कल्याण के लिए सर्वस्व त्याग करना शुरू करो।' गुरुदेव कहते हैं, 'अपने मुख से केवल अपने भाई से मैं प्यार करता हूँ, यह नहीं कहकर, तुम हृदय से यह बात कह रहे हो, इस सच को प्रमाणित करने के लिए जुट जाओ।'

युवकों के पास अब यह आह्वान आ पहुँचा है : 'काम करो, कूद पड़ो, त्यागी बनकर जगत का उद्धार करो। आओ, प्रत्यक्ष उपलब्धि करो। यदि काम-कांचन त्याग कर सको, तुमको और कुछ बोलना नहीं पड़ेगा। तुम्हारा हृदयपद्म प्रस्फुटित होगा ही, तुम्हारा भावविचार चारों ओर फैलेगा ही। जो तुम्हारे पास आएगा, उसे ही तुम्हारा धर्मभाव स्पर्श करेगा।'

इस जगत के सामने श्रीरामकृष्ण ने जयघोष किया था : 'मतामत, सम्प्रदाय, गिरजाघर व मन्दिर की कोई अपेक्षा नहीं करके मनुष्य के भीतर जो सार वस्तु है, अर्थात् जो धर्म है, उसकी तुलना में मन्दिर-मस्जिद आदि तुच्छ हैं और जितना ही धर्मभाव मनुष्य में विकसित होगा, उतना ही उसके भीतर जगत का कल्याण करने की शक्ति पैदा होगी।' गुरुदेव कहते थे : 'पहले इस धर्मभाव का उपार्जन करो। जिन्होंने अपने बल से धर्मलाभ किया है, केवल वे ही दूसरों में धर्मभाव का संचार कर पाते हैं। जिन्होंने शक्ति अर्जन की है, वे ही मानव-जाति के श्रेष्ठ आचार्य हो सकते हैं और वे ही इस जगत में ज्ञान का उचित संचार कर पाते हैं' ('स्वामी विवेकानन्द : वाणी ओ रचना', 98 खंड, पृ. 146)।

नरेन्द्रनाथ का कहना है कि 'बैठे रहने की कोई गुंजाइश ही नहीं थी। गुरुदेव जिसे 'काली, काली' कहकर पुकारते थे, वही मुझे इधर-उधर घुमाती रहती है, स्थिर होकर बैठने नहीं देती, मुझे अपने सुख से परे रखती है।' इसको स्पष्ट करते हुए बाद में संन्यासी विवेकानन्द ने लिखा था : 'ठाकुर रामकृष्ण के देहावसान के तीन-चार दिन पहले उन्होंने मुझे अकेले में बुलाकर अपने सामने बैठाया। फिर एक दृष्टि से मुझे देखते हुए समाधिस्थ हो गए। मैंने तब ठीक से अनुभव किया कि उनके शरीर से एक सूक्ष्म तेज तड़ित कम्पन (इलेक्ट्रिक शॉक) मेरे शरीर में प्रवेश करने लगा। क्रमशः मैं अपना बाह्यज्ञान खो स्थानुवत् बैठा रहा। पता नहीं, कितनी देर तक ऐसे बैठा था, जब बाह्य चेतना वापस आई तो देखा, श्रीरामकृष्ण रो रहे हैं। पूछने पर सस्नेह मुझे कहा—आज अपना सब कुछ तुझे देकर मैं फकीर बन गया हूँ! तू इस शक्ति की सहायता से जगत में बहुत कुछ काम करके फिर वापस जा सकेगा। उस शक्ति के कारण जगत विख्यात बन पाएगा।—श्रीरामकृष्ण ने मुझे माँ काली के चरणों में अर्पित किया था और उसके बाद जो अद्भुत घटना घटी कि

छह महीने के भीतर उनकी सेहत और लावण्य घटने लगा और दो वर्ष तक अस्वस्थ रहते हुए 16 अगस्त, 1886 को पचास साल की उम्र में उनका देहावसान हो गया।'

स्वामीजी ने बाद में कहा था कि 'मैं सत्रह वर्ष की उम्र में उनके सम्पर्क में आया था और छह वर्ष उनको समझने के लिए उनके साथ लड़ता रहा—विश्वास और अविश्वास के भँवरजाल में फँसा रहा। अन्तिम दिनों तक मेरी असमंजस की स्थिति बनी रही। मगर एक बात बिलकुल सही थी कि हम सबका उनके प्रति गहरा प्रेम था और उसके परिणामस्वरूप उनके देहावसान के दिन हम सब इस महापुरुष की शय्या को घेरकर शोक से आकुल हो स्तम्भित हृदय से महासमाधि की प्रतीक्षा कर रहे थे।'

नरेन्द्र का व्यथित हृदय यही सोच रहा था कि 'रामचन्द्र दत्त, गिरीश आदि भक्तगण, जो श्रीरामकृष्ण को स्वयं भगवान् मानते हैं, क्या यह सत्य है? स्वयं ठाकुर श्रीरामकृष्ण अपने मुख से अपने को पूर्णब्रह्म भगवान् मानते थे। हम सबको बोलते भी थे। जब काशीपुर के बगीचेवाले घर में अन्तिम घड़ी आ गई थी, तब मैं पास बैठकर सोच रहा था कि यदि इस समय यदि वह कह दें कि वे भगवान् हैं तो मुझे मानने से कोई रोक नहीं सकता।'

अन्तर्यामी भगवान् ने आँखें खोलकर पूर्ण दृष्टि से नरेन्द्र की ओर ताकते हुए कहा, 'क्या नरेन, अभी तक तुझे विश्वास नहीं हुआ? जो राम है, जो कृष्ण है, वही अब की बार एक ही साथ साकार रामकृष्ण है। तेरे वेदान्त की दृष्टि से निराकार नहीं—साक्षात् भगवान्।'

एकाएक यदि कमरे में कोई वज्रपात होता, तो सम्भव है, कदाचित् नरेन इतना नहीं चौंकते, जितना नरेन्द्र रामकृष्ण की वाणी से चौंके थे।

धीरे-धीरे रात अधिकाधिक गहरी होने लगी। अगस्त के महीने की उमस चारों और फैली हुई थी। मन्दिर से जलती हुई लकड़ी के कोयले पर फैलाकर दी गई लोबान की सुगंध से माँ काली की आरती के बाद भी वह खुशबू श्रीरामकृष्ण के कमरे में फैली हुई थी। सिरहाने के सहारे श्रीरामकृष्ण का दुबला शरीर धीरे-धीरे काँप रहा था। जीर्ण हड्डियों के पिंजरों को छोड़ महान आत्मा महाकाश में विलीन होने के लिए आतुर अपने पंख फैला रही थी।

श्रीरामकृष्ण की नाक के अग्र भाग पर दृष्टि स्थिर थी, मुखमंडल मृदु हास्य से अनुरंजित था। ऐसे ही समय तीन बार माँ काली महादेवी का नाम लेते हुए श्रीरामकृष्ण ने महासमाधि द्वारा अपनी नश्वर देह को त्याग दिया।

अब शिष्य नरेन्द्र के मन में कोई शंका नहीं थी। गुरु तो वे मानते ही थे और अब पक्का विश्वास हो गया कि गुरु स्वयं भगवान् हैं।

3

परिव्राजक

उत्तर भारत

ईश्वररूप परम गुरु श्रीरामकृष्ण परमहंस के सन् 1886 में देहावसान के बाद उनके परम उदार हृदय शिष्य सुरेन्द्रनाथ मित्र ने श्रीरामकृष्ण के शिष्यों को अपने खर्चे से कलकत्ता और दक्षिणेश्वर के बीच बसे बराहनगर में एक मकान दिलवा दिया। यह मठ 1886 से 1892 तक बराहनगर में ही रहा और उसके बाद दक्षिणेश्वर के निकट आलम बाजार सें स्थानान्तरित होकर 1897 तक वहीं रहा। तदुपरान्त मठ को गंगा के इस पार नीलाम्बर मुखर्जी के वाटिका-भवन में लाया गया और अन्ततः सन् 1898 में समीप ही निर्मित बेल्लूड़ मठ में इसकी स्थायी प्रतिष्ठा हुई (स्वामी निखिलानन्द, 'विवेकानन्द : एक जीवनी', 1989, पृ. 80)।

बराहनगर मठ में नरेन्द्रनाथ अपने बारह गुरुभाइयों के साथ रहते थे। गुरुदेव श्रीरामकृष्ण के देहावसान के बाद इनके शिष्यवर्ग के लोग बिलकुल अकेले हो गए थे। [इसका पूरा विवरण 'प्रथम अध्याय' में संकलित है।] काफी वर्षों तक असहनीय दुख-दारिद्र्य को झेलते हुए इस्पात की तरह कठोर देहवाले इन युवकों ने अन्ततः 'आत्मनो' मोक्षार्थ जगद्धिजगत के उद्धार के लिए अपना जीवन समर्पित कर दिया और श्रीरामकृष्ण के सन्देश के प्रचार के लिए सारे देश-विदेश की यात्रा की योजना बना डाली। उनके परिव्राजक जीवन का आरम्भ होने के पूर्व ही मठ के कुछ गुरुभाई देश की यात्रा पर निकल चुके थे। उनमें से एक गुरुभाई शारदा (स्वामी त्रिगुणातीतानन्द) पैदल ही श्री वृन्दावन की यात्रा पर निकल चुके थे।

स्वामी विवेकानन्द को एक ही चिन्ता थी कि यदि सारे गुरुभाई एक-एक करके निकल जाएँ तो मठ का क्या होगा? फिर ऐसा लगा कि यह तो माया का बंधन है। स्वामीजी ने मठ छोड़ने का संकल्प बना डाला और ठाकुर श्रीरामकृष्ण परमहंस की महती इच्छा को कार्यान्वित करने के लिए मठ-भवन का त्याग कर दिया।

स्वामीजी के भारत-भ्रमण की कई बातों का हमें कोई ज्ञान नहीं है क्योंकि स्वामीजी दैनन्दिन डायरी लिखने के आदी नहीं थे। कई पुस्तकों से सामग्री इकट्ठा कर इसका विवरण लिखा गया है। पहले तो स्वामीजी ने कई नजदीक की छोटी-मोटी यात्राएँ कीं और फिर बराहनगर मठ में लौट आए।

परिव्राजक के रूप में बराहनगर मठ छोड़कर, जैसाकि स्वामी निखिलानन्द ने लिखा है, स्वामीजी ने सन् 1888 के अगस्त महीने में सर्वप्रथम वाराणसी से अपनी यात्रा शुरू की। इस भ्रमणशील जीवन के द्वारा वे शरणागति, वैराग्य तथा आन्तरिक शान्ति की उपलब्धि करना चाहते थे। वाराणसी या काशीधाम में द्वारकादास के आश्रम में रहने का उन्होंने अपना स्थान बनाया था। अब तक वे रामकृष्ण संघ के नेता बन चुके थे और श्रीरामकृष्ण के आदेश से गुरु की वाणी और प्राचीन भारत के वेद-उपनिषदों के ज्ञान का प्रचार करने में जुट गए थे।

भिक्षा माँगने निकल पड़ते थे और उसी से पेट भरते थे। घूम-घूम कर देवस्थानों का दर्शन, शास्त्र की चर्चा, ध्यान-जप, साधु-सत्संग आदि ही उनका नित्यकर्म था। शाम को गंगा के तट पर पत्थरों की सीढ़ियों पर बैठकर सायंकालीन उपासना किया करते थे। उस समय अनगिनत मन्दिरों से संध्या-आरती का घंटा और शंखनाद सुनते-सुनते वे ध्यानमग्न हो जाते थे।

यहाँ रहते-रहते वे बंगाल के तत्कालीन प्रसिद्ध विद्वान भूदेव मुखोपाध्याय के सम्पर्क में आए थे। महात्मा गांधी से बहुत पहले भूदेव ने हिन्दी को सार्वजनिक भाषा के रूप में प्रचारित करना शुरू कर दिया था और बिहार में हिन्दी का प्रचार उनकी एक बहुत बड़ी देन थी। स्वामीजी के साथ एक बंगाली भद्रपुरुष ने भूदेव से मुलाकात करवा दी। अतुलनीय द्यी (बुद्धि)-शक्ति-सम्पन्न तरुण संन्यासी के साथ धर्म, समाज, नीति व भारत की उन्नति सम्बन्धी चर्चा से मुग्ध होकर उन्होंने उस बंगाली भद्रपुरुष से कहा, 'मुझे आश्चर्य हो रहा है कि इस तरुण युवक ने इतनी छोटी अवस्था में इतनी गम्भीर अन्तर्दृष्टि तथा विपुल अभिज्ञता किस प्रकार प्राप्त कर ली है। मुझे पूर्ण विश्वास है कि भविष्य में ये एक महान व्यक्ति बनेंगे।'

स्वामीजी ने यहाँ त्रैलिंग स्वामी के दर्शन किये जिनके बारे में उनके गुरु श्रीरामकृष्ण कहते थे कि वे एक चलते-फिरते भगवान् शिव हैं। श्रीरामकृष्ण ने यह भी कहा था कि त्रैलिंग स्वामी ही सचमुच के 'परमहंस' हैं और उनकी उपस्थिति से ही सम्पूर्ण वाराणसी प्रकाशित है। इनके त्याग और तपस्या के बारे में स्वामीजी ने कई बार ठाकुर श्रीरामकृष्ण से सुना था। अब उनके दर्शन से भक्ति और विनय चित्त के साथ उनके चरणों की धूलि लेकर कृतार्थ हो गए।

वाराणसी में स्वामीजी स्वामी भास्करानन्दजी के गुणों के बारे में सुनकर एक दिन उनके आश्रम में गए। स्वामीजी उन्हें प्रणाम करके वहाँ बाकी शिष्यों के साथ

बैठ गए। भास्करानन्दजी ने स्वामी विवेकानन्द के दिव्य रूप को देखकर स्वामीजी को नाना विषयों से सम्बन्धित उपदेश दिये। उपदेशों के दौरान भास्करानन्द बोल बैठे कि सम्पूर्ण रूप से कामिनी-कांचन का त्याग कोई नहीं कर सकता है।

स्वामी विवेकानन्द ने अपनी आँखों से श्रीरामकृष्ण परमहंस को कामिनी-कांचन को पूरे तौर से त्याग करते देखा थे। अपनी पत्नी शारदा देवी को भी 'माँ' सम्बोधित करके पूजते थे और स्वयं नरेन्द्रनाथ ने परीक्षा करने के लिए (तब विवेकानन्द नहीं बने थे) श्रीरामकृष्ण के बिस्तर के नीचे एक रुपया रख दिया था और जैसे ही श्रीरामकृष्ण सोने गए, वे चिल्लाकर उठ खड़े हुए थे, मानो कोई साँप बिस्तर में छिपा हुआ हो और डंक मारने की तैयारी में हो!। अतएव स्वामी विवेकानन्द ने विनीत भाव से भास्करानन्द का विरोध करते हुए कहा, 'स्वामी जैसे अनेक संन्यासी हैं जो सम्पूर्ण रूप में कामिनी-कांचन के बंधनों से मुक्त हैं क्योंकि संन्यासी जीवन की यही तो प्रथम साधना है। मैंने अपने गुरु श्रीरामकृष्ण को देखा है जो सम्पूर्ण रूप से कामिनी-कांचन के बंधनों से विमुक्त थे और इन दोनों की स्पृहा पर विजय प्राप्त की थी।'

कदाचित् स्वामी भास्करानन्दजी को उन साधुओं का स्मरण आया होगा जिनके हजारों वर्षों से तपस्या करने का वर्णन पुराणों में मिलता है। इन साधुओं की तपस्या के प्रभाव से जब स्वर्ग के स्वामी इन्द्र भगवान् का सिंहासन डोलने लगता तो अपना सिंहासन बचाने के लिए इन्द्र भगवान् स्वर्ग की अप्सराओं को उन साधुओं की तपस्या भंग करने के लिए भेजते थे। और फिर उनके काम-उत्तेजना नृत्य देखने पर हजारों वर्षों की इनकी तपस्या कुछ ही मिनटों में टूट जाती थी।

स्वामी भास्करानन्दजी ने हँसकर कहा, 'तुम अभी बालक मात्र हो। इस उम्र में यह बात नहीं समझ सकोगे।'

चाहे कुछ भी भास्करानन्दजी के मन में रहा हो, अपने गुरुदेव के पवित्रतम चरित्र की समालोचना होते देख स्वामीजी ने निर्भीक दृढ़ता के साथ प्रतिवाद करना शुरू किया।

स्वामीजी के तेजयुक्त तथा युक्तिपूर्ण वचनों को सुनकर वहाँ उपस्थित भास्करानन्दजी का शिष्य वर्ग और वाराणसी के गणमान्य लोग तथा स्वयं भास्करानन्दजी बड़े विस्मित हुए। उदार हृदय स्वामी भास्करानन्दजी स्वामी विवेकानन्द की बात सुनकर विशेष सन्तुष्ट हुए और उनके सामने ही उपस्थित व्यक्तियों से कहा, 'इनके कंठ में सरस्वती विराजमान हैं। इनके हृदय में ज्ञानलोक प्रदीप्त है।'

अपनी प्रशंसा को अनसुनी करते हुए अपने गुरुदेव के सम्बन्ध में अनादरसूचक शब्द सुनकर व्यथित हृदय के साथ स्वामी विवेकानन्द वहाँ से निकल पड़े।

वाराणसी में एक बार स्वामीजी एक ऐसे रास्ते से गुजर रहे थे जिसके एक ओर ऊँची दीवार थी और दूसरी ओर एक काफी बड़ा तालाब था। रास्ते पर बहुत-से बंदर बैठे हुए थे। स्वामीजी का कहना है कि वाराणसी के बंदर काफी दीर्घकाय

और कभी-कभी अशिष्टता करते दीखते हैं। बंदरों को पता नहीं क्या सूझा, झुंड के झुंड स्वामीजी को उस रास्ते से जाने से रोकने के लिए बहुत ज्यादा शोरगुल मचाते हुए आगे बढ़ आए। एक बंदर ने स्वामीजी का पैर पकड़ लिया और पूरा झुंड अपना-अपना मुँह खोलकर स्वामीजी को डराते हुए उनके नजदीक आ गया।

स्वामीजी दौड़ने लगे, किन्तु जितना स्वामीजी दौड़ते थे, उतनी ही वे छलाँग मारकर और नजदीक आकर स्वामीजी को काटना शुरू कर देते। स्वामीजी को लगा कि इन बंदरों से अब मुक्ति नहीं। उसी समय अचानक एक अपरिचित व्यक्ति ने स्वामीजी को जोर से आवाज देकर कहा, 'बंदरों का सामना करो, भागो नहीं।' यह सुनते ही स्वामीजी बंदरों के सामने सीधे खड़े हो गए, और फिर वे सारे बंदर पीछे हटकर भाग गए। समग्र जीवन में यह शिक्षा लेनी है कि जो कुछ भयानक है, उसका सामना करने से वे बंदरों के समान गायब हो जाते हैं।

कुछ दिन काशीधाम में रहकर स्वामीजी बराहनगर मठ में लौट आए। वाराणसी के विश्वनाथ मन्दिर में भगवान् शिव का दर्शन करने भारत के कोने-कोने से नाना भाषा-भाषी लोग आते। खान-पान, पहराव और भाषा की भिन्नता के बावजूद भगवान् शिव के प्रति उनकी भक्ति में कोई अन्तर न होता। काशीधाम में स्वामीजी ने सनातन धर्म की युग-युगान्तर से संचित महिमा की उपलब्धि की। बराहनगर लौटकर स्वामीजी ने कहा था कि काशीपुरी और काशीनाथ दर्शन से जिनका मन विगलित नहीं होता है, वे निश्चय ही पत्थर से बने हुए हैं।

इस समय प्राय: एक वर्ष तक स्वामीजी ने बराहनगर मठ तथा बागबाजार (कलकत्ता) में बलराम बसु के मकान में व्यतीत किया। बराहनगर मठ में अपने गुरुभाइयों के साथ शास्त्र-चर्चा होती रहती थी। कई एक अच्छे संस्कृतज्ञ थे। उनका कहना था कि वेद के संहितादि भाग को सम्पूर्ण रूप से हृदयंगम करने के लिए पाणिनिकृत 'अष्टाध्यायी' का अभ्यास जरूरी है। इसके द्वारा ही वेदशास्त्र को पुनर्जीवन प्रदान किया जा सकेगा।

उस दिन जब स्वामी विवेकानन्द अपने गुरुभाइयों के साथ 'पाणिनि व्याकरण' का अध्ययन कर रहे थे, उस समय काशी के प्रेमदास बाबू ने इन निर्धन संन्यासियों को अष्टाध्यायी तथा साथ ही वेदान्त के ग्रंथ दान दिये थे। इस बात का उल्लेख कर स्वामीजी ने कृतज्ञता का पत्र उन्हें लिखा था। इस बीच स्वामीजी श्रीरामकृष्ण की जन्मभूमि कामारपुकुर गाँव तथा माँ शारदा की जन्मभूमि जयरामवाटी गए और फिर उसके बाद कुछ दिन शिमुलतला में रहकर जुलाई मास में बराहनगर, कलकत्ता लौट आए।

बराहनगर मठ से दंड-कमंडल लेकर स्वामीजी फिर से फरवरी, सन् 1889 में ही निकल पड़े और उत्तर भारत के कई स्थानों से होकर सरयू नदी के तट पर

स्थित अयोध्या पहुँचे। अयोध्या के कण-कण में श्रीराम की कहानी सुनाई देती है। वाल्मीकि की असाधारण प्रतिभा ने इस सच्ची कहानी की सृष्टि की है—इसमें एक आदर्श राजा, आदर्श पुत्र राम, लक्ष्मण, भरत, शत्रुघ्न, और माँ कौसल्या और लक्ष्मण की पत्नी उर्मिला का त्याग, सीता का आजीवन दुख-दर्द—ये सब कुछ याद आते ही उनकी आँखें नम हो जाती थीं।

'आमि विवेकानन्द बलछि' (पृ. 967-97) में उन्होंने उत्तर और पश्चिम भारत में भिक्षा में मिली रोटियों का उल्लेख किया है कि 'इन रोटियों में खमीर के अभाव से बीस-तीस दिन तक ये रोटियाँ खराब नहीं होती थीं मगर ये ईंट की तरह सख्त हो जाती थीं और फिर उनको खाने से मुँह से खून निकलने लगता था। नदी से पानी लाकर इन रोटियों को भिगोकर कई घंटे रख देने के बाद ये खाने के लायक हो जाती थीं मगर हमारा स्वास्थ्य क्रमशः खराब होने लगा था।'

अयोध्या में बाल्यकाल की बहुत-सी घटनाएँ याद आने लगीं : रामायण के प्रति प्रेम, सीताराम की मूर्ति के सामने तन्मय चित्त से ध्यान करना, वीर हनुमान की तरह वीर बनने की कामना करना आदि बातें स्मरण हो आईं। अयोध्या में कुछ दिन रामाश्रयी संन्यासियों के साथ श्रीराम-नाम कीर्तन में बिताकर स्वामीजी लखनऊ व आगरा होकर पैदल ही श्रीवृन्दावन धाम की ओर अग्रसर हुए।

आगरा में पति का पत्नी के प्रति प्रेम का साकार उदाहरण ताजमहल को देखकर उनकी आँखें द्रवित हो गई थीं। आगरा से वृन्दावन को पैदल जाते हुए उनकी जेब में एक फूटी कौड़ी भी नहीं थी। आगरा से तीस मील दूर वृन्दावन में पहुँचकर उन्होंने रास्ते के किनारे एक व्यक्ति को निश्चिन्त होकर तम्बाकू पीते देखकर अपनी थकान मिटाने के लिए स्वामीजी ने उस आदमी से हाथ बढ़ाकर चिलम माँगी। वह व्यक्ति डर गया और थोड़ी दूर हट कर संकोच से कहा, 'महाराज, मैं भंगी हूँ।'

बराहनगर मठ में रहते हुए स्वामीजी ने 17 अगस्त, 1889 को एक पत्र में लिखा था : 'जाति आदि के बारे में मेरे मन में कोई पक्षपात नहीं है क्योंकि मैं जानता हूँ, वह एक सामाजिक नियम है—गुण और कर्मप्रसूत नियम है। जो निष्काम कर्मवाद (नैष्कर्म्य) और निर्गुणत्व को प्राप्त करने की इच्छा रखते हैं, उनके लिए जाति आदि का भाव मन में लाना बड़ा हानिकारक होता है। इन सबसे मुक्ति मुझे गुरुकृपा से मिलती रहती है।'

स्वामीजी ने उस भंगी को डरने के लिए मना किया और फिर बड़े प्रेम से उससे चिलम भरवाकर आनन्द के साथ धूम्रपान किया। इस व्यक्तिगत उदाहरण के द्वारा स्वामीजी ने आत्माभिमानशून्य होकर समस्त मानव में समबुद्धि की रक्षा करने के कठिन आदर्श का प्रसार किया। इससे बहुत-से विवेकानन्द-भक्तों को आश्चर्य हो सकता है कि स्वामीजी धूम्रपान करते थे क्योंकि भारत में धूम्रपान को अच्छा नहीं

माना जाता है परन्तु इससे यह भी स्पष्ट होता है कि भारत की असंख्य पुरुषों की तरह उनमें भी यह बुरी आदत थी।

वृन्दावन में आकर वे काला बाबू के कुंज में अतिथि हुए। पर वृन्दावन में उनका मन अधिक दिन नहीं लगा। 12 अगस्त को एक पत्र में स्वामीजी ने लिखा : 'शहर में मन नहीं लग रहा है। सुना है, राधाकुंड आदि स्थान मनोरम है।'

वृन्दावन के गाँव का इलाका वैसे भी काफी सुन्दर है, बावजूद इसके स्वामीजी को नन्दिग्राम, बरसाना, गोकुल, राधाकुंड आदि स्थान काफी मनोरम लगे। गाँव के निवासी सरल व उदार दिखाई दिये। हरे मैदानों में मोटी-ताजी साफ-सुथरी गायों का निर्भय विचरण देखकर श्रीकृष्ण की याद आ गई। और फिर उनका चित्त काफी प्रसन्न हो गया था।

एक दिन स्वामीजी ने अपने पहनने के एकमात्र कौपीन को धोकर किनारे पर सूखने को डाल दिया और राधाकुंड के पवित्र जल में स्नान करने के लिए उतर पड़े। उनके स्नान करते वक्त एक बंदर उस कौपीन को उठाकर ले गया। स्वामीजी पानी में ही खड़े रहे। अँधेरा होते ही पास के जंगल में घुस गए। अचानक एक व्यक्ति दौड़ता हुआ वहाँ आया और कुछ खाने के सामान के साथ एक गेरुआ वस्त्र उन्हें देकर अदृश्य हो गया।

वस्त्र पहनकर राधाकुंड के पास आने पर उनका कौपीन भी उन्हें वहीं मिल गया जहाँ सूखने के लिए डाला था। उन्हें कुछ समझ में नहीं आया, तब केवल श्रीकृष्ण गान गाते रहे।

वहाँ से पैदल हाथरस पहुँचे। लम्बे रास्ते से पैदल चलकर आने पर भूख और प्यास से व्याकुल रास्ते के किनारे एक वृक्ष के नीचे बैठ गए। हाथरस के रेलवे स्टेशन मास्टर शरत्चन्द्र गुप्त अपना कार्य समाप्त कर घर को लौट रहे थे। वे स्वामीजी के थके हुए मगर सूर्य के समान कान्तियुक्त चेहरे को देखकर मुग्ध हो गए। प्रणाम करके उन्हें अपने घर आने के लिए निमंत्रण दिया। स्वामीजी को फिर घर में ले जाकर उनकी बड़ी श्रद्धा के साथ सेवा की और स्वामीजी से दीक्षा देने की विनती की।

स्वामीजी ने कहा, 'यदि तुम सचमुच मेरे शिष्य बनना चाहते हो तो मेरी भिक्षा की झोली लेकर जाओ और अपने ही स्टेशन के कुलियों से भीख माँगकर ले आओ।'

शरत्चन्द्र बिना किसी संकोच के उसी समय भिक्षा के लिए निकल पड़े और भिक्षा लेकर लौट आने पर स्वामीजी ने उनके माता-पिता की सम्मति से उन्हें शिष्य बनाया और शरत्चन्द्र को लेकर ऋषिकेश आ पहुँचे।

'आमि विवेकानन्द बलछि', (पृ. 104) में स्वामीजी ने ऋषिकेश-भ्रमण का उल्लेख करते हुए एक अपूर्व महापुरुष की घटना को व्यक्त किया था। स्वामीजी का कहना है कि 'ऋषिकेश में मैंने बहुत महापुरुष देखे मगर एक उलंग महापुरुष

को कभी भूल नहीं पाया। देखने में वह पागल लग रहा था। उस नंगे साधु को रास्ते से जाते हुए देखकर पीछे से लड़कों ने उस पर पत्थर फेंकना शुरू किया। उसके मुँह से, गर्दन से झरझर खून झरने लगा था, फिर भी वह हँसते-हँसते लोटपोट हो रहा था और बच्चे उस पर पत्थर फेंकते ही जा रहे थे।'

स्वामीजी ने उस साधुपुरुष के पास जाकर उसके शरीर के घावों को धोया एवं खून का झरना बन्द करने के लिए कपड़ा जलाकर वहाँ बाँध दिया। लड़कों के द्वारा पत्थर मारे जाने से उस साधु को अपूर्व आनन्द प्राप्त हुआ था, यही बात अट्टहास करते हुए वह साधु स्वामीजी को बता रहा था। और अन्त में उस साधु ने कहा, 'जगत पिता इसी तरह से खेल खेलते हैं।'

ऋषिकेश में स्वामीजी का मन रम गया था। वहाँ की सुखद स्मृति को वे अन्तिम दिनों तक भूल नहीं पाए।

सत्येन्द्रनाथ मजुमदार ने अपनी पुस्तक 'विवेकानन्द-चरित' में स्वामीजी के शब्दों में इसका उल्लेख करते हुए लिखा है : 'ऋषिकेश की गंगा का स्मरण है न? वह निर्मल नीला जल—जिसमें दस हाथ नीचे की मछली के पंख तक गिने जा सकते हैं। वह अपूर्व स्वादपूर्ण हिमशीतल', 'गांग्ये वारि मनोहारी' और वह अद्भुत 'हर-हर' की प्रतिध्वनि, वह वन में निवास, मधुकरी भिक्षा, गंगा के बीच में छोटे-छोटे द्वीपों की तरह प्रस्तर खंडों पर बैठकर भोजन करना, करपुटों से अंजलि भर-भरकर जल पीना, चारों ओर खाद्यकणों की आशा से मछलियों का निर्भय विचरण, गंगाजल के प्रति वह प्रीति, गंगाजी की महिमा, गंगाजल का वह वैराग्यप्रद स्पर्श!!....गतबार मैं थोड़ा-सा गंगाजल ले गया था—कौन जाने, समय पाते ही एकाध बूँद पी लेता था।'

स्वामीजी वस्तुतः विदेश की यात्रा में गंगाजल की बूँद की बात कर रहे हैं : 'गंगाजल की बूँद पीते ही उस पाश्चात्य जनस्रोत के बीच में, उस सभ्यता के कोलाहल के बीच में, उन करोड़ों मनुष्यों के उन्मत्तप्राय द्रुत-पदक्षेप विक्षेपों के बीच में मन स्थिर हो जाया करता था। उस देश का वह जनस्रोत, रजोगुण का वह उद्यम, पग-पग पर प्रतिद्वन्द्वियों का वह संघर्ष, विलास का वह क्षेत्र, अमरावती से तुलनीय वह पेरिस, न्यूयॉर्क, बर्लिन, रोम—सभी लुप्त हो जाते थे—और मैं सुनता था—वही 'हर-हर' ध्वनि और देखता था—वही हिमालय का निर्जन अरण्य और वही कल्लोलिनी सुरतरंगिणी मानो हृदय में, मस्तक में, नस-नस में संचारित हो रही है और गरज-गरजकर पुकार रही है—'हर हर हर हर।''

शरत्‌चन्द्र गुप्त का संन्यासी नाम सदानन्द। ऋषिकेश से आगे अस्वस्थता के कारण वे बढ़ नहीं सके। स्वामीजी उन्हें हाथरस ले आए। वहाँ घर के लोगों की सेवा से सदानन्द तो स्वस्थ हो गए मगर स्वामीजी बीमार हो गए। फिर

सेवा-शुश्रूषा के बाद सदानन्द के साथ सन् 1889 में नवम्बर महीने में बराहनगर मठ में आ गए।

काशीधाम की यात्रा करने की इच्छा उन्हें सताती रही। बराहनगर, कलकत्ता से स्वामीजी ने दिसम्बर, 1889 में वैद्यनाथ के दर्शन के लिए यात्रा की। वहाँ एक बाबू के घर में कुछ एक दिन ठहर गए थे। फिर काशीधाम जाने की इच्छा प्रबल तो थी ही और 30 दिसम्बर को वे प्रयागधाम पहुँच गए। प्रयागधाम पहुँचने का कारण कुछ और था। स्वामीजी कहते हैं कि 'विधाता के निर्बन्ध को कौन टाल सकता है। योगेन्द्र (स्वामी योगानन्द), मेरा गुरुभाई, चित्रकूट, ओंकारादि का दर्शन कर प्रयागधाम पहुँचकर चेचक रोग से आक्रांत हो गया था। खबर पाते ही मैं प्रयागधाम पहुँचकर उसकी सेवा की और उसके पूर्ण स्वस्थ होने के बाद मैं काशीधाम पहुँचा और काशी में कुछ दिन रहकर 22 जनवरी, सन् 1890 को गाजीपुर पहुँचा।'

यहाँ स्वामीजी अपने बचपन के दोस्त सतीशचन्द्र मुखोपाध्याय के मकान में ठहरे थे। स्थान उन्हें सुन्दर लगा था।

30 जनवरी, सन् 1890 को स्वामीजी ने गाजीपुर से एक पत्र में लिखा था : 'यहाँ गाजीपुर में सतीश बाबू (सतीशचन्द्र मुखोपाध्याय) के यहाँ ठहरा हूँ। जितने भी स्थान में रहा हूँ, उनमें गाजुपीर सबसे स्वास्थ्यवर्धक स्थान है। प्रयागराज (इलाहाबाद) बहुत ही भीड़-भाड़ वाली जगह है। वैद्यनाथ का पानी खराब है। कुछ हजम नहीं होता। वाराणसी में जितने दिन रहा, दिन-रात बुखार रहा था—इतना मलेरिया है यहाँ। वहाँ गाजीपुर में, विशेष रूप से, जिस स्थान पर मैं रहता हूँ, वहाँ की जलवायु काफी स्वास्थ्यकर है।'

स्वामीजी की इच्छा थी कि गाजीपुर के विख्यात साधु श्री पवहारी बाबा का दर्शन प्राप्त करें। गाजीपुर में स्वामीजी पवहारी बाबा से मिलने उनके आश्रम गए थे। चारों ओर ऊँची दीवारों से आश्रम घिरा हुआ था, अंग्रेजों के बँगलों की तरह। भीतर बगीचे थे, बड़े-बड़े कमरे, चिमनी वगैरा। किसी को घुसने नहीं दिया जाता था, मगर मर्जी हुई तो दरवाजे के पास आकर भीतर से ही बात करते थे।

एक दिन जाकर स्वामीजी सारे दिन दरवाजे के सामने बैठे रहे, दर्शन नहीं हुए। ऊपर से ठंड लग गई।

अपने 4 फरवरी के पत्र में स्वामीजी लिखते हैं : 'बड़े भाग्य से मुझे आज बाबाजी से मिलने का सौभाग्य प्राप्त हुआ। वे सचमुच बहुत बड़े महापुरुष हैं—आज के नास्तिकता से भरे युग में भक्ति एवं योग की अति आश्चर्य-भरी क्षमता का अद्‌भुत निदर्शन हैं बाबाजी।'

बाबाजी के आश्वासन देने पर स्वामीजी का उनकी शरण में आना सम्भव हुआ था जो हरेक के भाग्य में नहीं होता। इस महापुरुष की आज्ञा से स्वामीजी कुछ दिन वहाँ ठहरे थे। इनकी लीलाएँ नहीं देखने पर, शास्त्र पर पूरा विश्वास नहीं हो पाता है।

बाबाजी वैष्णवधर्मयुक्त थे। योग, भक्ति, और विनय की साक्षात् मूर्ति। आश्रम के चारों ओर दीवारों के बीच कई एक दरवाजे थे। इस दीवार के बीच से एक लम्बी सुरंग थी जहाँ बाबाजी समाधि में लीन रहते थे। जब ऊपर आते, तभी लोगबाग से वार्तालाप करते थे। कोई नहीं जानता था कि क्या खाते हैं, इसीलिए लोग उन्हें पवहारी के नाम से पुकारते थे। बीच में एक बार पाँच वर्ष सुरंग से बाहर नहीं आए थे। लोगों ने सोचा था कि शरीर छोड़ चुके हैं, मगर फिर एक दिन बाहर आ गए।

पवहारी बाबा के आश्रम के पास के एक बगीचे में स्वामीजी रहते थे। वहाँ काफी नीबू के पेड़ थे। फलों के पेड़ भी थे। उस समय स्वामीजी पेट की बीमारी से पीड़ित थे। भीख में सिर्फ रोटी मिलती थी। हजम करने के लिए स्वामीजी काफी नीबू पीते थे। पवहारी बाबा के पास जाते हुए स्वामीजी के मन में उनके लिए विशेष सम्मान-भाव देखने को मिला। पवहारी बाबा भी स्वामीजी को आदर देते रहे।

शरीर ठीक करने के लिए स्वामीजी ने पवहारी बाबा से हठयोग सीखने की ठान ली। उस दिन रात को खटिया पर सोते हुए स्वामीजी यह सब सोच ही रहे थे कि अचानक देखा, गुरु श्रीरामकृष्ण खटिया के दाएँ खड़े होकर स्वामीजी को एकटक देख रहे हैं मानो बहुत दुखी हों। उनको गुरु मानते हुए किसी दूसरे को गुरु बनाकर दीक्षा लेने की बात सोचने पर क्या रामकृष्ण ऐसे दुखी खड़े हैं? स्वामीजी की इसी उधेड़बुन में दो-तीन घंटे बीत गए। वे कुछ कह भी नहीं पाए। उसके बाद अचानक श्रीरामकृष्ण अन्तर्हित हो गए।

दो-तीन दिन बाद स्वामी ने पवहारी बाबा को गुरु बनाकर हठयोग सीखने के लिए दीक्षा लेने का फिर से संकल्प लिया। उस रात को श्रीरामकृष्ण का फिर से आविर्भाव हुआ बिलकुल पहले की तरह। इसी तरह एक के बाद एक गुजरे इक्कीस दिन। श्रीरामकृष्ण के दर्शन के बाद स्वामीजी ने दीक्षा लेने के संकल्प को पूरे तौर से त्याग दिया। ऐसा लगा कि मंत्र लेने की बात जैसे ही वे सोचते हैं, वैसे ही रात को इसी तरह गुरुदेव के दर्शन होते हैं तो इसका परिणाम अच्छा होने के स्थान पर बुरा होने की ही अधिक सम्भावना है। स्वामीजी ने तब मन-ही-मन में अपने प्रभु श्रीरामकृष्ण से प्रतिज्ञा की थी कि वे और किसी के पास नहीं जाएँगे, श्रीरामकृष्ण ही उनके आराध्य हैं, वे उनके दास हैं और अन्त में कहा था कि वे उनकी मानसिक दुर्बलता के अपराध को क्षमा करें।

स्वामीजी का दृढ़ विश्वास था कि श्रीरामकृष्ण की कोई तुलना इस जगत में नहीं है। जो अपूर्वसिद्धि और जो अपूर्व अहेतुक दया, बद्धजीवन के लिए जो प्रगाढ़ सहानुभूति उनमें थी, वह इस जगत में और कहीं दिखाई नहीं पड़ती। वे अवतार थे, जैसाकि वे स्वयं कहते थे अथवा जैसाकि वेदान्त-दर्शन में कहा गया है, जिनको

नित्यसिद्ध पुरुष कहा जाता है—'लोकहिताय, मुक्तोपि शरीर ग्रहणकारी' अर्थात् ऐसे मुक्त पुरुष, जो लोकहित के लिए शरीर ग्रहण करते हैं।

परन्तु साथ में स्वामीजी यह कहना भी नहीं भूलते थे कि 'जीवन में जो कुछ भी शिक्षा मैंने प्राप्त की है, उसमें से कर्म की शिक्षा पवहारी बाबा से मिली थी। उनका कहना था कि कर्म के उद्‌देश्य के प्रति जितना मनोयोग देने की आवश्यकता है, उतनी ही आवश्यकता है उसके उपाय के प्रति ध्यान रखना। साध्य-साधन का ज्ञान मुझे इस महापुरुष से प्राप्त हुआ था। इसी नीति ज्ञान के द्वारा मैंने अपने जीवन को परिचालित किया था। पवहारी बाबा की और एक विशेषता थी कि कोई भी कार्य कितना भी तुच्छ क्यों न हो, वे बहुत ध्यानपूर्वक उस काम को करते थे। भगवान् श्री रामचन्द्र की पूजा में वे जितना समय बिताते थे, उतना ही समय एक ताम्रकुंड माँजने में लगाते थे। कर्मरहस्य के बारे में एक बार कहा था, 'यन् साधन तन् सिद्धि' अर्थात् सिद्धि के उपाय को उतना ही आदर-प्यार करना होगा मानो वह सिद्धिस्वरूप है। पवहारी बाबा स्वयं ही इस आदर्श के दृष्टान्त थे।

'उनके विनय में भी किसी प्रकार का कष्ट, यंत्रणा अथवा आत्मग्लानि नहीं थी। एक बार बाबाजी हमें एक विचारवस्तु की सुन्दर ढंग से व्याख्या कर समझा रहे थे : हे राजा, भगवान् अकिंचनों का धन है; जिन व्यक्तियों ने किसी वस्तु को, यहाँ तक कि अपनी आत्मा को भी 'अपना' कहकर उस पर अधिकार करने की इच्छा त्याग दी है, वे उस भगवान् के हैं।

'वे साक्षात् ढंग से उपदेश देते नहीं थे; क्योंकि ऐसा करने पर आचार्यपद ग्रहण करना होगा, अपने को दूसरों की अपेक्षा उच्चतर पद पर बैठाना होगा। परन्तु एक बार यदि हृदय की धारा बहने लगती तो उससे अनन्त ज्ञानधारा निकलना शुरू हो जाती थी। मगर जो उत्तर देते, वे परोक्ष रूप में देते थे, सीधे नहीं। कहते थे : दास क्या जाने?'

स्वामी विवेकानन्द को उनकी मृत्यु की खबर मिली थी कि उन योगी महाराज ने पूर्णाहुति के रूप में होमाग्नि में अपने-आपको प्रदान कर दिया था। उन्हें पता चल गया था कि उनका अन्तिम समय आ गया है इसीलिए उनको लेकर किसी को कोई कष्ट न हो, यह सोचकर उन्होंने होमाग्नि में अपनी पूर्णाहुति देकर अपने को दाह कर दिया था। स्वामीजी का कहना था कि परलोकगत इस महात्मा के प्रति वे गहरे रूप से ऋणी हैं।

काशीधाम से स्वामी अभेदानन्दजी की अस्वस्थता का समाचार पाकर स्वामीजी गाजीपुर छोड़कर काशीधाम पहुँच गए और उन्होंने अभेदानन्दजी की दवादारू की अच्छी व्यवस्था कर दी। जब वे कुछ स्वस्थ हो गए तो स्वामी प्रेमानन्द को उनकी सेवा करने के लिए वहाँ बुला लिया और स्वयं जाकर श्रीरामकृष्णदेव के एक गृहस्थ भक्त प्रमदादास मिश्र के बगीचेवाले मकान में रहने लगे।

इसी समय श्रीरामकृष्ण के एक परम् शिष्य बलराम बसु के देहावसान की सूचना मिलने पर स्वामीजी रोने लगे थे। कुछ लोगों ने व्यंग्य करते हुए स्वामीजी को कहा था कि 'आप तो संन्यासी हैं, गृहस्थ नहीं, आपका रोना अनुचित है।'

स्वामीजी का उत्तर था, 'क्या आप सोचते हैं कि संन्यासी के पास हृदय नाम की कोई चीज नहीं होती? प्रकृत संन्यासी साधारण व्यक्ति की अपेक्षा दूसरों के लिए अधिक सहानुभूति का अनुभव करते हैं। मैं तो मनुष्य के अतिरिक्त और कुछ नहीं हूँ। और फिर वे मेरे गुरुभाई जो थे। हमने एक साथ ही श्रीरामकृष्ण के पास बैठकर शिक्षा ग्रहण की थी। उनके वियोग में जो मैं कातर हूँ, इसमें विचित्र बात क्या है? पत्थर की तरह अनुभूतिशून्य संन्यासी-जीवन में मुझे कोई दिलचस्पी नहीं है।'

बलराम बाबू के परिवार से मिलने और उन्हें ढाढ़स बँधाने के लिए स्वामीजी कलकत्ते, बराहनगर मठ में लौट आए। यहाँ 25 मई, 1890 को उन्हें सुरेशचन्द्र मित्र के देहान्त की खबर मिली जो बराहनगर मठ का सारा खर्च चलाते थे। दो महीने तक कलकत्ता, बराहनगर मठ में रहकर खर्च आदि चलाने की व्यवस्था करके संन्यासी की निःसंग साधना के आकर्षण से और श्रीरामकृष्ण के महान आदर्शों के प्रचार के लिए जुलाई, सन् 1890 में परिव्राजक के रूप में भारत-यात्रा की ठान ली। पहले-पहल भागलपुर में वकील मथुरानाथ सिंह के मकान में कुछ दिन व्यतीत किये। वहाँ स्वामीजी ने श्रद्धेय राजनारायण बसु से भेंट कर धर्म-चर्चा की। सन् 1890 से सन् 1893 तक भारत के नाना स्थानों की यात्रा की।

यात्रा करने के पीछे उनके मन की व्याकुलता थी। यात्रा करने से पहले उन्होंने इस भविष्यवाणी के साथ वहाँ से प्रस्थान किया था, 'अब की बार जब मैं लौटूँगा तो समाज पर बम की तरह फट पड़ूँगा और समाज मेरा अनुसरण करने के लिए बाध्य हो जाएगा।'

उन्हें एक ओर शिक्षित हिन्दुओं को आध्यात्मिक और भौतिकता के युग्म जीवन के स्थान पर मात्र पाश्चात्य भौतिकता का सहारा लेते देख चिन्ता थी, तो दूसरी ओर पाश्चात्य सभ्यता में पूरे समाज के उत्थान की परिकल्पना से वे प्रसन्न भी थे। परन्तु साथ में यह भी सोचते थे कि पश्चिम में भौतिक विज्ञान के प्रसार और प्रगति ने जीवन के प्रति उनकी दृष्टि को यंत्रवत् और स्थूल बना दिया है और आध्यात्मिक मूल्यों के प्रति अवहेलना का भाव दिखाई देने लगा है। परिणामस्वरूप स्वामीजी को ऐसा लगा कि समाज में भारी विस्फोट होकर पूरी सभ्यता ही नष्ट होनेवाली है। उनके लिए प्राच्य या पाश्चात्य से बढ़कर विश्वदृष्टि अधिक महत्त्वपूर्ण थी और इस विश्व को, आत्मा के दिव्यत्व तथा विश्व के अखंडत्व की घोषणा करनेवाले भारत का वेदान्त-सिद्धान्त ही एकमात्र उपचार है।

यात्रा से पहले माँ शारदा देवी के पवित्र चरणों को छूकर उन्होंने कहा था, 'माँ, जब तक श्रीगुरु के ईप्सित कार्य को मैं सम्पन्न न कर लूँगा, तब तक नहीं लौटूँगा। तुम आशीर्वाद दो, मेरा संकल्प सिद्ध हो।'

तदुपरान्त माँ शारदा देवी से आज्ञा लेकर स्वामीजी अखंडानन्द को साथ लेकर चमोली जिले, उत्तराखंड बद्रिकाश्रम की यात्रा करते हुए नैनीताल पहुँचे। एक फूटी कौड़ी और किसी यातायात के साधन के बिना पैदल यात्रा शुरू कर दी थी।

'आमि विवेकानन्द बलछि' (मैं विवेकानन्द बोल रहा हूँ) और विवेकानन्द पर लिखी गई अन्य पुस्तकों के दृष्टिकोण अलग-अलग हैं। स्वामीजी ने अपनी पुस्तक में बहुत अधिक सन्, तिथि, माह का खयाल नहीं रखा है, परन्तु स्वामीजी पर श्री सत्येन्द्रनाथ मजुमदार, स्वामी निखिलानन्द आदि के द्वारा लिखी गई पुस्तकों में सन, माह, तिथि आदि का काफी खयाल रखा गया है। स्वामीजी ने भले ही इसका खयाल नहीं रखा हो परन्तु उनके जीवन से जुड़ी बहुत सारी रोचक घटनाओं का हवाला देकर पाठकों के लिए पुस्तक का आकर्षण बढ़ा दिया है। इस पुस्तक को लिखते हुए ऐसा सोचा गया कि दोनों दृष्टिकोणों का इस्तेमाल किया जाना जरूरी है।

नैनीताल से वह अल्मोड़ा पहुँचे। स्वामीजी की इच्छा थी कि अल्मोड़ा से गंगा के किनारे गढ़वाल में किसी स्थान पर जाकर दीर्घकाल तक ध्यानमग्न रहें, जहाँ प्रसिद्ध व्यापारी लाला बदरी सहाय ने दोनों संन्यासियों के रहने के लिए एक सुन्दर बाग वाला मकान दे दिया था। इस समय बराहनगर के स्वामीजी के अधिकांश गुरुभाई तीर्थयात्रा पर निकल चुके थे। कोई ऋषिकेश, कोई हरिद्वार तो कोई पहाड़ की गुफाओं में रहकर कठोर तपस्या में लीन था। स्वामीजी में भी, हिमालय की वैराग्योद्दीपक शान्त, सुनसान, मनोहर सुन्दरता को देखकर, समाधि में लिप्त होने की इच्छा प्रबल हो उठी।

हिमालय प्रदेश में भ्रमण करते हुए कभी-कभी स्वामीजी को ऐसा प्रतीत होता था कि सामने सुदीर्घ पथ है; कपर्दकहीन संन्यासी हैं वे लोग; कौन उन्हें इतने लम्बे रास्ते में सब कुछ बन्दोबस्त करके ले जाएगा! उनके साथ एक वृद्ध साधु भी थे। सामने कई सौ मील उतराई-चढ़ाई वाला रास्ता था। उस ओर देखकर वृद्ध साधु ने कहा था, 'इस दीर्घपथ को मैं कैसे पार कर पाऊँगा? मैं और पैदल चल नहीं पा रहा हूँ। मेरी छाती जवाब दे रही है।' स्वामीजी ने उनको आश्वासन देते हुए कहा, 'अपने पैरों की ओर देखिए।' उनके देखने पर, स्वामीजी ने कहा, 'आपके पैरों के नीचे जो पथ दिखाई दे रहा है, उसको आप अतिक्रमण कर आए हैं और सामने का पथ भी वही एक पथ है। जल्दी ही वह पथ भी आपके पैरों के नीचे होगा।' फिर स्वामीजी ने कहा कि 'उच्चतम वस्तुएँ तुम्हारे पैरों के नीचे

हैं, मर्जी हुई तो तुम लोग नक्षत्रों को मुट्ठी में पकड़कर निगल सकते हो, तुम्हारे यथार्थ स्वरूप की ऐसी शक्ति है। बलवान बनो, सारे कुसंस्कारों से ऊपर उठकर मुक्त हो जाओ।'

बार-बार स्वामीजी मौत के मुँह में गिरे। लगातार अनाहार में कितने ही दिन बिताने पड़े। रास्ते पर चलते हुए पैरों में गहरे घाव हो गए और चलना मुश्किल हो गया। क्लान्त शरीर लिये किसी वृक्ष के नीचे सोकर ऐसा लगा कि यहीं जीवनलीला समाप्त हो जाएगी। बात करना भी सम्भव नहीं था। चिन्ताशक्ति लगभग खत्म हो चुकी थी। आखिरकार यह मंत्र मन के भीतर से निकल आया, 'मुझे कोई डर नहीं; मेरी मृत्यु नहीं; मुझे भूख नहीं, प्यास नहीं, मैं ब्रह्म हूँ, मैं ब्रह्म हूँ। विश्व प्रकृति की हिम्मत नहीं कि मुझे खत्म कर दे। हे परमात्मन्, हे परमेश्वर, अपनी शक्ति का विस्तार करो! अपने खोए हुए राज्य पर फिर से अधिकार करो। उठो, चलो, रुको नहीं।' यह मंत्र दोहराते हुए स्वामीजी को फिर नवजीवन मिल जाता था। इसीलिए स्वामीजी का कहना है, जब कभी भी जीवन में अँधेरा आएगा, उसी समय अपनी स्वरूप प्रकट करो। आप देखेंगे—सारी विरोधी शक्तियाँ विलीन हो गई हैं।

पश्चिम भारत

हिमालय से उतरकर पंजाब के रास्ते स्वामीजी ने पहले दिल्ली और वहाँ से राजस्थान का भ्रमण किया। यहाँ आते हुए स्वामीजी 'धम्मपद' के निम्नलिखित वाक्य को दोहराते जाते थे :

बिना किसी भय के
सब कुछ से उदासीन,
बिना किसी निर्दिष्ट पथ के
बेपरवाह, बढ़े चलो।
गैंडे की भाँति एकाकी विचरण करो।
जैसे सिंह किसी आवाज से भीत नहीं होता,
जैसे वायु जाल में नहीं फँसती,
जैसे पद्मपत्र जल से अछूता रह जाता है,
वैसे ही तुम भी
गैंडे की भाँति एकाकी विचरण करो।

'आमि विवेकानन्द बलछि' (पृ. 126) में उन्होंने हिमालय-भ्रमण-प्रसंग में कहा है कि 'उन दिनों मैं हिमालय में कठोर तपस्या में निमग्न था। अधिकतर समय ध्यान-जप में ही डूबा रहता था। भूख लगने पर द्वार-द्वार जाकर, भीख माँगकर जो

मिलता था, उससे पेट भरता था मगर अधिकतर दिनों न तो पेट भरता था, न मन। भूख मिटाने के लिए पानी पीता था—इसी तरह एक बार तीन दिन बीत गए। वहाँ के घने जंगल की एक शिला पर बैठकर ध्यान करता था। एक दिन जैसे ही मैंने आँखें खोलीं, देखा, सामने काली धारियों वाला शेर मेरी ओर लुब्ध दृष्टि से देख रहा है। सोचा, अच्छा ही है, इतने दिनों के बाद मुझे शान्ति मिलेगी, शेर का भी पेट भरेगा। यह तुच्छ जीवन एक जीव की सेवा में लग जाने पर मेरा जीवन धन्य हो जाएगा। यह सब सोच आँखें बंद कर लीं। फिर आँखें खोलीं, तो देखा कि शेर बाबाजी मुझे छोड़कर जंगल की ओर चले जा रहे हैं। पहले तो दुख हुआ मगर उस दुख में भी हँसी आ गई। लगा कि गुरुदेव मुझसे बहुत कुछ काम करवा लेना चाहते हैं, इसीलिए उन्होंने मेरी रक्षा की है।'

राजस्थान की मरुभूमि में पैदल चलते हुए रोजाना चारों ओर सुन्दर-सुन्दर सरोवर दिखाई देते थे। उन सरोवरों के चारों ओर वृक्ष लगे हुए थे और उनकी छाया सरोवर के पानी में विपरीत ढंग से गिरकर हिलती नजर आती थी। अद्‍भुत दृश्य था वह। इन सब दृश्यों को देखते और पैदल भ्रमण करते हुए एक दिन स्वामीजी प्यास बुझाने के लिए जैसे ही सरोवर के पास पहुँचे, वह अदृश्य हो गया। तब याद आया कि सारा जीवन मरीचिका के बारे में जो पुस्तकों में पढ़ा है, यह वही मरीचिका है।

ऋषिकेश छोड़ने के बाद स्वामीजी हरिद्वार और सहारनपुर होते हुए मेरठ पहुँचे और डॉ. त्रैलोक्यनाथ घोष के घर रुग्ण अवस्था में पहुँचे। शरीर बहुत ही दुबला, परछाईं जैसा लग रहा था। यहाँ डॉ. त्रैलोक्यनाथ घोष की चिकित्सा में पन्द्रह दिन रहे और स्वस्थ होकर सन् 1891 की जनवरी के अन्तिम भाग में अकेले दिल्ली के लिए प्रस्थान किया। सारे गुरुभाई, जो उनकी सेवा के लिए मेरठ आ गए थे, उनको वहीं छोड़कर यह कहते हुए दिल्ली के लिए निकल गए कि 'अब मैं अकेला निकलूँगा। जहाँ रहूँगा, किसी को बताऊँगा नहीं।'

साधारण वेशभूषा में, साधारण रूप से विभूषित स्वामीजी हिन्दू-मुस्लिम युगों की अनेक स्मृतियों से जुड़ी इतिहास-प्रसिद्ध महानगरी दिल्ली में आ पहुँचे। पौराणिक और ऐतिहासिक घटनाओं के इस लीलाक्षेत्र ने हजारों लुप्त महिमाओं का साक्ष्य अपने वक्ष में धारण कर, उनके वैराग्यपूर्ण मन को सहज रूप में ही बता दिया कि सांसारिक ऐश्वर्य के क्षणभंगुर होने पर भी, उसी के बीच से आत्मा की महिमा किस प्रकार उज्ज्वल दीप्ति और विभिन्न भंगिमाओं से अपना विकास करती चलती है। दिल्ली के शीतकाल के विशुद्ध जलवायु के फलस्वरूप उनका शरीर भी स्वस्थ और सबल हो गया था। यहाँ से फिर वे अलवर के लिए रवाना हुए।

सन् 1891 के फरवरी माह में स्वामीजी अलवर पहुँचे। वहाँ सरकारी दातव्य अस्पताल के डॉ. गुरुचरण लश्कर और विद्यालय के मौलवी साहब ने आनन्द के

साथ स्वामीजी के ठहरने आदि का बन्दोबस्त कर दिया। वहाँ स्थान छोटा था इसीलिए बड़ी संख्या में लोगों के मिलने के लिए आने का आग्रह करने पर इंजीनियर पं. शम्भुनाथजी के घर पर ठहरने का बन्दोबस्त हुआ, जहाँ सुबह से दोपहर तक बड़ी संख्या में हिन्दू-मुसलमान, दोनों जाति के शिक्षित भद्र युवकगण एकाग्रचित्त होकर अध्यात्म, धर्म, वेदान्त पर भाषण सुनते थे। यह खबर मिलने पर अलवर के दीवान स्वामीजी से मिलने आए और उनके विद्वत्तापूर्ण भाषण सुनकर उन्हें अपने घर ले गए और श्रद्धापूर्वक उनके ठहरने का बन्दोबस्त किया। दीवानजी से यह खबर मिलने पर अलवर के महाराजा मंगलसिंह स्वामी विवेकानन्द से मिलने आ पहुँचे और श्रद्धापूर्वक उन्होंने स्वामीजी का दर्शन किया; परन्तु स्वामीजी से पूछे गए उनके प्रश्नों में उनका बहुत अधिक दंभ झलकता दिखाई पड़ा।

उनका पहला प्रश्न था :

'अच्छा, स्वामीजी महाराज, सुनता हूँ कि आप अद्वितीय पंडित हैं, तब तो आप सहज ही काफी धन उपार्जन कर सकते हैं, लेकिन ऐसा नहीं कर, आप भीख माँगने क्यों निकलते हैं?'

स्वामीजी ने फौरन प्रतिप्रश्न किया :

'अच्छा, महाराज, क्या आप यह बता सकते हैं कि अपने राजकार्य की अवहेलना कर आप दिन-रात साहबों के साथ खाना खाकर शिकार करने क्यों निकलते हैं?'

सभासदगण स्वामीजी के इस दुःसाहस पर घबरा गए कि पता नहीं, अब क्या होनेवाला है! मगर महाराज ने अपना धैर्य खोए बिना कहा : 'मैं वैसा क्यों करता हूँ, कह नहीं सकता; फिर भी—हाँ, वह मुझे अच्छा लगता है।'

स्वामीजी ने तत्क्षण उत्तर दिया, : 'ठीक है, मुझे भी उसी प्रकार भिखारी की तरह घूमने निकलना अच्छा लगता है।'

थोड़ी देर बातचीत के बाद महाराजा मंगलसिंह को लगा कि यह संन्यासी न केवल निर्भीक और स्पष्टवादी है, सुपंडित संन्यासी है। महाराज ने अपने मन के संदेह को मिटाने के लिए फिर प्रश्न किया : 'देखिए बाबाजी महाराज, मूर्ति-पूजा में मेरा जरा भी विश्वास नहीं। वास्तव में मैं लकड़ी, मिट्टी, पत्थर या धातु की बनी हुई मूर्तियों के प्रति अन्य साधारण व्यक्तियों की तरह श्रद्धा-भक्ति नहीं दिखा सकता; क्या इसके लिए मुझे परकाल में कठोर सजा भुगतनी पड़ेगी?'

'अपने विश्वास के अनुसार उपासना करने पर परकाल में सजा क्यों मिलेगी? मूर्ति-पूजा में आपका विश्वास नहीं, तो क्या हुआ?'

इतने में ही दीवार पर लटके हुए महाराज के एक चित्र पर स्वामीजी की दृष्टि पड़ी। उन्होंने दीवानजी से चित्र उतरवाकर जमीन पर रखवाया और फिर दीवानजी से कहा, 'इस पर थूक दीजिए।'

दीवानजी की डर के मारे बुरी हालत हो गई, उनकी बोलती बन्द हो गई।

स्वामीजी ने कहा, 'यह तो एक कागज का टुकड़ा ही तो है। आप लोग हिचकिचा क्यों रहे हैं? इस पर थूकिए न!'

दीवानजी अन्त में बोल बैठे, 'आप क्या कह रहे हैं, स्वामीजी? क्या हम महाराज के चित्र पर थूक सकते हैं?'

स्वामीजी ने फिर कहा, 'इसमें महाराज स्वयं तो उपस्थित नहीं हैं—यह महाराज की तरह हिलडुल तो नहीं सकता या बातचीत भी तो नहीं कर सकता, फिर भी आप लोग चुप क्यों खड़े हैं?'

फिर स्वामीजी ने हँसते हुए कहा, 'आप सोचते हैं कि अगर आप इस पर थूकेंगे तो महाराज का अपमान करना होगा।'

फिर महाराज मंगलसिंह की ओर देखते हुए स्वामीजी ने कहा, 'आपके सभासद चूँकि आपके अनुरक्त व विश्वस्त सेवक हैं, इसीलिए थूकने से परहेज कर रहे हैं क्योंकि वे सोचते हैं कि चित्र में भी आपकी उपस्थिति है, उसी प्रकार भक्तगण मिट्टी, धातु या पत्थर की बनी देवी-देवताओं की मूर्तियों के भीतर एक अनन्त भावमय सच्चिदानन्द स्वरूप भगवान् हैं, यह मानकर इनकी पूजा करते हैं, मात्र मिट्टी, धातु या पत्थर की पूजा नहीं करते।' यह सब कहते हुए स्वामीजी का मुखमंडल एक दिव्य घटा से उद्‌भासित हो उठा था।

महाराज मंगलसिंह ने हाथ जोड़कर स्वामीजी से कहा, 'स्वामीजी! आपके आशीर्वाद से आज मुझे मूर्ति-पूजा के सम्बन्ध में एक नवीन अभिज्ञता हुई।' फिर कहा, 'इतने दिनों तक मैंने मूर्ति-पूजा का वास्तविक रहस्य नहीं समझा था पर आज आपने मेरी आँखें खोल दी हैं। मेरे ऊपर कृपा-भाव बनाए रखें।'

स्वामीजी ने स्नेह-भरी दृष्टि से कल्याण बरसाते हुए कहा, 'एकमात्र भगवान् के अतिरिक्त कृपा करने का अधिकार और किसी को नहीं है। आप सरल शुद्ध भाव से उनके चरणों में शरण लीजिए, वे अवश्य ही आप पर कृपा करेंगे।'

महाराजजी ने दीवान बहादुर से आग्रह किया कि स्वामीजी को कुछ और दिन ठहरने के लिए मना लें। स्वामीजी ने ठहरने के लिए एक शर्त रखी कि वे रुक जाएँगे बशर्ते कोई भी व्यक्ति किसी भी समय, यथास्थिति में बिना किसी विचार के, उनसे साक्षात्कार प्राप्त कर सकेगा। दीवानजी ने खुशी के साथ इस प्रस्ताव को स्वीकार कर लिया।

धर्म, संस्कृति के पालन करनेवाले अलवर के कई हिन्दू युवकों ने उनका शिष्यत्व ग्रहण कर लिया। स्वामीजी के भक्त उनके भाषण सुनने आने लगे। भक्त व शिष्यों के साथ परम आनन्द से समय बिताकर, स्वामीजी ने सभी से विदा लेकर, भ्रमण के पहले अठारह मील दूर वहाँ के पांडुपोल गाँव में पहुँचकर हनुमान मन्दिर

में रात व्यतीत की। सुबह स्नानादि कर हनुमानजी की पूजा की और फिर स्वामीजी पैदल जयपुर के लिए रवाना हुए।

उधर, उनके गुरुभाई अखंडानन्द स्वामी उन्हें ढूँढ़ते हुए जयपुर पहुँचे तो उन्हें पता चला कि प्राच्य और पाश्चात्य दर्शन का धुरंधर कोई विद्वान, जो धाराप्रवाह संस्कृत तथा अंग्रेजी में बात कर सकता है, जयपुर महाराजा के राजभवन में ठहरा हुआ है। उन्होंने मन में सोचा कि हो न हो, यह स्वामीजी ही होंगे।

और आखिरकार उनकी स्वामीजी से भेंट हो गई। स्वामीजी अखंडानन्द को देखने पर खुश होने के स्थान पर क्रोध से कहा, 'तुमने मेरा पीछा करके अच्छा नहीं किया। शीघ्र ही इस स्थान को छोड़कर चले जाओ। मैं अकेला परिव्राजक के रूप में ईश्वर की महिमा और मनुष्य के नाना रूप देखने के लिए घर से निकला हूँ—मुझे अकेले रहने दो।'

गुरुभाई ने, इस निर्मम व्यवहार में भी कोई महान उद्देश्य छिपा है, यह सोचकर जयपुर छोड़कर चले गए।

जयपुर राज्य के एक सभापंडित असाधारण व्याकरणवेत्ता थे। स्वामीजी ने उनके साथ पाणिनि-रचित 'अष्टाध्यायी' का अध्ययन आरम्भ किया। पंडितजी के कई बार समझा देने पर भी स्वामीजी प्रथम सूत्र का भाष्य लगातार तीन दिन यत्न करने पर भी न समझ सके। सत्येन्द्रनाथ मजुमदार के अनुसार, चौथे दिन पंडितजी ने कहा, 'स्वामीजी, मेरे यहाँ अध्ययन करने से आपको विशेष लाभ न होगा, क्योंकि तीन दिन लगातार चेष्टा करके मैं आपको एक सूत्र भी न समझा सका।'

स्वामीजी पंडितजी की बात से लज्जित हुए और मन-ही-मन उन्होंने संकल्प लिया कि जब तक सूत्र का अर्थ समझ न लूँ, तब तक अन्न-जल ग्रहण न करूँगा।

एक प्रहर समय बीतते ही स्वामीजी पंडितजी के पास लौट आए और उस सूत्र की व्याख्या उन्हें कह सुनाई। स्वामीजी के मुँह से उक्त सूत्र की इतनी सरल व्याख्या सुनकर पंडितजी बड़े विस्मित हुए। इसके बाद स्वामीजी अनन्यचित्त होकर अध्ययन में रत हुए और दो सप्ताह में ही उन्होंने सम्पूर्ण पाणिनि का अध्ययन कर लिया, हालाँकि बराहनगर मठ में उन्होंने दो वर्ष तक पाणिनि का अध्ययन किया था, इसीलिए दो सप्ताह में उन्हें पाणिनि के सारे सूत्र फिर से समझने में देरी नहीं लगी।

ऐसा अवसर स्वामीजी को और एक बार प्राप्त हुआ था। वे सन् 1891 के अक्तूबर के महीने में फिर एक बार खेतड़ी पधारे थे। उन दिनों राजस्थान के वैयाकरणों में अन्यतम अग्रणी पंडित नारायणदास जी से उनका परिचय होने पर उन्होंने पाणिनि-व्याकरण के भाष्य को समझने और पढ़ने को लेकर पंडितजी का शिष्यत्व ग्रहण करने की इच्छा जताई। पंडितजी एक ऐसे प्रखर बुद्धिमान छात्र पाकर बहुत आनन्दित हुए। एक दिन पिछले दिन पढ़ाये हुए एक लम्बे विषय के सम्बन्ध

में पंडितजी द्वारा स्वामीजी से प्रश्न पूछने पर उन्होंने पूरे पाठ की हू-ब-हू पुनरावृत्ति कर दी और साथ-ही-साथ अपने विचार भी जोड़ दिये।

कुछ दिनों के उपरान्त पंडितजी ने जब समझ लिया कि स्वामीजी स्वयं अपनी समस्याओं का समाधान करने में समर्थ हो गए हैं, तब उन्होंने कहा, 'स्वामीजी, अब आपके लिए और कुछ सीखने को नहीं बचा। मैं जो कुछ जानता हूँ, सब आपको सिखा दिया है और आपने भी उसे आत्मसात् कर लिया है।'

स्वामीजी ने पंडितजी को आदरपूर्वक प्रणाम करके उनसे आशीर्वाद लिया।

जयपुर के प्रधान सेनापति सरदार हरिसिंह के साथ स्वामीजी का घनिष्ठ परिचय हो गया था। उनके घर में स्वामीजी अक्सर धर्म-चर्चा किया करते थे। कहा जाता है, सरदार साहब मूर्ति-पूजा के विश्वासी न थे। एक दिन राजपथ पर श्रीकृष्ण की मूर्ति के साथ जुलूस जा रहा था। स्वामीजी ने एकाएक सरदार हरिसिंह को छूकर कहा, 'देखिए, श्री भगवान् का जीता-जागता स्वरूप।'

सरदारजी का स्वामीजी के स्पर्श से भावान्तर हो गया—डबडबाई आँखों से मंत्रमुग्ध की तरह खड़े रहे। अन्त में स्वाभाविक स्थिति को फिर से पाकर भरे हुए कंठ से बोले, 'स्वामीजी, अनेक बार तर्क करके जिस विषय को समझ न सका था, आज आपकी कृपा से उसका दर्शन प्राप्त हो गया।'

श्री गिरीशचन्द्र घोष (विख्यात नाट्यकार और मंच अभिनेता; अपने को चरित्रहीन, मद्यप कहनेवाले व्यक्ति को श्रीरामकृष्ण ने अपना शिष्य बना लिया था) से एक दिन बातचीत के क्रम में स्वामीजी ने कहा था कि राजस्थान के किसी स्टेशन पर ट्रेन के नहीं आने पर उन्हें वहाँ तीन दिन रुकना पड़ा था। लोगों को पता चलने पर स्वामीजी से धर्म-चर्चा करने की इच्छा से स्टेशन पर भीड़ लगने लगी। दिन-रात लोग आते और वार्तालाप कर चले जाते; किन्तु उन्होंने कुछ खाया है या नहीं, यह कोई भी नहीं पूछता।

तीसरी रात सबके चले जाने पर एक दीनहीन व्यक्ति ने पूछा, 'महाराज, आप तीन दिनों से लगातार बातें ही कर रहे हैं, जलपान तक नहीं किया, इससे मेरे प्राणों को बड़ी पीड़ा हो रही है।'

उस समय स्वामीजी को लगा कि स्वयं नारायण मानो दीन वेश में उनके पास आए हैं। स्वामीजी ने पूछा, 'क्या तुम मुझे कुछ खाने को दोगे?'

उसने अत्यन्त विनीत भाव से कहा, 'मेरा मन तो यही चाहता है, किन्तु मैं अपने यहाँ की बनाई रोटी आपको कैसे दूँगा? मैं जात का चमार हूँ। यहाँ आबू के रास्ते के इस रेलवे स्टेशन पर रोजी कमाने आता हूँ और यहीं रहता हूँ। अगर राजा को पता चलेगा तो मुझे भारी दंड मिलेगा।'

स्वामीजी ने उसे आश्वासन देते हुए कहा, 'कोई भय नहीं; राजा तुम्हें दंड नहीं देंगे।'

पता नहीं, इस बात पर उसे भरोसा हुआ कि नहीं, किन्तु साधु-सेवा के प्रबल वेग से वह रोटी तैयार करके ले आया। स्वामीजी का कहना था, 'उस समय देवराज इन्द्र द्वारा स्वर्ण पात्र में अमृत लाकर देने पर भी वह उतना तृप्तिदायक होता कि नहीं, इसमें संदेह है।'

उन्हें चमार के हाथों के भोजन ग्रहण करते देख स्टेशन के कुछ उच्च जाति के लोगों ने कहा, 'आपने जो नीच व्यक्ति के हाथों का छुआ खाना खाया, यह क्या अच्छा हुआ?' इस पर उन्होंने उत्तर दिया, 'तुम लोगों ने तो मुझसे तीन दिनों तक बकवाया, किन्तु मैंने कुछ खाया कि नहीं, क्या इसकी खोज-खबर ली थी? फिर भी वह व्यक्ति छोटा आदमी है, और अपने को ऊँचा कहकर बड़ाई करते हो? उसने जो मनुष्यता दिखाई है, उससे वह नीच कैसे हुआ?'

जयपुर से विदा होकर स्वामीजी अजमेर पहुँचे और वहाँ स्वामीजी ने सम्राट अकबर के महल को देखा और प्रसिद्ध समाधि-स्थल भी देख आए। अजमेर का पुष्कर तीर्थ, सावित्री मन्दिर और ब्रह्मा के मन्दिर के दर्शन करके वे 14 अप्रैल, 1891 को आबू पर्वत पहुँचे और चम्पा नामक एक निर्जन गुफा में तपस्या में लीन हो गए। उनके सामान में एक पात्र, दो कम्बल, एक कमंडल और कुछ पुस्तकें थीं।

एक धर्मपरायण उदार हृदय मुसलमान महोदय ने स्वामीजी के गुणों का परिचय पाकर कोटा के प्रधानमंत्री ठाकुर फतहसिंह आदि अनेक विशिष्ट व्यक्तियों से उनका परिचय करवा दिया।

एक दिन मौलवी साहब के बुलाने पर खेतड़ी के राजबहादुर के सेक्रेटरी मुंशी जगमोहन लाल उनका दर्शन करने आए। स्वामीजी उस समय केवल कौपीन पहने सोये हुए थे। सोये हुए स्वामीजी को देखकर जगमोहन लाल ने सोचा, कई चोर-उचक्के साधु के वेश में घूमते हैं, यह भी उन्हीं में से एक होगा।

इतने में स्वामीजी उठ बैठे। बातचीत शुरू हुई। जगमोहन ने पूछा, 'स्वामीजी, आप हिन्दू संन्यासी होकर मुसलमान के घर पर हैं, आपके भोजन आदि को ये मुसलमान महोदय छू सकते हैं।'

स्वामीजी ने उत्तर दिया, 'महाशय, आपका ऐसा कहने का मतलब क्या है? मैं संन्यासी हूँ, इसलिए मैं सभी सामाजिक आचार-व्यवहार से परे हूँ। मैं एक भंगी के साथ भी बैठकर भोजन करता हूँ। यह तो ईश्वर का निर्देश है—अत: मैं निर्भय हूँ। शास्त्र का भी मुझे डर नहीं है, क्योंकि शास्त्र तो इसका समर्थन करता है। परन्तु हाँ, मुझे भय है, आप जैसे सब कुछ जाननेवाले अंग्रेजी वालों से। आप लोग शास्त्र व भगवान् की परवाह नहीं करते, मैं सर्वभूतो में ब्रह्म का ज्ञान रखता हूँ। फिर मेरे

लिए ऊँच-नीच या स्पृश्य-अस्पृश्य क्या है?' शिव उच्चारण करते हुए स्वामीजी तन्मय हो गए। उनका मुखमंडल स्वर्गीय आभा से उद्‌भासित हो गया।

इस थोड़ी देर के वार्तालाप से ही जगमोहन मुग्ध हो गए थे।

राजबहादुर ने जब सेक्रेटरी के मुँह से स्वामीजी की बात सुनी तो उन्हें भी उनके दर्शन करने की बड़ी लालसा उत्पन्न हुई। उनके निमंत्रण पर स्वामीजी राजभवन पहुँचे। राजा अजीत सिंह ने बड़ी श्रद्धा के साथ उन्हें आसन ग्रहण कराया और स्वयं खड़े रहकर उनसे यह प्रश्न किया, 'स्वामीजी, यह जीवन क्या है?'

स्वामीजी ने तुरन्त उत्तर दिया, 'एक अन्तर्निहित शक्ति मानो लगातार अपने स्वरूप में व्यक्त होने के लिए अविराम चेष्टा कर रही है और बाह्य प्रकृति उसे दबा रही है—इस चेष्टा का नाम है जीवन।'

और एक दिन महाराजा अजित सिंह ने प्रश्न किया, 'स्वामीजी, (प्राकृतिक) नियम किसे कहते हैं?'

बिना हिचक के स्वामीजी ने तत्क्षण उत्तर दिया, 'नियम बिलकुल मानसिक वस्तु है। बाहर इसकी कोई सत्ता नहीं है। यह बुद्धि और इन्द्रियों के द्वारा उपलब्ध प्रत्यक्ष ज्ञान से संचित अनुभूति का परिणाम है। इन्द्रियों द्वारा प्रत्यक्ष वस्तुओं को श्रेणीबद्ध कर बुद्धि ही इन्हें नियम का रूप प्रदान करती है। प्रत्यक्ष अनुभव किस क्रम से घटित होगा, यह पूर्णतः मानसिक व्यापार है...नियम अपने में एक बौद्धिक ज्ञान है एवं बुद्धि से ही इसकी उत्पत्ति होती है' (स्वामी गम्भीरानन्द, 'युगनायक विवेकानन्द', भाग 1, पृ. 277)।

राजबहादुर उनकी सूक्ष्म दृष्टि तथा गम्भीर आध्यात्मिक शक्ति का परिचय पाकर विशेष आनन्दित हुए और कुछ ही दिनों में धर्मपरायण राजा अजीतसिंह और उनके सेक्रेटरी मुंशीजी ने स्वामीजी का शिष्यत्व ग्रहण किया। और राजबहादुर की प्रार्थना पर स्वामीजी कुछ दिन राजभवन में रुक गए।

खेतड़ी के राजा को कोई पुत्र नहीं था। एक दिन गुरुदेव से अपना दुख निवेदित करके उन्होंने प्रार्थना की, 'मुझे ऐसा आशीर्वाद दीजिए कि मुझे एक पुत्र संतान हो।'

राजा की प्रार्थना सुनकर स्वामीजी कुछ चिन्तित हुए। अन्त में कातर आवेदन की उपेक्षा करने में असमर्थ होकर वे बोले, 'अच्छा, श्रीरामकृष्णदेव की कृपा से आपकी मनोकामना पूर्ण होगी।'

27 अक्तूबर, 1891 को स्वामीजी खेतड़ी से निकल पड़े और अजमेर पहुँचे। वहाँ हरविलास सारदा के घर दो-चार दिन ठहरे थे। हरविलास सारदा के परम मित्र श्यामजी कृष्ण वर्मा स्वामीजी के वेदान्त में पांडित्य, स्वदेश प्रेम, सुकंठ का गायन सुनकर मुग्ध हो गए थे।

राजस्थान में एक बार ट्रेन से यात्रा करते समय उनके डिब्बे में दो अंग्रेज सहयात्री थे। इन लोगों ने सोचा कि स्वामीजी मात्र एक साधारण फकीर हैं; अतएव

अंग्रेजी में बात करते हुए वे साधु-फकीरों का मजाक करने लगे। कुछ देर बाद एक स्टेशन पर ट्रेन के रुकने पर स्वामीजी ने स्टेशन मास्टर से अंग्रेजी में एक गिलास पानी माँगा। दोनों को जब मालूम हुआ कि स्वामीजी अंग्रेजी जानते हैं तो लज्जित और आश्चर्यचकित होकर पूछा, 'थोड़ा-सा भी क्रोध प्रकट किये बिना आप चुपचाप क्यों बैठे रहे?'

उत्तर में स्वामीजी ने कहा, 'देखिए मित्रो, मूर्खों के सम्पर्क में मैं अपने जीवन में यह पहली बार ही नहीं आया हूँ।'

यह सुनकर क्रोध तो उन्हें बहुत आया मगर स्वामीजी का तेजोद्दीप्त सुगठित शरीर देखकर उन्होंने अपना क्रोध दबाकर स्वामीजी से क्षमा-याचना की।

स्वामीजी खेतड़ी से विदा होकर गुजरात के रेगिस्तानी अंचलों को पैदल लाँघकर अहमदाबाद, लिंबड़ी, जूनागढ़, भोज, भेरावल व प्रभास होते हुए सोमनाथ के दर्शन कर पोरबंदर पहुँचे। इस बीच लिंबड़ी के महाराजा ठाकुर साहब बेहेमियाचाँद लिंबड़ी ने उनका शिष्यत्व ग्रहण किया।

पोरबंदर के विख्यात विद्वान शंकर पांडुरंग महोदय से परिचित होने पर स्वामीजी के मन में ज्ञान-वृद्धि की फिर से इच्छा जाग उठी। संन्यासी छात्र की सूक्ष्म बुद्धि का परिचय पाकर पंडितजी उन्हें पतंजलि का महाभाष्य पढ़ाने लगे।

संयोगवश इसी समय गोवर्धन मठ के जगतगुरु श्री शंकराचार्य महाराज का पोरबंदर में आगमन हुआ। इस उपलक्ष्य में उनके सभापतित्व में लिंबड़ी राजभवन में स्थानीय पंडित मंडली की एक विचार-सभा बुलाई गई। पं. शंकर पांडुरंग महोदय के साथ स्वामीजी भी सभा में जा पहुँचे।

सत्येन्द्रनाथ मजुमदार महोदय के अनुसार : स्वामीजी की प्रतिभा की ख्याति पंडितों ने इसके पहले ही सुन रखी थी। इसीलिए उनकी परीक्षा लेने के लिए दो वयोवृद्ध पंडित दूसरे पंडितों की सहायता से उनसे कूट प्रश्न पूछने लगे। बड़ी विनम्रता के साथ, अपने से बड़ी उम्र के पंडितों के प्रति पूर्ण सम्मान दिखाते हुए, स्वामीजी ने एक के बाद एक उन कूट प्रश्नों का पूरे धैर्य के साथ उत्तर दिया। स्वामीजी का विनय, पांडित्य तथा उनकी तेजस्विता देखकर पंडित मंडली मुग्ध होकर उनकी मुक्त कंठ से प्रशंसा करने लगी। श्री शंकराचार्य ने उन्हें आशीर्वाद दिया और स्नेहपूर्ण व्यवहार से सम्मानित किया।

स्वामीजी की असाधारण बुद्धि तथा पवित्र चरित्र से भली भाँति परिचित होकर एक दिन उनके अध्यापक पंडित शंकर पांडुरंगजी ने कहा, 'स्वामीजी, मैं नहीं समझता कि आप इस देश में धर्म-प्रचार करके विशेष कुछ कर सकेंगे। आपके उदार भावों को हमारे देशवासी जल्दी नहीं समझ सकेंगे। व्यर्थ में शक्ति का क्षय न कर आप पाश्चात्य देशों में जाइए। वहाँ के लोग प्रतिभा का सम्मान करना जानते

हैं। वहाँ आप अवश्य ही पाश्चात्य शिक्षा व सभ्यता पर सनातन धर्म का अपूर्व ज्ञानालोक फैलाकर एक नवीन युगान्तर लाने में समर्थ होंगे' ('विवेकानन्द-चरित', सत्येन्द्रनाथ मजुमदार, हिन्दी अनुवाद : पं. मोहिनी मोहन गोस्वामी, पृ. 153)।

इस तरह की बात को जूनागढ़ के दीवान ने ऑफिस के मैनेजर सी. एच. पंड्या के सामने स्वयं प्रकट किया था कि समय आ गया है कि भारतीय भावधारा का पश्चिमी जगत में फैलकर वेदान्त के माध्यम से प्रचार किया जाए। आज फिर समय आ गया है कि श्रीरामकृष्ण की वाणी से जुड़ी हुई भारतीय अध्यात्मधारा का पश्चिम में प्रसार हो।

लिंबड़ी राज्य के खंडवा शहर के निवासी, बंगाली समाज के लोग स्वामीजी का शास्त्र-ज्ञान और अंग्रेजी साहित्य में पांडित्य देखकर सहज ही उनकी ओर आकृष्ट हुए। सत्-चर्चा में समय व्यतीत करने के लिए स्वामीजी अपने साथ उपनिषद् का एक खंड ले गए थे। बंगाली समाज को उपनिषद् के दुरूह स्थलों की प्रांजल व्याख्या सुनकर ऐसा लगा कि वे एक विश्वविख्यात व्यक्ति बननेवाले हैं।

वस्तुत: बराहनगर में स्वामीजी अध्ययनरत एक तप:परायण मार्गदर्शक के रूप में दिखाई दिये थे। हिमालय में उनका स्वरूप सत्यद्रष्टा ऋषि के रूप में था। अलवर में उनका गुरुभाव यथार्थ रूप में प्रकट हुआ था। खेतड़ी में वे भारतीय अध्यात्म का पाश्चात्य ज्ञान-विज्ञान के साथ समन्वय में तत्पर दिखाई पड़े थे और जूनागढ़ में स्वामीजी के विराट व्यक्तित्व का एक अपूर्व विकास तथा असाधारण प्रतिभा की चमक आकर्षणीय ढंग से प्रकट हुई थी। फिर उनके विश्वविख्यात व्यक्ति बनने की भविष्यवाणी सुनाई दी।

यह सब सुनकर स्वामीजी के मन में शिकागो धर्मसभा में योगदान करने की जो कामना जूनागढ़ और पोरबंदर में अंकुरित हुई थी, यहाँ आकर उसने बड़ा आकार ले लिया। उन्होंने सुना था कि अगले वर्ष, सन् 1893 में, इस सभा का शिकागो में अधिवेशन होगा जिसमें विश्व के विविध धर्मों के प्रतिनिधि भाग लेंगे।

मगर यातायात का खर्च इकट्ठा करना एक बड़ी समस्या थी। परन्तु गुरुदेव श्रीरामकृष्ण की कृपा से धीरे-धीरे सब कुछ सम्भव होने लगा था।

खंडवा में एक बंगाली महोदय का परिचय-पत्र लेकर वे बम्बई के बैरिस्टर सेठ रामदास छबिलदास के अतिथि हुए। उस समय देश भर में 'सहवास-सम्मति की उम्र' नियत करनेवाले कानून (The Age of Consent Bill) पर वाद-विवाद चल रहा था। स्वामीजी को यह देखकर बहुत शर्म आई कि पढ़े-लिखे बंगाल का शिक्षित वर्ग इस कानून का विरोध कर रहा है। बातचीत के सिलसिले में स्वामीजी ने इस कानून का पुरजोर पक्ष लेते हुए बाल-विवाह की विसंगति तथा दुष्परिणाम

की तीव्र आलोचना की। एक गेरुआ वस्त्रधारी हिन्दू संन्यासी के मुख से यह सुनकर उनके परिचित बम्बई निवासी आश्चर्यचकित हो गए।

वस्तुतः संन्यासी होने पर भी उनके जीवन के चार प्रमुख उद्देश्य थे :

1. समाज में फैली हुई कुरीतियों को दूर करना और दरिद्रों की सेवा करना। यही उनकी 'दरिद्रनारायण' की परिकल्पना थी।
2. हिन्दू धर्म के तथाकथित रक्षक और कर्णधार पुरोहित, महन्त आदि जो हिन्दू धर्म के कर्मकांड के नियमों का भय दिखाकर आम जनता को ठगते रहे हैं, उनको व साधारण जनता को वेदान्त का पाठ पढ़ाकर हिन्दू धर्म के सही रूप से अवगत कराना।
3. संन्यासियों के द्वारा त्याग की महिमा की घोषणा के साथ स्वामीजी ने सेवा को भी संयोजित किया और शिक्षा का विस्तार, नीच जाति का अभ्युत्थान और दारिद्र्य के नाश को अपने जीवन का उद्देश्य मानकर देश और विदेश में उसका प्रचार शुरू किया।
4. स्वामीजी यह मानते थे कि हमारी वर्तमान आवश्यकता के अनुसार पाश्चात्य विज्ञान की सहायता से आर्थिक व सामाजिक स्थिति को उन्नत बनाने की चेष्टा करना है और उसके बदले में भौतिकता के पुजारी विदेशियों को वेदान्त का आध्यात्मिक ज्ञान प्रदान कर उन्हें जीवन के सटीक रास्ते का पता देना है।

सन् 1892 के सितम्बर महीने में बम्बई से पूना जानेवाली रेलगाड़ी के एक डिब्बे में स्वामीजी की मुलाकात लोकमान्य तिलक से हो गई थी, जो दो मराठी युवकों के साथ बहस करते दिखाई पड़े थे। रानाडे आदि सुधारकों के स्वर में स्वर मिलाकर संन्यास की अकर्मण्यता तथा दोष ढूँढ़ने में लगे इन दो युवकों के मतों का खंडन कर, तिलक महाराज भारत के प्राचीन संन्यास के पक्षधर बनकर बड़ी खूबी से उन्हें निरस्त करने में जुटे हुए थे। स्वामीजी जी तिलक का पक्ष लेकर तर्क-युद्ध में सम्मिलित हो गए। अंग्रेजी जाननेवाले संन्यासी की प्रखर प्रतिभा से वे युवकगण और स्वयं गंगाधर तिलक विशेष रूप से आकृष्ट हो गए। पुणे में उतरकर वे स्वामीजी को घर ले गए। इस प्रकार तिलक-भवन में कुछ दिन व्यतीत कर स्वामीजी ने महाबलेश्वर की ओर प्रस्थान किया।

अकस्मात् एक दिन राजपथ पर लिंबड़ी के ठाकुर साहब अपने गुरुदेव को दीन वेश में देखकर उन्हें अपने घर ले गए और कहा, 'महाराज, इस प्रकार व्यर्थ का भ्रमण-क्लेश क्यों सहन कर रहे हैं? आपको मैं अब न छोड़ूँगा, दया करके मेरे साथ चलिए, लिंबड़ी में आपके स्थायी रूप से रहने के लिए मैं भली भाँति व्यवस्था कर दूँगा।'

उत्तर में स्वामीजी ने ठाकुर साहब से कहा था, 'एक अद्भुत शक्ति मुझे जबरदस्ती घुमा रही है। गुरुदेव श्रीरामकृष्ण मेरे कंधे पर एक महान कार्य-भार सौंप

गए हैं। जब तक यह कार्य समाप्त न होगा, तब तक विश्राम करने की आशा व्यर्थ है। यदि जीवन में कभी विश्राम करने का अवसर मिला तो आपके पास आकर जरूर रहूँगा।'

दक्षिण भारत

महाबलेश्वर से स्वामीजी बेलगाँव पहुँचे। वहाँ के निवासी हरिपद मित्र और उनकी पत्नी उनके शिष्य बन गए। यहाँ पर स्वामीजी ने एक दिन हरिपद बाबू से अमरीका में जाकर शिकागो विश्व धर्म-संसद में सम्मिलित होने की इच्छा प्रकट की थी। हरिपद बाबू ने तत्क्षण चंदा इकट्ठा करने का प्रस्ताव दिया। परन्तु स्वामीजी ने कहा कि रामेश्वरम जाकर शिवजी का दर्शन किये बिना वे इस विषय को आगे नहीं बढ़ाएँगे।

बेलगाँव से स्वामीजी हिन्दू राज्य मैसूर के शहर बंगलोर पहुँचे। वहाँ वे नगरपालिका के मेडिकल ऑफिसर पी. प्लपू के घर ठहरे थे जो केरल की 'एलवा' नामक तथाकथित नीच जाति के थे। इसीलिए तथाकथित भद्र समाज ने स्वामीजी की पहले कद्र नहीं की, परन्तु शीघ्र ही उनकी प्रतिभा की चमक चारों ओर फैल गई। मैसूर राज्य के दीवान के. शेषाद्रि ने स्वामीजी से प्रभावित होकर कहा था, 'इस संन्यासी में ऐसा चित्ताकर्षक व्यक्तित्व तथा दिव्यशक्ति है, जो भारत के इतिहास में निश्चित रूप से अपना चिह्न छोड़ जाएगी।' मैसूर महाराज चामराजेन्द्र वाद्रियार बहादुर उनकी मेधाशक्ति, मोहक चरित्र, गहन पांडित्य तथा आध्यात्मिक अन्तर्दृष्टि पर मुग्ध हो गए। वह स्वामीजी को अतिथि के रूप में अपने महल ले गए। मैसूर नरेश बड़े सरल और उदार प्रवृत्ति के व्यक्ति थे। स्वामीजी समय-समय पर बालक की तरह सरल भाव से महाराज के किसी कार्य में त्रुटि देखकर उसी समय उसकी तीव्र आलोचना कर देते थे, इससे महाराजा विशेष आनंद अनुभव करते थे।

एक दिन स्वामीजी की सस्नेह भर्त्सना से बनावटी क्रोध प्रकट करते हुए महाराजा ने कहा, 'आप राज्य के कर्मचारियों के बारे में आलोचना करते हुए थोड़ी सावधानी बरतें, कहीं ये दुष्ट लोग आपको विष न दे बैठें।'

इस पर स्वामीजी कह उठे, 'आप कहते क्या हैं! क्या आप सोचते हैं कि एक सच्चा संन्यासी केवल प्राण के भय से सत्य बोलने में हिचकेगा? मैं असत्य नहीं बोल सकता!'

यहाँ दीवान बहादुर के सभापतित्व में राजप्रासाद में पंडितों की वेदान्त पर एक विचार-सभा बुलाई गई। वहाँ स्वामीजी ने सुललित संस्कृत में अपूर्व युक्ति द्वारा प्रमाणित कर दिया कि सर्व-संदेह-विनाशक वेदान्त के विभिन्न मतवाद परस्पर विरोधी नहीं, बल्कि एक-दूसरे के समर्थक हैं। वेदान्तशास्त्र कुछ दार्शनिक मतवादों की समष्टि नहीं, वरन् साधक जीवन की विभिन्न स्थितियों में अनुभूत सत्यों का समूह है।

स्वामीजी की वेदान्त की नवीन व्याख्या सुनकर उपस्थित वयोवृद्ध विद्वान पंडित-मंडली चमत्कृत हो गई और एक स्वर में उनका समर्थन किया।

मैसूर के महाराजा ने अमरीका जाकर वेदान्त का प्रचार करने का प्रस्ताव दिया और कहा कि 'इस विशेष संपदा को विश्वमानव के कल्याण के लिए वितरित करने के आप ही एकमात्र उपयोगी व्यक्ति हैं', और तत्क्षण वे आर्थिक सहायता के लिए तैयार हो गए।

परन्तु स्वामीजी ने कुछ सोचकर उसे ग्रहण नहीं किया और शेष भारत-भ्रमण और रामेश्वरम की यात्रा को निकल गए।

अब स्वामीजी मलाबार (केरल प्रान्त) से होते हुए ट्रांवकोर (एक अलग राज्य, अब केरल राज्य के अन्तर्गत) की राजधानी त्रिवेन्द्रम (तिरबन्तुपुरम) पहुँचे जहाँ के शिक्षित वर्ग, राज्य अधिकारी, नगर के गणमान्य व्यक्ति स्वामीजी की किसी भी विषय पर—चाहे वह प्राचीन या अर्वाचीन भारतीय ग्रंथों की व्याख्या हो अथवा अंग्रेजी साहित्य के कवि स्पेंसर, कालिदास, भवभूति, शेक्सपियर या पतंजलि का महाभाष्य—समान पैठ देखकर गुण-मुग्ध हो गए। विद्वत् मंडली का कहना था, 'गम्भीरता एवं सरलता उनके चेहरे पर स्पष्ट रूप से अंकित थी।' स्वामीजी के चरित्र की विशेषताएँ थीं—उनका पवित्र हृदय, तपस्यामय जीवन, खुला मस्तिष्क, उदार दृष्टिकोण तथा सबके प्रति सहानुभूति।

त्रिवेंद्रम में ट्रांवकोर के राजकुमार के साथ वार्तालाप के दौरान स्वामीजी भारत के देशी महाराजाओं के सम्बन्ध में चर्चा करते हुए बोले, 'देशी राजा-महाराजाओं में बड़ौदा के गायकवाड़ की विद्वत्ता, कर्मकुशलता व देश-प्रीति विशेष रूप से श्लाघ्य है।'

त्रिवेंद्रम से एर्नाकुलम जाकर स्वामीजी ने श्री नारायण गुरु के गुरु चट्टम्बी स्वामी से भेंट की। यह सन् 1892 के दिसम्बर महीने की बात थी। इस साक्षात्कार के फलस्वरूप दोनों की एक-दूसरे के प्रति श्रद्धा जगी थी।

एर्नाकुलम से स्वामीजी मद्रास पहुँचे थे जहाँ उनके विशाल शिष्य वर्ग ने 500 रु. इकट्ठा कर स्वामीजी को प्रदान करना चाहा। स्वामीजी ने उसे स्वीकार नहीं किया और कहा कि ये रुपये गरीबों में बाँट दो।

मद्रास से स्वामीजी हैदराबाद पहुँचे। वहाँ सिकन्दराबाद के एक सौ हिन्दू समवेत रूप से फल, मिठाई और दूध लेकर उपस्थित हुए और महबूब महाविद्यालय में उनसे भाषण देने के लिए अनुरोध किया। वहाँ हैदराबाद के महाराजा के साले नवाब बहादुर सर खुर्शीद जाह, अमीरी-ई-कबीर, के.सी.एस.आई. के प्राइवेट सेक्रेटरी से उनकी मुलाकात हुई। महबूब विश्वविद्यालय में हजारों श्रोताओं के सम्मुख 'मेरी पाश्चात्य् यात्रा का उद्देश्य' विषय पर स्वामीजी ने व्याख्यान दिया। यह उनके जीवन का

प्रथम पब्लिक लेक्चर था। श्रोतागण भाषण से काफी प्रभावित हुए थे और स्वामीजी ने देखा, इस नवीन कार्यक्षेत्र में भी उन्हें सफलता मिल रही है।

मद्रास से स्वामीजी रामेश्वर के दर्शन करने के बाद 1892 के अन्त में कन्याकुमारी पहुँचे। भारत के छोर पर बसा कन्याकुमारी नगर के समुद्र में दो फर्लांग (0.25 मील) की दूरी पर ही रॉक यानी एक विशाल शिला खंड है। वहाँ तक ले जाने के लिए माँझी ने एक आना (छह पैसे) माँगा, मगर स्वामीजी के पास एक पैसा भी नहीं था।

समुद्र हिंस्त्र शार्क मछलियों से भरा था परन्तु स्वामीजी इसकी कोई परवाह किये बिना साहसपूर्वक समुद्र तैर कर वहाँ के द्वीप सदृश वृहत्तम शिलाखंड (आजकल इसे 'विवेकानन्द रॉक मेमोरियल' कहा जाता है) पर पहुँच गए। वहाँ बंगाल आदि किसी प्रान्त विशेष के स्थान पर सम्पूर्ण भारत की चिन्ता में डूब गए। वहाँ जगन्माता कन्याकुमारी की आनन्दमयी मूर्ति के ध्यान और जन्मभूमि भारतमाता के गहन चिन्तन में रात्रि यापन किया (A Comprehensive Biography of Swami Vivekananda, Shailendranath Dhar, p. 373)।

स्वामी विवेकानन्द के तपोमार्जित निर्मल, पवित्र चित्त-दर्पण पर मातृभूमि के अतीत, वर्तमान तथा भविष्य के चित्र एक-एक करके प्रतिबिम्बित होने लगे। स्वामीजी एक साथ ही देशभक्त, ऋषि और भारतमय हो गए थे। तपस्या तथा आत्मसंयम के द्वारा एवं साथ ही संन्यासियों की त्याग-भावना से प्रेरित अपने मानव रूप को दीन-दुखियों, गरीबों की सेवा में अर्पित कर देने का वहीं शिलाखंड पर बैठकर संकल्प लिया था। 'मानव में निहित ईश्वर है'—इस ज्ञान को निर्धन, अनपढ़, बुभुक्ष जनता, रोगी मानवों में प्रसारित कर, स्वामीजी ने भारत की जनता के लिए अपने जीवन को न्योछावर कर देना ही उचित समझा और इस काम को आगे बढ़ाने के लिए कटिबद्ध हो गए। उनका मन एक गहन संवेदना से भरकर भारत की अवहेलित निम्न जातियों के साथ एकाकार हो गया।

स्वामीजी मानते थे : धर्म के रास्ते ही हमें आगे बढ़ना है। धर्म ही भारतीय राष्ट्र का मेरुदंड है। सारे देश का भ्रमण करते हुए उन्हें बार-बार यही लगा कि भारत के गौरवमय अध्यात्मसंपद का पुनरुद्धार करके सारे विश्व में उसे फैलाना है और फिर उन्हें अचानक गुरुदेव के दिव्य दर्शन हो गए।

श्रीरामकृष्ण दिव्य देह धारण कर समुद्र तट से विस्तीर्ण महासागर के ऊपर पैदल चले जा रहे हैं और उन्हें पीछे-पीछे आने के लिए इशारा कर रहे हैं। स्वामीजी की सारी दुविधा, संकोच खत्म हो गया और वे अमरीका जाने के लिए तैयार हो गए।

परन्तु एकाएक उन्हें स्मरण आया कि उन्हें श्री शारदा देवी का आदेश लेना है। शारदा देवी से अनुमति मिल गई। दयामयी माँ ने आशीर्वाद दिया।

कन्याकुमारी से स्वामीजी मद्रास वापस आए और डॉ. सर जी. सुब्रह्मण्य अय्यर, रामनाद के राजा एवं अन्य लोगों की सहायता के द्वारा शिकागो की

'विश्व धर्म-संसद' जाने की तैयारी में काफी अग्रगति दिखाई पड़ी। इसमें श्री पिराबी पेरुमल पिल्लई, आलासिंगा नामक त्रिवेन्द्रम के हुजूर ऑफिस के एक सहायक दीवान ने उनकी बहुत सहायता की और बाद में उनका शिष्यत्व ग्रहण कर आजीवन स्वामीजी से सम्पर्क बनाए रखा।

अमरीका की यात्रा का आर्थिक आयोजन पूरा होने चला था कि अकस्मात् खेतड़ी के राजा के प्राइवेट सेक्रेटरी मुंशी जगमोहन लाल मद्रास आकर उपस्थित हुए। जगमोहन जी के अनुसार स्वामीजी ने सन् 1891 में पुत्र-रत्न प्राप्त करने के लिए खेतड़ी के महाराजा को आशीर्वाद दिया था और उसके फलस्वरूप पुत्र-प्राप्ति होने पर महाराजा द्वारा इस अवसर पर राज्य भर में उत्सव मनाया जा रहा है और उसी में भाग लेने और आशीर्वाद देने के लिए महाराजा का आग्रह है कि स्वामीजी एक दिन के लिए खेतड़ी पधारें।

स्वामीजी जगमोहनलाल के साथ 15 अप्रैल, 1893 को खेतड़ी पहुँचे। उस समय राजकुमार जयसिंह का जन्मोत्सव मनाया जा रहा था। तालाब में नौका-विहार, नृत्यगीत, आतिशबाजी आदि का कार्यक्रम चल रहा था। महाराजा ने स्वामीजी को साष्टांग प्रणाम करते हुए प्रणामी के रूप में पच्चीस रुपये प्रदान किये। स्वामीजी ने खुले मन से राजकुमार को आशीर्वाद दिया। राज की संगीत सभा में स्वामीजी को लेकर महाराजा उपस्थित हुए। उस समय एक नर्तकी गाना गा रही थी। यह देखकर स्वामीजी वहाँ से यह कहते हुए अपने कमरे में चले गए कि संन्यासी के लिए इस तरह की सभा त्याज्य है। यह सुनते ही नर्तकी मर्माहत होकर मानो स्वामीजी को प्रत्युत्तर देते हुए यह भजन सुनाने लगी :

हमारे प्रभु अवगुन चित्त न धरो।
समदरसी प्रभु नाम तिहारो,
अब मोहि पार करो॥
इक लोहा पूजा में राखत, इक घर बधिक धरो।
पारस गुन अवगुन नहि चितवै, कंचन करत खरो॥
इक नदिया इक नार कहावत, मैलो नीर भरो।
जब दोऊ मिलि एक बरन भये, सुरसार नाम परो॥
यह माया भ्रम जात निबारो, सूरदास सगरो।
अब की बेर मोहि पार उतारो, नहिं प्रण जात हरो॥

इस गीत के द्वारा मानो स्वामीजी को नर्तकी इशारों से कह रही थी कि ईश्वर पापी और पुण्यवान, दोनों को सहारा देते हैं और इस संसार में सभी में ब्रह्मसत्ता—'सर्वं खल्विदं ब्रह्म'—मौजूद है।

स्वामीजी 10 मई को खेतड़ी के मुंशी जगमोहन लाल के साथ बम्बई पहुँचे।

मद्रास के उनके मित्रों द्वारा प्राय: चार हजार रुपये एकत्रित किये गए थे। उन रुपयों को आलासिंगा ने लाकर स्वामीजी को दिया। आलासिंगा ने स्वामीजी का पी.एड.ओ. कम्पनी के जहाज में द्वितीय श्रेणी में आरक्षण करवाया था ताकि वे चार हजार रुपये अमरीका में खर्च करने के लिए बचे रहें। स्वामीजी के सम्मानार्थ मुंशी जगमोहन लाल ने उसे प्रथम श्रेणी में बदलवा दिया था। साथ ही स्वामीजी के मना करने के बाद भी मुंशीजी ने, महाराजा के राजगुरु के अमरीका में भाषण देने के लिए, बहुमूल्य रेशमी चोगा तथा पगड़ी बनवा दी थी।

खेतड़ी के महाराजा ने स्वामीजी की एक भयानक दुश्चिन्ता को भी दूर किया था। उनकी माँ और भाइयों के अन्न और वस्त्राभाव की चिन्ता स्वामीजी के लिए बहुत ही दुखदायक थी। खेतड़ी के महाराजा ने इस समस्या को सुलझाते हुए स्वामीजी के परिवार को 100 रुपये मासिक भेजना शुरू करके अमरीका यात्रा से पहले स्वामीजी को दुश्चिन्ता-मुक्त किया था। खेतड़ी के महाराजा की मृत्यु के बाद भी ये 100 रुपये आना बन्द नहीं हुए थे।

स्वामीजी ने आलासिंगा पेरुमल और मुंशी जगमोहनलाल से अपने आँसू पोंछते हुए विदा ली और जहाज में चढ़कर डेक पर खड़े हो गए। विषाद-भरी दृष्टि से भारत की हरी-भरी तटभूमि को निहारते रहे। धीरे-धीरे सब कुछ धूसर रेखा में बदलकर सुदूर क्षितिज के पीछे विलीन हो गया।

4

अमरीका और यूरोप की यात्राएँ

अमरीका यात्रा

बम्बई छोड़ जहाज अरब सागर से गुजरता हुआ दक्षिण दिशा में कोलम्बो की ओर चल पड़ा। कोलम्बो (श्रीलंका) बंगोपसागर और अरब सागर के संगम में बसा हुआ था। बम्बई से कोलम्बो तक पहुँचने में सात दिन लग गए थे। कोलम्बो छोड़कर बंगोपसागर पार कर मलाया (मलेशिया) के शहर पेनांग में आकर जहाज रुका। पेनांग के बाद सिंगापुर। यह छोटा देश होने के बावजूद, समुद्री मार्ग के एक ऐसे महत्त्वपूर्ण स्थान पर अनुकूल स्थिति में मौजूद है जिसके फलस्वरूप सारे जहाजों को वहाँ रुकना पड़ता है और परिणामत: सिंगापुर एक महत्त्वपूर्ण बंदरगाह में परिणत हो गया है।

बंदरगाह पर जहाज के कुछ दिनों तक रुकने के कारण स्वामीजी ने उतरकर सिंगापुर का एक बढ़िया अजायबघर देखा, मैंगोस्टीन फल को चखा और पंखेनुमा ताड़ के वृक्षों के सौन्दर्य को देखकर मुग्ध हो गए।

उस बीच स्वामीजी ने जहाज के कप्तान से परिचय कर लिया और उनके सहयोग से नये-नये प्रकार के भोजन और यूरोपीय आचार-व्यवहार से धीरे-धीरे अभ्यस्थ होने लगे।

गुरुदेव श्रीरामकृष्ण का वचन स्मरण हो आया : 'जितने दिन जिन्दा रहूँ, उतने दिन सीखूँ।'

सिंगापुर से वे हांगकांग पहुँचे। हांगकांग में जहाज तीन दिन ठहरा। श्री सत्येन्द्रनाथ मजुमदार के अनुसार : स्वामीजी सिम्यांग नदी के मुहाने से 80 मील दूरी पर स्थित दक्षिण चीन की राजधानी कैंटन शहर में घूमने निकल गए थे—वहाँ उन्होंने अनेक बौद्धमठ देखे तथा वहाँ के सबसे बड़े मन्दिर के दर्शन किये।

स्वामीजी ने चीन की दरिद्रता को देखते हुए, भारत की उसी तरह की दरिद्रता से तुलना करते हुए कहा था : 'आधुनिक सभ्यता की सीढ़ी पर चीन व भारतवासी एक पैर भी अग्रसर नहीं हो रहे हैं। उसका एक कारण उनकी दरिद्रता ही है। परन्तु उनकी प्राचीन सभ्यता से सारी दुनिया सदा परिचित रहेगी और इन दो देशों का सम्मान करेगी।'

वहाँ से स्वामीजी जापान पहुँचे। चीन की अपेक्षा जापान के अपूर्व सौन्दर्य, साफ-सुथरे नगर, अच्छे-अच्छे घर, कृत्रिम जलाशय व सुन्दर बगीचे देखकर स्वामीजी विशेष रूप से प्रसन्न हुए थे। जापान की नगरी योकोहामा से अपने एक मद्रासी शिष्य को पत्र में उन्होंने लिखा था : 'जापानियों के सम्बन्ध में मेरे मन में कितनी ही बातें आ रही हैं। एक संक्षिप्त पत्र में उसे प्रकट नहीं कर सकता, परन्तु इतना कह सकता हूँ कि हमारे देश के युवकों के प्रतिवर्ष दल-के-दल चीन व जापान जाना चाहिए। विशेष कर जापान तो अवश्य जाना चाहिए। जापानियों की दृष्टि में भारतवर्ष सभी प्रकार के उच्च व महान चीजों के स्वप्न की तरह है।

'...और तुम लोग क्या कर रहे हो? जीवन भर केवल वृथा बकते रहते हो। आओ, इन्हें देख जाओ और जाकर शर्म से मुँह छिपा लो। भारत की जराजीर्ण स्थिति से बुद्धि का भी नाश हो गया है! देश छोड़कर बाहर जाने में तुम्हारी भी जाति बिगड़ जाती है?'

स्वामीजी आगे लिखते हैं : 'हजारों वर्ष के पुराने इस कुसंस्कार का बोझ सिर पर धरे हुए तुम लोग बैठे हो...पौरोहित्य-रूपी मूर्खता के गम्भीर आवर्त में चक्कर काट रहे हो...।

'आओ, मनुष्य बनो। पहले तो इन दुष्ट पुरोहितों को दूर कर दो, क्योंकि ये मस्तिष्कहीन लोग कभी अच्छी बातें न मानेंगे—उनके हृदय भी शून्य हैं, जिसका विकास भी कभी न होगा। सैकड़ों सदियों के कुसंस्कार से युक्त कूड़ा-कर्कट से अपने मस्तिष्क को भरकर तुम लोग बैठे हुए हो और आहार की शुद्धि-अशुद्धि के झगड़े में पड़े हुए हो और यूरोपियों के मस्तिष्क से निकली हुई बातों को बिना समझे दुहरा रहे हो। तीस रुपये की मुंशीगीरी के लिए अथवा बहुत हुआ तो एक वकील बनने के लिए जी-जान लगा देते हो। नौकरी हो या नहीं, शादी करके झुंड के झुंड बच्चे भी जरूर पैदा कर देते हो और वे बच्चे पिताश्री को घेरकर चिल्लाते रहते हैं : खाना दो, खाने को दो। क्या समुद्र में इतना पानी भी नहीं रहा कि तुम उसमें विश्वविद्यालय की डिग्री, डिप्लोमा, गाउन और पुस्तकों समेत डूब मरो?'

फिर स्वामीजी ने उदात्त खंड से युवकों को सम्बोधित करते हुए पत्र में लिखा : 'आओ, मनुष्य बनो। पहले तो इन दुष्ट पुरोहितों को दूर कर दो, क्योंकि वे मस्तिष्कविहीन लोग कभी अच्छी बातें न मानेंगे—उनके हृदय भी शून्य हैं, जो अपनी स्वार्थ पर दुनिया से बाहर नहीं निकलेंगे। पहले इनका उच्छेद करो। आओ, मनुष्य बनो, अपने संकीर्ण अंधकूप से निकलकर बाहर की दुनिया को देखो। देखो, अन्य सब देश किस तरह आगे बढ़ रहे हैं। क्या तुम्हें मनुष्य से प्रेम है? क्या तुम्हें अपने देश से प्रेम है? यदि हाँ, तो आओ, हम भले बनने के लिए हर प्रकार से प्रयत्न करें—पीछे की ओर नहीं देखें। भारतमाता इस प्रकार के हजारों युवकों का

बलिदान चाहती है। अत्यन्त निकट और प्रिय सम्बन्धी रोते हों तो रोने दो, पीछे देखो ही मत। केवल आगे बढ़ते ही जाओ।'

स्वामीजी के इस पत्र ने उन दिनों भारत के युवकों में एक नई चेतना भर दी थी और समाज में फैले हुए कुसंस्कारों को दूर करने और देश-सेवा में हजारों नवयुवक बलिदान देने के लिए तैयार हो गए थे।

याकोहामा से प्रशान्त महासागर पार करके जहाज कैनेडा के वैंकुवर बंदरगाह पर आ पहुँचा। इस जहाज पर दो भारतीय सहयात्री थे : एक जमशेदजी नौसरवानजी टाटा और दूसरे, लल्लू भाई। जमशेदजी से स्वामीजी का जापान में ही परिचय हुआ था। भगिनी निवेदिता ने 3 अक्तूबर, सन् 1901 के पत्र में लिखा था : 'Mr. Tata told me that when Swamiji was in Japan, everyone who saw him was immediately struck by his likeness to Buddha' (Prabudha Bharata, November, 1936).

वैंकुवर ब्रिटिश कोलम्बिया का बंदरगाह है। यहाँ से, कनाडा पैसिफिक रेलमार्ग और प्रसिद्ध रौकी पर्वतमाला के बीच नद-नदियाँ, बड़े-बड़े जंगल, महानगर आदि पार कर *विन्नीपेग* होकर तीन दिन की यात्रा के बाद 30 जुलाई, सन् 1893 की रात को स्वामीजी शिकागो शहर में उपस्थित हुए।

जिस शिकागो नगरी से स्वामीजी की ख्याति विश्वभर में फैलने चली है, वहाँ पहुँचकर उन्हें यह पता लगा कि विचारसभा सन् 1893 के सितम्बर माह की ग्यारह तारीख से पहले शुरू नहीं होगी और उक्त सभा की नियमावली के अनुसार परिचय-पत्र के बिना सभा में भारत के प्रतिनिधि के रूप में उन्हें स्थान नहीं मिलेगा तो उनका मन एकदम बैठ गया। एक महीना ग्यारह दिन स्वामीजी कैसे बिताएँगे और फिर बिना परिचय-पत्र के वे भारत का प्रतिनिधत्व भी नहीं कर पाएँगे।

'क्या प्रभु की यही इच्छा है कि वे भारत चले जाएँ?'—यह बात स्वामीजी के मन में विशेष रूप से तब उभरकर आई जब उन्होंने देखा कि साथ में जो रुपये थे (170 पौंड यानी लगभग दो हजार छह सौ पच्चीस रुपये), वे धीरे-धीरे समाप्त हो जा रहे थे।

30 जुलाई, सन् 1893 से 12 अगस्त तक (लगभग 12 दिन) वे शिकागो शहर में ठहरे। वहाँ, विश्वमेला चल रहा था, उसे उन्होंने घूम-घूमकर देखा—विशालकाय यंत्रों से लेकर महीन खुदाइयों से युक्त बर्तन तक—सब कुछ ने उन्हें विस्मित तो किया ही, मगर जिस चीज ने उन्हें मुग्ध कर दिया, वह थी माकवात्मा की असीम उद्यम और कल्पनाशक्ति, जो इन समस्त चीजों के माध्यम से अभिव्यक्त हो रही थी।

अपरिचित नर-नारियों के बीच घूमते हुए उस अनजान शहर में एक रेल के कुली से स्वामीजी ठगे गए। मौका देखकर और लोगों ने भी उन्हें ठगना शुरू

किया—उनका गेरुआ चोगा शिकागो निवासियों के लिए अजीबोगरीब था—इस विचित्र पोशाकवाले व्यक्ति को देख कोई फब्ती कसता, तो कोई हँसी उड़ाता। कोई, कोई ताली भी बजाता। ऊपर से दुष्ट लड़के पीछे लगकर उन्हें तरह-तरह से तंग करते। इस सबसे बचने के लिए स्वामीजी ने आखिरकार होटल में आश्रय लेना ही उचित समझा। मगर होटल का खर्च अत्यधिक था और स्वामीजी तब सोचने लगे थे कि भारत ही वापस चले जाना चाहिए। फिर याद आया, गुरुदेव श्रीरामकृष्ण का वह लिखित आदेश—'नरेन शिक्षा देगा'—उसका पालन करने के लिए ही वह इस विदेश-यात्रा में आए हैं। पीछे हटने से काम नहीं चलेगा।

एक बार जब उन्हें विश्वास हो गया कि इस कार्य के लिए वे दैवी रूप से निर्धारित किये गए हैं, तो उन्हें अपने पथ में कोई भी बाधा नहीं दिखाई पड़ी। स्वामीजी 'भगवान् पर दृढ़ विश्वासरूपी सुदृढ़ कवच' पहनकर तैयार हो गए।

कैथरीन एबॉट सेनबोर्न (आगे चलकर इस महिला से स्वामीजी के परिचय का उल्लेख है) के मकान से स्वामीजी ने एक शिष्य को पत्र में लिखा था : 'यहाँ आने से पहले जो सुनहरे सपने देखा करते थे, वे सब उड़ गए हैं। इस समय असम्भव के साथ युद्ध करना पड़ रहा है। सैकड़ों बार मन में आया, इस देश से चला जाऊँ, परन्तु फिर सोचा, मैं नामी हठी हूँ, और मुझे भगवान् का निर्देश मिला है। मेरी दृष्टि में कोई पथ नहीं सूझ रहा है, यह ठीक है, परन्तु उनकी आँखें तो सब कुछ देख रही हैं। मरूँ या जिन्दा रहूँ, उद्देश्य नहीं छोड़ूँगा। आज तक जगत का कोई भी महान कार्य निर्विघ्न सम्पन्न नहीं हुआ है। पराजय व व्यर्थ के साथ संग्राम के बीच में से ही तो मानव-चरित्र की वास्तविक महत्त्व प्रकट होता है।'

बंधु-बांधवरहित लगभग खाली हाथ शिकागो महानगर में निवास करना सम्भव नहीं था, यही सोचकर उनके पुराने मित्र वरदराव ने स्वामीजी को शिकागो छोड़ने का सलाह दी। जहाज के भारतीय सहयोगी लल्लूभाई ने स्वामीजी को रेलगाड़ी से बोस्टन ले गए क्योंकि वहाँ का व्यय अपेक्षाकृत कम था। वहाँ अप्रत्याशित रूप से उन्हें एक महिला मित्र—कैथरीन एबॉट सेनबोर्न—मिल गईं जो एक चौवन वर्ष की प्रौढ़ महिला थीं परन्तु स्वामीजी को वे एक वृद्ध महिला लगी थीं। वे मासाचुसेट्स प्रदेश के ब्रीजी मिडोज नामक एक कृषिक्षेत्र की स्वामिनी थीं। उनके बारे में स्वामीजी ने लिखा : 'इस समय मैं बोस्टन के समीप एक गाँव में एक वृद्ध महिला का अतिथि हूँ। इन्होंने मुझे अपने यहाँ आने और रहने का निमंत्रण दिया। यहाँ रहने से मुझे यह सुविधा है कि मेरा जो हर रोज एक पौंड यानी पन्द्रह रुपये खर्च हो रहे थे, अब नहीं होते।'

वह महिला एक लेखिका थीं और स्वामीजी को इधर-उधर ले जाने में उन्हें आनन्द आता था। इनकी सहायता से स्वामीजी शीघ्र ही उस अंचल के शिक्षित तथा प्रतिष्ठित समाज में आसानी से प्रवेश कर गए। इन्हीं की सहायता से वे

हार्वर्ड विश्वविद्यालय के ग्रीक भाषा के विख्यात प्रोफेसर डॉ. मी.जे.एच. राइट से परिचित हुए और उसी सूत्र से उन्हें विश्व धर्म-संसद में प्रतिनिधि का स्थान मिला।

स्वामीजी से थोड़ी देर वार्तालाप के बाद (उनसे प्रभावित होकर और उनका उद्‌देश्य जानकर) प्रोफेसर राइट ने कहा था, 'आप शिकागो विश्व धर्म-संसद में अवश्य जाइए। वहाँ पर वेदान्त-प्रचार के कार्य में आप अच्छी सफलता प्राप्त कर सकेंगे।'

उत्तर में स्वामीजी ने अपने सहज सरल भाव से कहा था कि उनके पास धर्म महासभा में भाग लेने का कोई परिचय-पत्र नहीं है। डॉ. राइट ने आश्चर्यचकित होकर कहा था, 'To ask you Swami, for your credentials is like asking the Sun to state its right to shine.' (स्वामीजी, आपका परिचय पूछना मानो सूरज से इस पृथ्वी को प्रकाशित करने के अधिकार के बारे में पूछना है।)

राइट साहब ने स्वामीजी को बोस्टन से तीस मील की दूरी पर एक ग्राम एनिस्क्वाम में अपने घर में आमंत्रित करके ले गए। इस ग्राम में तीन सप्ताह रहते हुए स्वामीजी ने विभिन्न संस्थाओं में ग्यारह भाषण दिये। प्रोफेसर राइट की पत्नी श्रीमती मेरिल के सहयोग से ये सारे भाषण आयोजित किये गए थे :

1. गाँव के गिरजाघर में ब्रिटिश सरकार के द्वारा भारतीय जनसमुदाय पर जो निर्दयता और दमन का चक्र चल रहा था, उसी का विवरण देते हुए अन्त में कहा कि उनका धर्म कहाँ है? वे मुख से उस पवित्र पुरुष (ईसा) का नाम लेते हैं, वे मनुष्य भाइयों से प्रेम करने का दावा करते हैं, सभ्यता का विस्तार करते हैं—ईसाई धर्म की सहायता से नहीं, यह तो उनकी बुभुक्षा है जिसने उन्हें सभ्य बनाया है।
2. गाँव के पास के इलाके सेलम के वेसली प्रार्थना-गृह में हिन्दू धर्म और हिन्दू प्रथाओं पर बोले।
3. थॉट एंड वर्क क्लब में व्याख्यान दिया।
4. ईस्ट चर्च में उनके भाषण का विषय था : 'भारत का धर्म और मेरे निर्धन देशवासी'।
5. एनिस्क्वाम से थोड़ी दूर साराटोगा में 'अमरीकन सोशल साइंस एसोसिएशन' का अधिवेशन चल रहा था। स्वामीजी ने इस एसोसिएशन में तीन (6,7,8) भाषण दिये। चर्चा के विषय थे : 'इहलौकिक समस्याएँ', 'भारत में मुस्लिम शासन' तथा 'भारत में रौप्यमान'।

   बेंजामिन फ्रेंकलिन सेनबोर्न के निमंत्रण पर वे साराटोगा आए थे और उनके घर में उनके परिवार के सदस्य मित्रों के सामने, उन्होंने तीन (9,10,11) भाषण दिये थे। मिसेज मेरिल के परामर्श पर उन्होंने गेरुआ रंग की पगड़ी व चोगा जो व्याख्यान के समय पर पहनने के लिए थे, वहीं रख छोड़े क्योंकि उस पहनावे पर उन्हें शिकागो के रास्ते में काफी

हँसी-मजाक, गाली-गलौच का सामना करना पड़ा था। अपने लिए एक काला चोगा बनवा लिया। उस साधारण से चोगा को बनवाने के लिए स्वामीजी को काफी रुपये खर्च करने पड़े थे।

जब स्वामीजी शिकागो में पहले-पहल प्रोफेसर राइट से मिले थे, तब विश्व धर्म-संसद के प्रतिनिधि, निर्वाचन समिति के सचिव रेवरेंड जॉन हेनरी बैरोज के नाम एक पत्र लिखकर उन्होंने स्वामीजी को दिया था। उस पत्र में दूसरी बातों के साथ यह भी लिखा था, 'मेरा विश्वास है कि यह अज्ञात हिन्दू संन्यासी हमारे सभी पंडितों को एकत्रित करने पर जो कुछ हो सकता है, उससे भी अधिक विद्वान हैं।'

विश्व धर्म-संसद की तारीख (11.9.1893) नजदीक आ गई थी, इसीलिए स्वामीजी को प्रोफेसर राइट ने रेलगाड़ी से शिकागो भिजवा दिया।

जिस उत्साह और आनन्द के साथ वह बोस्टन से शिकागो के लिए रवाना हुए थे, शिकागो रेलवे स्टेशन पर उतरते ही वह सब लुप्त हो गया। स्वामीजी को प्रोफेसर राइट ने रेवरेंड बैरोज का पता लिखकर दिया था परन्तु शिकागो रेलवे स्टेशन पर उतरकर देखा कि जेब से पता गायब है। उन्होंने राह चलते लोगों से पूछा मगर शिकागो का वह जर्मन-बहुल इलाका था, वे लोग अंग्रेजी में पूछे गए प्रश्न का उत्तर नहीं दे पाए। रात होने को आ गई। स्वामीजी निरुपाय होकर रेलवे के मालगोदाम के पास बड़ा सा खाली लकड़ी का बक्सा देखकर उसी में घुसकर सो गए। ईश्वर का क्या खेल था कि वह व्यक्ति जो मालगोदाम के बक्से के अन्दर भूखा, प्यासा, मित्रहीन, निःसम्बल सोया हुआ था, दो-एक दिन के बाद उसी के द्वारा दिये जाने वाले संजीवनी भाषण से अमरीका और विश्ववासियों को चमत्कृत होकर गुणमुग्ध होना था।

अगले दिन ठंडी हवा के झोंके से उनकी नींद टूट गई। रास्ते में वे द्वार-द्वार अन्न और विश्व धर्म-संसद का पता जानने के लिए भटकने लगे। उनके गंदे कपड़े, साँवला रंग, थका शरीर देखकर किसी ने भी उनकी बात नहीं सुनी और दरवाजे बन्द कर दिये।

हताश होकर वे सड़क के एक किनारे बैठ गए और सोचने लगे कि क्या यही भगवान् का निर्देश है? ठीक उसी समय एक धनाढ्य गृह का द्वार खुला और एक मृदुभाषी ने भद्रतापूर्वक स्वामीजी से पूछा, 'महोदय, क्या आप विश्व धर्म-संसद के प्रतिनिधि हैं?'

स्वामीजी ने 'हाँ' में उत्तर देते हुए अपनी समस्या का बयान किया। भद्र महिला उन्हें अपने साथ घर में ले गई और एक कमरे में विश्राम करने की व्यवस्था कर दी।

बाद में स्वामीजी नहा-धो और जलपान कर उनके साथ विश्व धर्म-संसद के दफ्तर में पहुँचे। महिला के पति मिस्टर जार्ज डब्ल्यू हेल थे। मिस्टर और मिसेज हेल के साथ स्वामीजी का आजीवन मित्रता बनी रही। ने स्वामीजी के रहने का बंदोबस्त 262 नं. मिशिगन एवेन्यू में रहनेवाले विश्व धर्म-संसद मिस्टर जे.बी. ल्योन के घर में किया था।

दूसरे दिन यानी 11 सितम्बर, 1893 को प्रात:काल स्वामीजी विश्व धर्म-संसद के सभागार में उपस्थित हुए। विश्व धर्म-संसद के प्रथम अधिवेशन का विस्तृत वर्णन स्वामीजी ने स्वयं किसी शिष्य को लिखकर भेजा था : संसद में ब्रह्मसमाज के प्रतिनिधि के रूप में प्रतापचन्द मजुमदार, जैन समाज के प्रतिनिधि के रूप में नगरकर, जैन सोसाइटी के वीरचन्द गांधी एवं थिओसॉफिकल सोसाइटी के एनी बेसेन्ट तथा चक्रवर्ती उपस्थित थे। प्रारम्भिक संगीत, भाषण आदि के बाद नियमित ढंग से सभा का कार्य आरंभ हुआ।

स्वामीजी का कहना था कि उपर्युक्त विभिन्न धर्मों के प्रतिनिधियों ने लिखित भाषण दिये और तालियों की गड़गड़ाहट के द्वारा भाषणकर्ताओं का सम्मान किया गया। स्वामीजी ने कोई भाषण तैयार नहीं किया था, छाती धुकधुक कर रही थी। विश्व धर्म-संसद के पूर्वाह्न सत्र में स्वामीजी बोल ही नहीं पाए।

अपराह्न सत्र में जब उनकी बारी आई तो स्वामीजी देवी सरस्वती को प्रणाम कर आगे बढ़े। डॉ. बैरोज ने उनका परिचय कराया। गेरुआ वस्त्रधारी, भव्य चेहरा और विशाल चक्षु वाले स्वामीजी को देखकर श्रोताओं का चित्त थोड़ा-बहुत आकृष्ट हुआ था। परन्तु जैसे ही स्वामीजी ने मंच पर खड़े होकर श्रोताओं को सम्बोधित करते हुए कहा, 'अमरीका निवासी मेरी बहनो और भाइयो' तो सारा हॉल तालियों की गड़गड़ाहट से गूँज उठा। तालियाँ थमने का नाम नहीं ले रही थीं। श्रोतागण अब पूरे तौर पर स्वामीजी के प्रति आकृष्ट और मुग्ध हो गए थे। तीन-चार मिनट के बाद जब तालियाँ रुकीं तो स्वामीजी ने अपना संक्षिप्त भाषण प्रस्तुत किया :

'आपके इस स्नेहपूर्ण और ज़ोरदार स्वागत से मेरा हृदय अपार हर्ष से भर गया है। मैं आपको दुनिया की प्राचीनतम सन्त परम्परा की तरफ से और सभी धर्मों की जननी की तरफ से धन्यवाद देता हूँ और सभी जातियों, सम्प्रदायों के लाखों, करोड़ों हिन्दुओं की तरफ से आपका आभार व्यक्त करता हूँ।

'मेरा धन्यवाद कुछ उन वक्ताओं को भी है, जिन्होंने इस मंच से यह कहा कि दुनिया में सहनशीलता का विचार सुदूर पूरब के देशों से फैला है। मुझे गर्व है कि मैं एक ऐसे धर्म से हूँ, जिसने दुनिया को सहनशीलता और सार्वभौमिक स्वीकृति का पाठ पढ़ाया। हम केवल सार्वभौमिक सहनशीलता में ही विश्वास नहीं रखते, बल्कि हम विश्व के सभी धर्मों को सत्य के रूप में स्वीकार करते हैं।

'मुझे गर्व है कि मैं उस देश से हूँ जिसने सभी धर्मों और सभी देशों के सताए गए लोगों को अपने यहाँ शरण दी। मुझे गर्व है कि हमने अपने दिल में इजराइल की वे पवित्र यादें सँजो रखी हैं जिनमें उनके धर्मस्थलों को हमलावरों ने तहस-नहस कर दिया था और फिर उन्होंने दक्षिण भारत में शरण ली। मुझे गर्व है कि मैं एक ऐसे धर्म से हूँ जिसने पारसी लोगों को शरण दी और लगातार अब भी उनकी मदद कर रहे हैं। मैं आपको एक श्लोक की कुछ पंक्तियाँ सुनाना चाहूँगा, जिन्हें मैंने बचपन से स्मरण किया और दोहराया है और जो रोज करोड़ों लोगों द्वारा हर दिन दोहराया जाता है :

रुचिनां वैचित्र्यादृजुकुटिल नानपथजुषां...
नृणामेको गम्यस्त्वमसि पयसामर्णव इव...

[शिवमहिम्नः स्तोत्रम्॥ 7 श्लोक]

'इसका अर्थ है :

जिस तरह अलग-अलग स्रोतों से निकली विभिन्न नदियाँ अन्त में जाकर मिल जाती हैं, उसी तरह मनुष्य अपनी इच्छा के अनुरूप अलग-अलग मार्ग चुनता है, जो देखने में भले ही सीधे या टेढ़े-मेढ़े लगें, परन्तु सभी भगवान् तक ही जाते हैं।

'यह सभा, जो अभी तक आयोजित सर्वश्रेष्ठ पवित्र सम्मेलनों में से एक है, स्वतः ही गीता के इस अद्भुत उपदेश का प्रतिपादन एवं जगत के प्रति उसकी घोषणा है :

ये यथा माँ प्रपद्यन्ते तांस्तथैव भजाम्यहम्।
मम वर्त्मानुवर्तन्ते मनुष्याः पार्थ सर्वशः॥

'जो कोई मेरी ओर आता है—चाहे किसी प्रकार से हो—मैं उसको प्राप्त होता हूँ। लोग भिन्न-भिन्न मार्ग द्वारा प्रयत्न करते हुए अन्त में मेरी ही ओर आते हैं। (गीता, 4/11)

'साम्प्रदायिकताएँ, कट्टरताएँ और इनकी भयानक हठधर्मिता लंबे समय से पृथ्वी को अपने शिकंजों में जकड़े हुए है। कितनी ही बार यह धरती खून से लाल हुई है, कितनी ही सभ्यताओं का विनाश हुआ है और न जाने कितने देश नष्ट हुए हैं। अगर ये भयानक राक्षस न होते, तो आज मानव समाज कहीं ज्यादा उन्नत होता, लेकिन अब उनका समय पूरा हो चुका है।

'आज सुबह इस सभा के सम्मान में जो बड़ा-सा घंटा बजाकर विश्व धर्म-संसद की शुरुआत हुई, वह घंटानिनाद एक ही ओर अग्रसर होनेवाले मनुष्यों की पारस्परिक कटुताओं का मृत्यु-निनाद सिद्ध हो।'

दुबारा तालियों की गड़गड़ाहट से सारा सभा-स्थल गूँज उठा। उपस्थित श्रोताओं के द्वारा स्वामीजी के भाषण की भावमय स्वीकृति के बारे में जूलियस सीजर की इस उक्ति 'Veni Vidi, Vici' (मैं आया, मैंने देखा और मैंने जीता) को उद्धृत किया जा सकता है।

उसके बाद प्राय: प्रतिदिन ही स्वामीजी को या तो मूल महासभा में, नहीं तो विज्ञान शाखा में व्याख्यान देना पड़ता था। विशेष भाषण 15 सितम्बर को हुआ जहाँ उन्होंने कूपमंडूक की कहानी सुनाई। 19 सितम्बर को उन्होंने हिन्दू धर्म पर लिखित भाषण दिया। 26 सितम्बर को स्वामीजी ने बौद्ध धर्म के साथ हिन्दू धर्म के सम्बन्धों पर चर्चा की और 27 सितम्बर को उनका विदाई भाषण हुआ।

शिकागो के सारे समाचार-पत्रों ने उनकी प्रशंसा में पुल बाँध दिये। कट्टरों को भी कहना पड़ा : 'यह सुन्दर और आकर्षक व्यक्तित्व का आश्चर्यजनक वक्ता ही महासभा का सबसे प्रमुख आकर्षण रहा', इत्यादि।

शिकागो के श्रेष्ठ समाचार-पत्र 'हेराल्ड' ने लिखा : 'विवेकानन्द निश्चय ही धर्म महासभा के महानतम व्यक्ति हैं। उनके व्याख्यान सुनने के बाद हमारी समझ में आ जाता है कि उस ज्ञानी राष्ट्र में धर्म-प्रचारक भेजना कैसी मूर्खता है।'

महासभा के संचालकगण विवेकानन्द के भाषण का कार्यक्रम सबके अन्त में रखते थे, ताकि लोग सभा समाप्त होने तक बैठे रहें।

थियोसॉफिकल सोसाइटी के सदस्य हमेशा स्वामीजी के विरुद्ध बोलते थे परन्तु इनकी नेत्री मिसेज एनी बेसेन्ट ने बहुत सालों बाद सन् 1914 में 'ब्रह्मवादिन' पत्रिका के मार्च महीने के अंक में इस घटना का उल्लेख करते हुए लिखा था : 'महिमामय मूर्ति, गैरिक वस्त्र से भूषित, शिकागो नगर के धूममलिन धूसर वक्ष पर भारतीय सूर्य की तरह दीप्तिमान, उन्नतशिर, मर्मभेदी दृष्टिपूर्ण आँखें, चंचल होंठ, मनोहर अंगभंगी—विश्व धर्म-संसद के प्रतिनिधियों के लिए निर्दिष्ट कमरे में स्वामी विवेकानन्द मेरी आँखों में प्रथम इसी रूप में प्रतिभात हुए थे। वे संन्यासी के नाम से विख्यात हैं, परन्तु यह समर्थनीय नहीं है, क्योंकि प्रथम दृष्टि में वे संन्यासी के बजाय योद्धा ही समझे जाते थे—और वे वास्तव में एक योद्धा संन्यासी थे भी। भारत के गौरव, राष्ट्र के मुख को उज्ज्वल करनेवाले सबसे पुरातन धर्म के प्रतिनिधि, दूसरे उपस्थित प्रतिनिधियों में उम्र में सबसे छोटे होने पर भी प्राचीनतम व श्रेष्ठतम सत्य की जीती-जागती मूर्ति के रूप में स्वामीजी दूसरे किसी से भी कम नहीं थे। द्रुत उन्नतिशील, उद्धत पाश्चात्य जगत में दूत का काम करने के लिए अपनी योग्यतम संतान को नियुक्त कर भारतमाता गौरवान्वित हुई थीं। इस दूत ने अपनी जन्मभूमि की गौरवपूर्ण कथाओं को न भुलाकर भारत के सन्देश की घोषणा की थी। शक्तिमान, दृढ़संकल्प तथा उद्यमशील स्वामीजी में अपने मत के समर्थन करने के लिए काफी क्षमता थी' ('विवेकानन्द-चरित', सत्येन्द्रनाथ मजुमदार, अनु : पं. मोहिनी मोहन गोस्वामी, पृ. 190-91)।

19 सितम्बर, सन् 1893 को स्वामीजी का 'हिन्दू धर्म' नामक विख्यात भाषण समाप्त होने के बाद उनसे खार खाये लोगों ने यह भ्रम फैलाना शुरू किया कि

यह प्रचलित हिन्दू धर्म नहीं है। हिन्दुओं को आत्मा की उस महिमा का कोई ज्ञान नहीं जिस महिमा के सर्वाधिक महत्त्व होने की स्वामीजी ने घोषणा की थी। हिन्दू मूर्ति-पूजा में विश्वास करते हैं इसीलिए सूक्ष्म तर्क-बुद्धि की सहायता से स्वामीजी ने जो मूर्ति-पूजा की व्याख्या की है, वह पाश्चात्य जगत की आँखों में धूल झोंकना है क्योंकि जड़ के उपासक मूर्तिपूजक हिन्दू ऐसा कभी सोचते ही नहीं हैं।

ऊपर से उनकी जाति (कायस्थ) को लेकर ब्राह्मणों ने कहना शुरू किया कि विवेकानन्द नीच वंश में पैदा हुए हैं तथा अपनी जाति और समाज से निकाले गए एक नगण्य पुरुष हैं। धर्म की चर्चा उनके लिए अनधिकार चेष्टा है। उन्हीं के स्वदेशवालों द्वारा, जिनमें प्रतापचन्द मजुमदार भी एक थे।

इस प्रकार के निन्दावाद के फलस्वरूप कुछ ईसाई 'रेवरेंड', कुछ ईसाई धर्म के प्रचारकों ने विश्व धर्म-संसद के अधिकारियों से उस कर्तव्यच्यूत चरित्रहीन युवक को सभा से निकाल बाहर करने का परामर्श दिया।

इस भित्तिहीन परामर्श में धर्मसभा के अधिकारीगण एकाएक विश्वास तो न कर सके, परन्तु उन्होंने स्वामीजी से इतना तो जरूर कह दिया कि आप अपने भाषणों में प्रतिवादी पक्ष द्वारा उठाई गई विद्वेषपूर्ण युक्तियों का खंडन अवश्य करें।

19 सितम्बर को स्वामीजी ने महासभा में 'हिन्दू धर्म' पर अपना निबंध पढ़ने से पहले रेवरेंड कुक के हिन्दू धर्म पर निर्मम और वाहियात आक्रमण का उत्तर देते हुए कहा : 'हम लोग जो प्राच्यजगत से आए हैं, यहाँ दिन-पर-दिन ऐसी शेखी भरी दादागीरी की बातें सुनते रहे हैं कि हम लोगों को ईसाई हो जाना चाहिए, क्योंकि ईसाई राष्ट्र ही सर्वाधिक ऐश्वर्यशाली है। आस-पास नजर दौड़ाने पर हमारी दृष्टि दुनिया के सर्वाधिक समृद्ध राष्ट्र इंग्लैंड की ओर जाती है, जिसके पाँव के नीचे 25 करोड़ एशियावासियों की गर्दन है। अतीत के इतिहास का अवलोकन करने पर हम पाते हैं कि ईसाई-यूरोप की समृद्धि का सूत्रपात स्पेन से हुआ और स्पेन की समृद्धि आरंभ हुई मैक्सिको पर आक्रमण से। अपने ही मानव भाइयों का गला काटकर ईसाई धर्म ऐश्वर्य अर्जित करता है। ऐसी कीमत पर हिन्दू समृद्ध होना नहीं चाहता।'

भले ही ईसाई मिशनरियों द्वारा स्वामीजी की निर्लज्जतापूर्वक कितनी भी आलोचना क्यों न हुई हो, अमरीका की जनता उसकी परवाह किये बिना क्रमशः स्वामीजी के प्रति अधिकाधिक आकृष्ट हो रही थी। स्वामी गम्भीरानन्द ('युगनायक विवेकानन्द', द्वितीय खंड, पृ. 33) के अनुसार, उस दिन के क्षुद्रतापूर्ण आक्रमण के बाद भी 'हिन्दू धर्म' पर व्याख्यान के समय, 'कोलम्बस हॉल' में सर्वाधिक भीड़ थी।

ईसा मसीह व उनके उपदेशों के प्रति स्वामीजी की यथेष्ट श्रद्धा रहने पर भी वे वर्तमान प्रचलित ईसाई धर्म के दोष, उसकी त्रुटि व ढोंगबाजी को स्पष्ट रूप से

प्रकट करके दिखाते थे। वे उच्च स्वर से ईसाइयों से बार-बार पूछने लगे : 'तुम्हारा ईसाई धर्म कहाँ है? इस स्वार्थ-संग्राम, अविराम ध्वंस की चेष्टा के बीच में ईसा मसीह का स्थान कहाँ है?'

इन सबके साथ वे पादरियों की ओर इशारा करके अमरीका की जनता को दृढ़ और उच्चकंठ से सम्बोधित करते हुए कहते थे : 'अमृत के पुत्रो। हिन्दू तुमको पापी कहने से इनकार करता है। तुम तो ईश्वर की संतान हो, चिर आनन्द के भागी हो—पवित्र और पूर्ण हो। तुम और पापी? मनुष्य को पापी कहना ही महापाप है। उठो सिंहो। आओ और इस मिथ्या भ्रम को झटककर दूर कर दो कि तुम भेड़ हो। तुम तो अजर आत्मा, मुक्त आत्मा, नित्य आनन्दमय हो।'

स्वामीजी ने इस प्रकार के दृढ़ दीप्त वाक्यों द्वारा ऑगस्टाइन ईसाई धर्म के मूल तत्त्व कि मनुष्य पापी है और पाप करने के लिए पैदा हुआ है, उसका पूर्णरूप से खंडन किया।

एक दिन महासभा में अपनी आलोचना करनेवालों को उत्तर देने के लिए व्याख्यान देते समय अचानक ही ठहरकर स्वामीजी ने सभागार में खचाखच भरे हुए श्रोताओं को देखा और फिर विश्वविख्यात धर्मवेत्ताओं से कहा : 'जिन लोगों ने हिन्दुओं के धर्मशास्त्र पढ़े हैं तथा उसके धर्म का साक्षात् परिचय पाया है, वे लोग हाथ उठाएँ।' केवल तीन-चार हाथ ही उठे। तब स्वामीजी ने व्यंग्यपूर्ण दृष्टि से सभा की ओर देखते हुए दृढ़तापूर्वक शब्दों में कहा : 'और इस पर भी आपमें इतना दुस्साहस है कि आप हमारी आलोचना करने अग्रसर होते हैं?'

उनके आलोचकों पर यह एक बहुत बड़ा आघात था।

दरअसल अन्तःकरण के वास्तविक भाव को छिपाकर, सत्य को तोड़-मरोड़कर विकृत भाव से प्रकट करने की स्वामीजी ने कभी कोशिश नहीं की। सत्य को सपाट ढंग से बोलने पर उनके शत्रुओं को वह तीर के समान चुभ जाता था। फिर वे और भी अधिक शत्रु बन जाते थे।

कुछ पादरियों ने भारत और स्वामीजी को लेकर इतने मिथ्या आरोप लगाए कि इससे मर्माहत होकर उन्होंने केवल यही कहा कि पाश्चात्य देश भारत के विरुद्ध जिस प्रकार के मिथ्या प्रचार तथा निन्दावाद में लगे हुए हैं, उसके प्रतिकार के रूप में यदि भारत हिन्द महासागर के तल का सारा कीचड़ भी पाश्चात्य देशों पर फेंक दे, तब भी वह यथेष्ट नहीं होगा।

परन्तु स्वामीजी को इसकी कोई परवाह ही नहीं थी। किसी सहृदय महिला को एक बार पत्र में लिखा था :

'संसार के क्रीत दासगण जो कुछ भी कह रहे हैं, इसके लिए क्या मैं अपना हृदय का जाँच-विचार करूँगा? छीः, बहन, तुम संन्यासी को नहीं पहचानतीं। वेदों का कथन है : संन्यासी वेदशीर्ष हैं, क्योंकि वे गिरजा, धर्ममत, ऋषि, शास्त्र आदि किसी

की भी परवाह नहीं करते। मिशनरी या और कोई दूसरे लोग भी क्यों न हों, चाहे वे कितने चीत्कार व आक्रमण करें, मैं उनकी परवाह नहीं करता। भर्तृहरि की भाषा में :

चण्डाल: किमयं द्विजातिरथवा शूद्रोथवा तापस:
किम्वा तत्त्व विवेकपेशलमतिर्योगीश्वर: कोपि किम्।
इत्युत्पन्न विकल्पजल्पमुखरै: सम्भाष्यमाणा
जनैर्न क्रुद्धा: पथिनैवतुष्टमनसो यान्ति स्वयं योगिम:।

अर्थात् क्या यह चांडाल है अथवा ब्राह्मण अथवा शूद्र अथवा तपस्वी अथवा तत्त्वविचार में कोई योगेश्वर है? इस प्रकार भिन्न-भिन्न व्यक्तियों द्वारा अनेक प्रकार से आलोचना होते रहने पर भी योगीगण न तो रुष्ट होते हैं और न तुष्ट ही। वे अपने मन से चलते रहते हैं।

एक बार स्वामीजी का अमरीका के विख्यात स्वाधीन चिन्तनवादी दल (free thinkers) से पाला पड़ा था। इस दल के सदस्य नास्तिक, जड़वादी, संदेहवादी, युक्तिवादी आदि विभिन्न प्रकार के मतावलम्बी व्यक्ति तो थे ही, वे धर्म-सम्बन्धी सभी कार्यों को ठगी व कुसंस्कार मानकर उनकी उपेक्षा करने में भी एकमत थे। उन लोगों ने सोचा कि वे अपने पाश्चात्य दर्शन तथा विज्ञान से गृहीत युक्ति-बाणों की सहायता से स्वामीजी के प्राचीन विश्वास को आसानी से धराशायी कर देंगे।

ये भौतिकवादी विधि, युक्ति, तर्कशास्त्र, पदार्थ, ऊर्जा और आनुवंशिकता के ज्ञान के भारी हथियारों से स्वामीजी का मुकाबला करने आए थे परन्तु बहुत शीघ्र स्वामीजी ने उन्हीं के हथियारों से उन्हें पराजित कर दिया।

अद्वैतदर्शन के ज्ञान के समान भौतिकवादी युक्तियों पर स्वामीजी का पूरा अधिकार देखकर प्रतिपक्ष मौन हो गया।

स्वामीजी ने स्पष्ट किया कि पाश्चात्य विज्ञान जीवन तथा अस्तित्व के सर्वाधिक महत्त्वपूर्ण प्रश्नों के उत्तर में मौन रह जाता है। और फिर शुद्ध तार्किकता भी अपनी सीमाएँ मानकर युक्ति के परे की किसी वस्तु की ओर निर्देश करने को मजबूर होती है जो पदार्थ, ऊर्जा, इन्द्रियों से परे, यहाँ तक कि चेतना से भी परे होती है।

उसके बाद अनेक स्वाधीन चिन्तनवादियों ने उनका शिष्यत्व ग्रहण किया।

स्वामीजी की जहाँ एक ओर कठोर आलोचना होती रही तो दूसरी ओर उनकी प्रशंसा में चारों ओर से स्वर भी गूँजता दिखाई दिया।

'न्यूयॉर्क हेरल्ड' नामक सुप्रसिद्ध समाचार-पत्र ने स्वामीजी के बारे में लिखा : 'शिकागो विश्व धर्म-संसद में विवेकानन्द को ही सर्वश्रेष्ठ व्यक्ति माना गया है। उनका भाषण सुनकर ऐसा लगता है कि (भारतवर्ष) इस प्रकार के समुन्नत राष्ट्र के धर्म-मार्ग में हमारे धर्म-प्रचारकों को भेजना निर्बुद्धता मात्र है।'

महासमभा के अन्तिम अधिवेशन 27 सितम्बर, 1893 को स्वामीजी ने अपने भाषण में कहा था :

'विश्वधर्म महासभा सत्य का एक मूर्त रूप बन चुकी है और दयामय प्रभु ने उन लोगों की सहायता की है जिन्होंने इसका आयोजन किया और साथ ही प्रभु ने उनके परम नि:स्वार्थ श्रम को सफलता से विभूषित किया।

'उन महानुभावों को मेरा धन्यवाद जिनके विशाल हृदय तथा सत्य के प्रति अनुराग ने पहले-पहल इस महासभा का निराला, चमत्कारिक सपना देखा और फिर उसे कार्य-रूप में परिणत किया। उन उदारचेता महानुभावों का धन्यवाद जिनकी भावनाओं से यह सभामंच आप्लावित होता रहा है। इस प्रबुद्ध श्रोतामंडली को मेरा धन्यवाद, जिसने मुझ पर अविकल कृपा बनाए रखी है और जिसने मत-मतांतरों के मनोमालिन्य को हल्का करनेवाले हर विचार का सत्कार किया। हालाँकि इस समरसता में कुछ बेसुरे स्वर भी बीच-बीच में सुने गए हैं, उन्हें मेरा विशेष धन्यवाद, क्योंकि उन्होंने अपने स्वर-वैचित्र्य से इस समरसता को और भी मधुर बना दिया है।

'धार्मिक एकता की सर्वसामान्य भित्ति के विषय में बहुत कुछ कहा जा चुका है। मैं इस समय इसके सम्बन्ध में अपना मत आपके सामने नहीं रखूँगा। यदि यहाँ कोई यह सोच रहा हो कि यह एकता किसी एक धर्म की विजय और बाकी धर्मों की पराजय साबित होगी, तो उनसे मेरा कहना है कि भाई, तुम्हारी यह सोच गलत है। क्या मैं यह चाहता हूँ कि ईसाई लोग हिन्दू हो जाएँ? कदापि नहीं। ईश्वर भी ऐसा न करें। क्या मेरी यह इच्छा है कि हिन्दू या बौद्ध लोग ईसाई हो जाएँ? ईश्वर इस इच्छा से बचाए।

'बीज भूमि में बो दिया गया और मिट्टी, वायु तथा जल उसके चारों ओर रख दिये गए, तो क्या वह बीज मिट्टी हो जाता है, अथवा वायु या जल बन जाता है? नहीं, वह तो वृक्ष ही होता है। वह प्राकृतिक नियमों से ही बढ़ता है—वायु, जल और मिट्टी को पचाकर उनको उद्भित पदार्थ में परिवर्तित करके एक वृक्ष हो जाता है। ऐसा ही धर्म के सम्बन्ध में भी है। ईसाई को हिन्दू या बौद्ध नहीं हो जाना चाहिए, और न ही हिन्दू अथवा बौद्ध को ईसाई ही। पर हाँ, प्रत्येक को चाहिए कि वह दूसरों के सारभाग को आत्मसात् करके पुष्टिलाभ करे और अपने वैशिष्ट्य की रक्षा करते हुए अपनी निजी बुद्धि के नियम के अनुसार विकास को प्राप्त हो।

'इस धर्म महासभा ने जगत के समक्ष यदि कुछ प्रदर्शित किया है, तो वह यह है :

'उसने सिद्ध कर दिया है कि शुद्धता, पवित्रता और दयाशीलता किसी सम्प्रदाय विशेष की ऐकांतिक सम्पत्ति नहीं है एवं प्रत्येक धर्म ने श्रेष्ठ एवं अतिशय उन्नत-चरित स्त्री-पुरुषों को जन्म दिया है। अब इन प्रत्यक्ष प्रमाणों के बावजूद कोई ऐसा सपना देखे कि अन्यान्य सारे धर्म नष्ट हो जाएँगे और केवल उसका धर्म ही जीवित रहेगा, तो मैं आन्तरिक हृदय से उस पर दयावान होकर उसे स्पष्ट बतलाना चाहता हूँ कि सारे प्रतिरोधों के बावजूद प्रत्येक धर्म-पताका पर यह लिखा मिलेगा :

'मिल-जुलकर रहो, लड़ो मत; परभाव ग्रहण, न कि परभाव विनाश; समन्वय और शान्ति, न कि मतभेद और कलह।'

जिस दिन शिकागो धर्मसभा में स्वामीजी की अपूर्व सफलता की खबर कलकत्ते में पहुँची तो कलकत्ते के टाउन हॉल में राजा प्यारी मोहन मुखर्जी की अध्यक्षता में 5 सितम्बर, सन् 1894 में एक विराट सभा बुलाई गई जिसमें ईश्वरचन्द्र मुखोपाध्याय, जस्टिस गुरुदास बैनर्जी, संपादक डॉ. जे. बीडेली, संपादक इंडियन नेशन, बाबू नरेन्द्रनाथ घोष और कलकत्ते के गणमान्य लोग उपस्थित थे। उपस्थित सभी लोगों ने विवेकानन्द के गौरव के गर्व से प्रफुल्लित होकर अपने भाषणों द्वारा उनकी कार्यप्रणाली का समर्थन किया और शिकागो धर्मसभा के सभापति तथा स्वामीजी के पास धन्यवादसूचक पत्र भेजा। राजा बहादुर के पत्र के उत्तर में डॉ. बैरोज ने पत्र लिखा :

2957, इंडिआना एवेन्यू, शिकागो
12/10/1894
राजा प्यारी मोहन मुखर्जी, सी.एस.आई.

प्रिय महोदय,

कलकत्ता के टाउन हॉल की विराट सभा के विवरण के साथ आपने मुझे जो पत्र लिखा है, वह मुझे अभी मिला। मैं उससे बहुत ही सम्मानित हुआ हूँ। शिकागो धर्म महासभा में आपके मित्र को अपने गुणों के कारण विशेष प्रतिष्ठा मिली थी। उन्होंने अपने भाषण द्वारा सबको आकर्षित कर लिया था। वे अपने व्यक्तिगत प्रभाव को भली भाँति विस्तारित करने में समर्थ हुए थे। उनके यत्न से यहाँ के लोगों में धर्म के अनुशीलन की प्रवृत्ति उत्पन्न हुई है। प्रमुख विश्वविद्यालयों में उनके भाषण तथा अध्यापन की व्यवस्था हो रही है। अमरीका की जनता के हृदय में भारतवर्ष के प्रति विशेष कृतज्ञता एवं प्रेम है। हम यह स्वीकारते हैं कि आपके प्राचीन एवं पवित्र साहित्य से हमें अनेक विषयों को ग्रहण करना होगा।

आपका एकान्त विश्वस्त—
जान हैनरी बैरोज

महासभा के बाद से ही स्वामीजी ने संयुक्त राष्ट्र के प्रमुख नगरों में विराट जनमंडलियों के सामने भाषण दिये और उनका अभिनन्दन स्वीकार किया। ईसाई चर्चों के पुलपिट से भाषण देने के लिए उन्हें बुलाया गया। घोर कट्टर ईसाई भी उनकी प्रशंसा करते हुए थकते नहीं थे और उन्हें 'अतिमानव' कहकर पुकारा जाता था।

सन् 1894 के 5 अप्रैल के 'बोस्टन इर्वनिंग ट्रैंसक्रिप्ट' का यह मन्तव्य था : 'He is really a great man, noble, simple, sincere and learned beyong comparison with most of our scholars.'

इस देशव्यापी सम्मान व प्रतिष्ठा के यशोलाभ से उत्फुल्ल होकर वे अपनी प्रिय मातृभूमि की बात भूले न थे—भूलते भी कैसे? निर्भीक संन्यासी ने धर्मसभा में खड़े होकर सभी ईसाइयों को सम्बोधित करते हुए एक प्रश्न किया था : 'दरिद्र मूर्तिपूजक की पापी आत्मा के उद्धार के लिए तुम लोग लाखों रुपये मिशनरियों को भेज रहे हो, क्या उनके शरीर को बचाने के लिए दो दाने अन्न की व्यवस्था कर सकते हो? जब लाखों बुतपरस्त दुर्भिक्ष में भूखों मरते हैं तब तुम ईसाई उन्हें बचाने के लिए क्या करते हो? तुमने भारत के नगर-नगर में बड़े-बड़े पत्थरों के गिरजाघर बनवाए हैं और जब हम रोटी माँग रहे हैं तब तुम पत्थर वाले गिरजाघर दे रहे हो।'

वस्तुतः स्वामी विवेकानन्द को अमरीका ने ताज पहनाया था मगर वह ताज काँटों का ताज था। और जहाँ भी वे गए, विदेश या भारत में काँटों का ही ताज मिला।

इन्हीं दिनों एक व्याख्यान कम्पनी ने अगले तीन वर्षों के लिए अमरीका के विभिन्न अंचलों का दौरा कर रहे स्वामीजी के साथ व्याख्यान देने का अनुबंध किया। वस्तुतः स्वामीजी की अमरीका यात्रा के नाना उद्देश्यों में से एक उद्देश्य था : धन उपार्जन करना, जिससे वे 'दरिद्रनारायण' की सेवा कर सकें और गुरुदेव श्रीरामकृष्ण को दिये गए वचन के अनुसार रामकृष्ण मठों की स्थापना के साथ ही एक विशाल शिष्यवर्ग भी तैयार करना था जो श्रीरामकृष्ण की वाणी और वेदान्त का पूरे विश्व में प्रचार कर सके।

स्वामीजी केवल हिन्दू धर्म के प्रचारक के रूप में ही पाश्चात्य देश में नहीं गए थे, वरन् एक दृप्त सिंह की तरह आचार्य के रूप में उनके सम्मुख खड़े हुए थे।

जनसाधारण के पुनरुत्थान के लिए वे अपने भारतीय सहयोगियों को लगातार लिखते रहे। अपने शिष्य हरिपद मित्र को लिखा कि 'जब हम भारत में नारियों की अवस्था में सुधार और पिछड़े लोगों का उद्धार नहीं करेंगे तो फिर हमारे सनातन धर्म का महत्त्व क्या रह जाता है?' और एक पत्र में उन्होंने मद्रास में संगृहीत धन के बचे हुए अंश को शिक्षा में लगाने का उल्लेख किया और केन्द्रीय विद्यालय की स्थापना की बात लिखी। उनका विचार था कि भारत की परम्परा के जो श्रेष्ठ विचार हैं, यदि वे प्रत्येक छात्र के माध्यम से समाज के युवक-युवतियों, बड़े-बूढ़ों तक पहुँच जाएँ तो फिर ये नौजवान देश के भाग्य का स्वयं निर्माण कर पाएँगे। फिर कहा : 'हमारे कार्य का यह मूल सूत्र सर्वदा स्मरण रखना :

धर्म को आघात पहुँचाए बिना जनता की उन्नति।

स्वामीजी ने एक पत्र में लिखा था : 'मैं यहाँ देश-भ्रमण या नाम कमाने नहीं आया, अपितु भारत के गरीबों की गरीबी दूर करने के उपाय ढूँढ़ने आया हूँ। यदि

परमात्मा सहायक हुए तो बाद में तुम वे उपाय जान सकोगे। कब देश लौटूँगा, नहीं जानता, प्रभु की इच्छा बलवान है' ('विवेकानन्द साहित्य', खं. 2, पृ. 316-317)।

शिकागो विश्व धर्म-संसद के बाद 20 नवम्बर, 1893 से अप्रैल 1894 तक यानी लगभग एक वर्ष तक आचार्य विवेकानन्द ने अमरीका में घूम-घूमकर भाषण दिये थे। पहले मैडिसन और मिनियापोलिस में भाषण हुए। इन दो नगरों के अलावा स्वामीजी ने जनवरी, 1894 में टेनेसी स्टेट के मेम्फिस नगर में व्याख्यान दिया था, फरवरी में डिट्राइट में उनके भाषण हुए।

मैडिसन के व्याख्यान के सम्बन्ध में 21 नवम्बर के 'विस्कोन्सिन स्टेट जर्नल' ने लिखा : 'विवेकानन्द का व्याख्यान अत्यंत रोचक था तथा उसमें काफी मात्रा में प्रकृत धर्म तथा युक्तिसंगत दर्शन की बातें थीं। भले ही वे ईसाई नहीं हैं, पर ईसाई धर्म उनकी शिक्षाओं को ग्रहण कर सकता है। उनका धर्म ब्रह्माण्ड के समान व्यापक है, जिसमें सभी धर्मों का समावेश है और जहाँ कहीं प्रकट होनेवाले सत्यों के लिए उसमें स्थान है। उन्होंने बताया कि भारतीय धर्म में कट्टरता, अंधविश्वास तथा नि:सार अनुष्ठानों के लिए कोई स्थान नहीं है।'

24 नवम्बर को मिनियापोलिस नगर में दिये गए व्याख्यान के बारे में 'मिनियापोलिस स्टार' ने कहा : 'कल सुबह यूनिटेरियन चर्च उत्सुक श्रोताओं से खचाखच भरा हुआ था। वे लोग स्वामीजी से प्राच्य धर्म की व्याख्या सुनने आए थे। स्वामीजी ने कहा कि जैसे छह अंधों ने एक हाथी को छूकर अलग-अलग ढंग से हाथी के बारे में कहा, इसी तरह धर्म के बार में अलग-अलग ढंग से बात करते हुए धर्म को एक विवाद का विषय बना दिया गया है। पश्चिम के लोग सोचते हैं कि ईश्वरीय धर्म के एकमात्र वे ही अधिकारी हैं; वैसा ही प्राच्य लोगों का भी अंधविश्वास है...।

'हम लोग केवल प्रेम के लिए ही भगवान् से प्रेम करते हैं और कोई भी राष्ट्र, कोई भी समाज या कोई भी धर्म तब तक भगवान् को नहीं पा सकता, जब तक कि वह केवल प्रेम के लिए ही उनसे प्रेम करने को राजी न हो...'

मिनियापोलिस में एक दिन रहकर वे आओवा स्टेट के डिमोइन्स में पहुँचे जहाँ 27 नवम्बर को एक बैठक में उन्होंने हिन्दू धर्म पर भाषण दिया। भारत के रीति-रिवाज पर भी चर्चा की। इस व्याख्यान का सारांश था :

'सच्चा ईसाई होने के लिए सभी धर्मों को मानना उचित है। जिस धर्म में इसका अभाव है, वह अन्य धर्मों से यह सबक ले सकता है और अच्छे ईसाई के लिए सब स्वीकार्य है। धर्मान्तरण में हिन्दू विश्वास नहीं करता। हमारे यहाँ धर्म कोई सम्प्रदाय नहीं है। उन सम्प्रदायविशेष को हम पसन्द नहीं करते, जो कहते हैं, हम ठीक लोग हैं, तुम लोग गलत हो। हम लोग दूसरे मतवालों की असहिष्णुता के अतिरिक्त बाकी सब सहन कर लेते हैं।'

आओवा स्टेट रजिस्टर ने उनके डिमोइन्स में अवस्थान को लेकर लिखा कि 'यहाँ उन्होंने तीन भाषण दिये और पूरे नगर में बिजली संचारित कर दी। यदि कोई प्रतिस्पर्धा की भावना से उनसे बहस करने पर उतारू होता तो उनकी तीक्ष्ण मेधा और सूक्ष्म समृद्ध परिमार्जित व्यवहार के सामने बेबस नजर आने लगता। उनके साथ घनिष्ठ सम्पर्क में आनेवाले सभी ने पाया कि उनका स्वभाव सहज, सरल, निष्कपट और कृतज्ञतापूर्ण है। विवेकानन्द और उनके कार्य ने सभी सच्चे ईसाइयों के हृदय में स्थान बना लिया है।'

15 जनवरी को मेम्फिस शहर में उनके भाषण के बाद, शहर के विभिन्न पत्र-पत्रिकाओं ने उनके बारे में लिखा। एक ने लिखा : 'अपनी जाति के एक आदर्श प्रतिनिधि' तो किसी दूसरे ने : 'विश्वमेले की सभा के एक सनसनीदार आकर्षण' तो और किसी पत्रिका ने लिखा : 'दैवी अधिकार से सम्पन्न वक्ता'। और एक पत्रिका ने लिखा : 'उनका भाषण विश्वबंधुत्व की स्थापना के लिए एक उत्कृष्ट आवेदन था और एक मनोरम धर्ममत का एक सुयोग्य समर्थन था'।

17 जनवरी को 'विमेंस काउंसिल' के भवन में उनका 'मनुष्य का भाग्य' विषय पर व्याख्यान हुआ। उसका सारांश था :

> 'हिन्दुओं की ईश्वर-विषयक धारणा तथा पाप का दंड मिलने-सम्बन्धी विश्वास ईसाइयों जैसा नहीं है। मन को वे अविनाशी नहीं मानते। भगवान् कहीं दूर स्वर्ग में नहीं रहते बल्कि मनुष्य ही ब्रह्म है। मनुष्य पहले से ही पवित्र है परन्तु अपने स्वरूप को भूलकर कष्ट पा रहा है। क्षमा, प्रेम और विश्वास के द्वारा ही आदमी सुधरता है, दंड के द्वारा वैसा फल नहीं निकलता। धर्म दुर्बलता का परिणाम नहीं है—धर्म प्रेम है, जो क्रमशः व्यक्त होते हुए विकसित होता है। एकता और विविधता, दोनों ही आवश्यक हैं। अज्ञानता और धर्मांधिता कभी सत्य को कुचल नहीं सकती।'

मेझिस में उनके और तीन व्याख्यान हुए। पहले दो भाषणों के विषय थे : 'पुनर्जन्म', 'भारत के रीति-रिवाज' और तीसरा भाषण न होकर विभिन्न प्रश्नों के उत्तर देते हुए हिन्दू धर्म की व्याख्या थी।

उसी दिन 22 जनवरी शाम को उनका 'यंग मेंस हिब्रू एसोसिएशन' में 'तुलनात्मक धर्म विज्ञान' पर बहुत ही महत्त्वपूर्ण भाषण हुआ। इस भाषण में स्वामीजी ने इतिहास के आधार पर धार्मिक चिन्तन की क्रमशः प्रगति के प्रवाह को दिखाते हुए कहा कि किसी-न-किसी रूप में धर्म सर्वत्र है, यहाँ तक कि असभ्य लोगों में भी विद्यमान है। मानवात्मा मानो हवा के बुलबुले के समान, पानी के तले में जाकर, स्वभाव से ही सर्वदा ऊपर उठने का प्रयास करती आई है और यही प्रयास धर्म का रूप धारण कर लेता है।

बिना विश्राम किये विभिन्न शहरों में, अविराम गति से भाषण देने के कारण, उन्हें अमरीका में आँधी पैदा करनेवाला हिन्दू (cyclonic Hindu) कहा जाने लगा थे। इस नामकरण के पीछे एक कारण यह था कि स्वामीजी जहाँ भी जाते, जनसाधारण के बीच तुरंत आन्दोलन उपस्थित हो जाता था।

खदान शहरों में लगभग अनपढ़, दीप्तिहीन लोगों के बीच उन्हें एक बार 'मनुष्य का देवत्व' पर बोलना पड़ा। भाषण के बाद उनसे ऊल-जलूल प्रश्न पूछे गए परन्तु स्वामीजी ने शान्तचित्त होकर प्रश्नों के उत्तर दिये जिन्हें सुनकर चारों ओर लोग सहमति से गर्दन हिलाने लगे।

परन्तु बिना विश्राम किये स्वामीजी को, 'पांड्स लेक्चर ब्यूरो' के साथ अनुबंध के कारण, कम्पनी सर्कस के किसी अजूबे के समान अमेरिका के नगर-नगर में घुमा रही थी। स्वामीजी भी धर्म एवं भारत की बातें सुनाने की उत्कंठता में अपनी सुख-सुविधा तथा स्वास्थ्य के बारे में बिलकुल ही भूल गए थे। देश के निर्धनों के लिए धन भी इकट्ठा करना था, मठों की भी स्थापना करनी थी। परन्तु अमरीकी व्यवसायी मित्रों के बीच में आने से कम्पनी के साथ अपना अनुबंध रद्द करने में स्वामीजी सफल तो हो गए, लेकिन इसमें उन्हें आर्थिक क्षति उठानी पड़ी। भारतीय कार्यों के लिए जो कुछ भी उन्होंने संचय किया था, सभी खोना पड़ा। परन्तु यह भी सत्य है कि स्वामीजी के स्वभावगत वैराग्य ने इस प्रकार के धनसंग्रह के कार्य तथा कर्म-व्यस्तता का प्रतिरोध किया था। उस समय कभी-कभी आजन्म त्यागी संन्यासी गहरे क्षोभ के साथ अपने जीवन के विगत दिनों की याद करते हुए कह उठते थे : 'I long — oh long for my rags, my shaven head, my sleep under the trees and my food from begging.'

सन् 1894 के ग्रीष्मकाल में उनकी कार्यप्रणाली में एक और मूलभूत परिवर्तन दृष्टिगोचर हुआ। अब उन्हें धन के लिए धर्म-प्रचार तथा दौरा करना अनुचितबोध होने लगा। 20 अगस्त के एक पत्र में उन्होंने लिखा था : 'रुपये पैदा करनेवाली अपनी सारी योजनाओं का मैंने परित्याग कर दिया है; एक टुकड़ा रोटी तथा एक झोंपड़ी में ही पूर्ण सन्तुष्ट रहकर मैं कार्य करता रहूँगा' ('विवेकानन्द साहित्य', खंड 2, पृ. 392)।

किसी प्रकार के अनुबंध से आक्रांत हुए बिना, स्वतंत्र रूप से, निमंत्रणों के आधार पर अमरीका के विभिन्न शहरों में उनके भाषणों का सिलसिला अबाध गति से चलता रहा।

10 फरवरी, सन् 1894 में शिकागो में अपना भाषण-कार्य समाप्त करने के बाद अमरीका के उत्तरी अंचल डिट्राएट में, 13 फरवरी के 'डिट्राएट फ्री प्रेस' के प्रतिनिधि ने उनका जो साक्षात्कार लिया था, उसने इसके बारे में अपनी पत्रिका में लिखा था : 'स्वामीजी का कहना है, एक ऐसी नवीन मानव जाति को गढ़ना होगा,

जिसमें दैहिक शक्ति के साथ ही आध्यात्मिक शक्ति का भी सम्मिश्रण होगा। जिनके जीवन में सिंह-सम पराक्रम के साथ मेष-सुलभ निरीहता का सम्मिलन होगा और जो प्राच्य तथा पाश्चात्य के बीच समन्वय स्थापित करेंगे।'

डिट्राएट की विभिन्न संस्थाओं में उनके आठ भाषण हुए थे। कुछ भाषणों के अंश इस प्रकार हैं :

स्वामीजी ने 'भारत की रीति-रिवाज' पर भाषण देते हुए कहा था : 'नीति के मामले में भारतवासी अन्य सभी जातियों की अपेक्षा अति उच्च हैं। ऐसे देश में ईसाई मिशनरियों द्वारा अपने कुछ विचार फैलाने की कोई आवश्यकता नहीं क्योंकि हिन्दू का धर्म मनुष्य को भद्र, विनयी और भगवान् के रचे अन्य सभी जीवों के प्रति सहानुभूतिशील तथा प्रीतिपूर्ण बनाता है। मिशनरियों को चाहिए कि वे उस देश में जाकर वहाँ के पवित्र जल का पान करें और देखें कि वहाँ सहस्त्रों महात्माओं का जीवन एक विराट समाज पर कितना प्रभाव डालता है।'

स्वामीजी ने 'आमि विवेकानन्द बलछि' (पृ. 171) में कहा है कि 'मैं बूढ़े मिशनकारियों के आक्रमणों की परवाह ही नहीं करता था। गुरुदेव श्रीरामकृष्ण कहते थे—काजल के कमरे में रहने से तुम कितने भी सयाने क्यों न हो, शरीर पर इधर-उधर थोड़े-बहुत काजल के दाग लगेंगे ही।—साधु भी चाहे कितना भी पवित्र क्यों न हो, मनुष्य जब तक पृथ्वी पर हैं, उसका स्वभाव भी कुछ अंश तक निम्नगामी होगा ही।'

और एक भाषण में स्वामीजी ने विदेशी समाज में फैला हुआ यह भ्रम कि हिन्दू योगीगण विविध प्रकार के अलौकिक और चमत्कारिक घटनाएँ दिखा सकते हैं, इसका निराकरण किया।

अपने एक और भाषण में ईश्वर के साथ जीव का सम्बन्ध, सर्व-धर्म की सत्यता, स्वभाव की विभिन्नता के अनुसार विभिन्न धर्मों की आवश्यकता आदि बातों का सुन्दर ढंग से विवेचन किया। ईसाई धर्म में स्वर्णिम नीति की बात कही जाती है—स्वयं जैसा व्यवहार पाना चाहते हो, तो दूसरे के प्रति भी वैसा ही व्यवहार करो; परन्तु विवेकानन्द ने कहा कि यह स्वर्णिम नीति भी कितनी कुत्सित है! सर्वदा अपने स्वार्थ का चिन्तन! पूरा ईसाई धर्म ही मानो स्वार्थमय है। अपने प्रति जैसे व्यवहार की आशा करते हो, वैसा ही दूसरों के प्रति करना—यह तो बड़ा ही भयानक, असभ्य और बर्बरतापूर्ण सिद्धान्त है। इस नीति को न मानकर हिन्दू कहते हैं : सब प्रकार की निःस्वार्थता ही उत्तम धर्म है। स्वार्थ का चिन्तन बुरा है। हिन्दू धर्म में सर्वदा अपने क्षुद्र 'मैं' को पकड़े रहना उचित नहीं है और स्वार्थ-त्याग के फलस्वरूप ही मनुष्य असीमता की उपलब्धि करता है।

इस सब भाषणों से दो तथ्यों का पता चलता है :

1. एक, स्वामीजी ईसाइयों के देश में उनके धर्म के असंगत तथ्यों के विरुद्ध बोलने में भी कतराते नहीं थे और उनके ईसाई श्रोताओं में इतनी सहिष्णुता

थी कि इन सब बातों के बावजूद वे हजारों की संख्या में स्वामीजी को सुनने आते थे। स्वामीजी कहीं-कहीं कठोर सत्य को निर्ममतापूर्वक अमरीकी समाज के सामने रख देते और बुद्धिमान श्रोतागण आलोचना के दर्पण में अपना स्वरूप प्रतिबिम्बित देखकर, सटीक चित्रांकन के लिए वक्ता की प्रशंसा करते तथा अपने दोषों को सुधारने की ओर प्रवृत्त होते।

2. दूसरे तथ्य का उल्लेख करते हुए 'डिट्रॉएट ट्रिब्यून' ने कहा कि यह बड़ा ही शुभ लक्षण है कि ईसाई लोग अपने धर्म के अतिरिक्त अन्य धर्मों के बार में भी सुनने को तैयार हैं। यह एक बड़ी आशाजनक अवस्था है। जब एक प्रतिष्ठित ईसाई एक प्रतिष्ठित हिन्दू से मिलता है और उसके वक्तव्य को आदरपूर्वक सुनता है तो कहा जा सकता है कि शिकागो की धर्मसभा ने धर्म-निष्ठा के इतिहास में एक नये युग का सूत्रपात किया है।

डिट्राइट के बाद स्वामीजी ने ओहियो प्रान्त के आडा शहर, मिशिगन प्रान्त के बे-सिटी तथा सैगिना नगर होते हुए न्यूयॉर्क तथा बोस्टन और नार्दम्पटन शहरों की यात्राएँ कीं और वहाँ भाषण दिये।

इन सब यात्राओं में अमरीकी समाज के साथ उनका काफी नजदीकी परिचय हुआ था। 'आमि विवेकानन्द बलछि' (पृ. 151) में स्वामीजी ने कहा है कि 'मैंने अमरीका के पारिवारिक जीवन के बार में कई बार बेकार की कहानियाँ सुनी थीं कि वहाँ की नारियाँ बहुत स्वाधीन हैं और अपनी मनमर्जी से पारिवारिक जीवन की सुख-सुविधाओं को पददलित कर दूसरे नये जीवन में अपने को ढालती हैं। मगर एक साल तक अमरीका के परिवारों के साथ रहकर और अमेरिका के नर-नारी के सम्बन्ध में जानकर उन्हें स्पष्ट अनुभव हुआ कि यह धारणा गलत है।' स्वामीजी फिर अमेरिका की भद्र महिलाओं को सम्बोधित करते हुए कहते हैं कि 'तुम्हारा ऋण मैं सौ जन्मों में भी चुका नहीं पाऊँगा। तुम्हारे प्रति मेरी कृतज्ञता को मैं अपनी भाषा में भी प्रकट नहीं कर पाऊँगा। प्राचीन भारत की अतिशयोक्तिपूर्ण अभिव्यक्ति ही मानव के सुगम्भीर कृतज्ञता-ज्ञापन की एकमात्र उपयुक्त भाषा है—असित गिरिसमंस्यात् कज्ज्लं सिंधुपात्रे सुरतरुवर शाखा लेखनी पत्रमूर्वी। लिखति यदि गृहीत्व सारदा सर्वकालम्'—यदि सागर मस्याधार हो, हिमालय पर्वत मसी, पारिजातशाखा लेखनी, पृथ्वी पत्र एवं स्वयं सरस्वती लेखिका बनकर अनन्त काल तक लिखती रहें, फिर भी आप लोगों के प्रति अपनी कृतज्ञता की अभिव्यक्ति में मैं असमर्थ रह जाऊँगा।

स्वामीजी का अमरीका के कैम्ब्रिज प्रान्त में 'भारतीय नारी' शीर्षक का भाषण सर्वाधिक मनोहारी बन पड़ा था। व्याख्यान के अन्त में, उन्होंने अपनी माता के प्रति मुक्त कंठ से हार्दिक श्रद्धा व्यक्त की थी। इससे बोस्टन तथा कैम्ब्रिज का नारी-समाज इतना मुग्ध हुआ कि उन लोगों ने स्वत:प्रेरित उनकी माता को, मेरी की गोद

में ईसा के एक चित्र के साथ, एक अभिनन्दन पत्र भेजकर अपने हृदय की श्रद्धा ज्ञापित की थी। पत्र इस प्रकार था :

स्वामी विवेकानन्द की पूजनीय जननी के प्रति!

'माँ, इस क्रिसमस के अवसर पर जब हम सभी मिलकर मेरीतनय के अवदान की स्मृति में उत्सव तथा आनन्द मनाने में निमग्न हैं, उस समय अन्य शुभ घटनाएँ भी स्मरणीय हैं। आपके पुत्र इस समय हमारे बीच हैं, और हम आपको प्रणाम भेजती हैं। कुछ दिन पूर्व उन्होंने यहाँ पर भारतीय मातृत्व के आदर्श पर जो व्याख्यान दिया, उसमें उन्होंने बताया कि वे यहाँ के नर-नारियों तथा बच्चों के लिए जो कुछ करने में समर्थ हुए हैं, वह सब आपके श्रीचरणों के आशीष से ही सम्भव हुआ है। उस दिन जिन लोगों ने भी उनकी बातें सुनीं, उन्हें लगता है कि उनकी जननी की अर्चना करने से उन्हें भी दिव्य-प्रेरणा तथा उन्नति प्राप्त होगी।

'हे पुत चरिते! आपके पुत्र के माध्यम से अभिव्यक्त आपके चरित्र तथा कार्य का महत्त्व समझकर हम आपके प्रति आपनी हार्दिक कृतज्ञता अर्पित करती हैं, कृपया स्वीकार करें। आशा है, श्रद्धा का यह लघु उपहार सबको स्पष्ट रूप से स्मरण करा देगा कि जगत को जो मातृभाव तथा एक प्राणता ईश्वर से उत्तराधिकार के रूप में प्राप्त हुआ है, शीघ्र ही उसकी वास्तविक स्थापना अवश्यंभावी है।'

स्वामीजी ने, सत्येन्द्रनाथ मजुमदार के अनुसार, मार्च, अप्रैल, मई और जून, 1894 में शिकागो, न्यूयॉर्क व बोस्टन और बोस्टन शहर में स्थित विश्वविख्यात हार्वर्ड यूनिवर्सिटी में लगातार व्याख्यान दिये थे। हार्वर्ड विश्वविद्यालय की दार्शनिक तथा छात्रों की सभा में व्याख्यान के दौरान स्वामीजी से विविध प्रश्न पूछे गए थे। उनमें से एक महत्त्वपूर्ण प्रश्न यह था कि भारत में दार्शनिक चिन्तन की वर्तमान अवस्था कैसी है? दार्शनिक तत्त्वों को लेकर वहाँ किस तरह की आलोचना होती है?

उत्तर में स्वामीजी ने कहा था : 'भारत के अधिकांश लोग द्वैतवादी हैं। अद्वैतवादियों की संख्या बहुत ही कम है। भारत में आलोचना का प्रधान विषय है : मायावाद और जीव तत्त्व। मैंने इस देश में आकर देखा, यहाँ के श्रमिक संसार की वर्तमान राजनीतिक परिस्थिति से भली भाँति परिचित है, परन्तु जब उनसे पूछा—धर्म कहने से तुम क्या समझते हो और अमुक-अमुक सम्प्रदाय का धर्म-मत किस प्रकार का है, तो उन्होंने कहा—ये सब बातें हम नहीं जानते—हम तो बस चर्च में जाते भर हैं।—परन्तु भारत में किसी किसान के पास जाकर यदि मैं पूछूँ कि तुम्हारा शासनकर्ता कौन है, तो वह उत्तर देगा—यह बात मैं नहीं जानता, मैं तो केवल टैक्स दे देता हूँ।—पर यदि मैं उससे धर्म के विषय में पूछूँ, तो वह तत्काल बता देगा कि वह

द्वैतवादी है, और माया तथा जीव-तत्त्व के सम्बन्ध में वह अपनी धारणा को विस्तृत रूप से कहने के लिए भी तैयार हो जाएगा। वे लिखना-पढ़ना नहीं जानते, परन्तु इन विषयों को उन्होंने साधु-संन्यासियों से सीखा है,और इन विषयों पर विचार करना उन्हें बहुत अच्छा लगता है। दिन भर काम करने के पश्चात् पेड़ के नीचे बैठकर किसान लोग इन सब तत्त्वों पर विचार किया करते हैं।'

जून मास में वे एक सम्मेलन में भाषण देने गए। वहाँ पर कुछ उत्साही छात्र वेदान्त-दर्शन की शिक्षा प्राप्त करने के लिए उनकी शरण में आए। स्वामीजी भी आग्रह के साथ उन्हें शिक्षा देने लगे।

ये छात्रगण अपने अध्यापक के प्रति सम्मान व श्रद्धा प्रदर्शित करने के लिए स्वामीजी को घेरकर, भारतीय रीति का अनुसरण कर, वृक्षों के नीचे भूमि पर बैठते थे।

इसके बाद सितम्बर-अक्तूबर भर विभिन्न स्थानों पर घूमे। अक्तूबर मास के अन्तिम भाग में बाल्टि मोर तथा वाशिंगटन नगर में भाषण देकर न्यूयॉर्क लौटे।

अमरीका में रहने का बाकी समय स्वामीजी ने शिकागो, न्यूयॉर्क तथा बोस्टन के बीच विभाजित कर दिया। सन् 1894 के ग्रीष्मकाल में उन्होंने मेसाचुसेट्स के ग्रीनेकर में आयोजित होनेवाले 'ह्यूमैन कॉन्फ्रेंस' से आमंत्रण पाकर वहाँ कई व्याख्यान दिये। स्वामीजी ने यहाँ क्रिश्चियन साइंटिस्ट, स्प्रिच्युअलिस्ट (अध्यात्मवादी) तथा आस्था चिकित्सक (faith healers) तथा इसी प्रकार के विचारों का प्रतिनिधित्व करनेवाले अन्य सम्प्रदायों में भी भाग लिया था।

न्यूयॉर्क में 'ब्रुकलिन नैतिक सभा' के सभापति प्रसिद्ध विद्वान डॉ. लुइस जी. जेम्स के आग्रह से 'हिन्दू धर्म और वेदान्त' पर उनका मनोमुग्धकारी भाषण हुआ। इस भाषण को ही स्वामीजी के वेदान्त प्रचार-कार्य का प्रारम्भ मान लिया जा सकता है। स्वामीजी ने घूम-घूमकर भाषण देना बन्द करके गुरु की तरह अपने शिष्यों के समक्ष भाषण देना शुरू किया। यह भाषण न होकर व्यक्तिगत रूप से धर्म-सम्बन्धी समस्याओं की मीमांसा करना था और अपने शिष्यों को भारतीय साधना का उपयोगी बनाना था। यह काम करने के लिए न्यूयॉर्क नगर के एक पिछड़े इलाके में कुछ सामान्य कमरे किराये पर लिये गए। उनमें से एक स्वामीजी का निवास था। यहीं कक्षाएँ चलाई गईं। सब शिष्य जमीन पर बैठकर उनका लेक्चर सुनते थे। भाषण निःशुल्क होता था। किराया छात्रों के स्वेच्छा दान से चुकाया जाता था।

यहीं से उन्होंने छात्रों को ज्ञानयोग की शिक्षा देना शुरू की ताकि वे वेदान्त की गहराई में उतरकर उसके तत्त्व-ज्ञान से परिचित हो सकें। इसके साथ ही उन्होंने राजयोग की शिक्षा के द्वारा उन लोगों को आत्मसंयम, एकाग्रता तथा ध्यान की विधि सिखाना शुरू किया। सन् 1895 के जून में स्वामीजी ने अपने प्रसिद्ध ग्रंथ 'राजयोग' का लेखन पूरा किया। स्वामी निखिलानन्द के अनुसार, 'राजयोग' ग्रंथ का आधार पतंजलि का योग-सूत्र था। इस सूत्र के प्रमुख उद्देश्य हैं : (1) आत्मा का प्रकृति

के बंधन से मुक्त होने का मार्ग दिखाना तथा (2) मन को एकाग्र करने के विविध विद्याओं पर चर्चा करना।

इस ग्रंथ के द्वारा स्वामीजी के दो उद्‌देश्यों की पूर्ति हुई :

प्रथमत: स्वामीजी ने इसमें यह दिखाया कि किस प्रकार धार्मिक अनुभूतियाँ भी प्रयोगीकरण, निरीक्षण तथा सत्यापन की प्रणाली पर आधारित होने के कारण वैज्ञानिक सत्यों की श्रेणी में रखी जा सकती हैं।

हार्वर्ड विश्वविद्यालय के विज्ञान के प्रोफेसर के प्रश्न के उत्तर में स्वामीजी ने कहा था कि पतंजलि के परिणामवाद की व्याख्या आध्यात्मिक है। पतंजलि ने बतलाया है कि जब एक किसान अपने खेत में पानी देने के लिए पास के ही जलाशय से पानी लेना चाहता है तो वह बस पानी को रोक रखनेवाले द्वार को खोल देता है :

निभिन्तम प्रयोजकं प्रकृतीनां वरण भेदस्तु ततः क्षेत्रिकवत्।

ठीक उसी प्रकार विज्ञान में एनर्जी अनन्त है और प्रतिबंधों को हटाने मात्र से ही उसकी वह अनन्त शक्ति बड़े वेग के साथ अभिव्यक्त होने लगती है।

विषय-प्रत्यक्ष के सिद्धान्त के सम्बन्ध में सांख्य मत के साथ आधुनिक शरीर विज्ञान (Physiology) का बहुत ही थोड़ा मतभेद है। अत: सच्ची आध्यात्मिक अनुभूतियों को केवल बौद्धिक प्रमाण के अभाव में हठधर्मितावश त्याग नहीं देना चाहिए।

द्वितीयत: स्वामीजी ने इस ग्रंथ के द्वारा सहज शैली में एकाग्रता की विविध साधनाओं की व्याख्या की और साथ ही सावधान भी किया कि एक सुयोग्य शिक्षक की सहायता लिये बिना, इन साधनाओं की ओर उम्मुख होना, खतरनाक साबित हो सकता है।

स्वामीजी द्वारा राजयोग पर दिये गए भाषणों की ख्याति इतनी व्यापक थी कि उनके भाषण सुनने के लिए दार्शनिक, वैज्ञानिक व अध्यापकों से उनका छोटा-सा क्लास रूम भर जाता था।

'राजयोग' पुस्तक के प्रकाशित होने के कुछ ही सप्ताहों के बीच में उसके तीन संस्करण प्रकाशित हुए थे। इसी से समझा जा सकता है, अमरीका निवासी विद्वानों ने स्वामीजी की अलौकिक प्रतिभा से उत्पन्न इस पुस्तक को अपनाने में कोई कसर नहीं छोड़ी थी।

लगातार उच्चतम दार्शनिक तत्त्वों के विश्लेषण पर भाषण तथा शिक्षा-दान के कार्य से थककर स्वामीजी ने कुछ दिन एकान्त में विश्राम लाभ करना चाहा। सेंट लॉरेंस नदी के बीच 'सहस्त्र द्वीपोख्यान' (Thousand Island Park) नामक द्वीप में उनकी एक शिष्या कुमारी डचर की एक बड़ी सुन्दर कुटिया थी। शिष्या के आग्रह पर स्वामीजी ने कुछ अंतरंग शिष्यों के साथ वहाँ की यात्रा की। कुल मिलाकर

दस शिष्यों ने स्वामीजी के चरणों में बैठकर उनका उपदेश सुना। कुमारी वाल्डो के द्वारा लिखित 'देववाणी' के अनुसार स्वामीजी उन दिनों सचमुच दैव प्रेरणा से बोला करते थे; उनका मन उन दिनों अत्युच्च आध्यात्मिक भावभूमि में विचरण करता था। प्रतिदिन वे बाइबल, गीता, उपनिषद्, भक्तिसूत्र अथवा वेदान्त-सूत्र के किसी अंश की व्याख्या करते थे। फिर वन में लम्बे भ्रमण के दौरान भी विभिन्न उच्च तत्त्वों पर चर्चा चलती रहती थी। दिन का प्रत्येक क्षण एक धार्मिक परिवेश में ही बीतता था और सबका मन एक अति उच्च भाव में डूबा रहता था। संध्या होने पर सभी मौन या रुद्धश्वास लोगों को वे आवेगपूर्वक ईश्वरीय बातें ही सुनाते। यहाँ स्वामीजी ने पाँच व्यक्तियों को ब्रह्मचर्य की दीक्षा दी और दो को संन्यास प्रदान किया। यहाँ रहते हुए उन्होंने 'संन्यासी का गीत' (Song of Sannyasin) शीर्षक कविता रची थी जिसकी कुछ पंक्तियाँ इस प्रकार हैं :

> छेड़ो हे वह गान, अनंतोद्भव अबंध वह गान,
> विश्व-ताप से शून्य गह्वरों में गिरी के अम्लान,
> निभृत अरण्य प्रदेशों में जिसका शुचि जन्मस्थान,
> जिनकी शान्ति व कनक काम-यश-लिप्सा का निःश्वास
> भंग कर सकता, जहाँ प्रवाहित सत् चित् की अविलास
> स्रोतस्विनी, उमड़ता जिसमें वह आनन्द अयास,
> गाओ, बढ़ वह गान, वीर संन्यासी, गूँजे व्योम्
> ओम् तत्सत्।

और अन्तिम पंक्तियाँ हैं :

> इस प्रकार दिन-प्रतिदिन जब तक कर्मशक्ति हो क्षीण,
> साधनमुक्त करो आत्मा को, जन्म-मरण हों लीन।
> फिर न रह गए मैं, तुम, ईश्वर, जीव याकि भवबंध,
> मैं सब में, सब मुझ में—केवल मात्र परम आनन्द!
> कहो तत्त्वमीसा संन्यासी, फिर गाओ गीत अमन्द।

इंग्लैंड और यूरोप की यात्राएँ

सहस्त्रद्वीप से वे न्यूयॉर्क पहुँचे और वहाँ से इंग्लैंड जाने के लिए तैयार हुए।

मई मास में स्वामीजी वेदान्त की अनुरागिनी मिस हेनरी एटामुलर द्वारा इंग्लैंड बुलाए गए थे। मिस्टर ई. टी. स्टर्डी महोदय स्वामीजी को लंदन आने के लिए बार-बार पत्र लिखने लगे। इस बीच स्वामीजी के नजदीकी बेटी स्टार्जीन तथा

लेगेट विवाह-सूत्र में बँधने के लिए पेरिस जानेवाले थे। उन्होंने स्वामीजी को भी साथ ले जाने का प्रस्ताव रखा। 24 अगस्त, 1894 में स्वामीजी उनके साथ पेरिस पहुँचे, 9 सितम्बर को विवाह सम्पन्न हुआ। 10 सितम्बर को वे लंदन के लिए निकल पड़े।

कुछ ही दिनों के भीतर 'हिन्दू योगी' के आगमन से लंदन में हलचल मच गई। उनकी कक्षाओं में भीड़ बढ़ने लगी।

'द स्टैंडर्ड' पत्रिका ने लिखा :

'प्रिंसेस हॉल में जिस हिन्दू युवक का व्याख्यान हुआ, केशवचन्द्र सेन को अपवाद मान लें तो राममोहन राय के दिनों से ही उनके समान उत्कृष्ट भारतीय वक्ता अब तक इंग्लैंड के व्याख्यान मंच पर अवतीर्ण नहीं हुआ था। अपने व्याख्यान के दौरान हमारे हजारों कल-कारखानों, इंजनों, आविष्कारों तथा पुस्तकों पर निर्मम प्रहार करते हुए उन्होंने कहा कि बुद्ध और ईसा की दो-चार उक्तियों की तुलना में ये मानव जाति का भला कितना अल्प उपकार कर रही है! स्पष्ट रूप से व्याख्यान बिना किसी तैयारी के मधुर स्वर में तथा निस्संकोच भाव से दिया गया था।'

लंदन डेली, 'क्रानिकल' ने लिखा :

'लोकप्रिय हिन्दू संन्यासी विवेकानन्द, जिनकी मुखाकृति बुद्ध के चिर-परिचित चेहरे के साथ काफी साम्य रखती है, ने हमारी व्यावसायिक समृद्धि, हमारे रक्तरंजित युद्ध तथा हमारी धार्मिक असहिष्णुता की आलोचना करते हुए कहा कि ऐसी कीमत चुका कर निरीह हिन्दू हमारी मिथ्याभिमानी सभ्यता को स्वीकार नहीं करेगा।'

लंदन में शिक्षित, सुसंस्कृत तथा धार्मिक समाज में इन हिन्दू संन्यासी के व्यक्तित्व, विचारों तथा सद्गुणों के बारे में बहुत-सी बातें फैल गईं और इसके फलस्वरूप ज्ञानस्पृहा तथा उत्सुकता में वृद्धि हो जाने से स्वामीजी को नित नवीन अनुरागी प्राप्त होने लगे जिनमें से एक थीं मार्गरेट इ. नोबल, जो बाद में भगिनी निवेदिता के रूप में भारत तथा अन्यत्र विख्यात हुईं।

'वेस्ट मिनिस्टर गजेट' पत्रिका के एक प्रतिनिधि को स्वामीजी ने एक साक्षात्कार में कहा था कि उनके गुरु श्रीरामकृष्ण परमहंसदेव से उन्हें जो सन्देश प्राप्त हुआ है, जगत में उसका प्रचार करना ही उनका उद्देश्य है—किसी नवीन सम्प्रदाय की स्थापना करना उनका अभिप्राय नहीं है, किसी विशेष धर्ममत के भी वे प्रचारक नहीं हैं। उनका विश्वास है कि वेदान्त के उदार ज्ञान को सभी धर्म सम्प्रदाय अपने-अपने धर्म-सम्बन्धी स्वतंत्रता को कायम रखते हुए भी ग्रहण कर सकते हैं।

इंग्लैंड छोड़कर फिर से 6 दिसम्बर, 1895 में स्वामीजी के न्यूयॉर्क पहुँचने से पहले उन्होंने अपनी एक शिष्या को लिखा था कि 'इंग्लैंड में मेरे प्रचार-कार्य को आशातीत प्रतिष्ठा प्राप्त हुई है। अमरीका जाने की खबर सुनकर कई लोग काफी दुखी हुए हैं। परन्तु मैं यह मानने के लिए तैयार नहीं हूँ कि मेरे यहाँ से चले जाने के बाद मेरे कार्य का परिणाम अनेकांश में नष्ट हो जाएगा। और फिर मैं मनुष्य या

और किसी चीज पर निर्भर नहीं रहता। प्रभु ही मेरे एकमात्र शरणदाता हैं। वे यंत्री हैं और मैं उनका यंत्र बनकर काम कर रहा हूँ।'

अमरीका में स्वामीजी को यह अनुभव हुआ था कि वहाँ का जनसमाज उनके विचारों को उत्साह के साथ अविलम्ब ग्रहण कर लेता है परन्तु इंग्लैंड में उन्होंने पाया कि यद्यपि स्वभावतः ये लोग अपेक्षाकृत अधिक रूढ़िवादी हैं और उनके नवीन सन्देश को स्वीकार करने तथा प्रशंसा करने में उतने उत्साहित नहीं हैं, तथापि यदि वास्तव में ये किसी आचार्य के गुणों पर मुग्ध हो जाएँ तथा उनके उपदेशों का महत्त्व समझ लें, तो एक बार ये लोग जिसे पकड़ लेते हैं, उसे आसानी से नहीं छोड़ते।

लंदन के किसी संवाददाता ने लिखा था : 'लंदन नगर की कुछ ऐश्वर्यशालिनी, विलासिनी, उच्च घरानों की महिलाएँ, कुर्सियों के अभाव में फर्श पर पैर मोड़कर बैठ, गुरुभक्त भारतीय शिष्यों की तरह भक्ति के साथ स्वामीजी का उपदेश सुन रही हैं—यह वास्तव में एक विरल हृदय है।'

जब स्वामीजी इंग्लैंड में अपने प्रचार-कार्य में व्यस्त थे तब बोस्टन की एक धनी महिला ने उन्हें प्रचार-कार्य के लिए अमरीका में फिर से आमंत्रित किया और सारा व्यय उसने स्वयं उठाने का वचन दिया।

स्वामीजी की इंग्लैंड और अमरीका के बड़े-बड़े विद्वानों से मित्रता हो गई थी। उनमें से खास थे—अमरीका के प्रसिद्ध भोगवादी मिस्टर राबर्ट इंगरसोल और इंग्लैंड के प्रसिद्ध विद्वान और ऑक्सफोर्ड के प्रोफेसर मैक्समूलर।

राबर्ट इंगरसोल के साथ बातचीत के दौरान एक बार इंगरसोल ने कहा था : 'यह जगत एक संतरे की तरह है। जितना हो सके, इसे निचोड़कर इसका रस पीना चाहिए। जब इस बात का कोई प्रमाण नहीं प्राप्त हो रहा है कि परलोक के नाम का कुछ है भी, तो इस जीवन को भी एक झूठी आशा के आधार पर सांसारिक सुख से वंचित रखने में क्या लाभ है? कौन जाने, कब मौत होगी! अतः जहाँ तक सम्भव हो, तत्परता के साथ इस जगत का उपयोग करना चाहिए।'

स्वामीजी ने मृदु हास्य के साथ उसी समय उत्तर दिया : 'परन्तु जगतरूपी संतरे का रस निकालने का उपाय मैं तुमसे अधिक अच्छी तरह जानता हूँ और इसलिए तुमसे अधिक रस पीता हूँ। मैं जानता हूँ, मेरी मृत्यु नहीं है। अतः तुम्हारी तरह मेरी जल्दबाजी नहीं है। मुझे जगत से किसी प्रकार के भय का कोई कारण नहीं है। स्त्री-पुत्र-परिवार, सम्पत्ति आदि का कोई बंधन नहीं है। मेरी दृष्टि में जगत के सभी स्त्री-पुरुष समान रूप से प्रेम के पात्र हैं। सभी मेरी दृष्टि में ईश्वर-रूप हैं। सोचो तो, मनुष्य को भगवान्-रूप में देखकर मुझे कितना आनन्द होता है! मैं निश्चिन्त होकर रसपान कर रहा हूँ। तुम भी मेरी प्रणाली के अनुसार इस जगतरूपी संतरे को निचोड़ना आरम्भ कर दो—तब देखोगे, हजार गुना अधिक रस मिलेगा। एक बूँद भी बाकी न रहेगा।'

28 मई, सन् 1896 को ऑक्सफोर्ड के विख्यात प्राच्यविद् प्रोफेसर मैक्समूलर मिले। स्वामीजी ने लिखा कि वे एक असाधारण व्यक्ति हैं। मैक्समूलर ने 'रामकृष्ण : उनका जीवन तथा उक्तियाँ' नामक एक सुन्दर ग्रंथ की रचना की थी। यह ग्रंथ मैक्समूलर की भक्ति तथा सूक्ष्म बुद्धि का परिचायक है। इस ग्रंथ के प्रकाशन से पाश्चात्य जगत में स्वामीजी का प्रचार-कार्य बड़ा ही सुगम हो गया। स्वामीजी और मैक्समूलर के बीच बड़ी घनिष्ठ मित्रता हो गई थी और वे आपस में पत्राचार भी करते थे, यद्यपि दार्शनिक मतवाद के विषय में दोनों अपनी स्वाधीनता बनाए रखते थे।

लंदन में उनके भाषणों के सिलसिले में लोग उन्हें दबाने के लिए प्रश्न पूछ लिया करते थे। एक दिन सभा के बीच में स्वामीजी भारत के गौरव का वर्णन कर रहे थे, ऐसे समय इसी तरह के एक श्रोता ने प्रश्न पूछ लिया : 'भारत के हिन्दुओं ने क्या किया है? वे आज तक किसी जाति पर विजय प्राप्त नहीं कर सके।'

स्वामीजी ने फौरन उत्तर दिया : 'नहीं कर सके, नहीं—कहिए कि उन्होंने की नहीं। और यही हिन्दू जाति का गौरव है कि उसने कभी दूसरी जाति के रक्त से पृथ्वी को रंजित नहीं किया। वे दूसरों के देश पर अधिकार क्यों करेंगे? तुच्छ धन की लालसा से? भगवान् ने हमेशा से भारत को दाता के महिमामय आसन पर प्रतिष्ठित किया है। भारतवासी जगत् के धर्मगुरु रहे हैं! दूसरों के धन को लूटनेवाले रक्तपिपासु दस्यू थे। और इसीलिए मैं अपने पूर्वजों के गौरव से गर्व का अनुभव करता हूँ।'

इसी प्रकार कोई-कोई ईसा मसीह या ईसाई धर्म के सम्बन्ध में स्वामीजी का मन्तव्य सुनकर मन-ही-मन बहुत असन्तुष्ट होते थे और इसे उनकी अनधिकार चर्चा मानकर पूछा करते थे : 'स्वामीजी, आप जब ईसाई नहीं हैं, तो ईसाई धर्म के आदर्श को कैसे समझेंगे?'

उसी समय जवाब आता था : 'वे प्राच्य देशीय तथा सर्वत्यागी संन्यासी थे, मैं भी प्राच्य देश का संन्यासी हूँ। मैं समझता हूँ, पाश्चात्य जगत् अभी उन्हें पहचान नहीं सका है। क्या उन्होंने यह नहीं किया था—जाओ, तुम अपना सब कुछ बाँट दो और उसके बाद आओ, मेरा अनुसरण करो? तुम्हारे देश के कितने विलासी धनीरूपी ऊँट, स्वर्ग में प्रवेश करने के दरवाजे को सुई के समान मानकर, सर्वत्यागी हुए हैं?'

प्रश्न पूछनेवाले लोग नीरव होकर स्वामीजी के कठोर सत्य के मर्म का चिन्तन करते हुए शान्त हो जाते थे।

'ब्रह्मवादिन' पत्रिका में अमरीकी हेलेन हंटिंग्टन ने लिखा था : 'ईश्वर की यह महान कृपा है कि उसने हमारे बीच में एक ऐसे धर्मगुरु या शिक्षक को भेजा है, जिसका उन्नतर दार्शनिक मतवाद धीरे-धीरे परन्तु निश्चित रूप से इस देश के नैतिक जीवन में प्रविष्ट होता जा रहा है। इस असाधारण शक्तिसम्पन्न व पवित्र चरित्र पुरुष ने एक समुन्नत आध्यात्मिक जीवन व्यतीत करने की प्रणाली, सार्वभौमिक धर्म, अयाचित दया, आत्मत्याग तथा मानव बुद्धि द्वारा समझने योग्य पवित्र भावों की

व्याख्या की है। स्वामी विवेकानन्द ने हमारे बीच में एक ऐसे धर्म का प्रचार किया है जो सम्प्रदाय व मतवाद के बंधनों से सम्पूर्ण रूप से मुक्त है; उन्नति, पवित्रता व स्वर्गीय आनन्द देनेवाला है तथा सभी तरह से निष्कलंक है—जो ईश्वर व मानव के प्रति प्रेम व अनंत दया पर स्थापित है।'

दिसम्बर मास, सन् 1896 में वे फिर न्यूयॉर्क लौटे और न्यूयॉर्क, डिट्राइट में भाषण दिये, कक्षाएँ खोलीं और न्यूयॉर्क में वेदान्त-चर्चा के लिए स्थायी केन्द्र स्थापित किया तथा वहाँ स्वामी कृपानन्द, अभयानन्द, योगानन्द वेदान्त के प्रचारक नियुक्त हुए।

उनके अभूतपूर्व कार्य को देखते हुए शिकागो विदुषी समाज की अन्यतम नेत्री मिसेज लिगोट ने लिखा : 'वे वास्तव में महानुभाव थे। अपने जीवन में मेरा ऐसे दो ही विख्यात व्यक्तियों से साक्षात्कार हुआ है, जो व्यक्तिगत स्वातंत्र्य को किसी भी स्थिति में चोट पहुँचाए बिना किसी आडम्बर के अपने व्यक्तित्व का दूसरे पर प्रभाव डाल सकते हैं : एक हैं जर्मन सम्राट और दूसरे स्वामी विवेकानन्द।'

इंग्लैंड से सन् 1897 के जुलाई मास के अन्तिम भाग में स्वामीजी अपने शिष्यों के साथ स्विट्जरलैंड के जेनेवा पहुँचे, फिर कैसल ऑफ चिलो देखने के लिए यात्रा की और माउंट ब्लैंक के मनोरम पर्वत अंचलों में कुछ समय व्यतीत किया।

इस बीच जर्मनी की कील नगरी के विश्वविद्यालय के विख्यात संस्कृतज्ञ विद्वान प्रोफेसर पॉल ड्यूसन ने स्वामीजी को आमंत्रित कर पत्र लिखा। मिलने पर दोनों के बीच गहरी बातचीत हुई। ड्यूसन का मत था कि वेद-वेदान्त की मधुर मोहिनी शक्ति क्षण काल में ही बाह्य जगत को भुला देती है। उसका अध्ययन प्रारम्भ करते ही मन एक उन्नत आध्यात्मिक भाव-राज्य में चला जाता है।

सत्येन्द्रनाथ मजुमदार के 'विवेकानन्द-चरित' के अनुसार, ड्यूसन की राय में मनुष्य के मस्तिष्क ने सत्य की खोज में रत होकर जिन सब विषयों का आविष्कार किया है, उनमें उपनिषद्, वेदान्त-दर्शन व शांकर भाष्य सर्वश्रेष्ठ अभिव्यक्ति हैं। ये ग्रंथ उनके अनुसार केवल सूक्ष्म दर्शनशास्त्र ही नहीं हैं वरन् उच्चतम व पवित्रतम नैतिक जीवन व्यतीत करने का एकमात्र अवलम्बन हैं।

अक्तूबर, सन् 1897 में स्वामीजी ने भारत लौटने की योजना बनाई। यह समाचार सुनते ही उनकी शिष्या ओलीबुल ने स्वामीजी को सूचित किया कि वे भारतीय कार्य के लिए आवश्यकता के अनुसार धन देने को तैयार हैं, विशेष रूप से 'रामकृष्ण संन्यासी संघ' की स्थापना के लिए।

बहुत जल्दी स्वामीजी ने मद्रास, कलकत्ता व हिमालय में तीन केन्द्रों की स्थापना कर, कार्य प्रारम्भ करना उचित समझा। अन्त में 30 दिसम्बर, सन् 1897 में वह अपने शिष्यों के साथ भारत की ओर रवाना हुए।

5

भारत-चिन्ता

15 जनवरी, सन् 1897 में स्वामी विवेकानन्द कोलम्बो बंदरगाह पर पहुँचे। भारत में जहाँ भी स्वामीजी गए, वहाँ पहले उनकी अभ्यर्थना होती थी, सम्मान-पत्र पढ़ा जाता था और फिर स्वामीजी किसी विषय पर भाषण देते थे अथवा श्रोताओं के साथ किसी विषय पर चर्चा होती थी।

कोलम्बो से कांडी की यात्रा की, फिर जाफना। यहाँ से भारतभूमि पहुँचे और रामनद के नरेश से मुलाकात हुई। दूसरे दिन स्वामीजी ने श्री रामेश्वर मन्दिर जाकर दर्शन किये। यहाँ स्वामीजी के आगमन के उपलक्ष्य में हजारों दरिद्रनारायणों को भोजन करवाया गया।

भारतीय भूमि के जिस स्थान पर स्वामीजी ने पहले-पहल पैर रखा था, उस पुण्य-भूमि पर भक्तिमान रामनद नरेश ने चालीस फीट ऊँचा एक स्मृति-स्तम्भ बनवा दिया और स्तंभ पर यह अंकित किया गया : 'सत्यमेव जयते'। जिस स्थान पर महात्मा स्वामी विवेकानन्द ने पाश्चात्य जगत् में वैदांतिक धर्म की विजय-वैजयंती को स्थापित कर, अद्वितीय दिग्विजय के बाद अपने अंग्रेज शिष्यों के साथ भारतीय भूमि पर अपने पवित्र पदपंकजों को पहले रखा था, उस पुण्यस्थल को चिन्हित करने के उद्देश्य से यह स्मृतिस्तंभ रामनद नरेश राजा भास्कर सेतुपति द्वारा 26 जनवरी, सन् 1897 में निर्मित किया गया।'

रामनद होते हुए स्वामीजी परम कुड़ी, मनमदुरा, भदुरा, त्रिचनापल्ली एवं तंडोर नगरों में अनेक प्रकार से अभिनंदित होकर कुंभकोणम् पहुँचे। वहाँ से मद्रास, जहाँ उनकी अभूतपूर्व अभ्यर्थना हुई। हजारों श्रोताओं के सम्मुख उन्हें भाषण देना पड़ा। संस्कृत, अंग्रेजी, तमिल, तेलगू आदि भाषाओं में अभिनन्दन-पत्र पढ़े गए।

मद्रास से 15 फरवरी को स्वामीजी कलकत्ता पहुँचे। कलकत्ते के विभिन्न स्थानों पर हमेशा हजारों की भीड़ लग जाती है। उनके सम्मान में पत्र, पुष्प, पल्लव, ध्वजा

से रास्तों पर तोरण-द्वार बनाए गए थे। यहाँ युवकों से हार्दिक अभ्यर्थना पाकर स्वामीजी ने मंत्रमुग्ध करनेवाला भाषण दिया था।

कलकत्ते में 1 मई, 1897 ई. को स्वामी विवेकानन्द के आह्वान पर श्रीरामकृष्ण परमहंस के शिष्यों ने मिलकर 'रामकृष्ण मिशन' की निम्नलिखित उद्देश्यों को ध्यान में रखकर स्थापना की :

उद्देश्य : मानव समाज के हित के लिए श्रीरामकृष्णदेव ने जिन तत्त्वों की व्याख्या की है तथा कार्य-रूप में उनके जीवन में जो तत्त्व प्रतिपादित हुए हैं, उनका प्रचार तथा जो उपाय मनुष्य की शारीरिक, मानसिक तथा पारमार्थिक उन्नति में सहायक हो सके, उसमें सहायता करना—यही इस संघ (मिशन) का उद्देश्य होगा।

व्रत : विश्व के सभी धर्ममतों को एक अक्षय सनातन धर्म के विभिन्न रूपों में जानकर सभी धर्मावलम्बियों के बीच आत्मीयता स्थापित करने के लिए श्रीरामकृष्ण ने जिस कार्य को प्रारम्भ किया था, उसी को चलाना इस संघ का व्रत होगा।

कार्य-प्रणाली : मानवमात्र की सांसारिक एवं आध्यात्मिक उन्नति के लिए विद्यादान के उपयुक्त लोगों को शिक्षित करना, शिल्पियों एवं श्रमजीवियों को प्रोत्साहित करना और श्रीरामकृष्ण के जीवन द्वारा व्याख्यात वेदान्त तथा अन्य तत्त्वों का जनसमाज में प्रचार करना।

भारत में कार्य : भारतवर्ष के हर नगर में आचार्य-व्रत ग्रहण करने के इच्छुक गृहस्थ तथा संन्यासियों के प्रशिक्षण हेतु आश्रम स्थापित करना और उपाय करना, जिससे वे दूर-दूर तक जाकर जनता को शिक्षित कर सकें।

विदेश में कार्य : भारतेतर देशों में व्रतधारियों को भेजना और उन देशों में स्थापित आश्रमों तथा भारतीय आश्रमों के बीच घनिष्ठता एवं सहानुभूति बढ़ाना और साथ ही नये-नये आश्रमों की भी स्थापना करना।

स्वामीजी ने वायु-परिवर्तन के लिए अल्मोड़ा की यात्रा की। वहाँ भी उन्हें अभ्यर्थना-पत्र प्रदान किया गया। ढाई मास का समय अल्मोड़ा में व्यतीत कर 9 अगस्त को बरेली में पधारे और वहाँ से सितम्बर में श्रीनगर की यात्रा की। यहाँ उनके स्वास्थ्य में काफी सुधार हुआ। कश्मीर में रहते हुए स्वामीजी ने अमरनाथ की कठिन यात्रा की थी। अमरनाथ के श्वेत तुषार शिवलिंग के दर्शन के बाद उच्छ्वसित होकर उन्होंने कहा था : 'आज मुझे साक्षात् शिव के दर्शन हुए। यहाँ पर यात्रियों का धन लूटने के लिए हाथ फैलाए पंडे नहीं हैं, धर्म का व्यापार नहीं है, चित्त में विक्षेप उत्पन्न करनेवाला कुछ भी नहीं है—यह एक अनन्त पूजा व आराधना का भाव है। अन्य किसी भी तीर्थस्थान में मुझे इतना आनन्द प्राप्त नहीं हुआ।'

यहाँ से स्वामीजी कश्मीर की प्रसिद्ध क्षीर भवानी के दर्शन किये। टूटे हुए मन्दिर को देखकर उनके मन में यह विचार आया था कि उस समय हिन्दू लोग क्या अपने बाहुबल द्वारा उन्हें नहीं रोक सकते थे? यदि मैं उस समय उपस्थित होता तो प्राणों की बाजी लगाकर भी माता के मन्दिर की रक्षा करता, पवित्र मन्दिर को नष्ट होने नहीं देता। मैं भीख माँगकर टूटे मन्दिर का फिर से संस्कार करूँगा। तभी उन्हें सस्नेह भर्त्सना के साथ देव-वाणी सुनाई दी : 'यदि मुसलमानों ने मेरा मन्दिर तोड़कर अपवित्र कर भी दिया है, तो इसमें तेरा क्या है? तू मेरी रक्षा करता है या मैं तेरी रक्षा करता हूँ?'

कर्मयोगी का विद्या का अहंकार चूर्ण हुआ। रजोगुण का विराट, समुन्नत गर्व एकाएक अवनत होकर जगज्जननी के पैरों तले कुचला गया। उन्होंने दिव्य दृष्टि से देखा, क्षीर भवानी महामाया की विराट इच्छा से केवल एक यंत्र की तरह वे परिचालित हो रहे हैं। यह नवीन अनुभूति उनके जीवन में एक अपूर्व शान्ति ले आई और सारे जीवन भर सुने हुए विरोध के स्वर, पता नहीं, कहाँ लुप्त हो गए!

स्वामीजी में आश्चर्यजनक ढंग से भाव-परिवर्तन दिखाई दिया। क्षीर भवानी यात्रा से पूर्व उन्होंने 'Kali the Mother' (माँ काली) शीर्षक से एक कविता की रचना की थी। उनकी शिष्य-मंडली ने स्वामीजी को वह रचना गुनगुनाते सुना :

काली माता

छिप गए तारे गगन के / बादलों पर चढ़े बादल काँपकर गहरा अँधेरा / गरजते तूफान में, शत लक्ष पागल प्राण, छेटे / जल्द कारागार से द्रुभ जड़ समेत उखाड़ कर / हर बला पथ की साफ करके शोर से आ मिला सागर / शिखर लहरों के पलटते उठ रहे हैं कृष्णनभ का / स्पर्श करने के लिए द्रुत, किरण जैसे अमंगल की/ हर तरफ से खोलती हैं मृत्यु-छायाएँ सहस्त्रों / देह वाली घनी काली/ आधि व्याधि बिखेरती, ऐ / नाचती पागल हुलसकर आ जननी, आ जननी, आ, आ/ नाम है आतंक तेरा, मृत्यु तेरे श्वास में है / चरण उठाकर सर्वदा को विश्व एक मिटा रहा है/ समय तू है, सर्वनाशिनी, आ जननी, आ जननी, आ, आ! / साहसी, जो चाहता है दुख मिल जाना मरण से/ नाश की गति नाचता है, माँ उसी के पास आई है॥

[हिन्दी अनुवाद : पं. मोहिनी मोहन गोस्वामी]

16 अक्तूबर को रावलपिंडी और यहाँ हिन्दू धर्म के सम्बन्ध में 2 घंटे अंग्रेजी में धाराप्रवाह भाषण दिया। यहाँ से जम्मू में महाराजा के अतिथि होकर कुछ दिनों तक वहाँ निवास किया। 29 अक्तूबर सियालकोट पहुँचे और वहाँ के गणमान्य लोगों के सम्मुख एक बालिका विद्यालय की स्थापना का संकल्प प्रकट किया।

पंजाब में विशेष रूप से लाहौर में आकर स्वामी दयानन्द (1824-1883) द्वारा स्थापित आर्यसमाज के साथ घनिष्ठ रूप से परिचित हुए।

स्वामी दयानन्द के जीवन के बारे में जानने पर स्वामी विवेकानन्द उनके प्रति तीव्र ढंग से आकृष्ट हुए थे। आर्यसमाजी नेताओं के चरित्र, त्याग व लोकहित व्रत के प्रति श्रद्धा प्रकट करने में स्वामीजी कभी आगा-पीछा नहीं करते थे। परन्तु उनके साम्प्रदायिक कट्टरपन का प्रतिवाद वे स्पष्ट रूप से करते थे।

दयानन्द ऐंग्लो वैदिक कॉलेज के अध्यक्ष लाल हंसराज आदि आर्यसमाजी एक दिन वार्तालाप के सिलसिले में आर्यसमाज के इस मत का समर्थन कर रहे थे कि 'वेद का केवल एक ही प्रकार का अर्थ हो सकता है।' स्वामीजी नाना प्रकार की युक्तियाँ देकर यह समझा रहे थे कि अधिकार के अनुसार भिन्न-भिन्न मतों का अवलम्बन कर उन्नति के पथ में अग्रसर होना ही श्रेयस्कर है। लाला हंसराज विपरीत युक्तियों के प्रयोग द्वारा उनका खंडन करने की चेष्टा कर रहे थे। अन्त में स्वामीजी बोल बैठे, 'आप लोग जो कुछ कह रहे हैं, उसे कट्टरपन कहा जाता है। कट्टरपन के द्वारा आश्चर्यजनक और शीघ्रता से सम्प्रदाय का विस्तार होता है। मैं इस प्रकार के प्रचार का विरोधी हूँ क्योंकि मेरा दृढ़ विश्वास है कि मनुष्य को उसके अपने विश्वास व धारणा के अनुसार उन्नति करने देने पर यद्यपि बहुत ही धीमी गति से उन्नति होती है, परन्तु जो उन्नति होती है, वह बिलकुल पक्की होती है।'

लाहौर से निकलकर देहरादून में आकर कुछ दिन विश्राम किया। राजपूताना जाने के लिए देहरादून से सहारनपुर होकर दिल्ली पहुँचे। यहाँ चार-पाँच दिन व्यतीत कर स्वामीजी ने अलवर की यात्रा की। वहाँ उच्चवंशीय शिक्षित तथा धनी व्यक्तियों के जमघट से दूर उनका एक निर्धन शिष्य मलिन वस्त्र धारण कर दूर खड़ा था। स्वामीजी ने उसे पास बुलाकर अपने पास बैठाया और उसका कुशल-क्षेम पूछते रहे। वहाँ उपस्थित उनके भक्तगण यह देखकर काफी आश्चर्यचकित हुए थे कि विश्वव्यापी प्रतिष्ठा, यश व सम्मान प्राप्त संन्यासी के लिए कोई बड़ा या छोटा नहीं।

वहाँ से स्वामीजी जयपुर होते हुए खेतड़ी पहुँचे। 1898 ई. के जनवरी मास के मध्य भाग में स्वामीजी अपनी गौरवमय भारत-यात्रा को समाप्त कर कलकत्ता लौटे। सारे भारत की यात्रा में उनके द्वारा दिये गए भाषणों का संकलन बाद में 'लेक्चर्स फ्रॉम कोलम्बो टू अल्मोड़ा' शीर्षक से प्रकाशित हुआ था।

वेदान्तिक साम्यवाद

बहुत दिनों तक भारत के गाँव-गाँव तथा नगर-नगर में भ्रमण कर स्वामीजी का यह विश्वास हुआ था कि राजा-महाराजा या अमीर व्यक्ति कुछ दान दे देते हैं, अस्पताल, स्कूल, कॉलेज खोल देते हैं परन्तु उससे जनसाधारण की उन्नति होना

सम्भव नहीं है। दाता के रूप में नहीं वरन् सेवक के रूप में दृढ़ हृदय, मगर दरिद्रों के लिए सहानुभूति रखनेवाले एक बड़े समूह के द्वारा श्रद्धा के साथ कर्म करने पर ही इस दरिद्र भारत का उद्धार हो सकेगा। स्वामीजी ने ऐसे लोगों का आह्वान करते हुए कहा था : 'भारत के दरिद्र, भारत के पतित, भारत के पापियों की सहायता करनेवाला कोई मित्र नहीं है। राक्षस की तरह निर्दयी समाज उन पर लगातार जो आघात करता आया है, उसकी वेदना का अनुभव वे भली भाँति कर रहे हैं, परन्तु वे नहीं जानते कि कहाँ से वह आघात आ रहा है। वे यह भी भूल गए हैं कि वे मनुष्य हैं, और इसका परिणाम है—दासत्व व पशुत्व।'

स्वामीजी ने इसके प्रतिकार के उपाय का उल्लेख करते हुए कहा : 'लाखों नर-नारी पवित्रता के अग्निमंत्र में दीक्षित होकर, भगवान् में दृढ़ विश्वासरूपी कवच को धारण कर दरिद्र, पतित व पददलितों के प्रति सहानुभूति से उत्पन्न सिंह विक्रम के साथ कमर कसकर समस्त भारत का भ्रमण करें तथा मुक्ति, सेवा और समाज की उन्नति एवं समता के मंगलमय सन्देश का घर-घर प्रचार करें।'

स्वामीजी ने इस महान व्रत के लिए जिन्हें बुलाया, उन्हें विशेष रूप से यह स्मरण रखने के लिए कहा : 'प्रतिष्ठित उच्चपदस्थ अथवा धनियों पर कोई भरोसा न रखो।' फिर भारत के धनी वर्ग को सम्बोधित करते हुए कहा : 'भारत के धनी उच्च वर्ग, क्या तुम सोचते हो कि तुम जीवित हो? तुम सब 10 हजार वर्ष पुराने मिस्त्र की मृत देहयुक्त ममी की तरह हो और तुम लोग ही सही ढंग से भारत के चलते-फिरते मुर्दे हो। तुम अतीत काल के प्रतिनिधि हो और अतीत की विविध स्थितियों के गड्ड-मड्ड रूप हो। तुम शून्य हो। भविष्य की अतात्त्विक वास्तविकता हो। तुम शून्य में समाकर गायब हो जाओ और अपनी जगह नये भारत को उदय होने दो। उसे हाथ में हल लिये किसानों की कुटिया से उदय होने दो या मछेरों के छप्पर वाले घर से या फिर धर्मकार और सफाई कर्मचारियों की झोंपड़ियों से उदय होने दो। उसे पंसारी की दुकान या फैक्टरी अथवा हाट या बाजार से उदय होने दो। पहाड़ी या पर्वत, कुंज या उपवन अथवा जंगल से नये भारत को उदय होने दो। ये साधारण जनता हजारों वर्षों से बिना किसी बड़बड़ाहट के घोर अत्याचार सहती रही है जिसके परिणामस्वरूप उनमें अद्युत धैर्य और सहनशक्ति दिखाई पड़ती है। अनंतकाल से वे दुख भोगते आ रहे हैं जिसके कारण उनमें अदम्य प्राणशक्ति दिखाई पड़ती है।'

ये सब बातें सन् 1917 की 'सोवियत क्रान्ति' में भी कही गई थीं।

समाज-संस्कार आन्दोलन का पुनर्निर्माण

पाश्चात्य देशों में स्वामीजी ने विश्व मानव के कल्याण के लिए वेदान्तिक सार्वभौमिक धर्म के शाश्वत सत्य का प्रचार किया था और भारत में लौटकर हमारी जराजीर्ण

सभ्यता, समाज व प्राणहीन धर्माचरण और पुरोहितों के अत्याचार और रोजमर्रा के धार्मिक संस्कारों पर निर्मम आघात किया।

स्वामीजी के अनुसार : 'गत शताब्दी में जिन सब संस्कारों के लिए आन्दोलन हुए, वे अधिकतर दिखावे के थे और ब्राह्मण और क्षत्रियों से जुड़े हुए थे, बाकी दो वर्ण—वैश्य या शूद्र को दरकिनार कर दिया गया। सारे भारत में जितनी सभाएँ मैंने देखीं, वहाँ इन अन्तिम दो वर्णों के खून से पले लोगों ने इस पर कहीं कोई भी विचार-सभा आयोजित नहीं की।'

'पाश्चात्य शिक्षा, सभ्यता एवं संस्कृति के सम्पर्क में आकर भारत के नागरिक-जीवन में जो नया उन्मेष दिखाई दिया, उसके परिणामस्वरूप राजा राममोहन राय, ताराचंद चक्रवर्ती आदि कतिपय प्रतिभाशाली व उदार हृदय संस्कारकों ने प्राचीन समाज के प्रति विद्रोह की घोषणा की थी और इस विद्रोह से ही पाश्चात्य कार्यप्रणाली के निर्विचार अंध अनुकरणमूलक संस्कार-युग का सूत्रपात हुआ।

वस्तुत: स्वामीजी के द्वारा इस तरह की बातें कहने के पीछे उनके प्राचीन हिन्द संस्कार थे, पाश्चात्य ढंग से गिरजाघरों जैसा धार्मिक अनुष्ठान नहीं था जिसकी ब्रह्मसमाजियों के द्वारा लगभग नकल की गई थी। स्वामीजी के अनुसार :

1. इस संस्कार-युग का कोई ऐतिहासिक बोध नहीं, ऐतिहासिक आधार नहीं—इसका अत्यन्त प्राचीन हिन्दू धर्म और सभ्यता तथा संस्कृति जो हमें धरोहर में मिली है, उसके साथ इस वर्तमान संस्कार-युग की विचारधारा का कोई सरोकार नहीं है। हजारों वर्षों से इस भारत में कितने महाप्राणी उपस्थित हुए जिन्होंने प्राचीन भारत के संस्कारों से आज के भारत को सँजोया। स्वामीजी का स्पष्ट कहना है कि इस राष्ट्र का वर्तमान एवं भविष्य उसी प्राचीन ऐतिहासिकता द्वारा विशेष रूप से नियंत्रित होगा।
2. इस संस्कार-युग को भारत जाति (nation) का कोई ज्ञान न था। संस्कार-युग ने यह कभी सोचा ही नहीं था कि प्रत्येक जाति (nation) अपने-आपमें स्वतंत्र और खास विशेषता वाली होती है यह उनके जीवन का प्राण-तत्त्व होता है जिसके अभाव में उनकी मौत अवश्यंभावी है। हिन्दू की जातीय विशेषता क्या है, यह भी वे नहीं कभी समझे और न इस विषय में आत्मरक्षा की इन संस्कारवादियों ने कोई कोशिश की। अपने देश या अपनी जातीय विशेषताओं का इनमें कोई गर्व नहीं था।
3. संस्कार-सम्प्रदाय के अन्यतम नेता आम सभा में यह कहते थोड़ा भी लज्जित नहीं होते थे कि 'मैं हिन्दू नहीं हूँ और इस बात को स्वीकार करने को मैं तैयार हूँ।' ये लोग हिन्दुओं की संस्कृति, धर्म, जीवन को घृणा की दृष्टि से देखते थे तथा उन सबको त्याज्य मानते थे।

इस ध्वंसमूलक संस्कारवादियों को सम्बोधित कर स्वामीजी ने कहा था : 'संस्कारकों ने समाज को तोड़-मरोड़कर जिस रूप में समाज-संस्कार की प्रणाली प्रस्तुत की है, उसमें वे सफल नहीं हो सके। मैं उच्च स्वर में कहना चाहता हूँ कि मैं इनसे बड़ा संस्कारक हूँ। वे ऊपरी संस्कार में विश्वास करते हैं और मैं जड़ से संस्कार चाहता हूँ—मेरे और इनके बीच केवल प्रणाली का भेद है। उनकी प्रणाली घटनामूलक नहीं है, विध्वंसमूलक है। मेरी प्रणाली घटनामूलक है—मैं उन्नति में विश्वास करता हूँ। जाति, वर्ण तथा सबलता एवं दुर्बलता के भेदभाव को छोड़कर सभी स्त्री-पुरुषों, बालक-बालिका को सुना दो तथा सिखा दो कि सबल, दुर्बल, उच्च, नीच—सभी के हृदय में अनन्त आत्मा मौजूद है। अतः सभी व्यक्ति महान बन सकते हैं, सभी साधु हो सकते हैं।' यह स्वामी विवेकानन्द की व्यापक समाज-संस्कार की पद्धति है।

धर्मभूमि भारत

खेतड़ी के महाराजा को लिखे हुए पत्र में 'धर्मभूमि भारत' के बारे में स्वामी के प्रकट किये गए विचार : 'जब-जब धर्म की अवनति होती है और अधर्म बढ़ता है, तब-तब मैं पुनः धर्म की स्थापना के लिए अवतीर्ण होता हूँ' (गीता : 4.7)।

हे महाराजा, ये शब्द पवित्र गीता में उन्हीं सनातन भगवान् के वाक्य हैं जो आध्यात्मिक शक्ति-प्रवाह के सनातन उत्थान और पतन के नियमों का मूल मंत्र है। पृथ्वी पर जब तक मनुष्य जाति मौजूद रहेगी, तब तक साम्य और वैषम्य, दोनों ही उसके जीवन से सम्बद्ध रहेंगे। प्रत्येक जाति की कोई एक विशेष शक्ति होती है और वही उसका विशेष लक्षण बन जाता है। भारतीय जाति के अंतःस्तल को सर्वाधिक आलोड़ित करनेवाली विशेष शक्ति उसका धर्म है। भारत को केन्द्र बनाकर बार-बार इस देश के इतिहास में नाना धर्मों का जन्म हुआ है, इसीलिए भारत सर्वोपरि धर्म का देश है।

जिन व्यक्तियों का एकमात्र उद्‌देश्य सांसारिक सुख-भोग है, इन्द्रियों की तृप्ति है, ऐसे लोगों को भारत ने हमेशा एक रेगिस्तान समान समझा है परन्तु जिन व्यक्तियों के जीवन में इन्द्रिय तृष्णा के स्थान पर प्रकृत सत्य-रूप ब्रह्म के दर्शन हुए हैं, उन लोगों के लिए भारत आशा की एक प्रज्वलित शिखा है।

जो लोग दूसरे देशों को तलवार की शक्ति से रक्तरंजित करते हैं, लोगों को अपने सुख के लिए भूखा मारते हैं, उनकी ही अधिक प्रशंसा होती है किन्तु जो लोग अन्य लोगों का अन्न न छीनकर लाखों लोगों को सुख और शान्ति प्रदान करते हैं, उनका महत्त्व तलवारों के दम पर जीवन धारणा करनेवालों से कहीं अधिक है और धर्म जो उनको सेवाधर्म और अपने से परिचित (आत्मानं विद्धि:) होने को कहता है, वही भारत का जीवन-केन्द्र है और यह केन्द्र जब तक अक्षुण्ण रहेगा, भारत

राष्ट्र का विनाश असम्भव है। भारत के अतीत को भूलने से ही देश पददलित होता है और अतीत की ओर दृष्टि जाते ही चारों ओर जीवन पुनर्जीवित हो उठता है।

भारत के इतिहास में ब्राह्मण और क्षत्रियों के बीच एक अद्‌भुत प्रतिस्पर्धा थी। एक ओर पुरोहित, ब्राह्मण वर्ग क्षत्रियों के अन्यायपूर्ण सामाजिक अत्याचार के विरुद्ध था तो दूसरी ओर भारत की शक्तिसम्पन्न क्षत्रिय जाति ब्राह्मण-पुरोहित वर्ग को धार्मिक कर्मकांडीय की शृंखला से मुक्त कराने के लिए कटिबद्ध हुई थी। यह प्रतिस्पर्द्धा कुछ समय के लिए दिखाई नहीं दी, जब श्रीकृष्ण ने 'गीता' में समन्वय का मार्ग दिखाया। परन्तु संघर्ष के कारण तब भी मौजूद थे, जिसके फलस्वरूप कुरुक्षेत्र का युद्ध घटित हुआ।

अन्ततः क्षत्रियों की जीत हुई और कर्मकांडीय ब्राह्मण वर्ग को दबना पड़ा। निर्धन और अशिक्षित जनता को इन दो जातियों ने दबाये रखा था, उससे उबारने के लिए दो क्षत्रिय सर्वश्रेष्ठ पुरुषों—श्रीकृष्ण और गौतम बुद्ध—ने देश का नेतृत्त्व सँभाला। यही बौद्धों का सुधारवाद था। बौद्ध धर्म में अद्युत नैतिक बल मौजूद रहते हुए भी उसका समय के साथ नाना कारणों से पतन शुरू हो गया। ब्राह्मणों और क्षत्रियों को अपना अहंकार भूलकर दीन वेश में दाक्षिणात्यों के चरणों में बैठकर विनयपूर्वक शिक्षा ग्रहण करनी पड़ी। वेदों का पुनराभ्युदय हुआ और इसी के आधार पर वेदान्त का प्रबल पुनरुत्थान हुआ। परन्तु इससे समाज के एक विशेष पंडित वर्ग का उपकार हुआ परन्तु भारत की शेष कोटि-कोटि जनता के पैरों को उसने पहले से भी अधिक दासत्व में जकड़ दिया।

ब्राह्मणों और क्षत्रियों के अध:पतन के कारण सारा देश घोर अज्ञानता में डूब गया। इससे उद्धार तभी सम्भव था जब क्षत्रिय फिर से जागेंगे और निर्धन, गरीबों के जंजीरों को खोल देंगे। क्षत्रियों के पूर्वज श्रीकृष्ण ने कहा था : 'जिनका मन साम्य-भाव में अवस्थित है, उन्होंने जीवित दशा में ही संसार पर जय-लाभ कर लिया है' :

इहैव तैर्जितः सर्गो येषां साम्ये स्थितं मनः ॥

[गीता, 5,19]

इस देश की मुक्ति का पथ एक ही है : वेदान्त के उपदेशों का पालन। सर्वभूतों में उसी एक ब्रह्म को देखिए। अज्ञान, भेदबुद्धि एवं वासना—ये तीनों ही मानव-जाति के दुख के कारण हैं। भौतिक एकत्व ज्ञान एवं मानसिक एकत्व ज्ञान यानी सर्वत्र एक ही वस्तु विराजमान है, जो संसार का सबसे बड़ा ज्ञान है। समत्व-भाव को प्राप्त करना सभी समाजों का आदर्श होना चाहिए—वैषम्य भाव मनुष्य प्रकृति की घोर दुर्बलता है। गीता में भगवान् श्रीकृष्ण का कहना है :

समंपश्यन हि सर्वत्र समवस्थित मीश्वरम।
न हिनसत्यात्मनात्मान ततो याति परां गतिम्॥

[13,28]

अर्थात् जो पुरुष सबमें समभाव से स्थित परमेश्वर को समान देखता हुआ अपने द्वारा अपने को नष्ट नहीं करता, इससे वह परम गति को प्राप्त होता है।

क्षत्रियों और ब्राह्मणों के वंशज जब फिर से अपना पुराना गौरव प्राप्त कर लेंगे तभी भारत अपनी पुरानी महिमा प्राप्त कर लेगा।

आज वह शुभ मुहूर्त आ गया है। सरस्वती नदी के तीर पर ऋषियों ने जिस वाणी का उद्घोष किया था और जिसको बाद में कृष्ण, बुद्ध, चैतन्य ने सारे देश में फैला दिया है, वह एक बार फिर मुखरित हुई है। अब आलोक-राज्य में प्रवेश करने का समय आ गया है।

विश्व को भारत का सन्देश और भारत का मिशन

'संडे टाइम्स' को सन् 1896 में दिये गए एक साक्षात्कार में स्वामी विवेकानन्द ने भारत के मिशन पर कतिपय महत्त्वपूर्ण विचार प्रस्तुत किये थे। जब प्रश्नकर्ता ने स्वामीजी से प्रश्न पूछा कि क्या आपको 'तुलनात्मक धर्म-प्रणाली' की शिक्षा प्राप्त हुई है, तो स्वामीजी ने उत्तर में कहा : 'मैं रामकृष्ण मिशन परमहंस का शिष्य हूँ। इस महान संन्यासी ने दूसरे धर्मों के प्रति कभी नकारात्मक अथवा आलोचनात्मक दृष्टि नहीं रखी। 'परम सत्य ही सब धर्मों का आधार है'—श्रीरामकृष्ण इस सत्य की शिक्षा देते थे। कहते थे, प्रेम से सारा संसार चलता है।' स्वामीजी ने फिर प्रश्नकर्ता के उद्देश्य से यह कहा : 'हिन्दू धर्म कभी विधर्मियों को कष्ट नहीं पहुँचाता। इस देश में कोई भी धर्म को माननेवाला शान्ति और सद्भावना के साथ रह सकता है।'

भारत पर आक्रमण हुए और यहाँ विदेशियों ने भारत पर विजय प्राप्त की, परन्तु समय आने पर भारत ने विजेता पर विजय प्राप्त की। शिक्षित मुसलमान सूफी हैं, उनमें और हिन्दुओं में विशेष फर्क नहीं है। हिन्दू विचार उनकी सभ्यता में रम गया है। मुगल सम्राट अकबर व्यवहाररत हिन्दू था और समय आने पर इंग्लैंड पर भी विजय हासिल होगी। सापेनहॉवर ने भारतीय चिन्तन के बार में कहा था कि 'जब ये विचार हमारे सुपरिचित हो जाएँगे तो यूरोप पर उनका प्रभाव उतना ही गम्भीर पड़ेगा, जितना कि अंध युग के बाद यूनानी और लैटिन संस्कृति के पुनर्जीवन का पड़ा था।'

इस तरह के नवजागरण के प्रभाव से भीतर के ईश्वर का पता लग पाएगा। भारत की महान शिक्षा कि एक ईश्वर निम्नतर जन्तु से लेकर उच्चतम मनुष्य तक को प्राणवान बनाता है। मगर यह ईश्वर प्रच्छन्न है। भारत और पश्चिम के महान संन्यासियों या ईसा मसीह ने यह देखा कि विधि-नियम, कर्मकांड आध्यात्मिक उन्नति का मूल नहीं है, केवल नैतिकता और पवित्रता ही शक्ति है।

स्वामीजी ने विश्व को भारत का सन्देश सम्राट अशोक को उद्धृत करते हुए दिया था : 'प्रत्येक देश में ब्राह्मणों और श्रमणों का निवास है। इस देश का यह गुण है कि इस देश का सन्देश शताब्दियों से मनुष्यों को पशुत्व से निकालकर देवत्व तक पहुँचा देता है—जन्म-मरणहीन सदानन्द अमर आत्मा का रूप बन जाता है और वह आत्मा इस विश्व को एक अविच्छिन्न एकता के रूप में देखती है, जिसका हर स्पन्दन उसका अपना स्पन्दन हो जाता है।'

स्वामीजी का कहना है कि इस देश में राजाओं का उत्थान और पतन होता रहा परन्तु उच्चतम से निम्नतम तक विशाल संख्या में जनता अपनी अनिवार्य जीवनधारा की गति से आजाद रही। हाँ, कभी यह धारा प्रबल रही तो कभी धीमी। स्वामीजी का कहना है कि इस जनता के द्वारा ही भारत जन्मभूमि देवभूमि में बदल गई है। इस देश के उपनिषद् का वाक्य :

न प्रजया धनेन त्यागनैके अमृतत्वमानशुः।

अर्थात् न तो संतति द्वारा और न सम्पत्ति द्वारा, वरन् केवल त्याग द्वारा ही अमृतत्व की उपलब्धि होती है।

भारतीय जीवन-रचना का यही प्रतिपाद्य विषय है। उसके अस्तित्व का एकमात्र उद्देश्य है : मानव-जाति का अध्यात्मीकरण। सारा विश्व भारत के इस सन्देश की प्रतीक्षा कर रहा है। वेदान्त के द्वारा ही आध्यात्मिकता का पाठ पढ़ाया जा सकता है। भारत विभिन्न जातियों का समावेश है। उनका समन्वय और अध्यात्मीकरण ही विश्व को भारत का सन्देश है।

भारत का भविष्य

स्वामीजी का यह भाषण मद्रास में दिया अन्तिम व्याख्यान था। स्वामीजी ने कहा कि सबसे महत्त्वपूर्ण व्यावहारिक बात यह है कि अतीत से ही भविष्य का निर्माण होता है अतएव हमारे अतीत को देखो, पूर्वजों की महान कृतित्व को स्मरण करो, हमारे प्राचीन ग्रंथों के ज्ञान के द्वारा फिर से भारत की नींव डालो।

ऐसी बात नहीं कि भारत के इतिहास में अवनति का युग नहीं था। इस अवनति के भीतर एक सशक्त भविष्य के भारत का जना हुआ है। एक विशालकाय ऊर्ध्वमूल वृक्ष का निकलना शुरू हो चुका है।

यहाँ आर्य, द्रविड़, तुर्क, मुगल, यूरोपीय जातियों का एक विशाल जमावड़ा है; नाना भाषाएँ हैं; खान-पान में काफी अन्तर है। इस सबके बावजूद हमारी पवित्र परम्परा, हमारा धर्म, हमारा समन्वयात्मक आधार है। यूरोप में राजनीतिक विचार राष्ट्रीय एकता का आधार है। विभिन्न धार्मिक सम्प्रदायों में चाहे कितनी भी विभिन्नता क्यों न

हो, हमारे धर्म में कुछ ऐसे सिद्धान्त हैं जो सबको मान्य हैं, जो हम सबको जोड़ते हैं। धर्म ही भारतीय जीवन का मूल मंत्र है। धार्मिक आदर्श यहाँ सबसे बड़ा आदर्श है।

हमारी आध्यात्मिकता ही हमारा जीवन-रक्त है। राजनीतिक, सामाजिक—चाहे किसी तरह की ऐहिक त्रुटियाँ हों, निर्धनता ही क्यों न हो, यदि खून शुद्ध है, तो सब सुधर जाएगा।

हमारा धर्म ही हमारा तेज है, बल है और साथ ही हमारे जातीय जीवन की भी मूल बुनियाद है। स्वामीजी कहते हैं : 'यह तर्क अनावश्यक है कि धर्म उचित है या नहीं। चाहे जो कुछ भी हो, धर्म हमारे राष्ट्रीय जीवन का प्राण है। इस धर्म में ही हमारा राष्ट्रीय जीवन प्रवाह है। इसका अनुधावन करने से हमें एक गौरवपूर्ण जीवन प्राप्त होगा, इसको नकारने से मृत्यु अवधारित है।'

इस धर्म को और भी अधिक सशक्त बनाने के लिए हमारे शास्त्रग्रंथों में भरे पड़े आध्यात्मिकता के रत्नों को, जो मनुष्यों के अधिकार में मठों में, अरण्यों में छिपे हुए हैं, बाहर लाना है। दुर्भेद्य भाषा में सुरक्षित हमारे धरोहर को संस्कृत में ढालकर भारत के सम्मुख प्रस्तुत करना होगा। जिन्हें संस्कृत नहीं आती, उन्हें संस्कृत सीखनी होगी। संस्कृत शब्दों की ध्वनिमात्र से ही जाति को एक प्रकार का गौरव, शक्ति और बल प्राप्त हो जाता है।

रामानुजाचार्य, चैतन्य महाप्रभु, कबीरदास ने भारत की नीची जातियों को उठाने का जो प्रयत्न किया था, उसमें उन्हें अभूतपूर्ण सफलता मिली थी। किन्तु उन महानुभावों के जाने के बाद इस कार्य का जो शोधकीय परिणाम हुआ, उसकी व्याख्या होनी चाहिए। वस्तुतः स्वामीजी के अनुसार : 'नीच जातियों को उठाते हुए उन्होंने जनता में संस्कृत का प्रचार नहीं किया, भगवान् बुद्ध ने भी नहीं किया—पालि में संस्कृत से अनुवाद कर भगवान् बुद्ध ने अपने विचारों का प्रचार किया—इसका तुरन्त फल मिला परन्तु संस्कृत शिक्षा का अध्ययन बन्द हो गया। ज्ञान का विस्तार हुआ परन्तु संस्कार नहीं बना। संस्कृत ही युग के आघातों को सहज कर सकती है। विभिन्न जातियों में बँटी भारतीयों में समता लाने का एकमात्र उपाय उस शिक्षा और संस्कार का अर्जन करना है, जो धर्म और संस्कृत भाषा के माध्यम से हमें प्राप्त हुआ था।'

स्वामीजी फिर द्रविड़ और आर्यजातियों के तथाकथित अन्तर को नकारते हुए कहते हैं कि भेद केवल भाषा में है। भारत के निवासी सभी आर्य हैं। ये भारत के मूल निवासी हैं। स्वामीजी बलपूर्वक कहते हैं कि हमारे शास्त्रों में एक शब्द भी ऐसा नहीं है जो प्रमाण दे सके कि आर्य भारत के बाहर किसी दूसरे देश से आए हैं। महाभारत में इसकी एक व्याख्या मिलती है कि सतयुग के आरम्भ में एक जाति ब्राह्मण थी और अलग-अलग व्यवसाय के ग्रहण पर ब्राह्मण जाति भिन्न-भिन्न जातियों में बँटती चली गई। भविष्य में जो सतयुग आ रहा है, उसमें ब्राह्मणेतर सभी जातियाँ फिर ब्राह्मण रूप में परिणत होंगी।

अंग्रेजी की एक पुरानी कहावत है : हर एक मनुष्य को उसका प्राप्य दो। अतएव जातियों का आपस में झगड़ने से कोई लाभ नहीं है : हम और भी बँट जाएँगे, कमजोर हो जाएँगे। उच्च वर्णों को नीचे उतारकर इस समस्या का समाधान न होगा, किन्तु नीची जातियों को ऊँची जातियों के बराबर उठाना होगा।

स्मृति-ग्रंथों में उस समय के समाज में प्रचलित प्रथाओं के अनुसार यह लिखा मिल जाएगा कि 'अगर शूद्र वेद सुन लें, तो उसके कानों में सीसा गला कर भर दो। ऐसे असुर लोग', स्वामीजी कहते हैं, 'कमोबेश सभी युगों में होते आए हैं।'

बाद में, दूसरी स्मृतियों में, जिनका आजकल पूरा प्रभाव है, यह लिखा पाते हैं :

शूद्रों को तंग न करो, परन्तु उन्हें उच्च शिक्षा भी न दो।

फिर धीरे-धीरे यह सुनाई देने लगा : 'शूद्र ब्राह्मणों के आचार-विचार का अनुकरण करें, तो वे अच्छा करते हैं, उन्हें उत्साहित करना चाहिए।' भारत के बाद के इतिहास में यह देखा जाता है कि ऋषि-मुनियों ने विधर्मी बलूचियों को क्षत्रिय बना डाला, दल-के-दल धीवरों को ब्राह्मण बना दिया। आज ऐसे ऋषि बनने होंगे। ऋषि का अर्थ है : पवित्र आत्मा। स्वामीजी का कहना है कि पहले पवित्र बनना है और नये भारत के निर्माण में तुम्हारा सब अनुसरण करेंगे—सब तुम्हारे ऋषित्व का महिमा-गान करेंगे। तुम्हारी योजनाएँ सफल होंगी।

ब्राह्मण जाति का कर्तव्य है कि वे भारत की दूसरी जातियों के उद्धार की चेष्टा करें। 'ब्राह्मणों को जो इतना सम्मान और विशेष अधिकार दिये जाते हैं, इसका कारण यह है कि उनके पास धर्म का भंडार है' :

ब्राह्मणों जायमानो हि पृथिव्यामधिजायेत।
ईश्वरः सर्वभूतानां धर्मकोषस्य गुप्तये॥ [मनुस्मृति 1.19]

स्वामीजी का कहना है कि उन्हें वह भंडार खोलकर उसके रत्न संसार में बाँट देने चाहिए। संस्कृत शिक्षा प्राप्त करते ही तुम ब्राह्मणों के बराबर हो जाओगे। भारत में शक्ति-लाभ का रहस्य यही है।

अथर्ववेद संहिता की एक महत्त्वपूर्ण ऋचा है : 'तुम सब लोग एक मन हो जाओ, सब लोग एक ही विचार के बन जाओ, क्योंकि प्राचीन काल में एक मन होने के कारण ही देवताओं ने बलि पाई है।' मूल संस्कृत ऋचा है :

संगच्छध्वं सं बदध्वं संवो मनांसि जान ताम्।
देवा भागं यथा पूर्वे संजानाना उपासते॥ [6.64.1]

मनुष्यों के द्वारा देवताओं की अर्चना का रहस्य यही है कि वे एकचित्त थे। एक मन हो जाना ही समाज-गठन का रहस्य है। भाषा, जाति आदि को लेकर पारस्परिक

विरोधभाव को बढ़ाने से हम एक शक्तिशाली देश नहीं बना सकेंगे और भारत का उज्ज्वल भविष्य नहीं बन पाएगा।

आगामी पचास वर्षों के लिए यह जननी जन्मभूमि भारतमाता ही आराध्यदेवी बन जाए। तब तक के लिए हमारे मस्तिष्क से व्यर्थ के देवी-देवताओं के हट जाने में कुछ भी हानि नहीं है। आज देश को जरूरत है चित्त शुद्धि की और इसके लिए विराट् की पूजा करो। जिसको तुम चारों ओर देख रहे हो, उसकी पूजा करो। मनुष्य और पशु—निर्धन और शूद्र—सबकी पूजा करो। हमारे देशवासियों की पूजा करो। स्वामीजी का यह सेवा-भाव का सन्देश भविष्य के भारत की उन्नति-कामना का सन्देश था।

भारत के भविष्य का उल्लेख करते हुए स्वामीजी सेवा-भाव के साथ शिक्षा की बात करते हैं। छात्रों को स्वामीजी मनुष्य बनाने वाली शिक्षा देने के पक्ष में थे : 'अंग्रेजी शिक्षा के प्रभाव से हम अपनी परम्परा, ऐतिह्य, प्राचीन धर्मग्रंथों का विरोध करते हुए नकारात्मक बन गए हैं जिसका परिणाम यह हुआ कि पचास वर्षों से इस तरह की शिक्षा के कारण कोई स्वतंत्र विचार का मनुष्य पैदा नहीं हुआ। जिस शिक्षा से हम अपना जीवन निर्माण कर सकें, मनुष्य बन सकें, चरित्र गठन कर सकें और विचारों का सामंजस्य कर सकें, वह वास्तव में शिक्षा कहलाने योग्य है।

'इसलिए हमारा आदर्श यह होना चाहिए कि अपने देश की समग्र आध्यात्मिक और लौकिक शिक्षा के प्रचार का भार अपने हाथों में ले लें और जहाँ तक सम्भव हो, राष्ट्रीय रीति से राष्ट्रीय सिद्धान्तों के आधार पर शिक्षा का विस्तार करें। इस कार्य के लिए भारत के नवयुवक सामने आएँ।'

स्वामीजी का फिर कहना था कि 'चूँकि सभी कार्यों में प्रथम स्थान पर हिन्दू लोग हैं, इसलिए उन्हें धर्म सम्प्रदायों को इकट्ठा करने के लिए किसी देवी-देवता के स्थान पर 'ओम्' प्रतीक से युक्त मन्दिर का निर्माण करना होगा। तब सभी भेदभाव दूर हो जाएँगे।

'इसी के साथ धार्मिक शिक्षक और प्रचारक तैयार करके उनके द्वारा धर्म-प्रचार कराया जाए, यह मेरी योजना है।'

अन्त में स्वामीजी नवयुवकों को सम्बोधित करते हुए कहते हैं कि 'अपना भविष्य उज्ज्वल रखो। अपने-आप पर अगाध, अटूट विश्वास रखो—वैसा ही विश्वास, जैसा मैं बाल्यकाल में अपने ऊपर रखता था और जिसे मैं अब कार्यान्वित कर रहा हूँ। यह विश्वास रखो कि प्रत्येक की आत्मा में अनन्त शक्ति विद्यमान है। तभी तुम सारे भारतवर्ष को पुनरुज्जीवित कर सकोगे। आओ, हम अपने आगे एक महान आदर्श खड़ा करें और इसके लिए अपना जीवन उत्सर्ग कर दें। और वह भगवान्, जो हमारे शास्त्रों के अनुसार शत्रुओं के परित्राण के लिए संसार में बार-बार आविर्भूत होता है, वही महान कृष्ण हमें आशीर्वाद दे और हमारे उद्देश्य की सिद्धि में सहायक हो।'

6

वेदान्त और योग-चिन्तन

वेदान्त

स्वामी विवेकानन्द ने देश और विदेश के नाना स्थानों पर अपने प्रिय सिद्धान्त वेदान्त पर दिये गए नाना भाषणों द्वारा इस विषय की ओर लोगों को आकर्षित किया था। हिन्दुओं का सर्वश्रेष्ठ धर्मग्रंथ वेद है। वेद का शाब्दिक अर्थ है : ज्ञान। वेद दो अंशों में बँटा हुआ है—कर्मकांड और ज्ञानकांड। और जिन ग्रंथों में केवल आध्यात्मिक ज्ञानादि विषयों का वर्णन है, उन्हें उपनिषद् कहा गया है। स्वामीजी के अनुसार : वेदों में फैले हुए दार्शनिक विचार-विषयों के संकलन को ही वेदान्त कहते हैं। आधुनिक संस्कृतज्ञों के अनुसार : व्यास द्वारा रचित 'उत्तर मीमांसा' वेदान्त मत का प्रामाणिक ग्रंथ है। इस वेदान्त सूत्र की तीन तरह की व्याख्या द्वारा शंकराचार्य ने अद्वैतवाद का प्रचार किया, रामानुजाचार्य ने विशिष्ट द्वैतवाद का और मध्वाचार्य ने द्वैताद्वैतवाद विचारधारा की स्थापना की।

सभी वेदान्तिक वेद के आध्यात्मिक पक्ष को यानी उपनिषद् को—'एकमेवाद्वितीयाम्' यानी केवल एक है, कोई दूसरा नहीं—स्वीकारते हैं। इस विश्व ब्रह्माण्ड में केवल 'एक' असीम रूप से विद्यमान है। इस 'एक' को ब्रह्म कहा गया है और इसके द्वारा 'ईसावास्यमिदम् सर्वम्' (ईशोपनिषद् 1.1)—सारा विश्व आच्छादित है।

इस प्रकार वेदान्त में वेद के आध्यात्मिक पक्ष और ईश्वर के ब्रह्मरूप को स्वीकारा गया है। यह ईश्वर का निर्गुण रूप है। परन्तु यह आश्चर्य की बात है कि वेदान्त के अद्वैतवादी व्याख्याकार शंकराचार्य जीवन के अन्तिम पड़ाव पर पहुँचकर, सगुणवादी बनकर गंगा स्तोत्र, जगद्धात्री स्तोत्र लिखते पाए गए। स्वयं विवेकानन्द माँ काली में पूर्ण भक्ति जताते हुए वेदान्ती बने थे—इसी को भारत के विरोध के अनुपूरक की अवधारणा (Complementariness of the opposite) कहा गया है। सगुण और निर्गुण, दो विरुद्ध विचार-दृष्टि को एक-दूसरे का अनुपूरक मानना

भारत की अपनी विशेषता है। रामानुजाचार्य ने इसे ही विशिष्ट द्वैतवाद का सिद्धान्त कहा है अर्थात् परमब्रह्म ईश्वर एक है परन्तु वह विष्ण या रामरूप है। मध्वाचार्य के द्वैताद्वैत व्याख्या में ब्रह्म स्वरूप एक ईश्वर को अद्वैत और द्वैत रूप में स्वीकार किया गया है। विवेकानन्द का विचार है कि जिसे तुम सगुण ईश्वर कहते हो, वह निर्गुण ब्रह्म ही है।

वेद और उसका अध्यात्म पक्ष परमब्रह्म—एक ईश्वर के अतिरिक्त वेदान्त में एक तीसरे तत्त्व सृष्टिचक्र को स्वीकृति दी गई है।

सृष्टिचक्र के दो तत्त्व हैं : आकाश और प्राण। आकाश मूल जड़ सत्ता है और इसी से ही समस्त विश्व के जड़ पदार्थ की उद्भावना हुई है। दूसरे, आदिशक्ति प्राण से सारी शक्तियाँ गुरुत्वाकर्षण, आकर्षण और विकर्षण उद्भूत हुई हैं। जीवन की उद्भावना भी हुई है। आकाश पर प्राण के प्रभाव से विश्व का सर्जन (creation)प्रारम्भ होता है। आकाश और प्राण के परे भी एक सत्ता है जिसे महत् कहते हैं। महत् आकाश और प्राण का निर्माण नहीं करता, स्वयं उनका रूप धारण कर लेता है।

वेदान्त के अनुसार : पुरुष और प्रकृति अभिन्न हैं यानी आत्मा एक है। यथार्थ में हम सभी लोग एक हैं। हमारी द्वैत दृष्टि ही सभी अनिष्ट का कारण है। छान्दोग्योपनिषद् (7/23-4/1) में एक मंत्र है :

नाल्पे सुखमस्ति भूमैव सुखम्।

अर्थात् अपने में सबसे अलग स्वार्थी बनकर रहने से (अल्प) छोटा बनना होता है, ऐसे जीवन में सुख नहीं, हमेशा डर बना रहता है। इसके विपरीत जब हम अपने को सारे समाज में, जनता में 'भूमा' में प्रसारित कर देते हैं तब हमें वास्तविक आनन्द प्राप्त होता है—यह देवत्व का भाव है और इसी से नैतिकता का आधार प्रस्तुत होता है।

प्रत्येक व्यक्ति को अभिन्न समझकर उसके साथ प्रेम करना चाहिए, क्योंकि समस्त विश्व मौलिक स्तर पर एक है। दूसरे को कष्ट देना अपने-आपको कष्ट देना है। दूसरे के साथ प्रेम करना अपने-आपसे प्रेम करना है। इसी से अद्वैत नैतिकता का वह सिद्धान्त प्रकट होता है, जिसका समाहार एक 'आत्मोत्सर्ग' शब्द में किया गया है। प्राणिमात्र के लिए जो अपने जीवन का उत्सर्ग करने को तैयार रहता है, वह पूर्णत्व प्राप्त कर लेता है। अद्वैतवादियों के अनुसार : पूर्णत्व ही जीवन का अभीष्ट है। अविद्या का आवरण नष्ट हो चुका होता है। यही वेदान्त के अनुसार जीवन-मुक्ति है, यही सत्-चित् आनन्द की अवस्था और जीवन की अभीष्ट है। विवेकानन्द के वेदान्त का सार ब्रह्म अथवा सच्चिदानन्द की धारणा है। ब्रह्म का अर्थ है : परसमत्। महाभारत के शान्तिपर्व में कहा गया है कि

'सत्यं नामाडव्ययं नित्यमविकारी' (162,10), अर्थात् सत् वह है, जो अविनाशी, नित्य और विकार रहित हो। सत्य की यह अवधारणा भारत के समस्त आस्तिक दर्शनों में परिव्याप्त है। विवेकानन्द इसी को दूसरे शब्दों में कहते हैं कि ब्रह्म एक है, स्वयंभू है। उसका कोई कारण नहीं है, दिक् नहीं है, न काल और न कार्य-कारण (The Absolute and Manifestation, lecture delivered in London in 1896)। इस प्रकार सच्चिदानन्द से अभिप्राय है : परम शुद्ध सत्, ज्ञान तथा आनन्द। सत्, चित् और आनन्द ब्रह्म के गुण नहीं हैं, वे स्वयं ब्रह्म हैं। ये तीन अलग-अलग वर्णित होते हुए भी एक हैं। ब्रह्म निरपेक्ष, निराकार परम् सत्य है। वही एकमात्र ज्ञाता है—एकमात्र स्वयं प्रकाश-चेतना की ज्योति। अतएव प्रत्येक पदार्थ उसी से उधार ली हुई ज्योति से ज्योतित है। अन्य हर पदार्थ उतना ही ज्ञान प्राप्त कर पाता है, जितना वह उसके ज्ञान को प्रतिबिम्बित करता है ('विवेकानन्द-साहित्य', नवम खंड, पृ. 314)।

वही एकमात्र आनन्द है—क्योंकि उसमें कोई अभाव नहीं है। वह सर्वज्ञ है, सर्वव्यापी है—सबका सार तत्त्व है, वह सच्चिदानन्द है (वही, पृ. 314)।

यही अविकल, गुणातीत, सुख-दुख विर्निमुक्त है, वह सर्वोपरि अनन्त है, विश्व की एक आत्मारूप है, जिसे हम प्रेम तथा सहानुभूति कहते हैं। वह एकत्व की अभिव्यक्ति ही है और हमारी नैतिकता और सदाचार का आधार है। यह वेदान्त का विख्यात सूत्र 'तत्त्वमसि' है। मुझमें, आपमें और प्रत्येक पदार्थ में जो कुछ सत्य है, वही है और तुम वही हो : 'तत्त्वमसि'।

वेदान्त भारत के सारे हिन्दू संप्रदायों के साथ किसी-न-किसी रूप से सम्बद्ध है। हिन्दू धर्म तो अनगिनत शाखा-प्रशाखाओं वाला महान वटवृक्ष के समान है। स्वामीजी का कहना है कि यह हिन्दू धर्म वेदान्त के प्रभाव से ही खड़ा है। चाहे हम जानें या न जानें, परन्तु हम वेदान्त का ही विचार करते हैं, वेदान्त ही हमारा जीवन है, वेदान्त ही हमारी साँस है। मृत्यु तक हम वेदान्त ही के उपासक हैं और प्रत्येक हिन्दू ऐसा ही करता है।

वेदान्त के आधार मूलतः उपनिषद् हैं—ये ज्ञानसमुद्र हैं। ऋग्वेद संहिता के नासदीय सूक्तों में प्रलय के गम्भीर अंधकार का वर्णन है :

तम आसीत् तमसा गूढमग्रे।

जब अंधकार से अंधकार ढका हुआ था। यह बाहरी प्रकृति का वर्णन है। इसके द्वारा मनुष्य की समस्याओं का, विशेष कर जीवन में सत्य की समस्या का समाधान सम्भव नहीं था। उपनिषद् ने सबसे पहले अन्तःप्रकृति की ओर प्रवृत्त होने के लिए कहा। बाहर सत्य की खोज की चेष्टा वृथा जानकर बाह्य प्रकृति को त्यागकर वे उस ज्योतिर्मय जीवात्मा की ओर मुड़े और वहाँ उन्हें उत्तर भी मिला :

तमेवैवां जानथ आत्मानं अन्या
वाचो विमुंचथ।

अर्थात् एकमात्र उसी आत्मा का ज्ञान प्राप्त करो और दूसरे वृथा वाक्य छोड़ो।

उपनिषदों ने आत्मा में ही सारी समस्याओं का समाधान पाया। विश्वश्वर परमात्मा की अनुभूति की और जीवात्मा के साथ उसके सम्बन्ध का ज्ञान प्राप्त हुआ—उसके प्रति हमारे पारस्परिक सम्बन्ध का ज्ञान हुआ। उदात्त भाषा में इस आत्मतत्त्व का वर्णन किया गया। इस वर्णन में गुणों का निर्देश नहीं था और बहुत ही सूक्ष्म ढंग से इसका वर्णन हुआ है :

'वहाँ सूर्य प्रकाशमान नहीं हो सकता तथा चन्द्रमा आभाहीन हो जाता है, समस्त तारागण ज्योतिहीन हो जाते हैं; वहाँ विद्युत भी नहीं चमकती, न ही कोई पार्थिव अग्नि प्रकाशित होती है। कारण, जो कुछ भी प्रकाशमान हो, वह उसकी ज्योति की प्रतिच्छाया है, उसकी आभा से ही यह सब प्रतिभासित होता है।'

न तत्र सूर्यो भाति न चन्द्रतारकं
नेमा विद्यतो भान्ति कुतोत्यमर्गिनः।
तमेव भान्तमनुभाति सर्वतस्य
भासा सर्वमिदं विभाति॥ [कठोपनिषद, 15]

उपनिषदों को अपौरुषेय माना जाता है। यद्यपि उनमें हमें अनेक आचार्यों और वक्ताओं के नाम मिलते हैं जिन्हें उपनिषदों का लेखक—रचयिता माना नहीं जाता है। ये सब आचार्य मानो छायामूर्ति की तरह रंगमंच के पीछे अवस्थित हैं। उपनिषदों की यथार्थ शक्ति उपनिषदों के उन अपूर्व महिमामय, ज्योतिर्मय, तेजोमय मंत्रों के भीतर निहित हैं जो बिलकुल व्यक्ति-निरपेक्ष हैं। समग्र उपनिषद् व्यक्ति-निरपेक्षता स्वरूप अपूर्व तत्त्व के ऊपर प्रतिष्ठित हैं—मात्र आत्मा के स्वरूप का वर्णन हैं और जो वेदान्त का आधार तत्त्व हैं। इसके निम्नलिखित तत्त्व हैं :

1. यह कोई ऐतिहासिक नहीं, काल के द्वारा इसे बाँधा नहीं जा सकता।
2. यह जन्मवाद को स्वीकार करता है। माया के बंधन से मुक्त होते ही जन्म के चक्र से जीव मुक्त हो जाता है। यह आत्मा की अनित्य स्थिति होती है।
3. वेदान्त पहले स्थूल शरीर, इसके पीछे सूक्ष्म शरीर या मन और उनके परे भी जीवात्मा को स्वीकार करता है।
4. सब शक्तियाँ, सब प्रकार की महत्ता और पवित्रता आत्मा में ही विद्यमान हैं। मनुष्य अपने ज्ञान के द्वारा अनन्त के उस पूर्ण रूप से परिचित होता है, जो अज्ञानता के कारण वह पहले अनुभव नहीं कर पा रहा था। उपनिषदों

में इसकी सुन्दर ढंग से व्याख्या की गई है। मुण्डकोपनिषद् 3,1,1-2 में कहा गया है :

द्वा सपूर्णा सयुजा सखाया समानं वृक्षं परिपस्व जाते।
तनोस्य: पिप्पलं स्वाद्वत्त्यन श्रन्नन्यो अभिचाकशीति॥
समाने वृक्ष पुरुषो निमग्नोडवीशया शोचति मुहयमान:।
जुष्टं यदा पश्यत्यन्यमीशमस्य महिमानमिति वीलशोक:॥

इस श्लोक की दूसरे ढंग से व्याख्या करते हुए स्वामीजी कहते हैं : 'चमकदार सुनहरे पंखवाले तथा परस्पर पृथक् न होनेवाले दो संगी पक्षी एक ही वृक्ष पर बैठे हैं। एक ऊपर वाली और दूसरा नीचे वाली डाल पर। ऊपरवाला पक्षी मधुर और तिक्त फल खाने की परवाह न करता हुआ महत्ता और गौरव के साथ बैठा है और नीचेवाले को फल खाते देखता है। नीचेवाले पक्षी को ज्यों-ज्यों वृक्ष की तिक्त फल का स्वाद मिलता है, उसे विरक्ति आती जाती है और वह अपने ऊपर उच्च शाखा पर स्थित पक्षी का चमकता हुआ धीर-गम्भीर रूप देखने लग जाता है तथा उसके कुछ समीप चला जाता है। फलों के प्रेम में पड़कर वह पुन: उस चमकीले रूप को भूल जाता है और पुन: पूर्ववत् फल खाता जाता है जब तक उसे पुन: दूसरा तिक्त फल खाने को नहीं मिलता। पुन: उसे विरक्ति आ जाती है और अपने सामने के चमकीले रूप की ओर थोड़ा और बढ़ जाता है। इस प्रकार वह बढ़ता जाता है और अन्त में ऊपरवाले पक्षी के पास पहुँच जाता है। वहाँ पहुँचने पर सारा दृश्य बदल जाता है और वह अपने को ऊपरवाला पक्षी ही पाता है जो सर्वता महत्ता और गौरवयुक्त हो बैठा रहा था।'

5. पातंजल योगसूत्र, 4/3 के अनुसार : जीवात्मा में सारी शक्ति, पूर्णता और पवित्रता पहले से ही भरी है—बिलकुल लबालब भरे तालाब की तरह। केवल माया का पर्दा पड़ा हुआ है जिससे वह शक्ति प्रकट नहीं हो पाती। जैसे ही माया का पर्दा हट जाता है, सारी शक्ति व्यक्त हो जाती है—बिलकुल उसी तरह, जैसे लबालब भरा तालाब और किसान के खेत के बीच में मिट्टी की एक मेंड़ (माया सदृश)। किसान के द्वारा मेंड़ को तोड़ते ही सारा खेत तालाब के पानी से भर जाता है। इस रूपक के द्वारा जीवात्मा पहले से अपने में विद्यमान अपनी सारी शक्ति, पूर्णता, पवित्रता प्राप्त कर लेती है।
6. वेदान्त ईश्वर के अस्तित्व को स्वीकार करता है परन्तु यहाँ ईश्वर को अन्तर्यामी माना जाता है, वह परमात्मा है और आत्मा का सारतत्त्व है। परमात्मा और जीवात्मा अभिन्न हैं।
7. जिस कर्म से आत्मा की स्वाभाविक पवित्रता और पूर्णता का संकोच हो, वही अशुभ कर्म है, और जिससे उसका विकास हो, वह शुभ कर्म है।

जो कुछ आत्मा के विकास में सहायता पहुँचाए, वह अच्छा है और जो कुछ उसे संकुचित करे, वह बुरा।

8. तीन गुण हैं : सत्त्व, रज और तम। केवल सत्त्व नहीं, शुद्ध सत्त्व को प्राप्त करना ही वेदान्त का एकमात्र उपदेश है। जीवात्मा स्वभावत: पूर्ण और शुद्ध स्वरूप है और वेदान्त के मतानुसार वह रज और तम, दो पदार्थों से ढका हुआ है। सत्त्व पदार्थ अत्यन्त प्रकाश-स्वभाव है और उसके भीतर से आत्मा की ज्योति जगमगाती हुई स्वच्छतापूर्वक उसी प्रकार निकलती है, जिस प्रकार शीशे के भीतर से आलोक। इसी प्रकार रज और तम से मुक्त होकर आत्मा अपनी पूरी शक्ति और पवित्रता से प्रकाशित होती है।
9. अद्वैत वेदान्त के अनुसार ईश्वर संसार का निमित्त और उपादान, दोनों कारण है। वह केवल संसार का स्रष्टा ही नहीं, अपितु अपने ही से संसार का सृजन किया है।
10. भारत की घोषणा यह है कि संसार भ्रम है, इन्द्रजाल है, माया है। मायावाद ने हमें भोगवादी बनने से रोका है और साथ ही हमें वैराग्य के रास्ते से आगे बढ़ने की प्रेरणा दी है।
11. बिना त्याग और वैराग्य के धर्म या नैतिकता का उदय सम्भव नहीं। वेद कहता है—त्याग के सिवाय और कोई पथ नहीं है :

न प्रजया न धन न चेज्यया त्यागेनै के अमृत त्वमानुश:।

मुक्ति न संतानों से होती है, न धन से, न यज्ञ से, वह अमृतत्व केवल त्याग से मिलता है।

स्वामीजी के अनुसार : त्याग ही भारत की पताका है, भारत का सन्देश है, त्याग के पथ का, शान्ति के पथ का अवलम्बन करो, वही जीवन का आदर्श है।

12. इस आत्मा को न कोई वाग्बल से प्राप्त कर सकता है, न बुद्धि-कौशल से और न अधिक शास्त्राध्ययन से :

नायमात्मा प्रवचनेन लभ्यो न मेघया न बहुना श्रुतेन।

इसका साक्षात्कार गुरु के माध्यम से शिष्य को होता है और गुरु वह है, जो वेदों के रहस्य को समझता है। जो श्रोत्रिय है, जो अवृजिन है, निष्पाप है, जो अकामहत है, जिसे काम छू नहीं पाता, वही साधु है, सन्त है, गुरु है। जो शिक्षा देकर तुमसे अर्थप्राप्ति की आशा नहीं रखता है और जिस तरह वसन्त आने पर पेड़-पौधे को पत्तियों और कलियों से हरा-भरा कर

देता है परन्तु प्रतिदान में कुछ नहीं माँगता, ऐसे ही गुरु होते हैं—निःस्वार्थ, त्यागपूर्ण, ज्ञान के वितरक।

13. अद्वैत वेदान्त में लोगों का व्यक्तित्व भ्रममात्र है—व्यक्ति से परे वह आत्मा ही है जो स्वयं ब्रह्म है, व्यक्ति अनन्त स्वरूप है। अहम् से मुक्ति इस अनन्त की अनुभूति कराता है, यही ब्रह्म है। व्यक्ति, नाम, रूप—सभी माया है। केवल ब्रह्म है जिसके साथ सभी एकमेक हैं। अतएव जीवात्मा आत्मस्वरूप ब्रह्म है, जिसमें कोई अभाव नहीं, जो अन्तर्ज्योति है, वही ब्रह्म है—उसी ब्रह्मस्वरूप में हम सब एक हैं।

14. उपर्युक्त विचार-दृष्टि के बावजूद श्रुतियों ने कहा है—एकं सद्विप्रा बहुधा वदन्ति।—सत्ता एक ही है, परन्तु मुनियों ने भिन्न-भिन्न नामों से उसका वर्णन किया है—यह भारत की समन्वयात्मक साम्यभाव दृष्टि है। गीता 5/11 में कहा गया है :

इहैव तैर्जित सर्गो येषां साम्ये स्थितं मनः।
निर्दोषं हिसमं ब्रह्म तस्माद् ब्रह्माणि ते स्थितः॥

अर्थात् जिनका मन साम्यवाद में अवस्थित है, उन्होंने यहीं जन्म-मृत्यु रूपी संसार-चक्र को जीत लिया है। चूँकि ब्रह्म निर्दोष, सर्वज्ञ और सम है, अतएव वे ब्रह्म ही में अवस्थित हैं।

15. वेदान्त संसार को न तो दुखमय और न ही सुखमय मानता है। स्वामीजी का कहना है : 'यह न सोचें कि अच्छा और बुरा दो सम्पूर्ण पृथक् वस्तुएँ हैं। वास्तव में वे एक ही वस्तु हैं। वह एक वस्तु ही भिन्न-भिन्न रूप में, भिन्न-भिन्न आकार में आविर्भूत हो एक ही व्यक्ति के मन में भिन्न-भिन्न भाव उत्पन्न कर रही है' ('विवेकानन्द-साहित्य', खंड 2, पृ. 137)।

16. अद्वैतवाद यह कहता है—किसी को मार्ग से विचलित मत करो, किन्तु सभी को उच्च से उच्चतर मार्ग पर जाने में सहायता दो (2/95-96)।

17. आत्मा न कभी आती है, न जाती है; यह न तो कभी जन्म लेती है और न कभी मरती है। प्रकृति ही आत्मा के सम्मुख गतिशील है और इस गति की छाया आत्मा पर पड़ती है। भ्रमवश आत्मा सोचती है कि प्रकृति नहीं, बल्कि वही गतिशील है। जब तक आत्मा ऐसा सोचती रहती है, तब तक वह बंधन में रहती है; किन्तु जब उसे यह पता चल जाता है कि वह सर्वव्यापक है, तो वह मुक्ति का अनुभव करती है।

18. जिन लोगों ने आत्मा को प्राप्त कर लिया है, जिन्होंने सत्य का साक्षात्कार कर लिया है—उनके अतीत जीवन का जो कुछ शुभ था, अच्छे संस्कार थे, वे सब बचे रहते हैं और परिणामतः इन सबके प्रभावस्वरूप वे केवल

सारे जीवन सत्कर्म में जुटे रहते हैं और मानव-जाति इन्हें ही साधु व्यक्ति कहती है।

19. स्वामीजी का कहना है कि हम जीवित ईश्वर की पूजा करना चाहते हैं। मैंने तो ईश्वर के अतिरिक्त और कुछ नहीं देखा। वेदान्त कहता है, सबमें वह सर्वशक्तिमान आत्मस्वरूप ईश्वर विद्यमान है। ईश्वर आत्मा है और आत्मा एवं सत्य के द्वारा ही उसकी उपासना होनी चाहिए।
20. वेदान्त की सबसे बड़ी शिक्षा है कि सत्य दर्शन के लिए हमें अतीत में जाने की जरूरत नहीं, भविष्य को जानने के लिए उसे वर्तमान में उतार लाना पड़ेगा। वर्तमान ही सब कुछ है, सब इसी में है—केवल वही 'एक' है—एकमवाद्वितीयम्।
21. वेदान्त का प्रतिपाद्य है : 'विश्व का एकत्व' विश्वबंधुत्व नहीं। मैं भी वैसा हूँ, जैसा कोई प्राणी है—मनुष्य या जन्तु। सब परिस्थितियों में यह एक ही देह, एक ही मन और एक ही आत्मा है। आत्मा का अन्त नहीं। देह का भी अंत नहीं। मन भी मरता नहीं। देह का अन्त हो कैसे? यह विराट विश्व ही मेरी देह है। सबके शरीर में मेरा ही निवास है (9/83)। यह स्वामीजी के वेदान्त की पारम्परिक व्याख्या से अलग एक नई व्याख्या है।

यह स्वामी विवेकानन्द का सर्वांग वेदान्त का स्वरूप है। वेदान्त द्वारा प्रतिपादित सत्य-सिद्धान्त एकांगी नहीं वरन् सार्वजनीन है और साथ ही वह शाश्वत स्वरूप है। फलतः जाति, धर्म, सम्प्रदाय, राष्ट्र या किसी भी युग में रहनेवाले क्यों न हों, यह सिद्धान्त हरेक के एक आदर्श जीवन-निर्माण में अपूर्व सहायक है।

व्यावहारिक वेदान्त

मैं कोई गलत बात नहीं कह रहा हूँ कि स्वामी विवेकानन्द प्रथम विद्वान साधु-पुरुष हैं जिन्होंने पहले-पहल वेदान्त के व्यावहारिक पक्ष का विवेचन किया। लोगों में यह धारणा प्रचलित है कि वेदान्त केवल दार्शनिक सिद्धान्तों का ही समुच्चय है और दैनिक व्यावहारिक जीवन में इसका कुछ भी महत्त्व नहीं है। स्वामीजी की विचार-बुद्धि में वेदान्त हर दृष्टि से सांसारिक दैनन्दिन जीवन-यापन के लिए अत्यन्त उपयोगी है। अमीर से लेकर गरीब तक सभी इससे लाभान्वित हो सकते हैं।

लंदन में 10 नवम्बर, 1896 को दिये गए व्याख्यान में स्वामीजी का कहना था कि वेदान्त-दर्शन यदि धर्म के स्थान पर आरूढ़ होना चाहता है, तो उसे सम्पूर्ण रूप से व्यावहारिक होना पड़ेगा। एक बात यहाँ स्पष्ट कर देनी चाहिए कि दर्शनशास्त्र भारत में कभी भी धर्म के विरुद्ध नहीं गया। समष्टि रूप से मनुष्य

के अनुकूल होने के लिए धर्म को केवल हृदयग्राह्य ही नहीं, बुद्धिग्राह्य भी होना चाहिए और इसीलिए उसका अध्यात्म विद्या के सुदृढ़ आधार पर प्रतिष्ठित होना ही आवश्यक है।

स्वामीजी आगे बढ़कर यह कहते हैं कि आध्यात्मिक और व्यावहारिक जीवन के बीच जो एक काल्पनिक भेद है, उसे वेदान्त द्वारा मिटाने से ही सही ढंग से जीना सम्भव हो पाएगा।

वेदान्त कहता है कि एक ही आत्मा सर्वत्र विद्यमान है। इसकी व्यावहारिकता के प्रश्न को लेकर श्वेतकेतु, उनके पिता आरुणि और पांचालराज प्रवाहण जैवलि की कथा प्रसिद्ध है। श्वेतकेतु द्वारा परलोक, पुनर्जन्म, पितृयान, देवभान के विषय पर प्रश्न पूछने पर कोई उत्तर नहीं दे सका। श्वेतकेतु ने पिता से आकर पूछा, वे भी उत्तर नहीं दे पाए। दोनों फिर राजा के पास पहुँचे तब राजा ने कहा कि यह ब्रह्मविद्या है, केवल राजाओं को ही इसका ज्ञान है। इससे यह स्पष्ट होता है कि सांसारिक जीवन एवं राजकार्य में यानी कर्म में लिप्त व्यक्ति वेदान्त के गुह्य रूप को समझ पाता है और उसका व्यावहारिक प्रयोग कर पाता है। पुरातन सर्वेसर्वा सम्राटों की आवश्यकताओं की तुलना में हमारी आवश्यकताएँ कुछ भी नहीं हैं। कुरुक्षेत्र के युद्धस्थल में अवस्थित विराट सेना के परिचालक अर्जुन की, जितनी आवश्यकता थी, हमारी आवश्यकता उसकी तुलना में नगण्य है। तब भी, उस युद्ध-कोलाहल के बीच में भी, वे उच्चतम दर्शन को सुनने और उसे कार्यान्वित करने का समय पा सके—इसीलिए स्वामीजी का कहना है कि अपने इस अपेक्षाकृत स्वाधीन आराममय जीवन में हमें उतना कर सकना चाहिए। वेदान्त की शिक्षा है कि प्रत्यक्ष जीवन को वेदान्त के आदर्श के साथ समन्वित करके अनन्त जीवन के साथ एकरूप करना होगा (8/7)।

स्वामीजी के अनुसार यह दर्शन व्यावहारिक है। वेदान्त दर्शन का सर्वोत्तम भाष्य भगवद्गीता है और गीता के प्रत्येक पृष्ठ पर जो मत उज्ज्वल रूप से प्रकाशित है, वह है तीव्र कर्मण्यता और इसी के बीच अनन्त शान्तमाप। इसी तत्त्व को कर्म रहस्य कहा गया है और इस अवस्था को पाना ही वेदान्त का लक्ष्य है। वेदान्त का आदर्श : जो यथार्थ कर्म है, वह अनन्त शान्ति के साथ संयुक्त है। निःस्पृह होकर कार्य करनी ही वेदान्त की सीख है क्योंकि अन्ततः आत्मज्ञान ही हमारा लक्ष्य है, सांसारिक कार्यों में लिप्त रहकर सांसारिक यश कमाना नहीं।

प्रश्न है कि कार्य करने के लिए हम एक प्रकार का आवेग अनुभव करते हैं परन्तु आवेगहीन होकर काम करने से, शान्त होकर काम करने से आत्मकल्याण होता है, काम को अच्छे ढंग से कर पाते हैं। वेदान्त के आत्मज्ञान के आधार पर व्यावहारिक जीवन को जीना, शान्तचित्त होकर कार्य करना सफलता की कुंजी है।

वेदान्त आदर्श का उपदेश देता है। स्वामीजी का कहना है कि आदर्श वास्तविक की अपेक्षा कहीं अधिक उच्च होता है। फिर कहते हैं कि जीवन में दो प्रवृत्तियाँ देखी जाती हैं :

1. अपने आदर्श का सामंजस्य जीवन से करना अर्थात् जीवन के नाना प्रलोभनों को अपने आदर्श में समाहित कर देना और फिर मैं अपने आदर्श को उसी रूप में ढाल लेता हूँ और अपने को झूठा दिलासा देता हूँ कि मैंने अपने आदर्श के अनुसार काम किया है।
2. जीवन को आदर्श के अनुरूप उच्च बनाना। वेदान्त के व्यावहारिक पक्ष के साथ अपने को ढालते हुए वेदान्त के आदर्श के साथ एकमेक हो जाना और वेदान्त का आदर्श है : 'तत्त्वमसि'—तुम्हीं वह ब्रह्म हो। वेदान्त के आदर्शमय उपदेशों की अन्तिम परिणति यही है।

स्वामीजी का कहना है कि सब प्रकार के वाद-विवाद और पठन-पाठन के बाद हमें यही सिद्धान्त मिलेगा कि मानवात्मा शुद्ध स्वभाव और सर्वज्ञ है। आत्मा के सम्बन्ध में जन्म अथवा मृत्यु की बात करना भी कोरी विडम्बना मात्र है। आत्मा का न कभी जन्म होता है, न मृत्यु; मैं मरूँगा अथवा मरने से डर लगता है, यह सब केवल भ्रम मात्र है। वेदान्त सबसे पहले मनुष्य को अपने ऊपर विश्वास करने के लिए कहता है। स्वामीजी का कहना है : जिस प्रकार संसार का कोई-कोई धर्म कहता है कि जो व्यक्ति अपने से बाहर सगुण ईश्वर का अस्तित्व स्वीकार नहीं करता, वह नास्तिक है, उसी प्रकार वेदान्त भी कहता है कि जो व्यक्ति अपने-आप पर विश्वास नहीं करता, वह नास्तिक है। अपनी आत्मा की महिमा में विश्वास न करने को ही वेदान्त में नास्तिकता कहते हैं। वेदान्त स्पष्ट रूप से कहता है कि इस सत्य को यानी आत्मा की महिमा में विश्वास प्रत्येक व्यक्ति अपने जीवन में प्रत्यक्ष कर सकता है। इसकी उपलब्धि स्त्री-पुरुष, बालक-बालिका—सब कोई कर सकता है क्योंकि वेदान्त दिखा देता है कि वह सत्य पहले से ही सिद्ध और पहले से ही विद्यमान है।

वेदान्त पाप स्वीकार नहीं करता, भ्रम स्वीकार करता है। अपने को शक्तिहीन, हत् भाग्य, दुर्बल मानना आत्मा पर माया का पर्दा डालना है। यह एक भ्रान्त धारणा है। वेदान्त हमारे इस माया से ढके हुए जीवन का, अपने को पापी समझने के भ्रम का निराकरण कर सत्य जीवन से परिचित कराता है। माया का पर्दा वेदान्त का ज्ञान हटाता रहता है और आत्मा की स्वाभाविक पवित्रता प्रकाशित होने लगती है। वह अनन्त पवित्रता, मुक्त स्वभाव, प्रेम और ऐश्वर्य पहले से ही हममें मौजूद है।

स्वामीजी अपने शिष्यों को सम्बोधित करते हुए कहते हैं कि वेदान्त का मूल सिद्धान्त एकत्व अथवा अखंड भाव का सिद्धान्त है। वेद में पहले-पहल कर्मकांड विवेचन के साथ स्वर्गादि के विषय में वर्णन है किन्तु अन्त में उच्चतम आदर्शों पर

आते हुए उन सब बातों को त्याग देता है और एकमात्र जीवन, जगत और सत् की बात करता है। सब कुछ वही एक सत्ता मात्र है; भेद केवल परिमाण का है, प्रकार का नहीं। हमारे जीवन में अन्तर प्रकारगत नहीं है। वेदान्त इस बात को बिलकुल नहीं मानता कि पशु, मनुष्य पूर्णतया पृथक् हैं और उन्हें ईश्वर ने हमारे भोज्यरूप में बनाया है—यह व्यावहारिक नैतिकता से जुड़ा वेदान्त का पक्ष है।

वेदान्त का व्यावहारिक पक्ष नीतिशास्त्र से जुड़ा है। धर्म पुरोहित वर्ग के शिकंजों में फँसा मनुष्य को शिकार बनाता रहता है, उसकी सहायता नहीं करता। धर्म यदि मानवता का कल्याण करना चाहता है, तो उसके लिए यह आवश्यक है कि वह मनुष्य की सहायता उसकी प्रत्येक दशा में कर सकने में तत्पर और सक्षम हो—चाहे गुलामी हो या आजादी, घोर पतन हो या अत्यन्त पवित्रता, उसे सर्वत्र मानव की सहायता कर सकने में समर्थ होना चाहिए। केवल तभी वेदान्त के सिद्धान्त अथवा धर्म के आदर्श—आप उसे किसी नाम से पुकारें—कृतार्थ हो सकेंगे।

'आत्मा वा अरे श्रोतव्य:'—इस आत्मा के बारे में सुनना चाहिए। सम्पूर्ण शरीर को इसी एक आदर्श के भाव से पूर्ण कर दो कि 'मैं अज, अविनाशी, आनन्दमय, सर्वज्ञ, सर्वशक्तिमान, नित्य ज्योतिर्मय आत्मा हूँ'—दिन-रात इसका चिन्तन करते-करते, यह भाव हमारे जीवन का अविच्छेद्य अंग बन जाता है और इसके फलस्वरूप हम कर्म करने में समर्थ हो पाते हैं। आत्मरूप के भाव के द्वारा हमारे यथार्थ कार्य पूर्ण हो पाते हैं। इस सहज उपाय द्वारा मनुष्य महत्तर, उच्चतम सत्यों को प्राप्त कर सकता है।

जिसे हम विवेक या सद्-सत् विचार कहते हैं, उसका अपने जीवन के प्रतिक्षण में एवं प्रत्येक कार्य में उपयोग करने की क्षमता प्राप्त करने के लिए हमें सत्य की कसौटी जान लेनी चाहिए—और वह है पवित्रता तथा एकत्व का ज्ञान। जिससे एकात्व का ज्ञान प्राप्त हो, वही सत्य है। प्रेम सत्य है, घृणा असत्य है, क्योंकि वह अनेकत्व को जन्म देती है। घृणा ही मनुष्य को मनुष्य से पृथक् करती है—नाश करती है। प्रेम जोड़ता है, एकत्व स्थापित करता है। प्रेम ही भगवान् है। सभी कुछ उसी एक प्रेम की ही अभिव्यक्ति है। स्वामीजी का कहना है : वेदान्त अनेकत्व के स्थान पर एकत्व का प्रसार करता है। हमारा कर्म एकत्व-संपादन है।

इस प्रकार स्वामी विवेकानन्द एकत्व के आदर्श को धीरे-धीरे विकसित कर विश्व-प्रेम में परिणत कर देते हैं और आदर्शयुक्त कर्म का प्रेरक बना देते हैं।

ज्ञानयोग

स्वामीजी विवेकानन्द के ज्ञानयोग का विवेचन उपनिषद् तथा भगवद्गीता के आधार पर किया है। उनकी उद्देश्य यह दिखाना था कि ज्ञानयोग साधक को किस तरह

मुक्ति के लक्ष्य की ओर ले जाता है। साथ ही उन्होंने यह भी बड़े सरल ढंग से स्पष्ट किया है कि ज्ञानयोग के मार्ग में सफल होने के लिए किन गुणों तथा साधना की आवश्यकता है। इस ज्ञानयोग का अनुसरण कर आत्मज्ञान में प्रतिष्ठित हो शाश्वत सुख की प्राप्ति किस प्रकार हो सकती है, इसका दिग्दर्शन भी स्वामीजी ने बड़े सुन्दर एवं युक्ति रूप से किया है।

मनुष्य का मुख्य लक्ष्य मुक्ति प्राप्त करना है। स्वामीजी ने भावुकता से शून्य व्यक्तियों के लिए ज्ञानयोग का विधान किया है (CWV, Vol. VIII, P. 3)। विद्वानों का यह कहना है कि ज्ञानयोग के द्वारा हम परम ब्रह्म से अपने को युक्त कर पाते हैं। यह योग का बौद्धिक और दार्शनिक पक्ष है। योग का अर्थ है : मनुष्य और ईश्वर को जोड़ने की पद्धति। योग धर्म का व्यावहारिक भाग है और यह प्रदर्शित करता है कि धर्म शुभ कर्मों के अतिरिक्त एक व्यावहारिक शक्ति भी है।

वेद का शाब्दिक अर्थ है : ज्ञान। ऐसे भी वेद का ज्ञानकांड सत्य ज्ञान जानने के विषय का हिस्सा है। शंकराचार्य कहते हैं कि व्यक्ति आत्मा एवं परमब्रह्म की एकरूपता को मात्र 'प्रज्ञा' यानी ज्ञान के आश्रय से ही समझ पाता है। शंकराचार्य एक पग और आगे बढ़कर सिर्फ प्रज्ञा नहीं, सम्यक् प्रज्ञा के चैतन्य रूप सत्य या परमब्रह्म के रूप के उद्घाटन की बात करते हैं। शंकराचार्य ब्रह्मानन्द के आस्वाद के लिए श्रवण, मनन और निदिध्यासन के महत्त्व को प्रतिपादित करते हैं। श्रवण यानी सुनना। उपनिषद् और वेदान्त-दर्शन, ब्रह्मसूत्र, वेदादि का (श्रवण) पाठ सुनना। इस अवस्था में ज्ञानयोगी ब्रह्म के यथार्थ रूप से परिचित होता है और आत्मा के साथ उसकी एकात्मता की अनुभूति करता है। उसके उपरान्त जो कुछ सुना है, उसका मनन यानी विश्लेषण करना पड़ता है और अन्त में निदिध्यासन अर्थात् मनन के बाद की अवस्था, जब ज्ञानयोगी ने जो कुछ विश्लेषित किया है, उसको पूरी तरह पचाने के लिए वह ध्यानमग्न हो जाता है तो अन्ततः वह 'तुम ही हो' की अनुभूति करता है।

भारतीय आध्यात्मिक परम्परा में कुछ भी रहस्यात्मक (mystical) नहीं है क्योंकि परमब्रह्म की अनुभूति में ज्ञान या तर्क-विचार, विवेक-बुद्धि का एक बड़ा हाथ है। ऑक्सफोर्ड के प्रोफेसर डॉ. मतिलाल का यह स्पष्ट कहना है कि भारत का आधिदैविक तथा आध्यात्मिक या फिर निर्वाण का सिद्धान्त कठोर रूप से विश्लेषणात्मक तथा तर्कमूलक है। नागार्जुन के 'विग्रहव्यवर्तिनी' और श्रीहर्ष के 'खंडनाखंडखाद्यम' के आधार पर किसी भी अतीन्द्रिय या रहस्यात्मक स्थिति के पीछे तर्क-विचार के आधार को प्रमाणित किया जा सकता है।

ज्ञानयोग का उद्देश्य वही है जो भक्तियोग और राजयोग का है किन्तु प्रक्रिया भिन्न है। यह ज्ञानयोग उन लोगों के लिए है जो न तो रहस्यवादी, न भक्तिमान, अपितु बौद्धिक हैं। ज्ञानयोगी विशुद्ध बुद्धि के द्वारा ईश्वर के साक्षात्कार का अपना

मार्ग प्रशस्त करता है। स्वामीजी का कहना है : ज्ञान के बिना मोक्ष-लाभ नहीं हो सकता। आत्मा का साक्षात्कार ही सर्वोत्तम श्रेयम है। ज्ञान कहता है : 'कामना का हनन करो और इस प्रकार उससे छुटकारा पाओ। यही एकमात्र मार्ग है। सभी प्रकार की कायरता को निकाल फेंको और आत्मा का साक्षात्कार करो।'

जो ज्ञानी बनना चाहे, उसे सर्वप्रथम भय से मुक्त होना चाहिए। भय हमारे सबसे बुरे शत्रुओं में से एक है। इसके बाद जब तक किसी बात को 'जान न लो', उस पर विश्वास न करो। स्वामीजी कहते हैं कि अपने से निरन्तर कहते रहो : 'मैं शरीर नहीं हूँ, मैं मन नहीं हूँ, मैं विचार नहीं हूँ, मैं चेतन भी नहीं हूँ, मैं आत्मा हूँ। जब तुम सब छोड़ दोगे तब यथार्थ आत्म-तत्त्व रह जाएगा।' ज्ञानी का ध्यान दो प्रकार का होता है :

1. हर ऐसी वस्तु से विचार हटाना और उसे अस्वीकार करना, जो हम 'नहीं हैं'।
2. केवल उसी पर दृढ़ रहना जो कि वास्तव में हम 'हैं' और वही है आत्मा—केवल एक सच्चिदानन्द परमात्मा।

स्वामीजी का कहना है कि सच्चा ज्ञान मतवादविहीन होता है, पर इसका अर्थ यह नहीं कि वह मतों से घृणा करता है। उसका अर्थ केवल यही है कि ज्ञान मतवादों से परे की अवस्था है। यथार्थ ज्ञानी किसी का नाश नहीं करना चाहता, प्रत्युत् वह सबकी सहायता के लिए प्रस्तुत रहता है। जिस प्रकार सभी नदियाँ साकार में बहकर एक हो जाती हैं, उसी प्रकार मतवाद ज्ञान में पहुँचकर एक हो जाते हैं। ज्ञान संसार को त्याग देने की शिक्षा देता है, पर वह यह नहीं कहता कि उसको तिलांजलि दे दो—वह कहता है, उसमें रहो, पर निर्लिप्त होकर (CWSV, Vol. VIII, P. 242, 43)।

ब्रह्म एवं आत्मा एकमात्र सत्य है, वास्तविक सत्ता है, यह अव्यक्त है। इन्द्रियों द्वारा इसका प्रत्यक्षीकरण नहीं कर सकते हैं, और न मन ही इस सत्य को जान सकता है। स्वामीजी का कहना है कि मन के ही कारण 'एकं सत्' बहुरूपों में प्रतिभाषित होता है।

मन हमें वस्तुओं का ज्ञान प्रदान करता है। वह हमारे सम्मुख देह, लिंग, सम्प्रदाय, जाति-बंधन आदि के सभी भ्रमों को उत्पन्न करता है। केवल गुण विशिष्ट वस्तुएँ ही ज्ञान और ज्ञेय की परिधि के भीतर आ सकती हैं। जिसका कोई गुण नहीं, जिसकी कोई विशेषता नहीं, वह अज्ञात है।

मान लो, बाह्य जगत है 'क'। जब मैं उसकी ओर देखता हूँ तो वह हो जाता है 'क' + मन, क्योंकि मन ही उसका तीन-चौथाई निर्माण करता है। और उसी तरह अन्तर्जगत 'ख' + मन की सृष्टि होती है। जिसका यथार्थ में अस्तित्व है, वह तो अज्ञात और अज्ञेय है—वह ज्ञान की सीमा से परे है, और जो ज्ञान के क्षेत्र के अतीत हैं, उनमें विभेद हो ही नहीं सकता। अतएव यह सिद्ध हो जाता है कि बाह्य

'क' और 'आन्तरिक ख', दोनों एक ही हैं, और इसीलिए सत्य केवल एक है। वह ब्रह्म है और मैं ब्रह्म हूँ।

ज्ञानयोगी को उतना प्रखर अवश्य होना चाहिए जितना संकीर्णतम सम्प्रदायवादी, किन्तु उतना ही विस्तीर्ण भी, जितना कि आकाश। उसे अपने पर पूर्ण नियंत्रण रखना चाहिए। सतत अभ्यास ही हमें ऐसा नियंत्रण प्राप्त करने में सामर्थ्य दे सकता है। सभी विविधताएँ उसी एक में हैं, किन्तु हमें यह सीखना चाहिए कि जो कुछ हम करें, उससे अपना तादात्म्य न कर दें, और जो अपने हाथ में हो, उसके अतिरिक्त, अन्य कुछ न देखें, न सुनें और न उसके विषय में बात करें। दिन-रात अपने से यही कहते रहें—'सोहम्-सोहम्'।

इस सोहम् की अनुभूति योगाभ्यास से सम्भव है। योग से ज्ञान, ज्ञान से प्रेम और प्रेम से परमानन्द की प्राप्ति होती है। यह सांसारिक दुख-सुख के परे की बात है। हमें परमब्रह्म का ज्ञान होने पर परमानन्द की अनुभूति होती है। परमब्रह्म एक ऐसा वृत्त है जिसकी कोई परिधि नहीं परन्तु जिसका केन्द्र सर्वत्र है और जब हम देह के संकीर्ण केन्द्र से निकलेंगे, हमें ब्रह्मज्ञान होगा। सोहम्, सोहम् : मैं वहीं हूँ, मैं वहीं हूँ!

शंकराचार्य ने परम सत्य का उपदेश देते हुए कहा कि तीन बातें ऐसी हैं जो ईश्वर के महान् वरदान हैं :

1. मानव-शरीर,
2. ईश्वर-लाभ की प्यास,
3. ऐसा गुरु, जो हमें ज्ञानलोक दिखा सके।

जब ये तीन महान वरदान हमारे अपने हो जाते हैं तब मुक्ति निकट दिखाई पड़ती है—पूर्णमुक्ति ज्ञान के द्वारा ही सम्भव हो पाती है। जीवमुक्त व्यक्ति इस ज्ञान तक पहुँचकर कि वह अद्वितीय ब्रह्म है और उसे अन्य कुछ काम नहीं है, सभी कामनाओं को जीत लेता है।

स्वामीजी सच्चे ज्ञानयोगी के लक्षण गिनवाते हुए कहते हैं :

1. वह ज्ञान के अतिरिक्त कुछ कामना नहीं करता।
2. उसकी सभी इन्द्रियाँ पूर्ण नियंत्रण में रहती हैं। वह चुपचाप सभी कष्ट सहन कर लेता है। वह आत्मा के अतिरिक्त सभी वस्तुएँ छोड़ देता है।
3. वह जानता है कि एक ब्रह्म को छोड़कर अन्य सब मिथ्या हैं।
4. उसे मुक्ति की तीव्र इच्छा होती है। प्रबल इच्छाशक्ति द्वारा वह अपने मन का उच्चतर वस्तुओं पर दृढ़ विश्वास रखता है और इस प्रकार शान्ति प्राप्त करता है।

ज्ञानी सब कुछ दूसरों के लिए, प्रभु के लिए करता है। सभी कर्मफलों का त्याग करता है। ज्ञानी को सभी रूपों से मुक्त होना पड़ता है। ज्ञानी अत्यंत बुद्धिवादी होता है। वह हर वस्तु को अस्वीकार कर देता है व दिन-रात अपने से कहता है :

'कोई आस्था नहीं है, कोई पवित्र शब्द नहीं है—स्वर्ग नहीं, धर्म नहीं, नरक नहीं, सम्प्रदाय नहीं, केवल आत्मा है।'

ज्ञानी किसी बात को स्वयंसिद्ध नहीं मानता; वह शुद्ध विवेक और इच्छाशक्ति द्वारा विश्लेषण करता रहता है और अन्ततः निर्वाण तक पहुँच जाता है, जो समस्त सापेक्षिकता की समाप्ति है। केवल मुक्ति की इच्छा करता हुआ जीवन बिता देता है।

एकत्व में पहुँचकर ही सब तर्क समाप्त हो जाते हैं। इसलिए हम पहले विश्लेषण करते हैं, फिर संश्लेषण। विज्ञान के जगत में एक आधारशक्ति की खोज में दूसरी शक्तियाँ धीरे-धीरे संकीर्ण होती जाती हैं। जब भौतिक विज्ञान अन्तिम एकत्व को पूर्णतया समझ जाएगा तो वह एक अन्त पर जा पहुँचेगा, क्योंकि एकत्व प्राप्त करके हम विश्रान्ति या अन्तिम को पाते हैं। ज्ञान ही अन्तिम बात है।

सभी किसानों में सर्वाधिक अनमोल विज्ञान—धर्म ने बहुत पीछे ही उस अन्तिम एकत्व को खोज लिया था, जिसे प्राप्त करना ज्ञानयोग का लक्ष्य है।

स्वामीजी कहते हैं कि आराम सत्य की कसौटी नहीं है, बल्कि सत्य आरामदायक होने से बहुत दूर है। यदि कोई सचमुच सत्य की खोज का इरादा करे तो उसे आराम के प्रति आसक्त न होना चाहिए। सब कुछ छोड़ देना कठिन काम है, किन्तु ज्ञानी को यह अवश्य करना पड़ता है। उसे पवित्र बनना ही होगा, सभी कामनाओं को मारना होगा और अपने को शरीर के साथ तादात्म्य से रोकना होगा। केवल तभी उसके अन्तःकरण में उच्चतर सत्य प्रकाशित हो सकेगा।

श्री रामभक्त हनुमानजी ने ज्ञानयोग की एक महत्त्वपूर्ण बात कही थी :

दहेबुद्धया तु दासोऽस्मि जीव बुद्धया स्वदंशकम।
आत्मबुद्धयां खमेवाहं इति मे निश्चता मतिः॥

अर्थात् मैं जब देह से अपना तादात्म्य करता हूँ तो मैं आपका दास हूँ, आपसे सदैव पृथक् हूँ। जब मैं अपने को जीव समझता हूँ तो मैं उसी दिव्य प्रकाश या आत्मा की चिंगारी हूँ, जोकि आप हैं। किन्तु जब अपने को आत्मा से तदाकार करता हूँ तो मैं और आप एक हो जाते हैं।—इसलिए ज्ञानी केवल आत्मा के साक्षात्कार का ही प्रयत्न करता है और कुछ नहीं।

ज्ञान कभी इन्द्रियजन्य ज्ञान नहीं होता। स्वामीजी कहते हैं कि हम ब्रह्म को विषयतया जान नहीं सकते, किन्तु हम पूर्णतया ब्रह्म ही हैं, उसके एक खंड मात्र नहीं। अशरीरी वस्तु कभी विभाजित नहीं की जा सकती। आभासिक नानात्व काल और देश में दृष्टिगत होनेवाला है, जैसे हम सूर्य को लाखों ओस-बिन्दुओं में प्रतिबिंबित देखते हैं, यद्यपि हम जानते हैं, सूर्य एक है, अनेक नहीं। ज्ञान में हमें नानात्व त्यागना होता

है और केवल एकत्व का अनुभव करना होता है। यहाँ विषयी, विषय, ज्ञान, ज्ञाता, ज्ञेय, तू, वह अथवा मैं नहीं है, केवल एक पूर्ण एकत्व ही है। हम सदैव वही हैं।

ज्ञानकांड यह शिक्षा देता है कि केवल ज्ञान ही मुक्ति दे सकता है, अर्थात् उसे मुक्ति-प्राप्ति की पात्रता की सीमा तक ज्ञानी होना चाहिए। ज्ञान, ज्ञान का स्वयं अपने को जानना, पहला लक्ष्य है। मनुष्य अपने को ईश्वर से पृथक् करने और देह से अपने को अभिन्न मानने की भूल करता है। यह भूल माया से होती है, जो एकदम भ्रमजाल तो नहीं है, पर उस सत्य को, जैसाकि वह है, वैसा न देखकर किसी अन्य रूप में देखना कहा जा सकता है। अपने को शरीर से अभिन्न मानने से, असमता का मार्ग खुलता है, जिससे अनिवार्यतः ईर्ष्या और संघर्ष की उत्पत्ति होती है। और जब तक हम असमता देखते रहेंगे, हम सुख नहीं पा सकते हैं। ज्ञान कहता है कि अज्ञान और असमता ही समस्त दुख का स्रोत हैं। ज्ञान कहता है : 'कामना का हनन करो और इस प्रकार उससे छुटकारा पाओ'—यही एकमात्र मार्ग है। सभी प्रकार की कारणता को निकाल फेंको और आत्मा का साक्षात्कार करो। केवल मुक्ति ही सच्ची नैतिकता उत्पन्न कर सकती है।

स्वामीजी के ज्ञान का यह संक्षिप्त विवरण है।

कर्मयोग

यदि हम, स्वामी विवेकानन्द कहते हैं, शान्त होकर स्वयं का अध्ययन करें, तो प्रतीत होगा कि हमारा हँसना-रोना, सुख-दुख, हर्ष-विषाद, हमारी शुभकामनाएँ एवं शाप, स्तुति और निन्दा—ये सब हमारे मन के ऊपर बहिर्जगत् के अनेक घात-प्रतिघात के फलस्वरूप उत्पन्न हुए हैं और हमारा वर्तमान चरित्र इसी का फल है। ये सब घात-प्रतिघात मिलकर कर्म कहलाते हैं।

आत्मा की आभ्यन्तरिक अग्नि तथा उसकी अपनी शान्ति एवं ज्ञान को बाहर प्रकट करने के लिए जो मानसिक अथवा भौतिक आघात है, उस पर पहुँचाए जाते हैं, वे ही कर्म हैं। यहाँ कर्म शब्द का उपयोग व्यापक रूप से किया गया है। इस प्रकार हम प्रतिक्षण ही कर्म करते रहते हैं।

संसार में जो कुछ क्रिया-कलाप देखने को मिलता है—वह सम्पूर्ण रूप से मनुष्य की इच्छाशक्ति का प्रकाश मात्र है। मनुष्य की इच्छाशक्ति चरित्र से उत्पन्न होती है और वह चरित्र कर्मों से घटित होता है। अतएव, कर्म जैसा होगा, इच्छाशक्ति का विकास भी वैसा ही होगा।

स्वामीजी का कहना है कि अधिकार कर्मों के द्वारा ही प्राप्त होता है। हम किसके अधिकारी हैं, हम अपने भीतर क्या-क्या ग्रहण कर सकते हैं, इन सबका निर्णय कर्म द्वारा ही होता है। गीता के कथन के अनुसार, कर्मयोग का अर्थ है :

कुशलता से अर्थात् वैज्ञानिक प्रणाली से कर्म करना। कर्मानुष्ठान की विधि ठीक-ठीक जानने से मनुष्य को श्रेष्ठ फल प्राप्त हो सकता है। स्वामीजी के अनुसार : समस्त कर्मों का उद्देश्य है मन के भीतर पहले से ही स्थित शक्ति को प्रकट कर देना—आत्मा को जाग्रत् कर देना। भिन्न-भिन्न कर्म इन महान शक्तियों को जाग्रत् करने तथा बाहर प्रकट कर देने के साधन मात्र हैं।

मनुष्य नाना उद्देश्यों को प्राप्त करने के लिए कार्य में जुटता है। उदाहरणतया यश, अधिकार, धन, स्वर्ग आदि। कुछ नर-रत्न लोग कार्य के लिए कार्य करते हैं। वे केवल इसलिए काम करते हैं कि उससे दूसरों की भलाई हो।

स्वामीजी का कहना है कि जो मनुष्य कोई श्रेष्ठ आदर्श नहीं जानता, उसे स्वार्थ-दृष्टि से ही नाम यश के लिए काम करने दो। परन्तु यह जरूरी है कि हमें उच्चतर ध्येयों की ओर अग्रसर होने की लगातार कोशिश करनी चाहिए। भगवद्गीता को उद्धृत करते हुए स्वामीजी कहते हैं कि हमें कर्म करने का अधिकार है, कार्यफल पर हमारा कोई अधिकार नहीं। ऐसे सोचनेवाले आदर्श पुरुष होते हैं। वे आदर्श पुरुष परम शान्त एवं निस्तब्धता के बीच भी तीव्र कर्म का, तथा प्रबल कर्मशीलता के बीच भी मरुस्थल की शान्ति और निस्तब्धता का अनुभव करते हैं। उन्होंने संयम का रहस्य जान लिया है, वे अपने ऊपर विजय प्राप्त कर चुके हैं, वे हमेशा निःस्वार्थ भाव से कर्म में जुटे रहते हैं, यही कर्मयोग का आदर्श है।

स्वामीजी कुरुक्षेत्र युद्ध के पहले भगवद्गीता के उपदेशों का उल्लेख करते हुए कहते हैं कि कर्मयोगी वही है, जो समझता है कि सर्वोच्च आदर्श 'अप्रतिकार' है, जो यह जानता है कि यह अप्रतिकार ही मनुष्य की आन्तरिक शक्ति का उच्चतम विकास है परन्तु पहले उसे 'अन्याय का प्रतिकार' करना होगा। पहले उसे युद्ध करना होगा और जब वह पाप का प्रतिकार करेगा, तभी 'अप्रतिकार' उसके लिए एक गुणस्वरूप होगा।

आलस्य का प्रत्येक दशा में त्याग करना चाहिए। क्रियाशीलता का अर्थ है : 'प्रतिकार'। मानसिक तथा शारीरिक समस्त दुर्बलताओं का प्रतिकार होगा, तभी शान्ति प्राप्त होगी।

स्वामीजी प्राचीन काल के चार आश्रमों—ब्रह्मचर्य, गृहस्थ, वानप्रस्थ तथा संन्यास का उल्लेख करते हुए कहते हैं कि आजकल दो ही आश्रम रह गए हैं : गृहस्थ एवं संन्यास। यह कहना व्यर्थ है कि 'गृहस्थ से संन्यास श्रेष्ठ' है। संसार में रहते हुए ईश्वर की उपासना करना बहुत कठिन है। महानिर्वाण तंत्र से गृहस्थ के कर्तव्य-सम्बन्धी कुछ श्लोकों को उद्धृत करते हुए अन्त में स्वामीजी कहते हैं, इन सबसे यही भाव मिलता है कि दुर्बलता मात्र ही सुविधा घृण्य और परित्याज्य है। हमारे दर्शन, धर्म अथवा कर्म के भीतर—हमारी समस्त शास्त्रीय शिक्षाओं के भीतर—यही एक मुख्य भाव है, जो मुझे पसन्द आता है। वेदों में कहा गया है : डरो नहीं—मा भैषीः। कर्मयोगी का यह सबसे बड़ा गुण होता है।

प्रत्येक कर्म अनिवार्य रूप से गुण-दोष से मिश्रित रहता है। फिर भी शास्त्र हमें लगातार कर्म करने की प्रेरणा देता रहता है। सत् कर्मों का फल सत् और असत् कर्मों का फल असत् होता है। परन्तु सत् और असत्, दोनों ही हमारी आत्मा के लिए बंधनस्वरूप हैं। इस सम्बन्ध में स्वामीजी गीता के कथन को स्वीकार करते हुए कहते हैं कि अपने कर्मों में आसक्त न हों तो हमारी आत्मा पर किसी प्रकार का बंधन नहीं पड़ सकता।

सत् या असत् कर्म के प्रति मनुष्य के झुकाव का आधार चरित्र होता है और उसके संस्कारों के द्वारा ही चरित्र का निर्माण होता है। यदि शुभ संस्कारों का प्राबल्य रहे, तो मनुष्य चरित्रवान होता है, नहीं तो अशुभ संस्कार उसे चरित्रहीन बना देता है। इस आधार पर उसके कर्मों की पहचान होती है। सत्कार्य के फलस्वरूप जब मनुष्य अपनी कर्मेन्द्रियों और ज्ञानेन्द्रियों को वश में कर लेता है, तभी हमारा चरित्र प्रतिष्ठित होता है।

अन्ततः शुभ और अशुभ कार्यों से छुटकारा पाना और मुक्तिलाभ ही जीवन का अन्तिम उद्देश्य है। स्वामीजी का कहना है : मुक्त भाव से काम करो, अपने को सांसारिक बंधनों में बाँधकर दास की तरह नहीं। प्रेमसहित कर्म करो। बिना स्वाधीनता के प्रेम आ नहीं सकता। दास में सच्चा प्रेम होना सम्भव नहीं। सच्चे प्रेम के साथ किया हुआ प्रत्येक कार्य आनन्ददायक होता है। सच्चे प्रेम से ही हम अनासक्त हो सकते हैं।

मातृपद ही संसार में सबसे श्रेष्ठ पद है, क्योंकि यह एक ऐसा पद है, जिससे अधिक से अधिक निःस्वार्थता की शिक्षा प्राप्त हो सकती है। केवल भगवत्प्रेम ही माता के प्रेम से उच्च है। महाभारत की 'व्याध-गीता' के अनुसार : कोई भी कर्तव्य निन्दित नहीं है। जन्म से ही व्याध मांस-विक्रेता का काम कर रहा है क्योंकि वही व्यापार उसने सीखा है, परन्तु इसमें उसकी कोई आसक्ति नहीं। कर्तव्य के नाते वह उस काम को करता है, गृहस्थ के नाते वह माता-पिता के प्रति अपना कर्तव्य का पालन करता है, उन्हें प्रसन्न रखता है। संन्यासी की योगशक्ति व्याध अनासक्त भाव से अपनी अवस्था के अनुरूप कर्तव्य का पालन करते हुए प्राप्त करता है।

कर्मफल में आसक्ति रखनेवाला व्यक्ति अपने भाग्य में आए कर्तव्य पर भिनभिनाता है। अनासक्त पुरुष के लिए सब कर्तव्य एक समान हैं।

स्वामीजी का कहना है कि दूसरों के प्रति हमारे कर्तव्य का अर्थ है : दूसरों की सहायता करना, संसार का भला करना। संसार का भला करते हुए हम अपना भला करते हैं। परन्तु यदि हम ध्यानपूर्वक देखें को पता चलेगा कि संसार को हमारी सहायता की बिलकुल आवश्यकता नहीं। यह संसार स्वयं पूर्ण है। पूर्ण होने का अर्थ यह है कि उसमें अपने सब प्रयोजनों को पूर्ण करने की क्षमता है। फिर भी हमें सदैव परोपकार करते रहना चाहिए। परोपकार करते हुए अपने में दाता का गर्व न

करो वरन् कृतज्ञ होकर यह सोचो कि दान देकर तुमने अपना उपकार किया है। यही एक साधन है जिससे हम पूर्ण बन सकते हैं। जिसकी हम सहायता कर रहे हैं, उसे साक्षात् नारायण मानना चाहिए, यही स्वामीजी की 'दरिद्रनारायण' की अवधारणा है।

निष्कर्ष यह है कि हम संसार के ऋणी हैं, संसार हमारा ऋणी नहीं। यह तो हमारा सौभाग्य है कि हमें संसार में कुछ कार्य करने का अवसर मिलता है, इससे हमारा ही कल्याण होता है।

दूसरी बात ईश्वर है और वह सर्वत्र विराजमान है। वह अविनाशी सतत क्रियाशील और जाग्रत् है, निरन्तर कार्य में संलग्न है। संसार के समस्त परिवर्तन और विकास उसी के कार्य हैं।

तीसरी बात यह है कि हमें किसी से घृणा नहीं करनी चाहिए। यह संसार सदैव ही अच्छे और बुरे का मिश्रणस्वरूप रहेगा। हमारी कोशिश यह होनी चाहिए कि हम आध्यात्मिक बल से अधिकाधिक बलवान बनते रहें।

चौथी बात यह है कि हममें किसी प्रकार कभी दुराग्रह नहीं होना चाहिए। दुराग्रह प्रेम का विरोधी है। हम जितने ही शांतचित्त होंगे, हम उतने ही अधिक प्रेमसम्पन्न होंगे और हमारा कार्य भी उतना ही अधिक श्रेष्ठ होगा।

कर्मयोग के अनुसार बिना फल उत्पन्न किये कोई भी कार्य नष्ट नहीं हो सकता। अशुभ कार्य अशुभ फल प्रदान करता है और शुभ कार्य शुभ फल देता है। हमारे शुभ और अशुभ कार्य घनिष्ठ रूप से सम्बद्ध हैं। संस्कृत में दो शब्द हैं : प्रवृत्ति और निवृत्ति। प्रवृत्ति हमें संसार की ओर खींचती है और शुभ या अशुभ कार्य के जाल में हम फँस जाते हैं। एक समय आता है जब संसार के प्रति प्रवृत्ति घटने लगती है और निवृत्ति की ओर बढ़ना शुरू करती है और तभी नीति और धर्म का आरम्भ होता है। निवृत्ति और प्रवृत्ति, दोनों ही कर्मस्वरूप हैं और निवृत्ति से नीति और धर्म के रास्ते पूर्णता प्राप्त होती है, इसे ही आत्मत्याग कहते हैं और तभी मनुष्य को कर्मयोग में सिद्धि प्राप्त होती है। सत्कार्यों का यही सर्वोच्च फल है।

परोपकार का प्रत्येक कार्य, सहानुभूति का प्रत्येक विचार, दूसरों की सहायतार्थ किया गया प्रत्येक कर्म, प्रत्येक भला कार्य हमारे क्षुद्र अहंभाव को प्रतिक्षण घटाता रहता है और आत्मत्याग की भावना का उदय होता है। ज्ञानी, भक्त और कर्मयोगी—तीनों इस बात पर एकमत हैं कि सर्वोच्च आदर्श है—चिरकाल के लिए सम्पूर्ण रूप से आत्मत्याग।

स्वामीजी का कहना है : 'अन्ततः गुरु आपके मन के भावों को उद्दीप्त करता है—हमारी स्वयं की विचारशक्ति से सब स्पष्ट हो जाता है और कार्य करने की जबरदस्त इच्छाशक्ति पैदा होती है परन्तु इस कार्य को निष्काम होना पड़ता है और इसके फलस्वरूप हमें अपना वांछित पूर्ण आत्मत्याग एवं परम निःस्वार्थता प्राप्त हो जाती है।'

'कर्म' शब्द, स्वामीजी के अनुसार, 'कार्य' के अतिरिक्त कार्यकारण भाव को भी सूचित करता है। यह इन्द्रियगोचर जगत कार्यकारण द्वारा आबद्ध है। यह असीम जगत है। मुक्तिलाभ के लिए हमें इस असीम विश्व के परे जाना होता है और असीम अगोचर आत्मा की अनुभूति की आकांक्षा करनी होती है। यह संसार की आसक्ति की सभी वस्तुओं के त्याग के बाद ही सम्भव हो सकता है। कर्म को छोड़ना नहीं, कर्म करते हुए उसे पार कर जाना है, तभी मुक्तिलाभ होता है, आत्मज्ञान होता है।

हम अपने कर्मफलों को ईश्वर को अर्पित कर देंगे तो कर्मफलों के प्रति हमारी आसक्ति भी खत्म हो जाएगी। अनासक्त होकर एक स्वतंत्र व्यक्ति की तरह काम करना तथा समस्त कर्म भगवान् को समर्पित कर देना ही असल में हमारा एकमात्र कर्तव्य है। बाध्य होकर कुछ भी नहीं करो। ईश्वरार्पण भावरूपी अमृत-चमक का पान करो और प्रसन्न रहो। यदि हम इस भाव से कर्म करें कि इस समय जो काम हम कर रहे हैं, वह तो हमारे लिए एक बड़े सौभाग्य की बात है, तो फिर हम कभी भी किसी वस्तु में आसक्त नहीं होंगे।

कर्मयोग का आदर्श है : मुक्ति। मुक्ति-लाभ की चेष्टा सारी नीति, सारी निःस्वार्थपरता की नींव है। निःस्वार्थपरता से किये गए काम को ही सत्कर्म कहा जाता है। इस प्रकार कर्मयोग, निःस्वार्थपरता और सत्कर्म द्वारा मुक्ति-लाभ करने की एक विशिष्ट प्रणाली है।

परोपकार के द्वारा ऐसा कोई काम नहीं किया जा सकता जो चिरस्थायी हो। इस क्षणभंगुर जगत में काल की गति में कोई भी चिरस्थायी नहीं। हाँ, मुक्ति की कामना चिरस्थायी है, वही सोम् की स्थिति है—जीवन-मुक्ति है।

केवल वही व्यक्ति सबकी अपेक्षा उत्तम रूप से कार्य करता है, जो पूर्णतया निःस्वार्थ है, जिसे न धन की लालसा है, न कीर्ति की और न किसी अन्य वस्तु की ही। और मनुष्य जब ऐसा बन जाएगा तो वह शुद्ध बुद्ध-रूप धारण कर लेगा और उसके भीतर से ऐसी कार्यशक्ति प्रकट होगी, जो संसार की अवस्था को सम्पूर्ण रूप से परिवर्तित कर सकती है। वस्तुतः ऐसे ही व्यक्ति कर्मयोग के चरम आदर्श के ज्वलंत उदाहरण हैं।

भक्तियोग

स्वरूप

निष्कपट भाव से ईश्वर की खोज को भक्तियोग कहते हैं। इस खोज का आदि से अन्त प्रेम में होता है। स्वामी विवेकानन्द के अनुसार : ईश्वर के प्रति एक क्षण की प्रेमोन्मत्तता भी हमारे लिए शाश्वत मुक्ति देनेवाली होती है।

स्वामीजी नारद के भक्तिसूत्र को उद्धृत करते हुए कहते हैं : 'भगवान् के प्रति उत्कट प्रेम ही भक्ति है। जब मनुष्य इसे प्राप्त कर लेता है, तो सभी उसके प्रेमपात्र बन जाते हैं। वह किसी से घृणा नहीं करता; वह सदा के लिए सन्तुष्ट हो जाता है।'

इस प्रेम से किसी काम्य वस्तु की प्राप्ति नहीं हो सकती, क्योंकि जब तक सांसारिक वासनाएँ घर किये रहती हैं, तब तक इस प्रेम का उदय ही नहीं होता। भक्ति कर्म से श्रेष्ठ है और ज्ञान तथा योग से भी उच्च है, क्योंकि इन सबका एक-न-एक लक्ष्य है ही, पर भक्ति स्वयं ही साध्य और साधनस्वरूप है ('नारदभक्ति सूत्र', 1,1; 2,7; 4,25; 4,30)।

भक्ति का एक बड़ा लाभ यह है कि वह हमारे चरम लक्ष्य, ईश्वर की प्राप्ति का सबसे सरल और स्वाभाविक मार्ग है। कभी-कभी भक्ति गौणी अवस्था में मनुष्य को मतान्ध और कट्टर बना देती है। ऐसी भक्ति से सम्बन्धित भक्त अपने आदर्शों के अतिरिक्त अन्य सभी धर्मों से जुड़े हुए आदर्शों को घृणा की दृष्टि से देखते हैं। स्वामीजी का कहना है कि यह आशंका भक्ति की केवल निम्नतर अवस्था में रहती है। इस अवस्था को 'गौणी भक्ति' कहते हैं।

परन्तु जब भक्ति परिपक्व हो जाती है तो उस अवस्था को पराभक्ति कहते हैं। पराभक्ति में डूबा हुआ व्यक्ति प्रेमस्वरूप भगवान् के इतने निकट पहुँच जाता है कि वह फिर घृणा, द्वेष, ईर्ष्या से मुक्त हो जाता है।

जिस चरित्र में ज्ञान, भक्ति और योग—इन तीनों का सुन्दर सम्मिश्रण है, वही सर्वोत्तम कोटि का चरित्र है। बाह्य अनुष्ठान और क्रियाकलाप आरंभिक दशा में नितान्त आवश्यक हैं, फिर भी भगवान् के प्रति प्रगाढ़ प्रेम उत्पन्न कर देने के अतिरिक्त उनकी और कोई उपयोगिता नहीं। ज्ञानी की दृष्टि में भक्ति मुक्ति का एक साधन मात्र है, पर भक्त के लिए वह साधन भी है और साध्य भी। ज्ञानी और भक्त, दोनों ही साधना-प्रणाली पर विशेष जोर देते हैं परन्तु भक्त यह भूल जाते हैं कि पूर्ण भक्ति के उदय होने से पूर्ण ज्ञान अनायास ही प्राप्त हो जाता है।

ईश्वर का अनुसरण करना जिसका जीवन का ध्येय बन जाता है, वही, शंकराचार्य के अनुसार, भक्ति है। गीता में भगवान् श्रीकृष्ण ने कहा है : 'जो मुझमें सतत युक्त हैं और प्रीतिपूर्वक मेरा भजन करते हैं, उन्हें मैं ऐसा बुद्धियोग देता हूँ जिससे वे मुझे प्राप्त हो जाते हैं।'

यह निरन्तर स्मृति ही 'भक्ति' शब्द द्वारा अभिहित हुई है। शांडिल्य के अनुसार : 'ईश्वर में परमानुरक्ति ही भक्ति है' ('शांडिल्य सूत्र', 1/2)।

पराभक्ति की सर्वश्रेष्ठ व्याख्या भक्तराज प्रह्लाद ने दी है : 'जैसी तीव्र आसक्ति अविवेकी पुरुषों की इन्द्रिय-विषयों में होती है, भगवान् के प्रति उसी प्रकार की तीव्र आसक्ति के साथ लगातार उन्हें स्मरण करना मैं कभी भी भूल न जाऊँ।'

आध्यात्मिक अनुभूति के निमित्त किये जानेवाले मानसिक प्रयत्नों की परम्परा या क्रम ही भक्ति है, जिसका प्रारम्भ साधारण पूजा-पाठ से होता है और अन्त ईश्वर के प्रति प्रगाढ़ एवं अनन्य प्रेम में। यह प्रेम वाक्शक्ति द्वारा प्राप्य नहीं है, न तीव्र बुद्धि से और न शास्त्रों के अभ्यास से। जिसे ईश्वर की चाह है, उसी को प्रेम द्वारा प्राप्ति होगी। उसके पास भगवान् अपने-आपको प्रकट करेंगे।

ईश्वर

स्वामीजी का प्रश्न है कि क्या ईश्वर दो हैं? एक सच्चिदानन्द स्वरूप, जिसे ज्ञानी 'नेति-नेति' करके प्राप्त करता है और दूसरा भक्त का प्रेममय भगवान्। वस्तुतः ईश्वर दोनों है : वह सगुण भी है और निर्गुण भी। भक्त का उपास्य सगुण ईश्वर, सच्चिदानन्द ब्रह्म से पृथक् नहीं है यानी निर्गुण ब्रह्म से अलग नहीं है। भक्त ब्रह्म के सगुण भाव अर्थात् परम नियन्ता ईश्वर को ही उपास्य रूप में ग्रहण करता है।

भक्ति केवल सगुण ब्रह्म के प्रति की जा सकती है। हमारे स्वभावरूपी स्रोत के साथ सामंजस्य रखते हुए भक्ति प्रवाहित होती है। यह सत्य है कि ब्रह्म के मानवी भाव के अतिरिक्त हम किसी दूसरे भाव की धारणा नहीं कर सकते। पर क्या यही बात हमारी ज्ञात प्रत्येक वस्तु के सम्बन्ध में भी नहीं घटती?

पहले कहा जा चुका है कि भक्ति दो प्रकार की होती है : 'गौणी' और 'परा'। गौणी का अर्थ है साधना-भक्ति, अर्थात् जिसमें हम भक्ति को एक साधन के रूप में लेते हैं, और परा इसी की परिपक्वावस्था है। भक्ति-मार्ग में अग्रसर होने के लिए साधनावस्था में ईश्वर की पूजा, पूजा-सामग्री, फल-मिष्ठान्न यानी क्रिया-अनुष्ठान के बिना काम नहीं बनता। यह भक्ति का पौराणिक रूप है परन्तु यह भक्त का इष्ट नहीं। इष्ट तो पराभक्ति है—भक्त का प्रेमस्वरूप ईश्वर के साथ पूर्ण सान्निध्य।

गुरु

स्वामी विवेकानन्द के अनुसार : जिस व्यक्ति की आत्मा से दूसरी आत्मा में शक्ति का संचार होता है, वह गुरु कहलाता है और जिसकी आत्मा में यह शक्ति संचारित होती है, उसे शिष्य कहते हैं। किसी भी आत्मा में इस प्रकार शक्ति-संचार करने के लिए पहले तो जिस आत्मा से यह संचार होता हो, उसमें स्वयं इस संचार की शक्ति विद्यमान रहे और दूसरे, जिस आत्मा में यह शक्ति संचारित की जाए, वह इसे ग्रहण करने योग्य हो; अर्थात् योग्य सद्गुरु और सत्पात्र शिष्य हो।

स्वामीजी का कहना है कि जिस प्रकार शिष्य में कुछ लक्षणों का रहना आवश्यक है, उसी प्रकार गुरु में भी कुछ लक्षणों का रहना आवश्यक है।

पवित्रता, यथार्थ ज्ञान-पिपासा और उद्योगशीलता—ये सारे लक्षण शिष्य में होना आवश्यक है। सबसे बड़ी आवश्यकता पवित्रता की है। अन्ततः इन सब लक्षणों से युक्त शिष्य को समझ लेना चाहिए कि धर्म को प्राप्त करने के लिए उसे निरन्तर अपनी स्थूल प्रकृति का दमन करते रहना होगा और फिर परिणामस्वरूप मन पवित्र हो जाने पर वह धर्म का अर्थ समझ लेता है।

गुरु को शास्त्रों के मर्म को जानना आवश्यक है। पांडित्य प्रदर्शन से परहेज करना चाहिए। गुरु निष्पाप हो। यह कभी सम्भव नहीं कि अपवित्र आत्मा में धर्म की ज्योति का प्रकाश बना रहे।

गुरु का तीसरा लक्षण है : उद्देश्य। हमें देखना चाहिए कि गुरु अपना नाम कमाने, कीर्ति पाने अथवा अन्य किसी ऐसे उद्देश्य से तो उपदेश नहीं देते हैं? क्या वे केवल शिष्य के प्रति शुद्ध प्रेम से परिचालित होकर उपदेश देते हैं? कारण, केवल प्रेम के ही माध्यम द्वारा गुरु से शिष्य में आध्यात्मिक शक्तियों का संचार किया जा सकता है।

गुरु धर्मपिता और शिष्य धर्मपुत्र होता है। यह उल्लेखनीय बात है कि जहाँ गुरु और शिष्य में ऐसा सम्बन्ध होता है, वहीं महान आध्यात्मिक आत्माओं की वृद्धि होती है।

अवतार

स्वामी विवेकानन्द का कहना है कि साधारण गुरुओं से श्रेष्ठ एक और श्रेणी के गुरु होते हैं और वे हैं : इस संसार में ईश्वर के अवतार। इन नर-देहधारी ईश्वरावतारों के माध्यम के बिना कोई मनुष्य ईश्वर-दर्शन नहीं कर सकता। भगवान् मनुष्य की दुर्बलताओं को समझते हुए मानवता के कल्याण के लिए नर-देह धारण करते हैं। भगवान् श्रीकृष्ण ने अवतार के सम्बन्ध में गीता में कहा है :

यदा यदा ही धर्मस्य ग्लानिर्भवति भारत।
अभ्युत्थानम् अधर्मस्य तदात्मानं सृज्याम्यहम्॥
परित्राणाय साधूनां विनाशाय च दुष्कृताम्।
धर्म संस्थापनार्थय सम्भवामि युगे युगे॥ [गीता 4/7,8]

अर्थात् जब-जब धर्म की ग्लानि होती है और अधर्म का अभ्युत्थान होता है, तब-तब मैं अवतार लेता हूँ। साधुओं की रक्षा और दुष्टों के नाश के लिए तथा धर्म-संस्थापनार्थ युग-युगों से मैं अवतीर्ण होता हूँ।

आगे चलकर भगवान् श्रीकृष्ण कहते हैं :

'जब एक बहुत बड़ी लहर आती है तो छोटे-छोटे नाले और गड्ढे अपने-आप ही लबालब भर जाते हैं। इसी प्रकार जब एक अवतार जन्म लेता है, तो

समस्त संसार में आध्यात्मिकता की एक बड़ी बाढ़ आ जाती है और लोग वायु के कण-कण में धर्मभाव का अनुभव करने लगते हैं।'

प्रतीक तथा प्रतिमा-उपासना

आचार्य रामानुज को उद्धृत करते हुए स्वामीजी कहते हैं : 'जो वस्तु ब्रह्म नहीं है, उसमें ब्रह्मबुद्धि करके ब्रह्म का अनुसंधान प्रतीकोपासना कहलाता है।' प्रतीक शब्द का अर्थ है : किसी की ओर जाना, और प्रतीकोपासना का अर्थ है : ब्रह्म के स्थान पर किसी ऐसी वस्तु की उपासना करना, जो कुछ या अधिक अंशों में ब्रह्म के सदृश हो, पर स्वयं ब्रह्म न हो। स्वामीजी का कहना है कि जब किसी देवता या अन्य किसी पुरुष की उपासना उसे ब्रह्मरूप मानकर की जाती है, तो उससे वही फल प्राप्त होता है, जो ईश्वरोपासना से।

प्रतीक के सम्बन्ध में जो सब बातें कही गई हैं, वे सब प्रतिमा के सम्बन्ध में भी घटती हैं—अर्थात् यदि प्रतिमा किसी देवता या किसी महापुरुष की सूचक हो, तो ऐसी उपासना भक्ति-प्रसूत नहीं है और वह हमें मुक्ति नहीं दे सकती। पर यदि वह उसी एक परमेश्वर की सूचक हो, तो उस उपासना से भक्ति और मुक्ति, दोनों प्राप्त हो सकती हैं।

भक्ति के साधन

आचार्य रामानुज भक्ति-लाभ के उपायों के सम्बन्ध में कहते हैं कि भक्ति की प्राप्ति :

1. विवेक यानी अच्छे-बुरे की पहचान करनेवाली प्रज्ञा से सम्भव है।
2. विमोक (दमन) यानी इन्द्रिय निग्रह।
3. अभ्यास यानी आत्मसंयम और आत्मत्याग का अभ्यास।
4. क्रिया (यज्ञादि) यानी पंच महायज्ञों का नियमित रूप से अनुष्ठान करना : (i) ब्रह्म यज्ञ (वेदों का ज्ञान प्राप्त करना), (ii) देव यज्ञ (देवताओं की पूजा यज्ञादि), (iii) पितृयज्ञ (पिता की सेवा, मृत्यूपरान्त पिंडादिदान, श्राद्धादि कर्म), (iv) भूत यज्ञ (जानवर, पक्षी, दलितों को खाना खिलाना), (v) मनुष्य यज्ञ (अतिथियों, गरीबों की सेवा)।
5. कल्याण (पवित्रता) यानी पवित्रता पर पराभक्ति का प्रासाद खड़ा है।
6. अनवसाद (बल) यानी बलहीन व्यक्ति आत्मलाभ नहीं कर सकता। बलिष्ठ व्यक्ति ही ठीक-ठीक साधक होने योग्य है।
7. अनुद्धर्ष (उल्लास का विरोध) यानी अत्यन्त हास्य-कौतुक हमें गम्भीर चिन्तन के अयोग्य बना देता है।

आचार्य रामानुज के मतानुसार विवेक का अर्थ अन्य बातों के साथ यह भी है कि भक्त को खाद्य का भी विचार रखना चाहिए। खाद्यवस्तु के अशुद्ध होने के तीन कारण होते हैं : (1) जाति दोष अर्थात् खाद्यवस्तु का प्रकृतिगत दोष, जैसे : लहसुन, प्याज आदि, (2) आश्रयदोष अर्थात् दुष्ट और पापी व्यक्तियों के पास से आने में दोष; और (3) मिमित्त दोष अर्थात् किसी अपवित्र वस्तु, जैसे धूल, केश आदि के संस्पर्श से होनेवाले दोष।

श्रुति कहती है : 'आहार शुद्ध होने से चित्त शुद्ध होता है और चित्त शुद्ध होने से भगवान् का निरन्तर स्मरण होता है' :

आहार शुद्धौ सत्त्वशुद्धिः
सत्त्वशुद्धौ ध्रुवा स्मृतिः।

[छान्दोग्य उपनिषद् 7/26]

आत्मशुद्धि के लिए निम्नलिखित गुणों की आवश्यकता है :

1. सत्य,
2. आर्जव अर्थात् सरलता,
3. दया अर्थात् निःस्वार्थ परोपकार,
4. दान,
5. अहिंसा अर्थात् मन, वचन और कर्म से किसी की हिंसा न करना,
6. अनभिध्या अर्थात् परदव्यलोभ, वृथा चिन्तन और दूसरे द्वारा किये गए अनिष्ट आचरण के निरन्तर चिन्तन का त्याग।

इन्हीं सब साधनों द्वारा क्रमशः ईश्वर-भक्ति का उदय होता है।

पराभक्ति-त्याग

स्वामीजी कहते हैं कि सब प्रकार की साधनाओं का उद्‌देश्य है : आत्मशुद्धि। नाम-जप, कर्मकांड, प्रतीक, प्रतिमा आदि केवल आत्मशुद्धि के लिए हैं। पर शुद्धि की इन सब साधनाओं में त्याग ही सबसे श्रेष्ठ है। त्याग के द्वारा वास्तविक आध्यात्मिकता की नींव पड़ती है। त्याग ही वैराग्य है। सब प्रकार के वैराग्यों में भक्तियोगी का वैराग्य सबसे स्वभाविक है, अनायास है।

भगवान् के प्रति इस प्रबल आकर्षण से उसके अन्य सब आकर्षण नष्ट हो जाते हैं। तात्पर्य यह है कि भक्त का वैराग्य अर्थात् भगवान् को छोड़ अन्य सब विषयों में अनासक्ति भगवान् के प्रति परम अनुराग से उत्पन्न होती है।

पराभक्ति की प्राप्ति के लिए यही सर्वोच्च साधन है—जब वैराग्य आता है तो पराभक्ति के क्षेत्र के प्रवेशद्वार खुल जाते हैं। कर्मकांडीय भक्ति यानी अपराभक्ति

के रास्ते से गुजरते हुए, क्षुद्र प्रेमों से मुक्त होते हुए अन्ततः भक्त का दिव्य प्रेम पराभक्ति के क्षेत्र में पहुँच जाता है और भगवत् प्रेम में लीन हो जाता है। गीता में भगवान् श्रीकृष्ण ज्ञानयोग और भक्तियोग की बात करते हैं। परन्तु यह सर्वविदित है कि ज्ञानयोग की साधना बड़ी कठिन है। इसके विपरीत भक्तियोग बिलकुल स्वाभाविक और मधुर है। उसके जीवन में भगवान् और उसके प्रति प्रेम ही चरम लक्ष्य है। उसका ज्ञानयोग की मुक्ति से कोई सरोकार नहीं।

भक्ति के अवस्था-भेद

भक्ति विभिन्न रूपों में प्रकाशित होती है। पहला रूप है : श्रद्धा—भगवान् के प्रति श्रद्धा। श्रद्धा का मूल है प्रेम। दूसरा प्रीति अर्थात् ईश्वर-चिन्तन में आनन्द। तीसरा विरह, प्रेमास्पद भगवान् के अभाव में उत्पन्न होनेवाला तीव्र दुख। यह दुख संसार के समस्त दुखों में सबसे मधुर है। मन की ऐसी दशा में प्रेमास्पद को छोड़ उसे और कुछ अच्छा नहीं लगता।

सार्वजनीन प्रेम

समष्टि से प्रेम किये बिना हम व्यष्टि से प्रेम नहीं कर पाते हैं। स्वामीजी का कहना है कि सारे विश्व का यदि एक अखंड रूप से चिन्तन किया जाए, तो वही ईश्वर है, और उसे पृथक्-पृथक् रूप से देखने पर वही यह हृदयमान संसार व्यष्टि है। इस समष्टि के माध्यम से सारे विश्व से प्रेम करना सम्भव होता है।

वस्तुतः समस्त प्रेम की समष्टि ही भगवान् है। भक्त जब सोचता है कि 'सब कुछ उन्हीं का है, वे मेरे प्रियतम हैं, मैं उनसे प्रेम करता हूँ, तो भगवान् के प्रति प्रेम के साथ ही, उसके निश्चित फलस्वरूप, सर्वभूतों के भी प्रति प्रेम अवश्य आएगा। तब भक्त हर प्रकार की स्वार्थपरता से मुक्त हो जाएगा—यही सच्ची शरणगति है।' भक्त परमेश्वर से भी यही कहेगा : 'मैं तुम्हें अपना सर्वस्व अर्पण करता हूँ।' तब भक्त भगवान् को मन्दिर के भीतर और बाहर, सर्वत्र देखता है। भक्त जानता है कि उसका भगवान् उसके हृदय में नित्य ही दीप्तिमान है।

प्रेम त्रिकोणात्मक है

स्वामीजी के अनुसार : प्रेमरूपी त्रिकोण का पहला कोण यह है कि इस प्रेम के द्वारा किसी वस्तु की प्राप्ति की इच्छा नहीं होती। भक्त भगवान् से इसलिए प्रेम करता है कि वे प्रेमास्पद हैं; सच्चे भक्त के लिए इस दैवी प्रेम का और कोई हेतु नहीं होता।

प्रेम के इस त्रिकोण का दूसरा कोण यह है कि प्रेम में कोई भय नहीं रहता। प्रेम, स्वभावतः, सब प्रकार के भय पर विजय प्राप्त कर लेता है।

प्रेमरूपी त्रिकोण का तीसरा कोण यह है कि प्रेम में कोई प्रतिद्वन्द्वी अर्थात् दूसरा प्रेमपात्र नहीं होता। प्रकृत प्रेम तब तक नहीं होता, जब तक हमारे प्रेम का पात्र हमारा सर्वोच्च आदर्श नहीं बन जाता।

भक्ति-प्रेम के मानवी रूप

1. प्रेम का निम्न रूप शान्त भक्ति—इसमें प्रबल प्रेम की उन्मत्तता नहीं रहती।
2. सख्य प्रेम—इस सख्य प्रेम का साधक भगवान् से कहता है : 'तुम मेरे प्रिय सखा हो।' (सखा त्वमेव)
3. प्रेम का तीसरा रूप वात्सल्य प्रेम—बालक कृष्ण के प्रति माँ यशोदा का प्रेम। जो सम्प्रदाय भगवान् के अवतार में विश्वास करते हैं, उन्हीं में न यह वात्सल्यभाव की उपासना के रूप में आती है और न पनपती है।
4. मधुर प्रेम—जिसमें भक्त और भगवान् के बीच पति-पत्नी के प्रेम की भावना प्रबल दिखती है। दोनों पार्वती-परमेश्वर के समान एकमेक के भाव में निमग्न दिखाई पड़ते हैं। जो लोग इसे केवल भौतिक दृष्टि से देखते हैं, वे इस आध्यात्मिक प्रेमोन्मत्तता को नहीं समझ पाते। स्वामीजी कहते हैं कि इस पति-पत्नी भाव के द्वारा आध्यात्मिक प्रेमोन्मत्तता को गोस्वामी तुलसीदास ने बहुत सुन्दर ढंग से व्यक्त किया है :

जहाँ राम तहँ काम नहिं, जहाँ काम नहिं राम।
तुलसी कबहूँ होत नहिं, रवि रजनी इक ठाम॥

निष्कर्ष के रूप में कहा जा सकता है कि भक्तियोग का आधार-स्तम्भ प्रेम का ज्वार, ज्ञान के मार्ग को गायब कर देता है और तब मुक्ति, उद्धार, निर्वाण की बातें बेमानी हो जाती हैं। भक्त भगवान् से केवल यह कहता है : मुझे धन, जन, सौन्दर्य, विद्या—यहाँ तक कि मुक्ति भी नहीं चाहिए। बस, इतनी ही साध है कि जन्म-जन्म में तुम्हारे प्रति मेरी अहैतुकी भक्ति बनी रहे।

अन्त में स्वामीजी कहते हैं कि ऐसी स्थिति में ज्ञान-ज्योति का भरपूर प्रकाश आता है और वह ज्योति हमें सत्य से परिचित कराती है और हम अनुभव करते हैं कि प्रेम, प्रेमी और प्रेमास्पद—तीनों एक ही हैं।

राजयोग

स्वामी विवेकानन्द के अनुसार, मनुष्य चाहता है सत्य। इस सत्य को प्राप्त करने के लिए, राजयोग विद्या मानव के समक्ष यथार्थ व्यावहारिक और साधनोपयोगी वैज्ञानिक

प्रणाली रखने का प्रस्ताव करता है। इस राजयोग की साधना में किसी प्रकार के विश्वास की आवश्यकता नहीं। जब तक कोई बात स्वयं प्रत्यक्ष न कर सको, तब तक उस पर विश्वास न करो—राजयोग की यही शिक्षा है।

संसार के सभी महान उपदेष्टाओं ने कहा है : 'हमने सत्य देखा और जाना है।' यह प्रत्यक्ष अनुभव राजयोग द्वारा प्राप्त होता है।

स्वामी विवेकानन्द का कहना है कि हमारे अस्तित्व की सीमा केवल चेतन अथवा स्मृति नहीं हो सकती। एक अतिचेतना भूमिका भी है। इस अवस्था में और सुषुप्ति में संवेदनाएँ नहीं प्राप्त होतीं। किन्तु इन दोनों के बीच ज्ञान और अज्ञान जैसा आकाश-पाताल का भेद है। राजयोग ठीक विज्ञान के ही समान तर्कसंगत है।

सफलताकांक्षी साधक के लिए तीन बातों की आवश्यकता है :

1. पहली है ऐहिक और पारलौकिक इन्द्रिय भोग-वासना का त्याग और केवल भगवान् और सत्य को लक्ष्य बनाना।
2. सत्य और भगवत्प्राप्ति की तीव्र आकांक्षा।
3. तीसरी बात है : (क) मन को बहिर्मुखी न होने देना, (ख) इन्द्रिय-निग्रह, (ग) मन को अन्तर्मुख बनाना, (घ) प्रतिकाररहित सहिष्णुता या पूर्ण तितिक्षा एवं (ङ) मन को एक भाव में स्थिर रखना। ध्येय को सामने रखकर उसकी प्राप्ति का चिन्तन करना और उससे कभी अलग न होना। समय का हिसाब न करना।

अंधविश्वास का त्याग करो और अपने को तुच्छ नहीं मानो और ईश्वर के साथ एकात्मता को प्राप्त करने के लिए तब तक ध्यान में डूबे रहो, जब तक तुम उसे प्राप्त नहीं कर लेते हो।

स्वामीजी का कहना है कि अज्ञान, चंचलता, ईर्ष्या, आलस्य और अतिशय आसक्ति योगाभ्यास के महान शत्रु हैं। योगी के लिए तीन बातों की बड़ी आवश्यकता है :

1. शारीरिक और मानसिक पवित्रता। मन को पतन की ओर ढकेलने वाली सभी बातों का परित्याग।
2. धैर्य। धैर्य पर दृढ़ रहने से सिद्धि सुनिश्चित है।
3. अध्यवसाय या लगन।

योग वह विज्ञान है जिसके द्वारा हम चित्त को अनेक वृत्तियों का रूप धारण करने अथवा उनमें रूपांतरित होने से रोकते हैं।

राजयोग का नाम अष्टांग योग है। यह आठ भागों में बँटा हुआ है : यम, नियम, आसन, प्राणायाम, प्रत्याहार, धारणा, ध्यान और समाधि। अष्टांग योग, महर्षि पतंजलि के अनुसार, चित्तवृत्तियों के निरोध के लिए है जिसे स्वामीजी ने राजयोग का नाम दिया है।

1. **यम :** अर्थात् अहिंसा, सत्य यानी सत्य को जीवन में धारण करना। अस्तेय (चोर प्रवृत्ति का न होना), ब्रह्मचर्य यानी चेतना को ब्रह्म में स्थिर रखना और इन्द्रियजनित सुखों में संयम तथा उपरिग्रह, दान नहीं लेना यानी आवश्यकता से अधिक संचित न करना।
2. **नियम :** पाँच व्यक्तिगत नैतिकता के नियम :
   (क) शौच—शरीर और मन की शुद्धि।
   (ख) संतोष—सन्तुष्ट और प्रसन्न रहना।
   (ग) स्वाध्याय—आत्मचिन्तन करना।
   (घ) तप—स्वयं से अनुशासित रहना।
   (ङ) ईश्वर-प्रणिधान—ईश्वर के प्रति पूर्ण समर्पण, पूर्ण श्रद्धा का होना।
3. **आसन :** आसन से तात्पर्य है—स्थिर और सुख देनेवाला, बैठने का प्रकार (स्थिर सुखमासनम) जो देहस्थिरता का साधन है। आसन के सम्बन्ध में इतना समझ लेना होगा कि मेरुदंड को सहज स्थिति में रखना आवश्यक है—ठीक सीधा बैठना होगा, वक्ष यदि नीचे की ओर झुका रहे, तो किसी प्रकार का उच्च चिन्तन करना सम्भव नहीं। राजयोग का यह भाग बहुत कुछ हठयोग से मिलता-जुलता है।
4. **प्राणायाम :** प्राणायाम का अर्थ है—प्राण का नियम। राजयोग में प्राणवायु चित्तभूमि में प्रविष्ट होकर हमें आध्यात्मिक क्षेत्र में ले जाती है। यह प्राण-वायु समस्त देहयंत्र का मूलचक्र है। प्राण फुफ्फुस से, हृदय और हृदय से मस्तिष्क पर रक्तप्रवाह क्रिया के द्वारा मन को प्रभावित करता है और हमारी आन्तरिक शक्ति प्रबल हो उठती है। प्राणायाम के तीन अंग हैं : (i) पूरक—श्वास लेना, (ii) कुंभक—श्वास रोकना और (iii) रेचक—श्वास छोड़ना।

   स्वामीजी इसको समझाने के लिए श्वास-प्रश्वास के नियमन के सम्बन्ध में आलोचना करते हैं।

वस्तुतः प्राणायाम का अर्थ है : प्राण का संयम। यह प्राण ही समस्त प्राणियों के भीतर जीवनीशक्ति के रूप में विद्यमान है। स्वामीजी प्राण के आध्यात्मिक रूप को स्पष्ट करते हुए कहते हैं कि योगियों के मतानुसार मेरुदंड के भीतर इड़ा और पिंगला नाम के दो शक्ति-प्रवाह हैं और मेरुदंडस्थ मज्जा के बीच सुषुम्ना नाम की एक शून्य नली है। इस शून्यनली के सबसे नीचे कुंडलिनी का आधारभूत पद्म उपस्थित है। योगियों का कहना है कि वह त्रिकोणाकार है। योगियों की भाषा में जब यह कुंडलिनी शक्ति जगती है तब वह इस शून्यनली के बीच से मार्ग बनाकर एक-एक सोपान ऊपर उठती जाती है और जब यह कुंडलिनी मस्तक पर चढ़

जाती है तब योगी सम्पूर्ण रूप से शरीर और मन से पृथक् हो जाता है और उसकी आत्मा मुक्तावस्था में पहुँच जाती है।

मेरुमज्जा एक विशेष प्रकार से गठित है। अंग्रेजी के आठ अंक (8) को यदि आड़े (∞) कर दिया जाए तो देखेंगे कि उसके दो अंश हैं और वे दोनों अंश बीच से जुड़े हुए हैं। इस तरह के आड़े (∞) आठ के अंक को एक पर एक रखने में जैसा दिख पड़ता है, मेरुमज्जा बहुत कुछ वैसी ही है। इसके बाईं ओर इड़ा शक्ति-प्रवाह है और इसे 'चन्द्र' नाम से अभिहित किया जाता है और दाहिनी ओर पिंगला जिसे 'सूर्य' के नाम से अंकित किया जाता है। और जो शून्यनली मेरुमज्जा के बीच में से गई है, वही सुषुम्ना है। ये शक्ति-प्रवाह दिन-रात गतिशील रहते हैं और विभिन्न केन्द्रों में, जिन्हें हम 'चक्र' कहते हैं, महत्त्वपूर्ण जीवन-शक्तियों का संचय किया करते हैं। एकाग्रता के द्वारा हम इन शक्ति-प्रवाहों का अनुभव और उनकी क्रियाओं को समझ सकते हैं। ये 'सूर्य' और 'चन्द्र' के शक्ति-प्रवाह श्वास-क्रिया के साथ घनिष्ठ रूप से सम्बद्ध हैं और श्वास-क्रिया के नियमन यानी प्राणायाम द्वारा हम समस्त शरीर को वश में कर सकते हैं।

स्वामीजी का कहना है कि योगियों की भाषा में सुषुम्ना के दोनों छोरों पर दो कमल हैं। नीचेवाला कमल कुंडलिनी के त्रिकोण को आच्छादित किये हुए है और ऊपरवाला ब्रह्मरन्ध्र में है जिसे सहस्रार कहा जाता है।

इन दोनों के बीच में पाँच कमल और हैं। सहस्रार और मूलाधार समेत सात कमल हैं :

सप्तम : सहस्रार कमल,
षष्ट : आज्ञा—नेत्रों के मध्य,
पंचम : विशुद्ध—कंठ के नीचे,
चतुर्थ : अनाहत—हृदय के समीप,
तृतीय : मणिपूर—नाभि देश में,
द्वितीय : स्वाधिष्ठान—उदर के नीचे,
प्रथम : मूलाधार—मेरुदंड के नीचे।

प्रथम कुंडलिनी को जगाना चाहिए। कुंडलिनी को जगा देना ही तत्त्वज्ञान, अतिचेतन अनुभूति या आत्म-साक्षात्कार का एकमात्र उपाय है।

(5) तथा (6)—*प्रत्याहार और धारणा*

स्वामीजी के अनुसार : मन को समस्त विषयों से खींच लाकर एकत्र करते हुए किसी अभीष्ट विषय में एकाग्र करने की चेष्टा का ही नाम प्रत्याहार है। हम पाँच इन्द्रियों के माध्यम से अपनी इच्छाओं की पूर्ति करते हैं। इच्छा हमारा मन ही करता है। इच्छाओं के द्वारा वासनाओं की पूर्ति से हमारी ऊर्जा बाहर की ओर बहने लगती है। ऊर्जा के बाहरी गमन को रोककर उसे भीतर की ओर मोड़ देना ही प्रत्याहार कहलाता है।

मन के संयम का पहला सोपान यह है कि कुछ समय के लिए चुप्पी साधकर बैठे रहो। कुछ महीनों बाद मन पूर्ण रूप से अपने वश में आ जाएगा। इस प्रकार मन को संयम करना और उसे विभिन्न इन्द्रियों के साथ संयुक्त न होने देना ही प्रत्याहार है।

कुछ काल तक प्रत्याहार की साधना करने के बाद, उसके बाद की साधना अर्थात् धारणा का अभ्यास करने का प्रयत्न करना होगा।

स्वामी विवेकानन्द के अनुसार धारणा का अर्थ है : मन को देह के भीतर या उसके बाहर किसी स्थान में धारण या स्थापन करना। इसका अर्थ है कि मन को शरीर के अन्य सब स्थानों से अलग करके किसी एक विशेष अंश के अनुभव में बलपूर्वक लगाए रखना। मान लो, मैंने मन को हाथ में धारण किया। तब शरीर के अन्यान्य अवयव विचार के विषय के बाहर हो जाएँगे। जब चित्त अर्थात् मनोवृत्ति किसी निर्दिष्ट स्थान में आबद्ध होती है, तब उसे धारणा कहते हैं। यह धारणा अनेक प्रकार की है। इस धारणा के अभ्यास के समय किसी कल्पना की सहायता लेने से काम अच्छा सधता है। मान लो, हृदय के एक बिन्दु में मन को धारण करना है। इसे कार्य में परिणत करना बड़ा कठिन है।

स्वामीजी कहते हैं कि सहज उपाय यह है कि हृदय में एक पद्म की भावना करो और कल्पना करो कि वह ज्योति से पूर्ण है—चारों ओर उस ज्योति की आभा बिखर रही है। उसी जगह मन की धारणा करो अथवा मस्तिष्क में स्थित सहस्त्रदल कमल को अथवा सुषुम्ना में स्थित विभिन्न चक्रों को ज्योतिर्मय रूप से सोचो, और फिर योगी का मन स्थिर होकर ध्यानमग्न हो पाएगा।

स्वामीजी कहते हैं कि योगी को निरन्तर अभ्यास करना होगा, फिर शुक्ति (सीपी) की तरह बनो। स्वाति नक्षत्र में तुंगस्थ रहते हुए यदि आकाश से पानी गिरे और उसकी एक बूँद सीपी में चली जाए तो जिस तरह सीपी मुँह बन्द करके समुद्र के अथाह गर्भ में जाकर बड़े धैर्य के साथ उससे मोती तैयार करने के प्रयत्न में लग जाती है, उसी तरह योगी को विक्षेपकारी बातों से दूर रहकर सत्यतत्त्व के विकास के लिए प्रयत्न करना होगा।

(7) तथा (8)—*ध्यान और समाधि*

स्वामीजी का कहना है कि हम राजयोग के अंतरंग साधनों को छोड़ शेष सभी अंगों के संक्षिप्त विवरण दे चुके हैं। अब हमें अंतरंग साधनों की बात करनी है। अंतरंग साधनों से एकाग्रता की प्राप्ति होती है। इस एकाग्रता-शक्ति को प्राप्त करना ही राजयोग की चरम लक्ष्य है।

हम दो क्रियाओं के द्वारा आबद्ध हैं : एक, चेतन क्रिया। स्वामीजी इसे ज्ञान या चेतनभूमि कहते हैं, अर्थात् जिन कामों को करते समय, साथ-साथ 'मैं कर रहा हूँ'—यह ज्ञान सदा विद्यमान रहता है।

दूसरी, भूमि को अज्ञान या अचेतनभूमि कह सकते हैं। जिसमें 'मैं' ज्ञान नहीं रहता, उसे अज्ञान या अचेतन भूमि कह सकते हैं। परन्तु मन इन दोनों से भी उच्च भूमि पर विचरण कर सकता है। यह उच्चतर समाधि की भूमि है। जब साधक ध्यान करते-करते ऐसी स्थिति में पहुँच जाता है जहाँ उसे खुद का ध्यान ही न रहे, मात्र ध्येय ही शेष रह जाए, तो ऐसी स्थिति को समाधि कहते हैं। इसमें ज्ञेय, ज्ञान तथा ज्ञाता का अन्तर समाप्त हो जाता है। साधक अणु-परमाणुओं की संरचना के पार मुक्त साक्षी आत्मा रह जाता है।

स्वामीजी समाधि को ज्ञानातीत भूमि के नाम से अभिहित करते हैं। स्वामीजी यह भी कहते हैं कि जब मनुष्य समाधिस्थ होता है तो समाधि प्राप्त करने के पहले यदि वह महामूर्ख रहा हो, अज्ञानी रहा हो, तो समाधि से वह महाज्ञानी होकर व्युत्थित होता है।

मनुष्य जिसे अत्यन्त कीमती और सबसे प्रिय समझता है, वह युक्ति-तर्क के क्षेत्र के बाहर है। वह अविनाशी आत्मा है। योगी इसीलिए कहता है कि इस मन की ही ऐसी एक उच्चावस्था है, जो युक्ति-तर्क के परे है, जो अति चेतन है। उस उच्चावस्था में पहुँचने पर मनुष्य तर्क के अगम्य ज्ञान को प्राप्त कर लेता है, और ऐसे मनुष्य को ही समस्त विषय-ज्ञान के अतीत परमार्थिक ज्ञान या अतीन्द्रिय ज्ञान की प्राप्ति होती है। यही समाधि का फल है।

स्वामी विवेकानन्द का कहना है कि ठीक वैज्ञानिक उपाय से अतिचेतन या समाधि अवस्था प्राप्त करने के लिए ही पूर्वकथित सारे योगांग उपदिष्ट हुए हैं। इस दिव्य प्रेरणा को प्राप्त करने की शक्ति मनुष्य के स्वभाव में है। बड़े साधु-महात्मा हमारे जैसे होते हुए भी उच्च कोटि के योगी होते हैं। साधारण मनुष्य के लिए इस अवस्था को प्राप्त करना ही धर्म है।

इस समाधि में, स्वामीजी के अनुसार, प्रत्येक मनुष्य का, यही नहीं, प्रत्येक प्राणी का अधिकार है। सबसे निम्नतर प्राणी से लेकर अत्यन्त उन्नत देवता तक—सभी कभी-न-कभी इस अवस्था को अवश्य प्राप्त करेंगे, और जब किसी को यह अवस्था प्राप्त हो जाएगी, तभी और तभी हम कहेंगे कि उसने यथार्थ धर्म की प्राप्ति की है।

7

राष्ट्र-चिन्तन

बहन निवेदिता ने एक बार कहा था कि स्वामीजी कोई राजनेता नहीं थे परन्तु वे राष्ट्रवादियों में सबसे महान थे। विदेश से अंग्रेजों द्वारा आयातित 'नेशन-स्टेट' को लेकर 19वीं शती, यहाँ तक कि 20वीं शती के एक-तिहाई तक भारतीयों में काफी दुविधा और असमंजस का भाव था। इसकी एक तसवीर सन् 1939 में प्रकाशित उपन्यास 'आरण्यक' के लेखक विभूति भूषण बंद्योपाध्याय ने लेखक और एक आदिवासी लड़की भानुमति के बीच हुए संवाद के माध्यम से प्रस्तुत की है। लेखक पूछता है :

'क्या आप कभी किसी शहर में गई हैं?'
'नहीं, बाबू जी,' आदिवासी औरत का उत्तर था।
'क्या आपने किसी शहर के बारे में सुना है?' लेखक ने पूछा।
'गया, मुंगेर, पटना,' जवाब था।
'क्या आपने कलकत्ते का नाम नहीं सुना है?'
'हाँ, सुना है।'
'क्या आप जानती हैं कि वह कहाँ है?'
'नहीं, बाबूजी।'
'क्या आप इस देश का नाम जानती हैं जहाँ हम रहते हैं?'
'हाँ, जानती हूँ। हम गया जिले में रहते हैं।'
'आपने भारतवर्ष का नाम नहीं सुना है?'
भानुमति ने सिर हिलाकर 'ना' कह दिया। उसने यह नाम कभी नहीं सुना। वह अपने गाँव चकमकतोला से कभी भी बाहर नहीं गई।

लेखक के द्वारा पूछा गया प्रश्न 'भारतवर्ष कहाँ है?'—यह आधुनिक भारत की खोज को समस्या-संकुल बना देता है। हम यह नहीं समझ पाए कि हमारी पहचान क्या क्षेत्रीय है या हमें राष्ट्रीय पहचान के साथ रहना चाहिए? क्या हममें कभी एक राष्ट्र का विचार रहा है?

राष्ट्र की अवधारणा और धर्म

अंग्रेजों के आगमन से पहले, हमारे पास भारत की एक मनोवैज्ञानिक और भौगोलिक छवि थी, मगर उसकी संकल्पना भारतीय समाज की बहुलतावादी संरचना के कारण काफी ढीली थी। लेकिन एक ही समय में बहुभाषी, बहुधर्मीय, बहुजातीय, बहु-सांस्कृतिक भारत में धर्म द्वारा शासित राष्ट्र का एक एकीकृत ढाँचा था। महात्मा गांधी द्वारा अपनी पुस्तक 'हिंद स्वराज' (1909) में यह काफी व्यावहारिक रूप में समझाया गया है : आपको क्या लगता है कि हमारे दूरदर्शी पूर्वजों के इरादे क्या हो सकते हैं जिन्होंने तीर्थस्थान के रूप में दक्षिण में सेतुबंध (रामेश्वरम्) की स्थापना की, पूर्व में जगन्नाथ मन्दिर और उत्तर में हरिद्वार तीर्थस्थल? आप स्वीकार करेंगे कि वे मूर्ख नहीं थे। वे जानते थे कि भगवान् की पूजा घर पर की जा सकती है। उन्होंने हमें यह पाठ सिखाया कि जिनके दिलों में धर्म और सचाई का प्रकाश मौजूद है, गंगा उनके घरों में बहती है (मन चंगा तो कठौती में गंगा)। लेकिन उन्होंने देखा कि भारत प्रकृति के द्वारा बनाई गई एक अविभाजित भूमि थी। इसीलिए उन्होंने तर्क दिया कि यह एक राष्ट्र होना चाहिए। इस प्रकार तर्क देते हुए उन्होंने भारत के विभिन्न हिस्सों में पवित्र तीर्थस्थलों की स्थापना की और राष्ट्रीयता के विचारों से भारतीयों के मन को लबालब भर दिया। दुनिया के किसी भी हिस्से में रहनेवाले लोगों के लिए यह एक अनजान और अनहोनी बात थी ('संपूर्ण गांधी साहित्य', खंड IX)।

यह सांस्कृतिक राष्ट्रवाद है। यद्यपि राष्ट्रवाद, धर्म, धर्मनिरपेक्षता आदि शब्दावलियाँ विदेश से आयातित निहित अर्थों से भरी होती हैं और भारतीय संदर्भ में उपयोग किये जाने पर ये काफी भ्रम पैदा करती हैं। भारतीय संदर्भ में यह निश्चयतापूर्वक कहा जा सकता है कि सांस्कृतिक राष्ट्रवाद राजनीतिक राष्ट्रवाद के साथ या उसके बिना भी अस्तित्व में बना रह सकता है। राजनीतिक एकता और स्वतंत्रता के बिना लम्बे समय तक इस देश की विभिन्न जातियों (nationalities) या विभिन्न कौमों का अस्तित्व रहा है।

भारत के प्रसिद्ध इतिहासकार के. एम. पणिक्कर (सरदार कावलम माधव पणिक्कर) के अनुसार धर्म-आधारित सांस्कृतिक राष्ट्रवाद भारत की जनता को एक राष्ट्र के रूप में एकजुट करने में वास्तविक रूप से उत्तरदायी है। उन्होंने कहा है : 'भारतीय राष्ट्रवाद को गतिशील बनाने, भारत के बड़े हिस्से को इकट्ठे जोड़ने, एक राष्ट्र के रूप में संगठित करने तथा भारतीय हिन्दुओं में एक समुदाय की भावना प्रसारित करने का श्रेय काफी हद तक स्वामी विवेकानन्द को जाता है।'

भारत चाहे संघीय गणतांत्रिक राज्य-व्यवस्था का पालन करता रहा हो या फिर राजतंत्रीय व्यवस्था, हर राज्य-व्यवस्था में धर्म ही लोगों के जीवन को अनुशासित करता रहा है। भारतीय दृष्टि में धर्म को धार्मिक, नैतिक, सामाजिक,

राजनीतिक, न्यायिक तथा प्रथागत कानून के रूप में स्वीकार किया जाता है। धर्म हमारा नैतिक और सामाजिक संविधान है। राजा केवल धर्म के संरक्षक, निष्पादक और सेवक होते थे। ब्रिटिश शासन के बाद से आधुनिक एवं 'नेशन स्टेट' की अवधारणा भारतीय समाज में प्रवेश कर गई, परन्तु उस समय के राष्ट्रवादी भारतीय लेखक बंकिम चन्द्र चट्टोपाध्याय और दूसरों ने इसका विरोध किया। बंकिम बाबू हमेशा कहते थे : यह मत भूलो, सर्वोच्च धर्म देश के प्रति गहरा प्रेम है। यह प्रेम यूरोपीय देशभक्ति नहीं है जो एक घृणित पाप है। इस भयावह देशभक्ति के प्रभाव के तहत, अमरीका के मूल निवासियों (रेड इंडियनों) को इस धरती से मिटा दिया गया है।

बंकिम बाबू ने धर्म के आधार पर एक राष्ट्र के विचार की प्रतिष्ठा की, मनुष्यत्व और सामंजस्य के आश्रय से इसकी व्याख्या की और मानवतावाद और समरसता को वैश्विक मानवतावाद में रूपान्तरित कर दिया।

दूसरे शब्दों में भारतीय राष्ट्र वैश्विक मानवतावाद का ही प्रतिरूप है। रवीन्द्रनाथ टैगोर और स्वामी विवेकानन्द की रचनाओं में भारत मात्र एक भौगोलिक क्षेत्र नहीं है या एक निश्चयात्मक राजनीतिक इकाई भी नहीं लेकिन मूलत: भारत एक विचार है, जातीय संस्कार है तथा मानवीय रिश्तों के नेटवर्क का संयोजन है जो राष्ट्र से परे जाकर पूरे विश्व को अपने में समेटे हुए है।

रवीन्द्र और विवेकानन्द की राष्ट्र की परिकल्पना में भारतीय दर्शन और धर्म पर आधारित विभिन्न संस्कृतियों के आपसी आदान-प्रदान के द्वारा प्राण-रस का प्रसार करना था। इस परिकल्पना में पश्चिम के अंधराष्ट्रीय तथा साम्प्रदायिक चरित्र से बचते हुए उनके कर्म के सिद्धान्त को अन्तर्निहित किया।

यहाँ संक्षेप में धर्म का विश्लेषण किया जा रहा है, बाद में विस्तार से 'धार्मिक राष्ट्रवाद' उप-शीर्षक के अन्तर्गत इसका विवेचन किया जाएगा।

आज 'धर्म' शब्द का आम तौर से अंग्रेजी अनुवाद में 'रिलिजन' किया जाता है। यह गलत अर्थ इतना अधिक प्रचलित और लोकप्रिय बन चुका है कि इस अर्थ ने अनुचित मान्यता प्राप्त कर ली है। संस्कृत शब्द 'धर्म' 'रिलिजन' नहीं है। संस्कृत, पालि और यहाँ तक कि अर्द्धमागधी में 'धर्म' का अर्थ 'सामाजिक व्यवस्था' था। वास्तव में 'धर्म' शब्द का उपयोग इतना व्यापक और सर्वसमावेशी है कि एक आध्यात्मिक और धर्मनिरपेक्ष व्यक्ति का पूरा जीवन धर्म द्वारा निर्दिष्ट किया जा सकता है और इसीलिए बार-बार स्वामी विवेकानन्द ने भारत के संदर्भ में जिस 'रिलिजन' की बात की, वह दरअसल संस्कृत शब्द 'धर्म' का निष्पादन था जो रिलिजन, धर्म तथा आध्यत्मिकता के परस्पर विनिमय के आधार पर होता रहा :

'भारत—हमारी मातृभूमि का आधार धर्म तथा धर्म के अतिरिक्त और कुछ नहीं है। धर्म ही इसकी रीढ़ है और हमारे जीवन के विशाल भवन की बुनियाद है।'

स्वामीजी ने आगे चलकर कहा : 'एक अंग्रेज धर्म को राजनीति के सहारे समझता है और एक अमरीकन सामाजिक सुधार के माध्यम से धर्म को समझ सकता है लेकिन हम धर्म के माध्यम से राजनीति और समाजशास्त्र, दोनों को समझते हैं। एशिया की आवाज धर्म की आवाज रही है। यूरोप की आवाज राजनीति की आवाज है।'

भारत के लोग, स्वामीजी ने ऐसा महसूस किया कि वे धर्म के बिना राजनीति को कभी स्वीकार नहीं करेंगे। एक भारतवासी धर्म में विश्वास करता है जो उसके लिए जीवनी-शक्ति है। इसीलिए स्वामीजी ने सभी सुधारकों से अपील की :

'समाजवादी या राजनीतिक विचारों की बाढ़ लाने से पहले आध्यात्मिक विचारों से भारत देश की धरती को प्लावित कर दें।'

इस तरह से स्वामीजी धर्म और अध्यात्म को एक वृहत् परिप्रेक्ष्य प्रदान करते हैं। यह कोई आश्चर्य नहीं कि श्री अरबिंद ने इस विचारधारा को स्वीकृति देते हुए अन्त में कहा कि यह वैश्विक समावेशी धर्म भारत की दृष्टि में मनुष्य के विकासशील मन-मस्तिष्क और आत्मा के लिए एक आदर्श-पूर्णता का नियम है।

धर्म का यह आदर्श रूप मात्र विशुद्ध भाव से न्यायसंगत और नैतिक सदाचारपूर्ण नहीं है, यद्यपि इन सब गुणों का इसमें आधिक्य है; साथ ही यह बौद्धिक, धार्मिक, सामाजिक तथा सौन्दर्यात्मक है। कहने को धर्म का यह सम्पूर्ण आदर्श मनुष्य की प्रकृति की अभिव्यक्ति है।

इस तरह स्वामी विवेकानन्द की दृष्टि की प्रामाणिकता उनकी वैश्विक विचार-दृष्टि में निहित है। यहाँ तक कि स्वामीजी आधुनिक राष्ट्रीय पहचानवाले भारत देश को सम्बोधित करते हुए उसकी राष्ट्रीय सीमाओं को पार कर विश्व-नागरिक बन जाते हैं। इसका तात्पर्य यह है कि स्वामीजी धर्म के गहरे अर्थ को समझते हुए एक ओर क्षेत्रीय-राष्ट्रीय वार्ताकारों को, तो दूसरी ओर राष्ट्रवाद की काल्पनिक बाड़ की दूसरी तरफ के लोगों को सम्बोधित करने में जुटे हुए थे।

स्वामी विवेकानन्द का सम्पूर्ण साहित्य और भाषण न केवल भारत वरन् पूरी दुनिया के लिए हर दृष्टि से प्रासंगिक बना हुआ है। स्वामीजी की चिन्तनधारा में केवल भारत ही नहीं बल्कि सम्पूर्ण पृथ्वी समायी हुई थी, जैसाकि उन्होंने एक बार कहा था कि वे पूरी दुनिया के साथ उसी तरह से सम्बद्ध हैं, जैसा भारत के साथ उनका सरोकार है।

चिन्तनशील ध्यानस्थ उपनिषद्काल में हमें बताया गया था कि यह पृथ्वी एक मानव परिवार है (वसुधैव कुटुम्बकम्), दिव्य स्फुलिंग (आत्मा) हमारा मार्गदर्शक सिद्धान्त है और हम स्वयं दिव्यात्मा हैं। इस सिद्धान्त के अनुसार पूरा विश्व (वैश्विक मानवता, प्रकृति और जीव) एक परिवार है और यह सिनोपे के डायोजनीज

की (412 ई. पूर्व) विश्व नागरिक (kosmopolities) अवधारणा के अनुकूल है। स्वामी विवेकानन्द इसकी स्वीकृति देते हुए कहते हैं कि 'यह विश्व मेरा देश है।'

वैश्विकता की यह परिकल्पना 'भारत : एक राष्ट्र' की जानी-पहचानी पारम्परिक विचारधारा या मोटिफ पर आधारित है और वह है : भारत की एकता, जो उसकी विविधता पर आश्रित है; अर्थात् जिसने सारे वैविध्य को अपने में समेटा है परन्तु किसी विचारधारा की स्वतंत्रता को नष्ट नहीं किया। टैगोर के लिए इसी प्रकार राष्ट्र एक सामूहिक चेतना है, एक साथ रहने की इच्छाशक्ति है।

यद्यपि भारत द्वारा उपलब्ध इस प्रकार की सामाजिक एकता को राष्ट्रीय कहा या नहीं भी कहा जा सकता है परन्तु विविधता में एकता की स्थापना और सामाजिक संस्कृति का होना ही भारतीय सभ्यता की पहचान है और इस दृष्टि से भारत की एकता को राष्ट्रीय एकता के रूप में परिणत किया जा सकता है।

देश और क्षेत्र

स्वामी विवेकानन्द ने आजीवन राष्ट्रवाद को लेकर जो विचार-विवेचन किया, उसका एक आवश्यक घटक था मानवता को लेकर उनका वैश्विक चिन्तन। इसीलिए स्वामीजी कहा करते थे :

'अपने को व्यापक बनाना, बाहर अपने को औरों से जोड़ना, विश्व से अपने को जोड़कर अपने को वैश्विक बनाना ही हमारे जीवन का उद्देश्य है।'

इसी सम्बन्ध में रूसी विद्वान आई. पी. चेलेइशिव का विचार है कि स्वामीजी ने आवेगहीन स्वर में भारत की एकता, धार्मिक तथा साम्प्रदायिक कलह से मुक्ति, जाति-पाँति के दलदल से निकलने और विश्व के देशों के बीच शान्ति और बंधुत्व की स्थापना के लिए विश्व समुदाय का आह्वान किया था। यही भारत के राष्ट्रीय चरित्र की बुनियादी बात है।

भारतीय संदर्भ में एक संस्कृति-युक्त नेशन-स्टेट की विचारधारा एवं पश्चिमी छाप राष्ट्रवाद को लेकर हमारे मन में हमेशा दुविधा बनी रही, इसकी यदाकदा अभिव्यक्ति भी होती रही, खास कर तब, जब हम भारतीय सर्वमान्य विचार या राष्ट्रवाद की अवधारणा की आवश्यकता का अनुभव करते थे।

इसमें कोई संदेह नहीं कि भारत का यह एक भौगोलिक परिचय है मगर भारत-राष्ट्र का विचार इतना राजनीतिक नहीं, जितना कि सांस्कृतिक है। उदाहरण के रूप में भारत की भौगोलिक स्थिति में परिवर्तन के बावजूद, अशोक का भारत, अकबर के भारत से भिन्न था और अकबर का भारत ब्रिटिश इंडिया से अलग था और वर्तमान भारत ब्रिटिश भारत से अलग है। फिर भी एक एकीकृत सांस्कृतिक

रूप में भारत की अवस्थिति बनी हुई है, जिसका वर्णन महाभारत के भीष्म पर्व में 'सप्तद्वीप भारत देश' के रूप में किया गया है या उर्दू भाषा के जनक अमीर खुसरो ने जिसे 'नुहु सिफिर' यानी भारत को 'नौवां आकाश' कहा या असम के शंकरदेव ने भारत को एक एकीकृत सांस्कृतिक देश के रूप में अविहित किया है।

यही कारण है कि भारत एक राष्ट्र-प्रधान देश नहीं है, जैसाकि रवीन्द्रनाथ टैगोर कहते हैं, जहाँ देश का मूल अपने राष्ट्रवाद में घिरा रहता है, लेकिन यह एक समाज-प्रधान देश है, जहाँ देश का मूल विविध रूपों में, लोगों के बीच सभी जगह फैला हुआ है। भारत इसीलिए देश भी है और क्षेत्र भी। इसकी एक केन्द्रीय पहचान (भारत संघ) है और एक संघीय पहचान भी है (भारत एकसंघीय राज्य)।

भारत को एक प्रभावी लोकतंत्र के रूप में जीवित रहने के लिए अपनी बहुविध आबादी की विभिन्न पहचानों को स्वीकार करने और समायोजित करने में सक्षम बने रहना है। यह एक नेशन-स्टेट नहीं बल्कि जैसाकि पंडित नेहरू ने कहा था, एक राष्ट्र बनने की प्रक्रिया में है। हमारा राष्ट्रवाद समन्वयात्मक ढंग से भारतीय है। यह हमारे बहुलवाद, आध्यात्मिक परम्परा, सत्य और सहिष्णुता के आदर्शों पर आधारित है और इसीलिए हमारे राष्ट्रवाद में सार्वभौमिक शक्ति है। यह कोई आश्चर्य की बात नहीं कि विवेकानन्द ने अपने गुरु श्रीरामकृष्ण से प्रशिक्षित होकर अध्यात्म और त्याग की भावना को राष्ट्र की अपनी अवधारणा का सबसे आवश्यक घटक बनाया था।

यहाँ तक कि टैगोर ने आधुनिकता की, अपनी शर्तों में, परिभाषा देते हुए बेजिंग में, सन् 1924 में, नि:संकोच कहा था कि 'भौतिक पदार्थों की धृष्टता काफी पुरानी है। मनुष्य में आत्मा का रहस्योद्घाटन आधुनिक है। मैं इसके पक्ष में हूँ, मैं आधुनिक हूँ।'

मनुष्य में आत्मा का रहस्योद्घाटन टैगोर का मुख्य दार्शनिक विचार है। त्याग और आत्मा का उद्घाटन मनुष्य की उच्च आध्यात्मिक सत्ता से सम्बद्ध है। स्पष्टत: मनुष्य वैश्विक मनुष्य के साथ जुड़ा हुआ है और परिणामत: यहाँ राष्ट्रीयता का सम्पूर्ण मुद्दा, समूह के परिचय के स्वार्थ पर, राजनीति (identity politics) और राष्ट्रीयता को एक विवादास्पद प्रश्न बना देता है। यह साम्प्रदायिक आन्दोलनों की भरमार, धार्मिक झड़पें और अपने अलग अस्तित्व के लिए देश से सम्बन्ध-विच्छेद या स्वायत्तता के लिए आन्दोलन व्यवस्था की सामयिक कमी या फेल होना दर्शाता है। यह राज्य द्वारा लोगों को समझाने की सामर्थ्य के अभाव से होता है कि देश की आर्थिक और राजनीतिक महत्त्वाकांक्षाएँ राज्य की संरचना के अन्तर्गत ही सम्भव हैं।

एक अलग अस्तित्व के लिए आन्दोलन आत्म-प्रसार की इच्छा से प्रसारित होता है परन्तु यह निहायत ही लक्षणसूचक होता है और किसी भी दृष्टि से अन्तिम

लक्ष्य नहीं। प्रत्येक वर्ग केवल यही कह रहा है कि हमें एक स्थान दीजिए जहाँ हम यह अनुभव कर सकें कि 'यह हमारा है, यह हमारे अधिकार में है, हम ही अपने भाग्य के नियन्ता हैं।'

अब राजनीतिक चिन्तकों और सैद्धान्तिकों ने बड़ी गम्भीरता से यह सोचना शुरू कर दिया है कि देश की एकता के लिए क्या यह आवश्यक नहीं कि शक्तिशाली और आत्मविश्वास से भरे हुए क्षेत्रीय यूनिट को स्वीकृति दी जाए और भारत राज्य को एक इकाई के स्थान पर बहुत सारी इकाइयों की समष्टि के रूप में स्वीकारा जाए? भारत के संविधान के अनुसार संघीय राज्यों, पंचायती राज या लोकल सेल्फ गवर्नमेंट का अवस्थान, जिनको लेकर पश्चिमी दृष्टि-सम्पन्न आधुनिकतावादी डरते थे कि इससे 'लोकलिज्म' के यानी भारत के प्राचीन भाव-विचार के प्रसार के द्वारा देश के टुकड़े हो जाएँगे, परन्तु आज भारत के प्राचीन भाव-विचार काफी लोकप्रिय हो चुके हैं। इसके परिणामस्वरूप संसदीय लोकतंत्र के प्रभावी केन्द्रीकृत मॉडल का उचित रूप से संशोधन हुआ है और साफ तौर पर लोकतंत्र का एक भारतीय प्रकार उद्घाटित हुआ है जो केवल भारत के लिए ही महत्त्वपूर्ण नहीं बल्कि बहुलवादी इस नई दुनिया के लिए भी प्रासंगिक है।

एक प्रभावशाली लोकतंत्र के रूप में बने रहने के लिए यह जरूरी है कि भारत की बहुमुखी जनसंख्या विभिन्न समुदायों की परिचिति को स्वीकार करे और उन्हें भारत के निवासी के रूप में स्वीकृति दे। समस्या तब खड़ी होती है जब समुदाय के कुछ सदस्य अपनी परिचिति को प्रतिष्ठित करने में कठोर बने रहते हैं, कोई समझौता करने से बिलकुल इनकार करते हैं और अपने हक का दावा करने लगते हैं, जबकि इसके विपरीत दूसरे को सरलता से क्षेत्रीय और राष्ट्रीय मुख्यधारा में समाहित किया जा सकता है। परन्तु बहुसंख्यकों या अल्पसंख्यकों के अपनों के लिए अधिक या ऐकांतिक लगाव दोनों के लिए ही नुकसानदेह हो सकते हैं और समाज को ध्वंस कर सकते हैं।

यहाँ तक कि संघीय राज्यों के लिए इस तर्क पर, कि उन्हें काम करने की अधिक स्वाधीनता हो और साथ ही केन्द्र को भी शक्तिशाली बनाए रखा जाए, विरोध जताने की गुंजाइश रहती है क्योंकि यह तलवार की धार पर चलने जैसा है। इसके लिए राज्य और केन्द्र स्तर पर बहुत ही अच्छे प्रशासकों की जरूरत होती है। लोकल परिचितियों का जानकार होता है और साथ ही लोकल राष्ट्रीय परिचिति के बिना अस्तित्व में नहीं रह सकता, इसे वह जानता है। इस तरह के संतुलित कार्यों के द्वारा एक अच्छा प्रशासक भार-साम्य बनाए रखता है। लोकल समुदाय को यह पता रहना चाहिए कि देश के सहभागी लोकतंत्र पर आधारित उनकी एक राष्ट्रीय परिचिति भी है। एक बहुलवादी राज्य के लिए यह जरूरी है कि प्रत्येक नागरिक

अपनी पहचान के साथ खुद को सुरक्षित महसूस कर सके और यह समझे कि यह उसकी भारतीय पहचान है जो उसे वह ढाँचा प्रदान करती है जिसके साथ उसकी पहचान की अभिव्यक्ति सम्भव है। बहुलवादी लोकतंत्र हमारी सबसे बड़ी ताकत है और यही एकमात्र उपाय है कि हम अपनी परिचिति, राष्ट्रीय वफादारी तथा राष्ट्रीयता के मुद्दे के हल निकाल सकते हैं।

नेशन-स्टेट या राष्ट्र–राज्य की पश्चिमी अवधारणा राजनीतिक और सांस्कृतिक समरूपी इकाई का निर्माण करती है, साथ ही एक मजबूत हस्तक्षेपवादी, लोकतांत्रिक, धर्मनिरपेक्ष और नागरिकता के समान नियम वाले केन्द्रीकृत राज्य को विकसित करती है। पश्चिम सोचता है कि राष्ट्रवाद सशक्तीकरण का विशिष्ट आधार है क्योंकि इसके द्वारा एकरूपता और परिचिति की राजनीति को बल मिलता है। टैगोर नहीं चाहते थे कि भारतीय समाज एक ऐसी स्थिति में फँस जाए जहाँ भारतीय राष्ट्र की अवधारणा कहीं भारतीय सभ्यता का अधिक्रमण न कर जाए और जहाँ भारतीयों के यथार्थ जीवन के एक काल्पनिक नेशन-स्टेट द्वारा भारत का उसकी आवश्यकताओं के आश्रय से, कहीं आकलन करना शुरू न हो जाए। टैगोर उन गिने-चुने भारतीयों में से एक थे जिन्होंने संघवाद को अपने राष्ट्रीय आदर्श का एक महत्त्वपूर्ण हिस्सा बनाया। उनका कहना था : 'यदि ईश्वर ने चाहा तो वह सभी भारतीयों से एक भाषा बुलवा सकता था...। भारत की एकता हमेशा विविधता से ही आकलित होती रही है और होती रहेगी।'

भारत की असली परम्परा विभिन्न जातियों के बीच समायोजन के लिए काम करना है, उनके बीच के वास्तविक मतभेदों को स्वीकार करना है और फिर एकता के कुछ आधार को तलाशना है। इस परम्परा का आधार राजनीतिक स्तर के स्थान पर सामाजिक स्तर पर भारत के संतों—जैसे नानक, कबीर, चैतन्य—और दूसरों के द्वारा निर्मित हुआ है। विविधता की स्वीकृति के माध्यम से एकता की प्रतिष्ठा एक ऐसा समाधान है जो इस विश्व को भारत भेंट में देना चाहता है।

निम्नलिखित समीकरण राष्ट्र + राज्य + लोग और विशेष रूप से संप्रभु लोग निस्संदेह राष्ट्र को एक भूखंड से जोड़ता है क्योंकि राज्यों की संरचना और परिभाषा अब अनिवार्य रूप से सीमाओं से बँधा हुआ एक भूखंड है। टैगोर के लिए देश एक भूखंड (मृण्मय) की मिट्टी नहीं है, देश हमेशा एक विचार (चिन्मय) होता है। मगर दूसरी ओर राष्ट्र और राष्ट्रवाद के प्रति उनका दृष्टिकोण बहुत अलग था। वे सारे जीवन साम्राज्यवाद-विरोधी बने रहे और साथ ही हिंसक और संकीर्ण राष्ट्रवाद के हमेशा खिलाफ रहे और विश्वव्यापी और समावेशी राष्ट्रवाद के पक्षधर बने रहे। इस विचारधारा ने बाद में पंडित नेहरू के उदार धर्मनिरपेक्ष लोकतंत्र के सहारे, भविष्य के भारत के गठन के सपने को पूरा किया। अगर टैगोर साम्राज्यवाद-विरोधी थे तो यह

सिर्फ ब्रिटिश साम्राज्यवाद के खिलाफ नहीं था। उनकी साम्राज्यवाद-विरोधी प्रकृति राजनीतिक न्याय और सांस्कृतिक सम्मान तथा हिंसा के खिलाफ एक सार्वभौमिक संघर्ष और प्रतिवाद था।

आखिरकार, nation शब्द लैटिन क्रिया natio (नेशियो)—जिसका अर्थ होता है पैदा होना—से निकला है और पहले-पहल इस शब्द का अर्थ था : मनुष्यों का एक वर्ग, जिसका जन्म एक ही स्थान में हुआ है यानी एक ही भूखंड पर, परन्तु भारतीय राष्ट्र शब्द संस्कृत क्रिया 'राजृ' से निकला है जिसका अर्थ है : चमकना यानी जो चमकता है क्योंकि इसकी गुनगुनाहट में जीवन के संगीत के साथ सामंजस्य स्थापित हो जाता है। भारत की एकता हमारी विविधता, हमारी बहुभाषीय, बहुधर्मीय और बहुजातीय अस्तित्व पर आधारित है। हम कई पहचानों के साथ जीते हैं और साथ ही हम अपनी भारतीय राष्ट्रीय पहचान के प्रति सचेत हैं। हमारी भारतीय राष्ट्रवादी पहचान भाषा, भूगोल या जातीयता पर आधारित नहीं है। भारतीय राष्ट्रवाद, राष्ट्रवाद का एक विचार है, हमेशा-हमेशा से मौजूद एक ऐसी भूमि, जो हमारी है। यह भूमि अपने नागरिकों से बलपूर्वक समता स्थापित करने की माँग नहीं करती है। आपकी बहुत-सी पहचान या फिर एक पहचान हो सकती है। भारतीय राजनीतिक व्यवस्था में दिलचस्प और सबसे महत्त्वपूर्ण बात यह है कि किसी व्यक्ति के लिए केवल मात्र भारतीय एवं अन्य कोई बने रहने की कोई गुंजाइश नहीं है। वास्तव में कोई भी भारतीय कुछ और बने बिना केवल मात्र भारतीय बना रह नहीं सकता। भारतीयता एक जटिल एवं बहुस्तरीय पहचान है जो इस तरह की अन्य पहचानों को रद्द किये बिना अपने में शामिल कर लेती है। भारत की महान विविधता, बहुलवादी विश्वदृष्टि और इसकी बहु-सांस्कृतिक और बहु-धार्मिक वास्तविकता भारतीय पहचान का आधार है। आप एक अच्छे बंगाली, एक अच्छे हिन्दू, एक अच्छे ब्राह्मण या दलित अथवा शिया मुसलमान—सब कुछ इकट्ठे हो सकते हैं और साथ ही आप एक अच्छे भारतीय बने रह सकते हैं। यह पहचान एक-दूसरे के विरोध की संरचना पर आधारित नहीं है मगर एक पदानुक्रम के रूप में संरचना के अन्तर्गत आप सामंजस्यपूर्ण ढंग से सह-अस्तित्व में बने रह सकते हैं। भारतीय परम्परा में इस पदानुक्रम को बहुत ही खूबसूरती से समझाया गया है :

त्येजेदेकं कुलस्यार्थे
ग्रामस्यार्थे कुलं त्यजेत्।
ग्रामं जनपदस्यार्थे
आत्मार्थे पृथिवीं त्यजेत्॥

अर्थात् कुल के हितार्थ एक का, गाँव के हितार्थ कुल का, देश के हितार्थ गाँव का और आत्म-कल्याण के लिए पृथ्वी का त्याग करना चाहिए।

यह भारतीय मन की चिन्हित विशेषता है कि यह सभी के लिए एक आध्यात्मिक अर्थ संलग्न करना चाहता है और इसीलिए वह स्वयं को पदानुक्रम की दृष्टि से राष्ट्र के ऊपर स्थान देता है। वस्तुत:, स्वयं की यह धारणा हमारे बहुलवाद का केन्द्रीय तत्त्व है।

बहुलवाद को महत्त्व देने का अर्थ है कि आप हर किसी से प्यार करते हैं, किसी से नफरत नहीं करते। यह बहुत ही उपयुक्त ढंग से ईशोपनिषद् के छठे मंत्र में व्यक्त किया गया है :

यस्तु सर्वाणि भूतान्यात्मन्येवानुपश्यति।
सर्वभूतेषु चात्मानं ततो न विजुगुप्सते॥

अर्थात् जो सभी भूतों या सत्ताओं को परम आत्मा में ही देखता है और सभी भूतों या सत्ताओं में परम आत्मा को, वह फिर सर्वत्र एक ही आत्मा के प्रत्यक्ष दर्शन के पश्चात् किसी से कतराता नहीं, घृणा नहीं करता। यह संयोग की बात है कि सन् 1913 में टैगोर को नोबल पुरस्कार मिला था परन्तु बीमारी के कारण पुरस्कार लेने के लिए वे स्टॉकहोम नहीं पहुँच पाए थे। सन् 1921 में स्टॉकहोम जाकर नोबेल पुरस्कार ग्रहण किया था और स्वीकृति भाषण दिया था। सन् 1921 में स्टॉकहोम में नोबेल पुरस्कार के लिए अपनी स्वीकृति भाषण देते समय, टैगोर ने मानव एकता की अपनी अवधारणा का वर्णन करने के लिए उपनिषद् के उपर्युक्त मंत्र का उल्लेख किया था। भारत की बहुलवादी प्रकृति जैविक बहुलवाद का एक उपयुक्त उदाहरण है जिसके द्वारा विभिन्न समूह अपनी अनूठी धार्मिक तथा सांस्कृतिक विशेषाताओं को बनाए और संरक्षित रखते हुए राष्ट्रीय स्तर पर सबके साथ आम संस्थागत भागीदारी में कसर नहीं छोड़ते। इस देश में धार्मिक बहुलवाद की स्वीकृति सम्भव है क्योंकि हम धर्म को एक सामाजिक-नैतिक कोटि के रूप में स्वीकार करते हैं। धर्म की भावना हरेक के प्रति प्यार है।

कृपया उस रात को याद करें, जब एक बहुत ही तेज तूफानी रात में घनघोर बारिश की तेज बौछार से सब कुछ पानी में डूब रहा था और उसी अँधेरी तूफानी रात में गुरु से मिलने शिष्य आ उपस्थित हुए थे। गुरु ने (श्रीरामकृष्ण) शिष्य (नरेन/स्वामी विवेकानन्द) से पूछा था :

'तू इस अशांत, आँधी-तूफान-बारिश की रात में क्यों आया है? तू तो मुझे चाहता नहीं, मुझे पर विश्वास नहीं करता?'

'तुम जानना चाहते हो, मैं क्यों आता हूँ, क्योंकि मैं तुमसे प्रेम करता हूँ,' अपने गुरु को विवेकानन्द ने यह उत्तर दिया।

मानव-गठन और राष्ट्रवाद की अवधारणा

मानव-गठन विवेकानन्द के राष्ट्रवाद की अवधारणा का सबसे महत्त्वपूर्ण गठन है। उन्होंने एक बार नवयुवकों के एक दल को, जो राजनीति में शामिल होना और देश की स्वाधीनता के लिए लोगों को प्रेरित करना चाहते थे, जवाब दिया था : 'मैं तुम्हें कल आजादी दिलवा सकता हूँ, लेकिन क्या तुम उसे बचाकर रख सकोगे? पुरुष कहाँ हैं? पहले पुरुष बनाओ और स्वाधीनता अपने-आप आ जाएगी।'

जैसाकि सिस्टर निवेदिता का कहना है : 'उन तमाम वर्षों में मैंने उन्हें रोज देखा है कि भारत के बारे में उनकी लगातार चिन्ता उस हवा की तरह थी जो उनकी प्राणवायु थी। यह सच है कि वे नींव रखनेवाले एक कार्यकर्ता थे। उन्होंने कभी भी 'राष्ट्रीयता' शब्द का इस्तेमाल नहीं किया और न ही 'राष्ट्र-निर्माण' के युग की घोषणा की।'

'मानव-गठन', निवेदिता का कहना था : 'उनका काम था, लेकिन वह एक प्रेमी पैदा हुए थे और उनकी आराध्य देवी उनकी मातृभूमि थी...उसके तट पर कोई भी सिसकी यदि सुनाई दी तो फौरन विवेकानन्द के मन में उसकी एक संवेदनशील प्रतिध्वनि अवश्य सुनाई देती थी।'

स्वामी विवेकानन्द का यह दृढ़ विश्वास था कि संसद के अधिनियम उचित पुरुष पैदा नहीं कर सकते। यह अकेले धर्म और आध्यात्मिकता है जो ऐसा कर सकती है। उनका उद्देश्य रहा है : लोहे की मांसपेशियों और स्टील के नसों वाले पुरुषों का निर्माण और उनकी विशालकाय इच्छाशक्ति, जो ब्रह्मांड के रहस्यों और पहेली में प्रवेश करने की ताकत रखती हो। ये पुरुष अपने उद्देश्यों को किसी भी रीति से प्राप्त करने के लिए हमेशा तैयार रहते हैं, भले ही इसके लिए उन्हें समुद्र के तल तक पहुँचना या मौत का आमना-सामना ही क्यों न करना पड़े। किसी को भी मानव-गठन अनुप्राणित राष्ट्रवाद के कई गौण-पाठ्य दिखाई दे सकते हैं :

> विवेकानन्द का सबसे बड़ा काम वेदान्त के स्व (आत्मा) की अवधारणा का प्रसार था और स्व (आत्मा) को स्वराज के साथ जोड़कर यह प्रमाणित करना था कि स्वराज की विचारधारा, जिसने स्वदेशी आन्दोलन के दौरान काफी लोकप्रियता हासिल की थी, वस्तुतः एक धार्मिक अर्थवत्ता-युक्त विचारधारा थी। 19वीं शती के नव-हिन्दू आन्दोलन के डिस्कोर्सों में इसका प्रतिपादन किया गया और जिसने 20वीं शती में महात्मा गांधी के आन्दोलन की भाषा को प्रभावित किया था।

पहली मई, 1908 को 'वंदे मातरम्' पत्रिका में श्री अरबिंद ने लिखा था कि भारत के लिए सच्चा स्वराज लोगों की आत्म-मुक्ति है, जिससे राजनीति में वेदान्त के आदर्शों की निर्णायक पूर्ति हो सके। सन् 1926 में भारत में 'ब्रह्मसमाज एवं

स्वराज के लिए आन्दोलन' में इसी विचारधारा को दोहराया गया कि स्वराज का अर्थ है : आत्मा का अनात्मा के मुकाबले सर्वोच्चता और उस पर प्रभुत्व। व्यक्ति विशेष को इस स्थिति पर पहुँचने के लिए उस सब प्रकार के झगड़े-फसाद, अहंमन्यता से मुक्त होकर अपने स्व (आत्मा) की विश्वात्मा के साथ समरूपता की अनुभूति करनी पड़ती है। इसका एकमात्र अर्थ यही है कि आत्मा या स्व या आध्यात्मिकता राष्ट्रवाद की सबसे सशक्त घटक है। स्व (आत्मा) की अनुभूति या स्व पर पूर्ण अधिकार स्वामी विवेकानन्द के राष्ट्रवाद का एक मुख्य आधार बन गया और इसके लिए मानव-गठन करने की शिक्षा आवश्यक बन गई। विवेकानन्द ने ज्ञान प्राप्त करने को आत्म-संयम का आधार-केन्द्र स्वीकार किया।

राष्ट्रीय उत्थान के लिए उनके कार्यक्रम का बहुत सोचा-समझा स्वरूप पूरी तरह से गरीबों और अनपढ़ों पर केन्द्रित था। 'शिक्षा के माध्यम से उनकी आँखें खोलने की योजना थी।'

स्वामीजी ने मैसूर के महाराजा को एक पत्र में लिखा था कि 'हमारे निचले वर्गों के लिए की जानेवाली एकमात्र सेवा उन्हें शिक्षा देना है जिससे कि उनका खोया हुआ व्यक्तित्व फिर से विकसित हो सके। उन्हें विचार दें, ज्ञान दें, सुझाव दें और यही एकमात्र मदद है जिसकी उन्हें आवश्यकता है और फिर इसके प्रभाव से सब कुछ अपने-आप होना शुरू हो जाएगा।'

निर्धनों को शिक्षा के माध्यम से शिक्षित करना ही स्वामीजी का उद्‌देश्य था और इस शिक्षा में वेदान्त की शिक्षा को मूल विषयवस्तु बनाना होगा परन्तु स्वामीजी के मत में आध्यात्मिकता और वेदान्त की शिक्षा कमजोर लोगों के लिए नहीं है और इसीलिए पुरुषत्व की विशेषताओं को विकसित करने के लिए रजोगुण को अपने व्यक्तित्व में विकसित करने का पुरजोर प्रयत्न आवश्यक है।

अपने देश के खातिर सारा जोर स्वामीजी ने सेवा और त्याग-भावना पर केन्द्रित किया था और साथ ही पौरुष की विशेषताओं पर भी उन्होंने विशेष बल दिया था परन्तु यह सब शिक्षा और ज्ञान के द्वारा ही सम्भव था। ज्ञान के द्वारा ही लोगों की चेतना, तर्कबुद्धियुक्त आत्मज्ञान और उनका चिन्तन तर्कसंगतता के स्तर तक पहुँच सकता है। और इस प्रकार किसी भी आधुनिकतावादी के विपरीत विवेकानन्द ने आधुनिक युग, जिसे तर्कशील विवेक-बुद्धि का युग कहा जाता है, उसे प्राचीन समाज की आध्यात्मिकता से अलग नहीं किया। वे व्यावहारिक वेदान्त में विश्वास करते थे और हिन्दू धर्म को तर्कसंगत सेवा-उन्मुख जीवन के रूप में देखते थे जो नैतिकता और आचारशास्त्र के सर्वोच्च सिद्धान्तों पर आधारित था।

स्वामीजी ने सोचा कि आधुनिक मनुष्य को यह एहसास होना चाहिए कि 'वह बाह्य रूप और धारणाओं से अपनी चित्तवृत्ति और जीवन को जीत नहीं सकता, जिसका स्रोत उसके भीतर ही मौजूद है।'

आध्यात्मिकता से ओत-प्रोत आधुनिक तर्कबुद्धि-युक्त धर्म का प्रयोग प्रबोधन या ज्ञानोदय के उद्बोधन का एकमात्र उपाय है। विवेकानन्द का यह भी सोचना था कि एकाग्रता, समर्पण, और एक सच्चे इनसान की विशेषताओं के विकास के लिए किये गए प्रयत्नों से ही अपनी आत्मा पर अधिकार किया जा सकता है।

1. पणि और पट्टनायक की पुस्तक 'शिक्षा पर विवेकानन्द, अरबिन्द तथा गांधी के विचार' से उद्धृत करते हुए कहा जा सकता है कि विवेकानन्द जिस प्रकार की सर्वांगीण शिक्षा चाहते थे, उसे कभी भी निम्नमान का ठहराया नहीं जा सकता क्योंकि यह राष्ट्रीय भावना एवं अनुभूति के साथ परिपूर्ण है। उसका उद्देश्य दिल और दिमाग का विकास करना है, शक्तिशाली चरित्र और राष्ट्रीय चेतना का प्रसार करना है, साथ ही मस्तिष्क के पोषण के साथ दया और अन्ततः सहानुभूति को जगाना है।

   स्वामी विवेकानन्द ने जोर देते हुए यह स्पष्ट रूप से कहा : 'सब प्रकार की शिक्षा, सारे प्रशिक्षणों का एक ही उद्देश्य होना चाहिए : मानव-गठन!...हम चाहते हैं, पश्चिमी विज्ञान का वेदान्त के साथ सह-सम्बन्ध। शिक्षा में परिपूर्णता है जो उसमें पहले से ही विद्यमान है। मैं धर्म को शिक्षा के अन्तरतम मर्म के रूप में स्वीकार करता हूँ और यह शिक्षा राष्ट्रीय तर्ज पर प्रसारित हो।'

2. सच्चे हिन्दू मन में हमेशा अलग-अलग धर्मावलंबियों और जातियों के प्रति एक समावेशी श्रद्धापूर्ण सहिष्णुता होती है, जैसाकि अमरीका के बोस्टन शहर में दिये गए उनके भाषण 'द स्पिरिट एंड इन्फ्लुएंस ऑफ वेदान्त' में स्पष्ट किया गया है। हिन्दू मन के लिए विजय की अवधारणा शान्ति के द्वारा विजय को स्वीकार करना है, जैसाकि उन्होंने लंदन में एक महिला को समझाया था। उस महिला ने स्वामीजी से प्रश्न पूछा था : 'हिन्दुओं ने क्या किया है? उन्होंने कभी भी किसी देश पर विजय प्राप्त नहीं की।' इसके उत्तर में स्वामीजी ने कहा था : 'हमारी विजय की कहानी को भारत के महान दयालु सम्राट अशोक ने धर्म और आध्यात्मिक पर विजय के रूप में आँका है।'

स्वामीजी आध्यात्मिक सिद्धान्तों के सबसे शक्तिशाली समर्थक बने थे, यह सोचकर कि समाज के अवगुणों से समाज के परिशोध का यही एकमात्र उपाय है।

विवेकानन्द की राष्ट्र की अवधारणा के निर्माण की कोई इच्छा नहीं थी या तात्कालिक राजनीतिक मुक्ति की कोई योजना भी नहीं थी, लेकिन उनके पास एक 'राष्ट्रीय चरित्र' के निर्माण और संन्यासियों का एक समूह तैयार करने की दीर्घकालिक योजना थी—ऐसे संन्यासी, जो सच्चे पुरुष और शक्ति की प्रतिमूर्ति के रूप में 'समुदाय की भावना' को जन्म देंगे। स्वामीजी ने स्पष्ट रूप से अनुभव

किया था कि खाली पेट और बीमार व्यक्ति दर्शन या धर्म को नहीं समझ सकते हैं। इसीलिए स्वामीजी कहते थे कि एक कमजोर, पतित और हीन गुलाम जाति को पहले अपने दिमाग और शरीर को बेहतर बनाने की जरूरत है और इसीलिए स्वामीजी को स्टील की स्नायु और प्रांजल तथा साफ दिमागवाले नवयुवकों की तलाश थी जो रोजमर्रा की जिन्दगी से हटकर एक विद्रोही दृष्टि के साथ जीवन को देखें। इसीलिए स्वामीजी विद्यार्थियों से कहते थे : 'गीता का पाठ करने के बजाय जाओ और फुटबॉल खेलो, जो तुम्हें स्वर्ग के नजदीक पहुँचा देगा। ये शक्तिशाली नौजवान—हमारे इन नायकों को आध्यात्मिक होना जरूरी है।'

'स्पिरिचुएलिटी' के लिए संस्कृत शब्द 'अध्यात्म' है। आध्यात्मिकता को समझने के लिए यह अत्यावश्यक है कि स्व (आत्मा) को अतीन्द्रिय लोकोत्तर शक्ति और उस विचार के साथ लगातार सम्बन्ध बनाए रखना होगा जिससे कि सर्वसमावेशी सत्य की अनुभूति किया जा सके।

अतीन्द्रिय लोकोत्तर ही सत् है अर्थात् सत्य और चित् चेतना है और आनन्द भी। इसलिए इस अतीन्द्रिय लोकोत्तर के इन तीन गुणों के द्वारा ही (सच्चिदानन्द का) स्मरण किया जाता है। इसमें एक अतीन्द्रिय विकास की प्रक्रिया दिखाई पड़ती है। 'ट्रान्सेन्ड' का अर्थ है : पार कर जाना अर्थात् अपनी पुरानी सत्ता को पार कर उच्च सत्ता पर पहुँचना।

यह अतीन्द्रिय विकास की प्रक्रिया जो सारे मनुष्यों में पाई जाती है, इसका तात्पर्य यह है कि द्वैत भाव और विशिष्टता तथा आत्मकेन्द्रितता को पार कर—उस परम वास्तव सत्य रूप के साथ मनुष्य समावेशी, एकता के साथ अद्वैत, एकमेक हो पाता है। परिणामस्वरूप मानवता के प्रति क्रियाशीलता का कहीं अधिक विस्तार होता है। आध्यात्मिकता में सभी के प्रति एक श्रद्धायुक्त रवैया शामिल है क्योंकि यह हमें सभी चीजों और लोगों में एक दिव्य उपस्थिति का एहसास कराता है।

विवेकानन्द ने स्वतंत्रता के योग्य व्यक्तियों और सक्षम नागरिकों के विकास पर अधिक जोर दिया। उनका मशहूर आह्वान 'स्टील की नसों और लोहे की मांसपेशियों' और उच्च आध्यात्मिक चेतना से युक्त पुरुषों के बारे में भी हमारी धारणा को स्पष्ट करता है।

ये लोग ही एक सामंजस्यपूर्ण पुनरुत्थानशील भारत के व्यापक आदर्शों को स्वीकार करते हुए एक ऐसा स्वरूप निर्धारित करेंगे जो किसी पर विजय-प्राप्ति की इच्छा से मुक्त होगा, जो विस्तारवादी सैन्य-शक्ति वाला देश नहीं होगा परन्तु एक ऐसा भारत होगा जहाँ विभिन्न जाति, धर्म के लोग युगों-युगों से आते रहे हैं और भारत को अपना घर बनाया है और बनाते रहेंगे; जिन्होंने अपनी सांस्कृतिक परम्पराओं से या फिर अमर कलाकृतियों से युक्त स्मारकों से समृद्ध बनाया है।

स्वामीजी टैगोर की तरह देश की स्वाधीनता से पहले गरीबों के उत्थान, समाज के उचित विकास और भारतीय विचार-दृष्टि के पुनरुत्थान के लिए मानव-गठन को प्राथमिकता देना चाहते थे। मानव-गठन-उन्मुख धर्म की आवश्यकता है। हम काफी समय तक आँसू बहा चुके हैं, अब और कोई रोना नहीं। अब अपने पैरों पर खड़े हो जाना है और आदमी बनना है। हम मानव-गठन-उन्मुख सिद्धान्तों को चाहते हैं। हम एक ऐसी शिक्षा चाहते हैं जो चारों तरफ से मानव-गठन-युक्त शिक्षा हो।

सचाई की परीक्षा के लिए हमें देखना है कि ऐसी कोई शिक्षा जो हमें शारीरिक, बौद्धिक और आध्यात्मिक रूप से कमजोर बनाती है, उसे जहर मानकर त्यागना है। ऐसी परिस्थिति में कोई जीवन पनप नहीं सकता, यह कभी सत्य हो नहीं सकता। सत्य पवित्रता है, सत्य ज्ञान है, सत्य शक्ति है, सत्य शिक्षाप्रद है तथा स्फूर्तिदायक है।

स्वामी विवेकानन्द ने रजोगुण (पौरुष युक्त और ऐहिक-जीवन उन्मुख) और सत्त्व गुण (उच्च नैतिकता) तथा सत्यवादिता से युक्त मनुष्य की परिकल्पना की थी। यह परिकल्पना उनके राष्ट्र की अवधारणा का केन्द्रभूत विचार है। उनकी देशभक्ति की परीक्षा का आधार है—दुखी जनता की सेवा; मूक, आशाहीन के दर्द को समझना; इन सारे दुखों के निवारण के लिए स्वयं को समर्पित करने की प्रबल इच्छा और इस प्रयास में ईमानदारी के साथ सारी बाधाओं का सामना करना। और इस तरह के प्रयत्नों द्वारा मनुष्य के वास्तविक स्वरूप और उसकी राष्ट्रीय भावना को प्रकट करना स्वामीजी के मानव-गठन और राष्ट्रवाद के सार तत्त्व हैं।

राष्ट्रवाद का विचार और सामाजिक उत्थान

ब्रिटिश जमाने में धन-निष्कासन सिद्धान्त, जिसका उल्लेख दादाभाई नौरोजी और रमेशचन्द्र दत्त ने किया, देशभक्ति के गीतों का हिस्सा था। भारतीय उत्पाद का वह हिस्सा जो इंग्लैंड चला जाता था और बदले में भारत को कुछ प्राप्त नहीं होता था, उसे धन-निष्कासन सिद्धान्त की संज्ञा दी गई थी। यह सिद्धान्त कितना सच या झूठ था, इसमें नहीं जाकर, सिर्फ यह कहना ठीक रहेगा कि इस सिद्धान्त ने लोगों की कल्पना को आकर्षित कर लिया था। हमारी गरीबी की इस सिद्धान्त के सहारे पहचान शुरू हुई और उसकी व्याख्या की जाने लगी। इन्हीं कारणों से भारत का मध्यम वर्ग इससे प्रेरित होकर बीते वक्त की याद और अतीत के स्वर्णयुग का फिर से सपना देखने लगा। विवेकानन्द ने युवावस्था में जिस हवा में साँस ली थी, वह साम्राज्यवादी शैतानी के फलस्वरूप अधीनता और शोषण की यंत्रणा से तर-ब-तर थी।

स्वामी विवेकानन्द का पूरा जीवन भारत की मानवीय स्थिति को पुनर्जीवित करने के लिए समर्पित था। उनके छोटे भाई भूपेन्द्रनाथ दत्त ने कलकत्ते में 12 जुलाई, 1902 को आयोजित स्वामीजी की मृत्यु के उपरान्त शोकसभा में स्वामीजी के बारे में कहा

था : 'वह एक 'देशभक्त पैगंबर' हैं। और सिस्टर निवेदिता ने कहा था : 'स्वामीजी 'परम निर्भीक देशभक्ति' स्वरूप हैं।' टैगोर ने इस शोकसभा की अध्यक्षता की थी।

स्वामी विवेकानन्द हाथरस में शरत्चन्द्र गुप्त से मिले थे जो उनके पहले शिष्य (स्वामी शारदानन्द) बने थे। अपने शिष्य के सामने स्वामीजी ने अपने गुरु श्रीरामकृष्ण द्वारा अपने आस-पास के लोगों के दुखों को दूर करने के महान मिशन को प्रकट करते हुए कहा था : 'मेरे पास पूरा करने के लिए एक महान मिशन है और मैं अपनी छोटी-सी क्षमता से बेहद निराश हूँ। मुझे अपने गुरु के मिशन को अंजाम देने के लिए मेरे गुरु की हिदायत है।'

यह मिशन मातृभूमि के उत्थान से कम और कुछ नहीं था।

स्वामी विवेकानन्द के लिए यह मातृभूमि एक पुण्यभूमि है, जैसाकि कोलम्बो में दिये गए अपने पहले भाषण में उन्होंने कहा था कि सारी दुनिया और वहाँ के लोगों को देखने के बाद उनके मन में यह स्थिर विश्वास घर कर गया है कि उनकी मातृभूमि एक पवित्र स्थल है। 'कोलम्बो टु अल्मोड़ा' पुस्तक में संकलित उनके भाषणों में स्वामीजी के राष्ट्रवादी उत्साह की झलक दिखाई देती है और हम यह अनुभव करते हैं कि किस तरह उनकी आध्यात्मिक एवं मानवतावादी विचारधारा ने उनकी राष्ट्रवादी सरगर्मी को स्वरूप प्रदान किया है।

पश्चिमी औपनिवेशिक शोषण के कारण पीड़ित मानव जाति के दुख-निवारण के लिए और दुनिया की पददलित जनता की रक्षा के निमित्त स्वामी विवेकानन्द ने अपने राष्ट्रवाद के सिद्धान्त का निर्माण किया था। महात्मा गांधी की तरह स्वामीजी भी कहते थे कि स्वाधीनता के लिए मेरा संग्राम वस्तुतः विश्व में शान्ति स्थापना के लिए है। विश्व की पीड़ित मानव जाति को प्रेरित करते हुए उन्होंने कहा था, आपमें बहुत बड़ी शक्ति और निर्भीकता है। उनके शब्द थे : 'पृथ्वी का आनन्द नायकों द्वारा ग्रहण किया जाता है...नायक बनो। हमेशा कहो, 'मुझे कोई डर नहीं है', भय नरक है, भय अधर्म है और भय गलत जीवन है।'

आगे चलकर स्वामीजी ने कहा कि निर्भीक बनने के साथ देश के उत्थान के लिए मन की शक्ति की आवश्यकता होती है जिससे देश का पुनरुत्थान सम्भव हो सके :

'पीछे देखने की कोई जरूरत नहीं, आगे देखो। हम अनन्त ऊर्जा, अनन्त उत्साह, असीम साहस, असीम धैर्य चाहते हैं, तभी हम महान चीजों को हासिल कर पाएँगे।'

अन्याय और उत्पीड़न के प्रतिरोध के लिए निर्भीकता और ताकत तो बुनियादी तत्त्व हैं। यदि कोई वेदान्त में विश्वास करता है तो उसका भय मिट जाएगा।

वेदान्त सारी शक्तियों और विश्वासों का स्रोत है और आत्मशक्ति का भंडार है। स्वामीजी के लिए वेदान्त का यह दर्शन न केवल भारतीयों के लिए वरन् सम्पूर्ण मानवजाति के पुनरुत्थान के लिए है। उनका राष्ट्रवाद उनके देश की चारदीवारी

या सीमाओं के भीतर ही सीमित नहीं था, वरन् उसने सम्पूर्ण विश्व को अपने में समेट रखा था।

स्वामीजी का यह विश्वास था कि वेदान्त के द्वारा मनुष्यों में आध्यात्मिक शक्ति का प्रसार किया जा सकता है और उनकी आन्तरिक चेतना को जाग्रत् किया जा सकता है। वेदान्त के द्वारा प्रभावित कोई भी मनुष्य किसी राष्ट्र के सामाजिक जीवन में परिवर्तन ला सकता है और समाज में फैली हुई कुरीतियों से उसे मुक्त कर सकता है। वेदान्त दर्शन है और धर्म की व्याख्या है और स्व (आत्मा) की अनुभूति है तथा धर्म के किसी भी साम्प्रदायिक विवेचन से मुक्त है। परिणामतः इसके द्वारा जीवन शुद्ध और सद्गुणात्मक रूप धारण करता है।

स्वामीजी का राष्ट्रवाद जहाँ एक ओर देश और उसके निवासी तथा उनकी आध्यात्मिक विरासत के प्रति उनके गहरे प्रेम को प्रकट करता है, तो दूसरी ओर उनकी सामाजिक चेतना और धार्मिक चेतना एक-दूसरे से बँधी हुई प्रतीत होती हैं और अन्ततः स्व (आत्मा) की वेदान्तिक एकमेकता की अनुभूति होती है और यह अनुभूति मनुष्य को वैश्विकता के स्तर तक पहुँचा देती है जिससे कि स्व (आत्मा) न केवल अपने ज्ञानातीत रूप का आस्वाद कर पाता है वरन् सम्पूर्ण मानवता को भी इससे लाभ पहुँचता है।

स्वामीजी के व्याख्यान और लेखन राष्ट्रप्रेम को जाग्रत् करने के चिरस्थायी सार्वकालिक स्रोत हैं। स्वामीजी की इस राष्ट्रप्रेम की भावना में भारत के सबसे महान आध्यात्मिक आदर्शों का प्रकाश चमकता दिखाई देता है। सिस्टर निवेदिता ने स्वामीजी के राष्ट्रीय पुनरुत्थान के गम्भीर दर्शन और देश के प्रति उनके प्रेम को अच्छे ढंग से समझा था।

स्वामीजी ने इन व्याख्यानों और लेखनों में औपनिवेशिक मालिकों के द्वारा शोषण, असहनीय गरीबी, जनता के दुख-दर्द का स्थान-स्थान पर वर्णन किया है। अपनी आत्मा की गहरी यंत्रणा को प्रकट करते हुए स्वामीजी ने लिखा है : 'एकमात्र ईश्वर जिसमें मैं सभी आत्माओं का योग मानता हूँ और सबसे ऊपर मेरा ईश्वर—पीड़ित ईश्वर—सभी जातियों का गरीब ईश्वर।'

विवेकानन्द का समर्थन करते हुए एनी बेसेन्ट ने कहा था : 'मनुष्य दिव्य है, पवित्र है, ईश्वर है। मनुष्य को जानना ईश्वर को जानना है।' इस तरह एनी बेसेन्ट ने यह स्पष्ट कर दिया कि आम जनता का पुनरुत्थान, गरीबी तथा अन्य कुरीतियों का उन्मूलन और इस प्रकार आम जनता को पवित्रता और नैतिकता के रास्ते पर ले आना ही स्वामी विवेकानन्द के राष्ट्रवाद के सर्वाधिक महत्त्वपूर्ण तत्त्व हैं।

कहने को तो इसका सामाजिक स्वरूप परिवर्तित होकर एक महत्त्वपूर्ण सामाजिक-राजनीतिक आधार के रूप में देश के पुनरुत्थान में सहयोग दे रहा है। आज हम इस बात को लेकर आश्वस्त हैं कि भारत का बहुलवादी लोकतंत्र, जो

राजनीतिक-निर्देशात्मक नैतिक नियमों की श्रृंखला है, धर्म के समर्थन के बिना जीवित नहीं रह सकता। किसी भी लोकतंत्र के बचे रहने के लिए इस श्रृंखला की अत्यन्त आवश्यकता है।

दूसरी ओर उनकी राष्ट्रवाद की धारणा ने स्वतंत्रता सेनानियों और स्वदेशी क्रान्तिकारियों को भी आकर्षित किया था। स्वामीजी स्पष्टतः राष्ट्रवादी युवकों की पीढ़ी-दर-पीढ़ी की प्रेरणा के सबसे बड़े स्रोत थे। उनकी राजनीति की प्रच्छन्न भावना वाले सन्देश को स्वदेशी के प्रति उत्साही लोगों द्वारा व्यवस्थित रूप से अपना बना लिया गया था।

पुलिस द्वारा पकड़े गए कई युवा क्रान्तिकारियों की तलाशी लेने पर स्वामीजी की रचनाओं के अतिरिक्त गीता के पॉकेट संस्करण उनकी जेबों से निकलते थे। अमिय के. सेन ने माना है कि 20वीं शती के शुरुआती दशकों में बंगाल और बंगाल के बाहर राजनीतिक कार्यकर्ताओं पर विवेकानन्द का प्रभाव सरकारी विभागों में गहरी चिन्ता का विषय था। सेन ने सन् 1918 की 'द सडेशन कमेटी रिपोर्ट' के प्रारम्भ में श्रीरामकृष्ण एवं स्वामी विवेकानन्द की जीवनी एवं उनके कार्य के उल्लेख के उपरान्त बंगाल में क्रान्तिकारियों के उभार पर विवेचन किया गया था। सुभाषचन्द्र बोस ने कहा है कि 'स्वामी विवेकानन्द ने बंगाल के इतिहास को एक नया मोड़ दिया था।'

सब्यसाची भट्टाचार्य ने अपने आलेख में बी.जी. तिलक पर स्वामी विवेकानन्द का प्रभाव और राष्ट्रीय आन्दोलन में खुफिया शाखा के पुलिस अधीक्षक चार्ल्स टेगार्ट द्वारा सन् 1914 की पुलिस रिपोर्ट में यह स्पष्ट किया गया था कि राष्ट्रवादी क्रान्तिकारियों का रामकृष्ण मिशन के साथ गुप्त सम्बन्ध रहा है और विवेकानन्द के साहित्य का इस्तेमाल (औपनिवेशिक शासकों के खिलाफ कार्य करने के लिए) इन राष्ट्रवादी क्रान्तिकारियों को प्रशिक्षित करने के लिए किया जाता था। भट्टाचार्य के अनुसार, इन राष्ट्रवादी क्रान्तिकारियों में श्री अरबिन्द सबसे प्रमुख आकर्षक उदाहरण हैं। श्री अरबिन्द ने अपनी पुस्तक 'भवानी मन्दिर' (1904) में विवेकानन्द के सन्देश को चिह्नांकित किया था तथा अनुशीलन समिति के सदस्यों पर पुलिस द्वारा किये गए मुकदमों की सुनवाई में खुलासा करते हुए कहा था कि समिति के सदस्य विवेकानन्द की पुस्तकों को अनुशीलन समिति के पाठ्यक्रम के रूप में प्रयोग करते हैं। उस समय स्वामीजी की पुस्तकों को कोई भी यदि अपने पास रखता था तो उसे पर्याप्त प्रमाण मानकर पुलिस उसे स्वदेशी क्रान्तिकारी मानकर जेल में डाल देती थी।

बाद के वर्षों में पूरे तौर पर राष्ट्रीय आन्दोलन के गरम और नरम दल विवेकानन्द के विचारों के अदम्य आकर्षण से मुक्त नहीं हो सके। इस सम्बन्ध में विरोधाभासात्मक बात यह थी कि अपनी जीवित दशा में यानी सन् 1902 तक स्वामी विवेकानन्द ने दृढ़तापूर्वक राजनीति के साथ किसी प्रकार के सम्बन्ध का घोर विरोध किया था

और यहाँ तक कि इंडियन नेशनल कांग्रेस के आडम्बरपूर्ण समारोह में विनम्रता से लिखे गए प्रस्तावों को लेकर पार्टी की खिंचाई की थी। परन्तु साथ ही स्वामीजी का यह भी कहना था कि देश में किसी भी राजनीतिक पार्टी के न रहने की अपेक्षा यह अच्छा है कि कम-से-कम कांग्रेस जैसी एक राजनीतिक पार्टी है तो सही। स्वामीजी राष्ट्रवाद के राजनीतिक पक्ष के स्थान पर सामाजिक पक्ष के अधिक हिमायती थे।

23 दिसम्बर, 1899 को एक पत्र में स्वामीजी ने लिखा था : '...अकाल, बाढ़ और बीमारी तथा महामारी के दिनों में मुझे बताओ कि तुम्हारे कांग्रेस के आदमी कहाँ हैं? क्या उनको केवल यह कहना रह गया कि—सरकार को हमारे हवाले कर दो?—अगर तुम्हारे दो हजार आदमी आपत्तिकाल में नाना जिलों में काम करते होते तो क्या अंग्रेज स्वयं आकर नहीं पूछते और सलाह-मशवरा नहीं लेते?'

स्वामीजी ने राजनीतिक स्वाधीनता के साथ आध्यात्मिक स्वाधीनता को इकट्ठे मिला दिया। स्वामीजी का कहना है कि आध्यात्मिक स्वाधीनता के बाद ही राजनीतिक स्वाधीनता की बात होती है।

स्वामी विवेकानन्द ने राष्ट्रवाद की एक अनूठी अवधारणा को विकसित किया था जो बौद्धिकता और आध्यात्मिकता या परम ब्रह्म और मानवी सत्ता के बीच वेदान्तिक एकात्मकता का एक विशिष्ट संयोजन है। परिणामत: स्वामीजी ने एक ओर अपने राष्ट्रवाद को मानव-अभिमुखी स्वरूप प्रदान किया जिसका एकमात्र उद्देश्य लोगों की पीड़ा को हलका करना और साथ ही उनमें गरिमा, सम्मान और आत्मसम्मान की भावना को प्रसारित करना था ताकि शासकों के सामने पूरी तरह से झुक न जाएँ।

दूसरी ओर, स्वामीजी के मन में यह भावना कायम थी कि चूँकि भारत की जीवनीशक्ति आध्यात्मिकता में निहित है इसीलिए आध्यात्मिकता का पुनरुत्थान भारतीय राष्ट्रीयता को पुन:संजीवित करेगा। इसमें कोई शक नहीं, उनके अभियान की योजना थी कि सामूहिक रूप से छाती तानकर खड़े होने के लिए लोगों का आह्वान किया जाए और यह लोगों के लिए तभी सम्भव होता है जब वे वेदान्तिक एकात्मता के रास्ते पर चलने लगते हैं जिसके फलस्वरूप उनमें निर्भीकता, साहस और आत्मशक्ति संचारित होती है।

स्वामीजी कहते थे कि उपनिषदों में यदि कोई शब्द है जिसे तुम बम की तरह अपनी ओर आते और फिर बड़े पैमाने पर अपनी अज्ञानता पर बम के गोले के समान फूटते देखते हो, तो वह शब्द है : निर्भीकता। वे वेदान्त को देश की प्राणशक्ति कहते हैं और लोगों का आह्वान करते हुए कहते हैं : 'मेरे भारत उतिष्ठत! कहाँ तुम्हारी प्राणशक्ति है? तुम्हारी अमर आत्मा में।'

उनके व्यावहारिक वेदान्त ने राष्ट्रवाद के साथ आध्यात्मिकता को आबद्ध कर देशभक्ति की एक नई संरचना को जन्म दिया है। परन्तु इसका अर्थ यह नहीं है कि लोगों के मन में हिन्दुत्ववादी राष्ट्रवाद का प्रसार करना था।

हीरेन मुखर्जी ने इसे बड़े तर्कसंगत ढंग से अपने पांडित्यपूर्ण, गहरी दृष्टियुक्त आलेख 'विवेकानन्द एंड इंडिया फ्रीडम' में लिखा है : 'यह कोई बिना सोचे-समझे कहा नहीं जा रहा है कि विवेकानन्द भारत के काफी अरसे से खोये हुए गौरव को पुन:स्थापित करनेवाले सुप्रचारक थे जिन्होंने जनता के मन में अमिट छाप छोड़ी थी। रहस्यवादी आनन्दातिरेक में खोये बिना, जिसमें उनके गुरु ने उन्हें दीक्षित किया था, इस तरह से गठित जीवन को जीते हुए वे काफी आराम से रह सकते थे।'

हीरेन मुखर्जी आगे चलकर लिखते हैं : 'विवेकानन्द यह भली भाँति जानते थे, जिससे श्रीरामकृष्ण के दूसरे शिष्य बिलकुल अनभिज्ञ थे, कि श्रीरामकृष्ण चाहते थे कि वे जनता के उत्थान के लिए संसार में रहते हुए धर्मनिरपेक्ष होकर काम करें। जी हाँ, गुरु की यह इच्छा थी। भारत की जनता के एक बड़े वर्ग के लिए यह विशाल हृदयवाला संन्यासी, नई आशा का अग्रदूत, भारत की स्वाधीनता के एक नये ईश्वर का सन्देशवाहक बनकर जीवन के लक्ष्य की पूर्ति की पूर्व-शर्त के रूप में इस पृथ्वी पर उपस्थित हुआ था।'

जब विवेकानन्द ने उपनिषदों और गीता के आध्यात्मिक आदर्शों का पालन करने के लिए लोगों को प्रेरित किया तो यह उन्हें धर्म के रूढ़िवादी मार्ग के चयन के लिए नहीं कहा था बल्कि स्व (आत्मा) को महसूस करने के लिए कहा था। वर्तमान को समझने और लोगों की स्थिति में सुधार लाने के लिए कहा था। आखिरकार विवेकानन्द की उद्घोषणा थी कि कोई भी देश आध्यात्मिकता को लेकर झूठा गर्व नहीं कर सकता—जहाँ लाखों लोग भूख से मरते हैं, जहाँ अस्पृश्यता एक अभिशाप बना हुआ है और जहाँ स्त्रियों पर अत्याचार होता रहता है और इसीलिए उनके मन में, जैसाकि सिस्टर निवेदिता ने कहा है : 'हिन्दू धर्म अपरिवर्तित बना ही नहीं रहे बल्कि यह प्रमाणित करे कि उसमें इतनी शक्ति है कि आधुनिक उत्थान का स्वागत और उसे स्वीकार कर सके। इसके सिवाय जो हिन्दुत्व के आन्तरिक मूल से परिचित हैं, उसके विशाल स्वरूप से परिचित हैं, वे जानते हैं कि हिन्दू धर्म में एक अन्तर्निहित धर्मनिरपेक्षता का भाव मौजूद है, जैसाकि समसामयिक घटनाओं के प्रवाह और महत्त्व के गहरे भाष्यकार श्री नीरोद चन्द्र चौधुरी, जिनके विचारों को आधुनिक बुद्धिजीवी हिन्दुओं का एक बड़ा वर्ग स्वीकार करता है, ने हिन्दू धर्म पर कहा है कि 'इस हिन्दू धर्म को यूरोपीय ढंग की उच्च धर्मनिरपेक्षता के किसी भी प्रकार की जरूरत नहीं क्योंकि हिन्दू धर्म अपने-आपमें धर्मनिरपेक्ष स्वरूप है और उसने ऐहिक सांसारिकता को नैतिक और आध्यात्मिक विशेषताओं से प्रभावित करके उसे शुद्ध-पवित्र बना दिया

है। हिन्दुओं से धर्मनिरपेक्षता को दूर करने का अर्थ होगा—उनको अनैतिक और सांस्कृतिक दृष्टि से भ्रमित कर देना।'

हालाँकि विवेकानन्द पश्चिम के बहुत बड़े आलोचक थे, फिर भी वे हमेशा पश्चिम से वह सब कुछ स्वीकार करने के लिए तैयार थे, जो भारत के लिए फायदेमंद था। वे अलगाववादी प्रवृत्ति के खिलाफ थे। भारतीयों के प्रति उनका आग्रह था कि वे पश्चिमी दुनिया के लोगों द्वारा एकत्रित सर्वश्रेष्ठ को अपने में आत्मसात करें। वे कहा करते थे : 'पश्चिम की केवल भौतिक चमक-दमक उन्हें चकाचौंध नहीं कर सकती और न ही आध्यात्मिकता की प्रमुखता उनके सामाजिक कर्मियों को छिपा सकती है।'

विवेकानन्द की मृत्यु के उपरान्त टैगोर ने इस तरह की एक संतुलित दृष्टि का प्रसार करते हुए कहा था : 'जिस महात्मा की मृत्यु अभी कुछ दिन पहले हुई थी, वह विवेकानन्द पूर्व को दाईं और पश्चिम को बाईं ओर रखकर बीच में खड़े रह सकते हैं। भारत के इतिहास में पश्चिम को स्वीकार किये बिना संकीर्ण रीति-रिवाजों के द्वारा भारत को हमेशा के लिए संकुचित बनाए रखना उनके जीवन की शिक्षा नहीं थी। स्वीकार करना, जोड़ना और निर्माण करना उनकी प्रतिभा के लक्षण थे। उन्होंने भारत की साधना को पश्चिम में ले जाने के लिए जिस प्रकार रास्ता तैयार किया, उसी प्रकार क्रमानुसार पश्चिम की साधना को भी भारत में स्थान दिया।'

भारत के मूलभूत आदर्श सत्त्व के साथ पश्चिम के रजस् यानी भौतिक लक्ष्यों की प्राप्ति किस प्रकार की जा सके, इसके लिए जोरदार प्रयत्न करना उनके जीवन का लक्ष्य था। जब पदार्थ और आत्मा को साथ-साथ आगे बढ़ने का मौका दिया जाता है तब ही कहीं जीवन में पूर्णता आती है। आध्यात्मिकता की छत्रच्छाया के बिना भौतिक जीवन में पुष्टता सम्भव नहीं।

धार्मिक राष्ट्रवाद

कई प्रसिद्ध विद्वानों ने विवेकानन्द के राष्ट्रवाद की अवधारणा की व्याख्या करते हुए उसे धार्मिक राष्ट्रवाद से अभिहित किया है। इसका मूल कारण यह था कि उनके भाषणों और रचनाओं में 'भारत और राष्ट्रवाद' पर बात करते हुए निरन्तर एक शब्द मुखरित होता था और वह शब्द था : 'धर्म'। धर्म हमारे राष्ट्रीय चरित्र का मूल लक्षण है। स्वामी विवेकानन्द ने अपने जीवन में यह बात नाना दफा कही है : 'हमारा वृहत राष्ट्रवाद इसी में निहित है।'

धर्म के बारे में उनका यह विचार है कि सारे धर्मों में ईश्वर तक पहुँचने का एक ही रास्ता है, इसीलिए सारे धर्मों में विभिन्नता के बावजूद एक ही सत्य का निखरा हुआ रूप दिखाई पड़ता है।

इस तरह के विचार विवेकानन्द की व्यापक दृष्टि का एहसास कराते हैं। इस तरह के विचार मध्ययुगीन भक्त कवियों और उनके गुरु श्रीरामकृष्ण के हिन्दू धर्म की समधर्मी परम्परा को भी उद्घाटित करते हैं। 'श्रीरामकृष्ण में,' जैसाकि स्वामी विवेकानन्द ने कहा है : 'इस ढंग की सहानुभूति प्रत्येक धर्म-सम्प्रदाय के लिए थी। उन्हें इन सबमें एक सामंजस्य की भावना दिखती थी। यह वह धर्म सिद्धान्त था जिसके द्वारा प्रभावित होकर उनके धर्म की समझ स्पष्ट हो पाई थी और इसीलिए उनकी धार्मिक राष्ट्रवादी दृष्टि सबको समेटकर चलने वाली परिकल्पना थी जिसका उद्देश्य था : सबके प्रति गहन प्रेम और मानवता का कल्याण।'

दूसरी ओर, अद्वैत (शिव, मेरे ईश्वर, मेरी आत्मा) के प्रति उनकी आस्था—अद्वैतवाद। विवेकानन्द के अनुसार : जो ऐकान्तिकता का विरोध करता है, सत्य के एकाधिकार को खारिज करता है और धर्म एक सामाजिक संरचना है, इस विचारधारा को और भी अधिक सशक्त बनाता है। इसी को महात्मा गांधी ने 'सर्वोदय' कहा है। सबकी भलाई, सबकी उन्नति, जो उनका कीलक शब्द है।

धर्म का यदि ठीक ढंग से पालन किया जाए तो विश्व-कल्याण का यह सही उपाय है—सर्वभूत हित। और ब्रह्मांडीय क्रियाओं का लक्ष्य एक ऐसा लक्ष्य है जिसे व्यक्ति-विशेष द्वारा अकेले में प्राप्त करना सम्भव नहीं है। सामूहिक रूप से ही इसे अनुभव किया जा सकता है।

यह विवेकानन्द का आदर्श था, जो 'रामकृष्ण संघ' के आदर्श-वाक्य में व्यक्त किया गया है : 'आत्मनो मोक्षार्थम् जगद्धिताय च।'—स्वयं की आध्यात्मिक मुक्ति और विश्व के कल्याण के लिए।

स्वामी रंगनाथनन्द इस आदर्श-वाक्य को स्पष्ट करते हुए कहते हैं कि इन दोनों के बीच (आत्मनो...तथा जगद्धि...) कोई प्रखर अन्तर नहीं निकालना चाहिए और अन्त का 'च' उनकी आन्तरिक एकता को दर्शाता है। मानवता की सेवा करने का अर्थ है : उसके माध्यम से अपने-आप का नैतिक और आध्यात्मिक दृष्टि से विकसित होना। यह स्वामी विवेकानन्द की विश्वदृष्टि है। वे धर्म के ब्रह्मांडीय रूप में स्थान देते हैं जहाँ ईश्वर मनुष्य की सेवा में प्रकट होता है। मनुष्य केवल अपने देश का नहीं, सारे विश्व का होता है और इसीलिए यह 'धार्मिक' नहीं, 'सार्वभौमिक' राष्ट्रवाद है। उनका धर्म मनुष्य या मानव-केन्द्रित धर्म था और परिणामतः उनकी देशभक्ति देश की स्वाधीनता के लिए थी—किसी राजनीतिक आन्दोलन का हिस्सा नहीं थी, बल्कि अभागे, आशाहीन, निर्वाक्, सतायी हुई जनता की सेवा के लिए थी।

मूल तथ्य जो हमें समझना है, वह यह कि संस्कृत शब्द 'धर्म' अंग्रेजी शब्द 'रिलिजन' नहीं है। इस दृष्टि से किसी शब्द का प्रयोग करना है तो वह 'धर्म' है।

विल्फर्ड कैंटवेल स्मिथ इस विचार-दृष्टि का समर्थन करते हुए कहते हैं : 'अगर किसी को हिन्दू धर्म को परिभाषित करना है यानी धर्म के रूप में परिभाषित करना है तो हिन्दू को उसके विश्वास की स्वतंत्रता और अखंडता के अधिकार से वंचित करना होगा क्योंकि वह कल क्या करेगा, आज यह सही रूप से कहना सम्भव नहीं है।' हालाँकि कोई भी इस बात पर जोर देकर कह सकता है कि हिन्दू धर्म 'ओरेंटलियोस्टो' के द्वारा अनन्य रूप से निर्मित है जिसको बाद में राष्ट्रवादी हिन्दुओं ने यह दिखाने के लिए अपना बना लिया कि भारतीय सभ्यता एकरूपी संरचित इकाई है। एक विस्तार पाते हुए साम्राज्यवाद-विरोधी आन्दोलन के लिए शायद ऐसा करना आवश्यक था जिससे कि यह प्रमाणित हो सके कि भारत एक ऐसी सभ्यता से सम्बन्धित है जिसका एक गौरवमय अतीत है और उसकी धार्मिक परम्परा जूदेव-ईसाई धर्म की तरह ही उदात्त और भव्य है। वस्तुत: हिन्दू धर्म औपनिवेशिक दमन के चलते राष्ट्रीय एकता की संरचना में एक महत्त्वपूर्ण तत्त्व के रूप में उभरकर सामने आया। आज हिन्दू धर्म एक वास्तविकता है, यद्यपि 'धर्म' के संदर्भ में उसकी कोई भी व्याख्या—नाना प्रकार के स्रोतों और प्रेरणाओं से प्रकट होनेवाले—उसके बहुलवादी स्वरूप की अवहेलना करते हुए सम्भव नहीं।

मोनियर विलयम्स हिन्दू धर्म के एक महत्त्वपूर्ण चरित्र के बारे में बताते हुए इसकी ग्रहणशीलता और सर्वव्यापकता का उल्लेख करते हैं : 'यह मानवता का धर्म है, मनुष्य-स्वभाव का धर्म है, सम्पूर्ण विश्व का धर्म है। हिन्दू धर्म किसी भी अन्य प्रणाली की प्रगति का विरोध नहीं करता है क्योंकि बिना किसी कठिनाई के यह बाकी सब धर्मों को बड़ी आसानी से लगातार विस्तृत होनेवाली अपनी विचारधारा में समाविष्ट कर लेता है।'

विवेकानन्द ने आध्यात्मिकता को, गरीबी कम करने के लिए, राष्ट्रीय पुनरुत्थान के आधार-रूप में ग्रहण किया। सन् 1893 में आयोजित शिकागो धर्मसंसद में स्वामीजी ने इस मुद्दे को स्पष्ट करते हुए अपने सम्बोधन में कहा था कि आध्यात्मिक ज्ञान ही हमारे सभी दुख-यातनाओं को हमेशा के लिए दूर कर सकता है। इस प्रकार मनुष्य में आध्यात्मिक आयाम की उन्मेष और शक्ति का विकास, मानव-जाति की सेवा के उपक्रमों से सम्बद्ध लोगों के लिए, बहुत ही महत्त्वपूर्ण है। स्वामीजी की आदर्श-उक्ति थी : 'गरीबों, अभागे और कमजोरों' की सेवा ईश्वर की पूजा है।

स्वामीजी ने वेदान्त-दर्शन का उपयोग किया, लेकिन गरीबों की सेवा को उसमें अन्तर्मुक्त करने के लिए उसको पुनर्गठित किया। इस प्रकार वेदान्त के साथ कर्मयोग को जोड़कर व्यावहारिक वेदान्त के अपने सिद्धान्त को विकसित किया। हालाँकि, हर किसी को यह अनुभव करना चाहिए कि वेदान्त न तो एक दर्शन है और न ही एक धर्म है, बल्कि एक अनुभव है, यद्यपि आध्यात्मिकता के क्रमगत विकास में आवश्यकतानुसार दोनों को ही स्वीकारा जाता है।

सिद्धान्त के रूप में उनका व्यावहारिक वेदान्त बहुत सरल है :

(i) पहले अपने मन को शुद्ध करो—चित्त शुद्धि।

(ii) इसके उपरान्त ध्यान पर अपना मन केन्द्रित करो—साधना।

साधना के द्वारा यह अनुभूति होती है कि आत्मा और परमात्मा में कोई अन्तर नहीं है।

इस अनुभूति के द्वारा सब कुछ 'ब्रह्ममय' है और इस संसार में सब कुछ ब्रह्म द्वारा आच्छादित है, इसका हमें संज्ञान होता है।

इस ज्ञान के द्वारा अपने और दूसरे के बीच का अन्तर मिट जाता है और इस तरह का सिद्ध-व्यक्ति दूसरों की सेवा में अपने को समर्पित कर सकता है। इसके लिए (क) अनवरत उत्साह-भाव; (ख) सर्वव्यापी कार्रवाई; (ग) पूर्ण ऊर्जा की आवश्यकता होती है।

स्वामीजी गरीबों की सेवा की बात तब तक करते रहते हैं जब तक दूसरों को ऐसा करने के लिए मना न लें । एक दफा उन्होंने कहा था : 'हम ईश्वर को ढूढ़ने कहाँ जाएँगे? क्या सारे अभागे, गरीब और कमजोर ईश्वर नहीं हैं? हममें से प्रत्येक को रात-दिन इन लाखों पददलितों के लिए प्रार्थना करनी होगी, जो गरीबी, पुरोहितों के अत्याचार और आतंक के शिकार हैं। इन्हीं लोगों के लिए रात-दिन हम प्रार्थना करें।'

इस प्रकार स्वामी विवेकानन्द की 'दरिद्रनारायण' की अवधारणा विकसित हुई—भगवान्, मनुष्य-भगवान्, इस भगवान् का गरीब जनता में आविष्कार है। स्वामीजी ने यह स्पष्ट अनुभव किया कि खाली पेट और शरीर के बीमार होने पर किसी भी दर्शन या धर्म को नहीं समझा जा सकता। उन्होंने कहा : 'एक कमजोर और अधम परतंत्र जाति के लिए पहले-पहले उसके शरीर और दिमाग को बेहतर बनाने की जरूरत है। इसीलिए वे देश के उत्थान के लिए स्टील के स्नायु और प्रांजल या सुस्पष्ट दिमाग वाले नवयुवकों की तलाश करते थे और इस संदर्भ में छात्रों से कहते थे : 'गीता का पाठ करने के बजाय, जाओ, फुटबॉल खेलो, जो तुम्हें स्वर्ग के नजदीक लाएगा।'

वे कोई पैगम्बर नहीं थे, मगर एक संन्यासी थे, इसीलिए वे 'संन्यासी-देशभक्त' के रूप में जाने जाते थे, जिन्होंने वेदान्त के मार्ग का अनुसरण इस तरह किया :

(i) विश्वास के मामले में विशिष्टता को खारिज कर दिया।

(ii) सत्य के एकाधिकार के सभी दावों को खारिज कर दिया और

(iii) अपने गुरु श्रीरामकृष्ण की समन्वयवादी विचारधारा ने स्वामीजी को सार्वभौमिक धर्म के प्रसार की प्रेरणा दी जिसके फलस्वरूप उन्होंने सचेत होकर सारे धर्मों को सत्य-रूप में स्वीकार किया। इससे विवेकानन्द को लेकर फैलाए गए उस मिथ्याचार का भंडाफोड़ हुआ

कि वे पुनरुत्थानवादी हैं और उनका राष्ट्रवाद हिन्दू राष्ट्रवाद है। उन्होंने हिन्दू-मुस्लिमों के अन्तर को यथार्थ की अपेक्षा ऊपरी या आभासी माना और साथ ही यह कहा कि 'मुस्लिम एक उदार जाति है और हृदय से हिन्दुओं के समान भारतीय हैं।' रोम्याँ रोला के शब्दों में : 'स्वामीजी की मातृभूमि की भलाई के लिए उच्चतम प्रार्थना यह है कि यह देश दुगुने आदर्श को स्वीकार करते हुए अपने शरीर को इस्लामिक बनाए और वेदान्त को अपनी आत्मा।'

इसीलिए स्वामीजी साहसपूर्वक कहते थे कि भारत की बरबादी उसी दिन से शुरू हो गई थी, जिस दिन उसने 'म्लेच्छ' शब्द का आविष्कार किया था और दूसरों से विचारों के आदान-प्रदान में रोक लगा दी थी। ये श्रीरामकृष्ण और मध्य-युग के ईश्वर के निरक्षर लोगों में से कबीर, नानक, दादू, जो भारतीय समाज के अति निम्न जाति के गरीब लोग थे, समन्वयवादी परम्परा से सम्बद्ध थे। यह सन्त- परम्परा 19वीं शती के पुनरुत्थानवादियों से अलग थी, जो ईसाई धर्म के आक्रमण से हिन्दू धर्म को बचाना चाहते थे।

आध्यात्मिक तथा धार्मिक संचेतना एक-दूसरे से इतनी गहराई से सम्बद्ध थीं कि उनकी अलग से पहचान करना लगभग नामुमकिन था। इस तरह एक-दूसरे से आबद्ध संचेतना ने स्वामीजी के धार्मिक विचार को सामाजिक-सांस्कृतिक विशेषताओं में बदल दिया जिसकी तीन विशेषताएँ थीं :

(i) पवित्रता,
(ii) ऐहिक नैतिकता और
(iii) सांस्कृतिक आत्म-निश्चयात्मकता।

अपने गुरु श्रीरामकृष्ण की सलाह पर विवेकानन्द ने सम्पूर्ण तथा अबाधित समाधि की स्वार्थपरक इच्छा को त्यागते हुए स्वयं को मानव जाति की सेवा के लिए समर्पित कर दिया था और इस प्रकार मानव की सेवा को एक नये प्रतिमान के रूप में प्रतिष्ठित किया था जिसमें कर्मयोग, ज्ञानयोग और वेदान्तिक एकात्मता को नया अर्थ प्राप्त हुआ :

(i) स्वामी विवेकानन्द के लिए कर्म पूर्वजन्मों द्वारा निर्धारित कर्तव्य और विषय-आधारित कर्मकांड नहीं था वरन् गैर-पारम्परिक सामाजिक सेवाभाव था।
(ii) विवेकानन्द ने वेदान्तिक अद्वैतवादी ज्ञान को शान्ति के सन्देश और दूसरे को मदद पहुँचाने के दृढ़ प्रयत्नों में परिवर्तित कर दिया था।
(iii) स्वामी विवेकानन्द का तर्क था कि सभी प्राणियों की अद्वैतवादी एकात्मता का निहितार्थ है कि 'किसी से भी प्रेम करने का अर्थ है : मैं अपने से प्रेम कर रहा हूँ।' वस्तुतः इस तरह की विचार-दृष्टि ने स्वामीजी को

> अद्वैत या गैर-द्वैतवाद एवं भक्ति अथवा प्रेम-भक्ति को एक-दूसरे से जोड़कर एक अलग तरह का प्रारूप बनाने का अवसर प्रदान किया। परिणामत: स्वामीजी की भक्ति काली देवी की मूर्ति में केन्द्रित थी और इस तरह गैर-द्वैतवाद की एक अनन्त सर्वव्यापी शक्ति को स्वीकार करने के साथ-साथ, स्वामीजी ने एक भक्त के रूप में द्वैतवाद को अपनाते हुए, एक व्यक्तिगत देवता के प्रति अपने प्रेम और भक्ति को प्रकट भी किया है।

स्वामी विवेकानन्द ने मातृभूमि की सच्ची सेवा के लिए त्याग को आवश्यक माना है। आध्यात्मिकता और देश-प्रेम उनकी अभिज्ञता में निरन्तर मौजूद था। स्वामीजी ने वेदान्तिक एकात्मता के शिक्षण के साथ गीता के कर्म-सिद्धान्त को जोड़कर, राष्ट्रीय जीवन और देश की गरीब जनता के उत्थान की रूपरेखा तैयार की थी और इसमें भक्तियोग के प्रेम को सन्निहित किया था।

राष्ट्रीय उत्थान के लिए तैयार किये गए उनके कार्यक्रम का फोकस पूरे तौर पर गरीब और निरक्षरों पर था और आध्यात्मिकता पर आधारित उनके राष्ट्रवाद का एक सार्वभौमिक आधार था यानी यह सर्वव्यापी रूप से विकसित सार्वभौमिक राष्ट्रवाद था। परिणामत: देशभक्ति की सीमाओं का, वेदान्त के लोकोत्तर सिद्धान्तों के आश्रय से, आसानी से विस्तार करना और साथ ही सारी दुनिया की भूखी गरीब जनता के साथ एकात्मता बनाए रखना सम्भव हो पाता है।

8

स्वामी विवेकानन्द के कथन

श्रीरामकृष्ण

- यदि मनसा, वाचा, कर्मणा से मैंने कोई सत्कार्य किया हो, यदि मेरे मुँह से कोई ऐसी बात निकली हो जिससे संसार के किसी भी मनुष्य का कुछ उपकार हुआ हो, तो उसमें मेरा कुछ भी गौरव नहीं, वह मेरे गुरु श्रीरामकृष्ण का है। परन्तु यदि मेरी जिह्वा ने कभी अभिशाप की वर्षा की हो, यदि मुझसे कभी किसी के प्रति घृणा का भाव निकला हो, तो वे मेरे हैं, उनके नहीं। जो कुछ दुर्बल है, वह सब मेरा है; पर जो कुछ भी जीवनप्रद है, बलप्रद है, पवित्र है, वह सब उन्हीं की शक्ति का खेल है, उन्हीं की वाणी है और वे स्वयं हैं।

  मित्रो, यह सत्य है कि संसार अभी तक उस महापुरुष से परिचित नहीं हुआ। हम लोग संसार के इतिहास में शत-शत महापुरुषों की जीवनी पढ़ते हैं। इसमें उनके शिष्यों के लेखन एवं कार्य-संचालन का हाथ रहा है। हजारों वर्ष तक लगातार उन लोगों ने उन प्राचीन महापुरुषों के जीवन-चरितों को काट-छाँटकर सँवारा है। परन्तु इतने पर भी जो जीवन मैंने अपनी आँखों देखा है, जिसकी छाया में मैं रह चुका हूँ, जिनके चरणों में बैठकर मैंने जो यह सब सीखा है, उन श्रीरामकृष्ण परमहंस का जीवन जैसा उज्ज्वल और महिमान्वित है, वैसा मेरे विचार में और किसी महापुरुष का नहीं। (5/206)
- वे यह जान गए थे कि सभी धर्मों का मुख्य भाव यह है कि 'मैं कुछ नहीं—तू ही सब कुछ है'; और जो कहता है—मैं नहीं—बस, उसी के हृदय को ईश्वर परिपूर्ण कर देते हैं। यह क्षुद्र अहंभाव जितना ही कम होता है, उतनी ही उसमें ईश्वर की अभिव्यक्ति होती है। संसार के प्रत्येक धर्म में उन्हें यही सत्य मिला और स्वयं उसी को संपादित करने में दत्तचित्त हो गए। मैं परम भाग्यशाली था कि मुझे सिद्धान्तों को कार्य-रूप में परिणत करनेवाले गुरुदेव मिल गए। जिस

वस्तु को वे सत्य-रूप समझते थे, उसको कार्य-रूप में परिणत कर डालने की उनमें अद्‌भुत शक्ति थी। (7/255)

- हमारे गुरु एक वृद्धजन थे। एक सिक्का भी कभी हाथ से नहीं छूते थे। बस, जो कुछ थोड़ा-सा भोजन दिया जाता था, वे उसे ही ग्रहण करते थे, और कुछ गज कपड़ा—अधिक कुछ नहीं। उन्हें और कुछ स्वीकार करने के लिए कोई प्रेरित ही न कर पाता था। (10/1)
- मेरे गुरुदेव का मानव-जाति के लिए यह सन्देश है कि 'प्रथम स्वयं धार्मिक बनो और सत्य की उपलब्धि करो।' वे चाहते थे कि तुम अपने भ्रातृ-स्वरूप समग्र मानव जाति के कल्याण के लिए सर्वस्व त्याग दो। उनकी ऐसी इच्छा थी कि भ्रातृ-प्रेम के विषय में बातचीत बिलकुल न करो, वरन् अपने शब्दों को सिद्ध करके दिखाओ। त्याग तथा प्रत्यक्ष अनुभूति का समय आ गया है और इनसे ही तुम जगत् के सभी धर्मों में सामंजस्य देख पाओगे। तब तुम्हें प्रतीत होगा कि आपस में झगड़े की कोई आवश्यकता नहीं है और तभी तुम समग्र मानव जाति की सेवा करने के लिए तैयार हो सकोगे। इस बात को स्पष्ट रूप से दिखा देने के लिए कि सब धर्मों में मूल तत्त्व एक ही है, मेरे गुरुदेव का अवतार हुआ था। अन्य धर्म-संस्थापकों ने स्वतंत्र धर्मों का उपदेश दिया था और वे धर्म उनके नाम से प्रचलित हैं; परन्तु उन्नीसवीं शताब्दी के इन महापुरुष ने स्वयं के लिए कोई भी दावा नहीं किया। उन्होंने किसी धर्म को क्षुब्ध नहीं किया, क्योंकि उन्होंने प्रत्यक्ष अनुभव कर लिया था कि वास्तव में सब धर्म एक ही 'चिरन्तन धर्म' के अभिन्न अंग हैं। (7/267)
- स्वयं अनुभव द्वारा उन्हें यह ज्ञात हुआ कि प्रत्येक धर्म का ध्येय एक ही है और सब धर्म एक ही सत्य की शिक्षा देते हैं—अन्तर केवल पद्धति तथा विशेष रूप से भाषा में रहता है। वस्तुतः सब पंथों तथा धर्मों का ध्येय मूलतः एक ही है। (7/254-55)

उपनिषद्

- आजकल की भाषा में अगर कहा जाए तो यही कहना चाहिए कि उपनिषदों का उद्‌देश्य चरम एकत्व के आविष्कार की चेष्टा है और भिन्नत्व में एकत्व की खोज ही ज्ञान है। हर एक विज्ञान इसी नींव पर प्रतिष्ठित है। मनुष्यों का सम्पूर्ण ज्ञान भिन्नत्व में एकत्व की खोज पर ही प्रतिष्ठित है। और, यदि दृश्य-जगत् की थोड़ी-सी घटनाओं में ही एकत्व के अनुसन्धान की चेष्टा क्षुद्र मानवीय विज्ञान का कार्य हो, तो इस अपूर्व विचित्रतासंकुल विश्व के भीतर, हम जिसके नाम और रूपों में सहस्रधा वैचित्र्य देख रहे हैं, जहाँ जड़ और चेतन में भेद

वर्तमान है, जहाँ सभी चित्तवृतियाँ एक-दूसरे से भिन्न हैं, जहाँ कोई रूप किसी दूसरे से नहीं मिलता। जहाँ प्रत्येक वस्तु अपर वस्तु से पृथक् है, वहाँ एकत्व का आविष्कार करने का हमारा उद्‌देश्य कितना कठिन है! परन्तु इन विभिन्न स्तरों और अनन्त लोकों के भीतर एकता का आविष्कार करना ही उपनिषदों का लक्ष्य है। (5/289)

- तमेवैकं जानथ आत्मानं अन्या वाचो विमुंचथ : एकमात्र उसी आत्मा का ज्ञान प्राप्त करो और दूसरे वृथा वाक्य छोड़ो। उन्होंने आत्मा में ही सारी समस्याओं का समाधान पाया था। वहीं उन्होंने विश्वेश्वर परमात्मा को जाना और जीवात्मा के साथ उसका सम्बन्ध, उसके प्रति हमारा कर्तव्य और उसके आधार पर हमारा पारस्परिक सम्बन्ध आदि ज्ञान प्राप्त किया। और इस आत्मतत्त्व के वर्णन के सदृश उदात्त संसार में और दूसरी कविता नहीं है। जड़ के वर्णन की भाषा में इस आत्मा को चित्रित करने की चेष्टा न रही, यहाँ तक कि आत्मा के वर्णन में उन्होंने गुणों का निर्देश करना बिलकुल छोड़ दिया। तब अनन्त की धारणा के लिए इन्द्रियों की सहायता की आवश्यकता नहीं रही। बाह्य इन्द्रिय-ग्राह्य, अचेतन, मृत, जड़ स्वभाव, अवकाशरूपी अनन्त का वर्णन लुप्त हो गया। वरन् इसके स्थान पर आत्मतत्त्व का ऐसा वर्णन मिलता है, जो इतना सूक्ष्म है, जैसाकि इस कथन में निर्दिष्ट है :

  न तत्र सूर्यो भाति न चन्द्रतारकं नेमा विद्युतो भान्ति कुतोयमग्निः
  तमेव भानतमनुभाति सर्व तस्यभासा सर्वमिदं विभाति॥

  संसार में और कौन-सी कविता इसकी अपेक्षा अधिक उदात्त होगी? 'वहाँ न सूर्य का प्रकाश है, न चन्द्रतारिकाओं का। यह बिजली उसे प्रकाशित नहीं कर सकती, तो मृत्युलोक की इस अग्नि की बात ही क्या? उसी के प्रकाश से सब कुछ प्रकाशित होता है।'

  ऐसी कविता तुमको कहीं नहीं मिल सकती और न कहीं पाओगे। (5/223)
- समस्त उपनिषदों का केन्द्रीय भाव साक्षात्कार या अपरोक्षानुभूति ही है। (2/173)

गीता

- गीता का केन्द्रीय भाव यह है : निरन्तर कर्म करते रहो, परन्तु उसमें आसक्त मत होओ। (3/29)

  यह वेदान्त दर्शन का एक सर्वोत्तम भाष्यस्वरूप है। कितने आश्चर्य की बात है कि इस उपदेश का केन्द्र है संग्राम-स्थल, जहाँ श्रीकृष्ण ने अर्जुन को इस दर्शन का उपदेश दिया है और गीता के प्रत्येक पृष्ठ पर जो मत उज्ज्वल रूप

से प्रकाशित है, वह है तीव्र कर्मण्यता, किन्तु उसी के बीच अनन्त शान्तभाव। इसी तत्त्व को कर्म-रहस्य कहा गया है और इस अवस्था को पाना ही वेदान्त का लक्ष्य है। (8/4)

- हम दीपक के प्रकाश में गीता का पाठ कर रहे हैं, पर अनेक पतिंगे जलकर मरते जा रहे हैं। इसी से यह स्पष्ट हो जाता है कि प्रत्येक कर्म में कुछ न कुछ दोष रहता ही है। जो अपना क्षुद्र अहंभाव भूलकर कार्य करते हैं, उन पर इन दोषों का प्रभाव नहीं पड़ता, क्योंकि वे संसार की भलाई के लिए कर्म करते हैं। निष्काम और अनासक्त होकर कार्य करने से हमें परम आनन्द और मुक्ति की प्राप्ति होती है। गीता में भगवान् श्रीकृष्ण ने कर्मयोग के इसी रहस्य की शिक्षा दी है। (9/191)
- दुख का एकमेव कारण यह है कि हम आसक्त हैं, हम बँधते जा रहे हैं। इसीलिए गीता में कहा है : निरंतर काम करते रहो, पर आसक्त मत होओ; बन्धन में मत पड़ो। प्रत्येक वस्तु से अपने-आपको स्वतंत्र बना लेने की शक्ति स्वयं में संचित रखो। वह वस्तु तुम्हें बहुत प्यारी क्यों न हो, तुम्हारे प्राण उसके लिए चाहे कितने ही लालायित क्यों न हों, उसे त्यागने में तुम्हें चाहे जितना कष्ट क्यों न उठाना पड़े, फिर भी अपनी इच्छानुसार उसे त्यागने के लिए अपनी शक्ति सँजोये रहो। (9/176-77)
- तुम्हारे हृदय के प्रेम पर केवल एक व्यक्ति का अधिकार है—केवल उसका अधिकार है, जो कभी बदलता नहीं। वह कौन है? वह केवल ईश्वर ही है। इसलिए श्रीकृष्ण ने गीता में उपदेश दिया है—एकमात्र ईश्वर ही ऐसा है जो कभी नहीं बदलता। उसका स्नेह अनन्त और अपरिवर्तनशील है। (7/186-87)
- गीता में यदि कोई ऐसी बात है, जो मैं पसन्द करता हूँ, तो ये दो श्लोक हैं। कृष्ण के उपदेश के सारस्वरूप इन श्लोकों से बड़ा भारी बल प्राप्त होता है :

समं सर्वेषु भूतेषु तिष्ठन्तं परमेश्वरम्।
विनश्यत्स्वविनश्यन्तं यः पश्यति स पश्यति ॥13।27॥

और :

समं पश्यन् हि सर्वत्र समवस्थितमीश्वरम्
न हिनस्त्यात्मनात्मानं ततो याति परां गतिम् ॥13।28॥

दोनों श्लोकों का अर्थ है : विनाश होनेवाले सब भूतों में जो लोग अविनाशी परमात्मा को स्थित देखते हैं, यथार्थ में उन्हीं का देखना सार्थक है, क्योंकि ईश्वर को सर्वत्र समान भाव से देखकर वे आत्मा के द्वारा आत्मा की हिंसा नहीं करते, इसलिए वे परमगति को प्राप्त होते हैं। (5/89-90)

भारत की विशेषताएँ

- संसार हमारे देश का अत्यन्त ऋणी है। यदि भिन्न-भिन्न देशों की पारस्परिक तुलना की जाए तो मालूम होगा कि सारा संसार सहिष्णु एवं निरीह भारत का जितना ऋणी है, उतना और किसी देश का नहीं। (5/5)
- समस्त मानवीय प्रगति में शान्तिप्रिय हिन्दू जाति का कुछ अपना योगदान भी है और आध्यात्मिक आलोक ही भारत का वह दान है। (5/9)
- धार्मिक अन्वेषणों द्वारा हमें इस सत्य का पता चलता है कि उत्तम आचरण-शास्त्र से युक्त कोई भी ऐसा देश नहीं है जिसने उसका कुछ न कुछ अंश हमसे न लिया हो तथा कोई भी ऐसा धर्म नहीं है जिसमें आत्मा के अमरत्व का ज्ञान विद्यमान हो, और उसने भी प्रत्यक्ष या परोक्ष रूप में हमसे ही ग्रहण नहीं किया हो। (5/36)
- राजनीति-सम्बन्धी विद्या का विस्तार रणभेरियों और सुसज्जित सेनाओं के बल पर किया जा सकता है, लौकिक एवं समाज-सम्बन्धी विद्या का विस्तार आग और तलवारों के बल पर हो सकता है, पर आध्यात्मिक विद्या का विस्तार तो शान्ति द्वारा ही सम्भव है। जिस प्रकार चक्षु और कर्णगोचर न होते हुए भी मृदु ओस-बिन्दु गुलाब की कलियों को विकसित कर देता है, बस, वैसा ही आध्यात्मिक ज्ञान के विस्तार के सम्बन्ध में भी समझो। यही एक दान है, जो भारत दुनिया को बार-बार देता आया है। (5/117)
- मैं चुनौती देता हूँ कि कोई भी व्यक्ति भारत के राष्ट्रीय जीवन का कोई भी ऐसा काल मुझे दिखा दे, जिसमें यहाँ समस्त संसार को हिला देने की क्षमता रखनेवाले आध्यात्मिक महापुरुषों का अभाव रहा हो। (9/300)
- हमारी इस मातृभूमि में इस समय भी धर्म और अध्यात्म विद्या का जो स्रोत बहता है, उसकी बाढ़ समस्त जगत् को आप्लावित कर, राजनीतिक उच्चाभिलाषाओं एवं नवीन सामाजिक संगठनों की चेष्टाओं में प्रायः समाप्तप्राय, अर्द्धमृत तथा पतनोन्मुखी पाश्चात्य और दूसरी जातियों में नव-जीवन का संचार करेगी। (5/45)
- भारतीय जीवन-रचना का यही प्रतिपाद्य विषय है, उसके अनन्त संगीत का यही दायित्व है, उसके अस्तित्व का यही मेरुदंड है, उसके जीवन की यही आधारशिला है, उसके अस्तित्व का एकमात्र हेतु—मानव जाति का अध्यात्मीकरण। अपने इस लम्बे जीवन-प्रवाह में भारत अपने इस मार्ग से कभी भी विचलित नहीं हुआ, चाहे तातारों का शासन रहा हो और चाहे तुर्कों का, चाहे मुगलों ने राज्य किया हो और चाहे अंग्रेजों ने। (9/300)
- यह मेरा दर्शन, धर्म, आचरणशास्त्र, मधुरता, कोमलता और प्रेम की मातृभूमि

है। मैं दृढ़तापूर्वक कह सकता हूँ कि इन बातों में पृथ्वी के अन्य देशों की अपेक्षा भारत अब भी श्रेष्ठ है। (5/43)

भारत की अवनति के कारण

- पहले रोटी और तब धर्म चाहिए। गरीब बेचारे भूखों मर रहे हैं और हम उन्हें आवश्यकता से अधिक धर्मोपदेश दे रहे हैं। मत-मतान्तरों से पेट नहीं भरता। हमारे दो दोष बड़े ही प्रबल हैं—पहला दोष हमारी दुर्बलता है, दूसरा है घृणा करना, हृदयहीनता। लाखों मत-मतान्तरों की बात कह सकते हो, करोड़ों सम्प्रदाय संगठित कर सकते हो, परन्तु जब तक उनके दुख का अपने हृदय में अनुभव नहीं करते, वैदिक उपदेशों के अनुसार जब तक स्वयं नहीं समझते कि वे तुम्हारे ही शरीर के अंश हैं, जब तक तुम और वे—धनी और दरिद्र, साधु और असाधु—सभी उसी एक अनन्त पूर्ण के, जिसे तुम ब्रह्म कहते हो, अंश नहीं हो जाते, तब तक कुछ न होगा। (5/322)
- मैं समझता हूँ कि हमारा सबसे बड़ा राष्ट्रीय पाप जनसमुदाय की उपेक्षा है, और वह भी हमारे पतन का कारण है। हम कितनी ही राजनीति बरतें, उससे उस समय तक कोई लाभ नहीं होगा, जब तक कि भारत का जनसमुदाय एक बार फिर सुशिक्षित, सुपोषित और सुपालित नहीं होता। (14/260-61)
- स्वयं कुछ करना नहीं और यदि दूसरा कोई कुछ करना चाहे, तो उसका मखौल उड़ाना हमारी जाति का एक महान् दोष है और इसी से हमारी जाति का सर्वनाश हुआ है। हृदयहीनता तथा उद्यम का अभाव सब दुखों का मूल है। अत: उन दोनों को त्याग दो। किसके अन्दर क्या है, प्रभु के बिना कौन जान सकता है? सभी को अवसर मिलना चाहिए। आगे प्रभु की इच्छा। (4/380)
- जो लोग सदैव अपने अतीत की ही ओर दृष्टि लगाए रखते हैं, आजकल सभी लोग उनकी निन्दा किया करते हैं। वे कहते हैं कि इस प्रकार निरन्तर अतीत की ओर देखते रहने के कारण ही हिन्दू जाति को नाना प्रकार के दुख और आपत्तियाँ भोगनी पड़ी हैं। किन्तु मेरी तो यह धारणा है कि इसके विपरीत ही सत्य है। जब तक हिन्दू जाति अपने अतीत को भूली हुई थी, तब तक वह संज्ञाहीन अवस्था में पड़ी रही, और अतीत की ओर दृष्टि जाते ही चहुँ ओर पुनर्जीवन के लक्षण दिखाई दे रहे हैं। भविष्य को इसी अतीत के साँचे में ढालना होगा, अतीत ही भविष्य होगा। (9/353)
- पृथ्वी पर ऐसा कोई धर्म नहीं है, जो हिन्दू धर्म के समान इतने उच्च स्वर से मानवता के गौरव का उपदेश करता हो, और पृथ्वी पर ऐसा कोई धर्म नहीं है, जो हिन्दू धर्म के समान गरीबों और नीच जातिवालों का गला ऐसी क्रूरता से

घोंटता हो। प्रभु ने मुझे दिखा दिया है कि इसमें धर्म का कोई दोष नहीं है, वरन् दोष उनका है, जो ढोंगी और दम्भी हैं; जो 'पारमार्थिक' और 'व्यावहारिक' सिद्धान्तों के रूप में अनेक प्रकार के अत्याचार के अस्त्रों का निर्माण करते हैं। (1/403-4)

- मेरी समझ में भारतवर्ष के पतन और अवनति का एक प्रधान कारण जाति के चारों ओर रीति-रिवाजों की एक दीवार खड़ी कर देना था, जिसकी भित्ति दूसरों की घृणा पर स्थापित थी, और जिनका यथार्थ उद्देश्य प्राचीन काल में हिन्दू जाति को आसपास वाली बौद्ध जातियों के संसर्ग से अलग रखना था।

  प्राचीन या नवीन तर्कजाल इसे चाहे जिस तरह ढँकने का प्रयत्न करे, पर इसका अनिवार्य फल—उस नैतिक साधारण नियम के औचित्य के अनुसार कि कोई भी बिना अपने को अध:पतित किये दूसरों से घृणा नहीं कर सकता—हुआ यह कि जो जाति सभी प्राचीन जातियों में सर्वश्रेष्ठ थी, उसका नाम पृथ्वी की जातियों में साधारण एक घृणासूचक शब्द-सा हो गया है। हम उस सार्वभौमिक नियम की अवहेलना के प्रत्यक्ष दृष्टान्तस्वरूप हो गए हैं, जिसका हमारे ही पूर्वजों ने पहले-पहल आविष्कार और विवेचना की थी। (3/331-32)

भारत के पुनरुत्थान के उपाय

- भारत तभी जागेगा, जब विशाल हृदयवाले सैकड़ों स्त्री-पुरुष भोग-विलास और सुख की सभी इच्छाओं को विसर्जित कर मन, वचन और कर्म से उन करोड़ों भारतीयों के कल्याण के लिए सचेष्ट होंगे जो दरिद्रता तथा मूर्खता के अगाध सागर में निरन्तर नीचे डूबते जा रहे हैं। मैंने अपने जैसे क्षुद्र जीवन में अनुभव कर लिया है कि उत्तम लक्ष्य, निष्कपटता और अनन्त प्रेम से विश्व-विजय की जा सकती है। ऐसे गुणों से सम्पन्न एक भी मनुष्य करोड़ों पाखंडी एवं निर्दयी मनुष्यों की दुर्बुद्धि को नष्ट कर सकता है। (6/307)
- आशा तुम लोगों से है—जो विनीत, निरभिमानी और विश्वासपरायण हैं। ईश्वर के प्रति आस्था रखो। किसी चालबाजी की आवश्यकता नहीं; उससे कुछ नहीं होता। दुखियों का दर्द समझो और ईश्वर से सहायता की प्रार्थना करो—वह अवश्य मिलेगी। मैं बारह वर्ष तक हृदय पर यह बोझ लादे और सिर में यह विचार लिये बहुत-से तथाकथित धनिकों और अमीरों के दर-दर घूमा। हृदय का रक्त बहाते हुए मैं आधी पृथ्वी का चक्कर लगाकर इस अजनबी देश में सहायता माँगने आया। परन्तु भगवान् अनन्त शक्तिमान है—मैं जानता हूँ, वह मेरी सहायता करेगा। मैं इस देश में भूख या ठंड से भले ही मर जाऊँ,

परन्तु युवको! मैं गरीबों, मूर्खों और उत्पीड़ितों के लिए इस सहानुभूति और प्राणपण प्रयत्न को थाती के तौर पर तुम्हें अर्पण करता हूँ। जाओ, इसी क्षण जाओ उस पार्थसारथी (भगवान् कृष्ण) के मन्दिर में, जो गोकुल के दीन-हीन ग्वालों के सखा थे, जो गुहक चांडाल को भी गले लगाने में नहीं हिचके, जिन्होंने अपने बुद्धावतार-काल में अमीरों का निमंत्रण अस्वीकार कर एक वारांगना के भोजन का निमंत्रण स्वीकार किया और उसे उबारा। जाओ उनके पास, जाकर साष्टांग प्रणाम करो और उनके सम्मुख एक महाबलि दो, अपने समस्त जीवन की बलि दो—उन दीनहीनों और उत्पीड़ितों के लिए, जिनके लिए भगवान् युग-युग में अवतार लिया करते हैं, और जिन्हें वे सबसे अधिक प्यार करते हैं। और तब प्रतिज्ञा करो कि अपना सारा जीवन इन तीस करोड़ लोगों के उद्धार-कार्य में लगा दोगे, जो दिनोंदिन अवनति के गर्त में गिरते जा रहे हैं। (1/404)

- तुम लोग शून्य में विलीन हो जाओ तो फिर एक नवीन भारत निकल पड़े। निकले हल पकड़कर, किसानों की कुटी भेदकर, जाली, माली, मोची, मेहतरों की झोंपड़ियों से। निकल पड़े बनियों की दुकानों से, भुजवा के भाड़ के पास से, कारखाने से, हाट से, बाजार से। निकले झाड़ियों, जंगलों, पहाड़ों, पर्वतों से। इन लोगों ने जो सहस्त्र-सहस्त्र वर्षों तक नीरव अत्याचार सहन किया है—उससे पाई है अपूर्व जीवनीशक्ति। ये लोग मुट्ठी भर सत्तू खाकर दुनिया उलट दे सकेंगे। आधी रोटी मिली तो तीनों लोगों में इतना तेज न अटेगा। ये रक्तबीज के प्राणों से युक्त हैं। और पाया है सदाचार-बल, जो तीनों लोक में नहीं है। इतनी शान्ति, इतनी प्रीति, इतना प्यार, बेजबान रहकर दिन-रात इतना खटना और काम के वक्त सिंह का विक्रम!! अतीत के कंकाल-समूह! यही है तुम्हारे सामने तुम्हारा उत्तराधिकारी भावी भारत। वे तुम्हारी रत्नपेटिकाएँ, तुम्हारी मणि की अँगूठियाँ—फेंक दो इनके बीच; जितना शीघ्र फेंक सको, फेंक दो; और तुम हवा में विलीन हो जाओ, अदृश्य हो जाओ, सिर्फ कान खड़े रखो। तुम ज्योंही विलीन होगे उसी वक्त सुनोगे कोटिजीमूतस्यन्दिनी, त्रैलोक्यकंपनकारिणी भावी भारत की अद्बयबोधन ध्वनि : 'वाहे गुरु की फतह!' (8/167-68)
- 'क्या आप कोई ऐसी बात बता सकते हैं, जिसके कारण भारत आर्य राष्ट्रों में निचले स्थान पर पड़ा रहा? क्या वह बुद्धि में मन्द है? क्या वह कौशल में कम है? आप उसकी कला को देखिए, उसके गणित को देखिए, उसके दर्शन को देखिए, और फिर कहिए कि क्या आप मेरे प्रश्नों के उत्तर में 'हाँ' कह सकते हैं? केवल इस बात की आवश्यकता है कि वह सम्मोह को दूर करे, युगों की निद्रा से जाग जाए और राष्ट्रों की पंक्ति में अपना वास्तविक स्थान ग्रहण करे। (4/264)

- अब प्रयोजन है गीता के सिंहनादकारी श्रीकृष्ण की, धनुषधारी श्रीरामचन्द्र की, महावीर की, माँ काली की पूजा की। इसी से लोग महाउद्यम के साथ कर्म में लगेंगे और शक्तिशाली बनेंगे। मैंने बहुत अच्छी तरह विचार करके देखा है कि वर्तमान काल में जो धर्म की रट लगा रहे हैं, उनमें बहुत-से लोग पाशवी दुर्बलता से भरे हुए हैं, विकृत मस्तिष्क हैं अथवा उन्मादग्रस्त। बिना रजोगुण के तेरा अब न इहलोक है और न परलोक। घोर तमोगुण से देश भर गया है। फल भी उसका वैसा ही हो रहा है—इस जीवन में दासत्व और परलोक में नरक। (6/17)
- देशभक्त बनो। जिस जाति ने अतीत में हमारे लिए इतने बड़े-बड़े काम किये हैं, उसे प्राणों से भी अधिक प्यारी समझो। हे स्वदेशवासियो! मैं संसार के अन्यान्य राष्ट्रों के साथ अपने राष्ट्र की जितनी ही अधिक तुलना करता हूँ, उतना ही अधिक तुम लोगों के प्रति मेरा प्यार बढ़ता जाता है। तुम लोग शुद्ध, शान्त और सत्स्वभाव के हो, और तुम्हीं लोग सदा अत्याचारों से पीड़ित रहते आए हो—इस मायामय जड़ जगत की पहेली ही कुछ ऐसी है। जो हो, तुम इसकी परवाह मत करो! अन्त में आत्मा की जय अवश्य होगी। इस बीच आओ, हम काम में संलग्न हो जाएँ। केवल देश की निन्दा करने से काम नहीं चलने का। हमारी इस परम पवित्र मातृभूमि के काल-जर्जर, कर्मजीर्ण आचारों और प्रथाओं की निन्दा मत करो। (5/15)

मनुष्य

- सब प्रकार के शरीरों में मानव-शरीर ही श्रेष्ठतम है; मनुष्य ही श्रेष्ठतम जीव है। मनुष्य सब प्रकार के प्राणियों से—यहाँ तक कि देवादि से भी श्रेष्ठ है। मनुष्य से श्रेष्ठतर कोई और नहीं। देवताओं को भी ज्ञान-लाभ के लिए मनुष्य-देह धारण करनी पड़ती है। एकमात्र मनुष्य ही ज्ञान-लाभ का अधिकारी है, यहाँ तक कि देवता भी नहीं। यहूदी और मुसलमानों के मतानुसार, ईश्वर ने देवदूत और अन्य समुदाय की सृष्टि के बाद मनुष्य की सृष्टि की। और मनुष्य के सृजन के बाद ईश्वर ने देवदूतों से मनुष्य को प्रणाम और अभिनन्दन कर आने के लिए कहा। इबलीस को छोड़कर बाकी सबने ऐसा किया। अतएव ईश्वर ने इबलीस को अभिशाप दे दिया। इससे वह शैतान बन गया। इस रूपक के पीछे यह महान् सत्य निहित है कि संसार में मनुष्य-जन्म ही अन्य सबकी अपेक्षा श्रेष्ठ है। (1/53-54)
- आदमी भ्रमवश अपने से बाहर विभिन्न देवताओं की तलाश में रहता है, पर जब उसके अज्ञान का चक्कर समाप्त होता है, तो वह पुनः लौटकर अपनी आत्मा पर आ टिकता है। जिस ईश्वर की खोज में वह दर-दर भटकता रहा,

वन-प्रान्तर तथा मन्दिर-मस्जिद को छानता रहा, जिसे वह स्वर्ग में बैठकर संसार पर शासन करनेवाला मानता रहा, वह कोई अन्य नहीं, बल्कि उसकी अपनी ही आत्मा है। वह 'मैं' है, और 'मैं' वह। 'मैं' ही (जो आत्मा हूँ) ब्रह्म हूँ, मेरे इस तुच्छ 'मैं' का कभी अस्तित्व नहीं रहा। (2/213)

- ईश्वरोपासना करने के लिए प्रतिमा आवश्यक है, तो उससे कहीं श्रेष्ठ मानव-प्रतिमा मौजूद ही है। यदि ईश्वरोपासना के लिए मन्दिर निर्माण करना चाहते हो, तो करो, किन्तु सोच लो कि उससे भी उच्चतर, उससे भी महान् मानव देह-रूपी मन्दिर तो पहले से ही मौजूद है। (8/23)
- जीवित ईश्वर तुम लोगों के भीतर रहता है, तब भी तुम मन्दिर, गिरजाघर आदि बनाते हो और सब प्रकार की काल्पनिक झूठी चीजों में विश्वास करते हो। मनुष्य-देह में स्थित मानव-आत्मा ही एकमात्र उपास्य ईश्वर है। पशु भी भगवान् के मन्दिर हैं, किन्तु मनुष्य ही सर्वश्रेष्ठ मन्दिर है—ताजमहल जैसा। यदि मैं उसकी उपासना नहीं कर सका, तो अन्य किसी भी मन्दिर से कुछ भी उपकार नहीं होगा। जिस क्षण मैं प्रत्येक मनुष्य-देहरूपी मन्दिर में उपविष्ट ईश्वर की उपलब्धि कर सकूँगा, जिस क्षण मैं प्रत्येक मनुष्य के सम्मुख भक्तिभाव से खड़ा हो सकूँगा और वास्तव में उनमें ईश्वर देख सकूँगा, जिस क्षण मेरे अन्दर यह भाव आ जाएगा, उसी क्षण मैं सम्पूर्ण बन्धनों से मुक्त हो जाऊँगा—बाँधनेवाले पदार्थ हट जाएँगे और मैं मुक्त हो जाऊँगा। (8/29-30)
- यह आदर्श अवस्था वह है, जिसमें मनुष्य का अहंभाव पूर्णतया नष्ट हो जाता है, उसका स्वत्व-भाव लुप्त हो जाता है। तब उसके लिए ऐसी कोई वस्तु नहीं रह जाती, जिसे वह 'मैं' और 'मेरी' कह सके। तब वह पूर्णतया आत्म-विसर्जन कर देता है, मानो अपनी आहुति दे देता है। इस प्रकार अवस्थित व्यक्ति के अन्तर में स्वयं ईश्वर निवास करता है, क्योंकि ऐसे व्यक्ति की अहं-वासना पूर्ण रूप से नष्ट हो गई है, एकदम निर्मूल हो गई है। यह है आदर्श व्यक्ति। (7/227)

सुख

- मनुष्य मूर्खतावश सोचता है कि वह अपने को सुखी बना सकता है, परन्तु वर्षों के घोर संघर्ष के बाद उसकी आँखें खुलती हैं और वह यह अनुभव करता है कि वास्तविक सुख तो स्वार्थपरता को नष्ट कर देने में है, और सिवा उसके उसे और कोई सुखी नहीं बना सकता। (3/59)
- 'पराधीनता दैन्य है। स्वाधीनता ही सुख है।' अद्वैत ही एकमात्र दर्शन है, जो मनुष्य को अपनी पूर्ण उपलब्धि कराता है—अपना स्वामी बना देता है; समस्त

पराधीनता और उससे सम्बन्धित अन्धविश्वास को उतार फेंकता है और इस प्रकार हमें कष्ट झेलने में वीर, कर्म करने में वीर बनाता है और अन्तत: परम मुक्ति-लाभ करा देता है। (9/318)

- हम इस संसार में सुख को नहीं बढ़ा सकते, और न दुख को ही। इस संसार में शुभ और अशुभ शक्तियों की समष्टि सदैव समान रहेगी। हमें उसे सिर्फ यहाँ से वहाँ और वहाँ से यहाँ ढकेलते रहना है; परन्तु यह निश्चित है कि वह सदैव समान रहेगी, क्योंकि वैसा रहना ही उसका स्वभाव है। यह ज्वारभाटा, उतार-चढ़ाव तो संसार की प्रकृति ही है। इसके विपरीत सोचना तो वैसा ही युक्तिसंगत होगा, जैसा यह कहना कि मृत्यु के बिना जीवन सम्भव है। (3/85)
- प्रत्येक सुखोपभोग के बाद दुख आता है—यह दुख उसी क्षण आ सकता है, अथवा सम्भव है, कुछ देर में आए। तो आत्मा जितनी उन्नत है, उसे सुख के बाद दुख भी उतना ही शीघ्र प्राप्त होता है। हमें सुख-दुख, दोनों ही नहीं चाहिए। ये दोनों ही हमारे प्रकृत स्वरूप को भुला देते हैं। दोनों ही जंजीर हैं—एक लोहे की, दूसरा सोने की। इन दोनों के पीछे ही आत्मा है—उसमें न सुख है, न दुख। (7/18)
- सुख आदमी के सामने आता है, तो दुख का मुकुट पहन कर। जो सुख का स्वागत करता है, उसे दुख का भी स्वागत करना चाहिए। (10/122)
- अन्य प्राणी इन्द्रियों में सुख पाते हैं, मनुष्य बुद्धि में, और देव-मानव आध्यात्मिक ध्यान में। जो ऐसी ध्यानावस्था को प्राप्त हो चुके हैं, उनके पास यह जगत् सचमुच अत्यन्त सुन्दर रूप से प्रतीयमान होता है। जिनमें वासना नहीं है, जो सर्व विषयों में निर्लिप्त हैं, उनके पास प्रकृति के ये विभिन्न परिवर्तन एक महासौन्दर्य और उदात्त भाव की छवि मात्र हैं। (1/99)

कर्तव्य

- हमारा पहला कर्तव्य यह है कि अपने प्रति घृणा न करें; क्योंकि आगे बढ़ने के लिए यह आवश्यक है कि पहले हम स्वयं में विश्वास रखें और फिर ईश्वर में। जिसे स्वयं में विश्वास नहीं, उसे ईश्वर में कभी भी विश्वास नहीं हो सकता। (3/12-13)
- केवल किसी कार्यविशेष से कर्तव्य निर्धारित नहीं होता। कर्तव्य की कोई वस्तुनिष्ठ परिभाषा कर सकना नितान्त असम्भव है। किन्तु कर्तव्य का एक आत्मनिष्ठ पक्ष भी होता है। यदि किसी कर्म द्वारा हम ईश्वर की ओर बढ़ते हैं, तो वह शुभ कर्म है और वह हमारा कर्तव्य है। परन्तु जिस कर्म द्वारा हम नीचे गिरते हैं, वह अशुभ है, और वह हमारा कर्तव्य नहीं। (3/39)

- जो कर्तव्य हमारे निकटतम हैं, जो कार्य अभी हमारे हाथों में है, उसको सुचारु रूप से सम्पन्न करने से हमारी कार्य-शक्ति बढ़ती है, और इस प्रकार क्रमशः अपनी शक्ति बढ़ाते हुए हम एक ऐसी अवस्था की भी प्राप्ति कर सकते हैं, जब हमें जीवन और समाज के सबसे ईप्सित एवं प्रतिष्ठित कार्यों को करने का सौभाग्य प्राप्त हो सके। (9/184)
- प्रत्येक कर्तव्य पवित्र है और कर्तव्य-निष्ठा भगवत्-पूजा का सर्वोत्कृष्ट रूप है। (9/184)
- जब तुम कोई कर्म करो, तब अन्य किसी बात का विचार ही मत करो। उसे एक उपासना के—बड़ी से बड़ी उपासना के रूप में करो, और उस समय उसमें अपना सारा तन-मन लगा दो। (3/45)
- कर्तव्य का पालन शायद ही कभी मधुर होता हो। कर्तव्य-चक्र तभी हलका और आसानी से चलता है, जब उसके पहियों में प्रेमरूपी चिकनाई लगी होती है, अन्यथा वह एक अविराम घर्षण मात्र है। यदि ऐसा न हो, तो माता-पिता अपने बच्चों के प्रति, बच्चे अपने माता-पिता के प्रति, पति अपनी पत्नी के प्रति तथा पत्नी अपने पति के प्रति अपना-अपना कर्तव्य कैसा निभा सकेंगे? क्या इस घर्षण के उदाहरण हमें अपने दैनिक जीवन में सदैव दिखाई नहीं देते? कर्तव्य-पालन की मधुरता प्रेम में ही है। (3/41-42)

हिन्दू

- भारत में हिन्दुओं द्वारा कभी धार्मिक उत्पीड़न नहीं हुआ, बल्कि उन्होंने विश्व के सभी धर्मों के प्रति अद्भुत आदर का भाव ही रखा। हिब्रू जाति के कुछ लोग जब स्वदेश से भगाए गए थे, तब हिन्दुओं ने उनको शरण दी, जिसके फलस्वरूप मलाबार के यहूदी अभी तक हैं। एक अन्य समय में उन्होंने नष्टप्राय ईरानियों के अवशिष्ट अंश का स्वागत अपने देश में किया; और वे लोग आज भी हमारे मध्य हमारे एक अंग और प्रीति-भाजन, बम्बई के आधुनिक पारसियों के रूप में विद्यमान हैं। ईसा मसीह के शिष्य सेंट थामस के साथ आने का दावा करनेवाले ईसाई लोगों को भी भारत में रहने तथा अपनी विचारधारा सुरक्षित रखने की अनुमति दी गई। उन लोगों की एक बस्ती अब तक भारत में है। वह सहिष्णुता का भाव यहाँ न मरा है, न मरेगा, न मर सकता है। (1/120-21)
- सम्भव है कि तुम द्वैतवादी हो और मैं अद्वैतवादी। सम्भव है कि तुम अपने को भगवान् का नित्य दास समझते हो और दूसरा यह कहे कि मुझमें और भगवान् में कोई अन्तर नहीं है, पर दोनों ही हिन्दू हैं

और सच्चे हिन्दू हैं। यह कैसे सम्भव हो सका है? इस प्रश्न का उत्तर जानने के लिए उसी महावाक्य का स्मरण करो—'एकं सद्विप्रा बहुधा वदन्ति'। (5/13)

- प्राचीन हिन्दू लोग अद्भुत पंडित थे—मानो जीवित विश्वकोश! वे कहते थे : 'विद्या यदि किताबों में ही रहे और धन यदि दूसरों के हाथ में रहे, तो कार्यकाल उपस्थित होने पर वह विद्या भी विद्या नहीं है और वह धन भी धन नहीं है।' (7/50)
- आर्य लोग सदैव अपनी आत्मा में ही ब्रह्म को खोजते रहे हैं। कालान्तर में उन लोगों की यह स्वाभाविक विशेषता बन गई। और यह विशेषता उनकी कलाओं तथा उनसे सामान्यतम व्यवहारों में भी अभिव्यंजित हुई। आज भी जब हम धार्मिक मुद्रा में बैठे किसी व्यक्ति का यूरोपीय चित्र देखते हैं, तो पाते हैं कि चित्रकार ने उसकी आँखों को ऊर्ध्वोन्मुख दिखाया है, मानो वह प्रकृति से बाहर, आकाश की ओर ईश्वर की खोज के लिए देख रहा हो! पर दूसरी ओर भारतवर्ष में धार्मिक प्रवृत्ति को साधक की बन्द आँखों के द्वारा अभिव्यक्त किया जाता है, मानो वह अपने भीतर देख रहा हो! (2/237)

हिन्दू धर्म

- हिन्दुओं की दृष्टि में समस्त धर्म-जगत् के भिन्न-भिन्न रुचि वाले स्त्री-पुरुषों की, विभिन्न अवस्थाओं एवं परिस्थितियों में से होते हुए एक ही लक्षय की ओर यात्रा है, प्रगति है। प्रत्येक धर्म, जड़भावापन्न मानव से एक ईश्वर का उद्भव कर रहा है, और वही ईश्वर उस सबका प्रेरक है। तो फिर इतने परस्पर विरोध क्यों हैं? हिन्दुओं का कहना है कि ये विरोध केवल आभासी हैं। उनकी उत्पत्ति सत्य के द्वारा भिन्न अवस्थाओं और प्रकृतियों के अनुरूप अपना समायोजन करते समय होती है। (1/19)
- हिन्दू की दृष्टि में मनुष्य भ्रम से सत्य की ओर नहीं जा रहा है, वह तो सत्य से सत्य की ओर, निम्न श्रेणी के सत्य से उच्च श्रेणी के सत्य की ओर अग्रसर हो रहा है। हिन्दू के मतानुसार निम्नतम जड़पूजावाद से लेकर सर्वोच्च ब्रह्मवाद तक जितने धर्म हैं, वे सभी अपने-अपने जन्म तथा साहचर्य की अवस्था द्वारा निर्धारित होकर, उस असीम ज्ञान तथा उपलब्धि के निमित्त मानवात्मा के विविध प्रयत्न हैं, और वह प्रत्येक प्रयत्न उन्नति की एक आस्था को सूचित करता है। प्रत्येक जीव उस युवा गरुड़ पक्षी के समान है, जो धीरे-धीरे ऊँचा उड़ता हुआ तथा अधिकाधिक शक्ति-सम्पादन करता हुआ अन्त में उस भास्वर सूर्य तक पहुँच जाता है। (1/18)

- हमारे धर्म के सम्प्रदायों में अनेक विभिन्नताएँ एवं अन्तर्विरोध होते हुए भी एकता के अनेक क्षेत्र हैं। प्रथम, सभी सम्प्रदाय तीन चीजों का अस्तित्व स्वीकार करते हैं—ईश्वर, आत्मा और जगत्। ईश्वर वह है, जो अनन्त काल से सम्पूर्ण जगत् का सर्जन, पालन और संहार करता आ रहा है। सांख्यदर्शन के अतिरिक्त सभी इस सिद्धान्त पर विश्वास करते हैं। इसके बाद आत्मा का सिद्धान्त और पुनर्जन्म की बात आती है। इसके अनुसार असंख्य जीवात्माएँ बार-बार अपने कर्मों के अनुसार शरीर धारण कर जन्म-मृत्यु के चक्र में घूमती रहती हैं। इसी को संसारवाद या प्रचलित रूप से पुनर्जन्मवाद कहते हैं। इसके बाद यह अनादि अनन्त जगत् है। यद्यपि कुछ लोग इन तीनों को भिन्न-भिन्न मानते हैं तथा कुछ इन्हें एक ही के भिन्न-भिन्न तीन रूप और कुछ अन्य प्रकारों से इनका अस्तित्व स्वीकार करते हैं। पर इन तीनों का अस्तित्व ये सभी मानते हैं। (5/346)
- हिन्दू शब्दों और सिद्धान्तों के जाल में जीना नहीं चाहता। यदि इन साधारण इन्द्रिय-संवेद्य विषयों के परे और भी कोई सत्ताएँ हैं, तो वह उनका प्रत्यक्ष अनुभव करना चाहता है।

  हिन्दू धर्म भिन्न-भिन्न मत-मतान्तरों या सिद्धान्तों पर विश्वास करने के लिए संघर्ष और प्रयत्न में निहित नहीं है; वरन् वह साक्षात्कार है। वह केवल विश्वास कर लेना नहीं है, वह होना और बनना है। (1/14)

बुद्ध

- बुद्ध ध्वंस करने नहीं आए थे, वरन् वे हिन्दू धर्म की निष्पति थे। उसकी तार्किक परिणति और उसके युक्तिसंगत विकास थे। (1/13)
- भगवान् बुद्ध ने धर्म के प्रायः सभी अन्यान्य पक्षों को कुछ समय के लिए दूर रखकर केवल दुखों से पीड़ित संसार की सहायता करने के महान् कार्य को प्रधानता दी थी। परन्तु फिर भी स्वार्थपूर्ण व्यक्ति-भाव से चिपके रहने के खोखले सत्य का अनुभव करने के निमित्त आत्मानुसन्धान में उन्हें भी अनेक वर्ष बिताने पड़े थे। भगवान् बुद्ध से अधिक निःस्वार्थ तथा अथक कर्मी हमारी उच्च से उच्च कल्पना के भी परे हैं। परन्तु फिर भी उनकी अपेक्षा और किसे समस्त विषयों का रहस्य जानने के लिए इतने विकट संघर्ष करने पड़े? (9/258)
- गौतम बुद्ध के महान् सन्देश को सुनो। अनायास ही उनकी महान् वाणी हृदय में घर कर लेती है। बुद्ध ने कहा है : 'अपनी स्वार्थपूर्ण भावनाओं का उन्मूलन कर दो, स्वार्थपरता की ओर ले जानेवाली सारी बातें नष्ट कर दो। स्त्री-पुत्र-परिवार

आदि बन्धनों तथा सांसारिक प्रपंचों से दूर रहो और सम्पूर्णतया स्वार्थ-शून्य बनो।' संसारी व्यक्ति मन-ही-मन नि:स्वार्थ बनने का संकल्प करता रहता है, किन्तु पत्नी-मुख अवलोकन करने से ही उसका हृदय स्वार्थ से भर जाता है। माँ स्वार्थशून्य बनने की इच्छा करती है, पर पुत्र का मुखावलोकन करते ही उसके ये भाव लुप्त हो जाते हैं। सबकी यही दशा है। ज्योंही हृदय में स्वार्थपूर्ण कामनाओं का उदय होता है, ज्योंही व्यक्ति स्वार्थपूर्ण उद्‌देश्य से कार्य प्रारम्भ करता है; त्योंही सम्पूर्ण मनुष्य, सच्चा मनुष्य लुप्त हो जाता है, तब वह पशु बन जाता है, वासनाओं का क्रीतदास बन जाता है। उसे विस्मरण हो जाता है अपने बान्धवों का, और अब वह कभी नहीं कहता, 'पहले आप और बाद में मैं'; अब उसके मुँह से निकलने लगता है, 'पहले मैं और मेरे बाद सब अपना-अपना प्रबन्ध कर लें।' (7/190)

- एकमात्र बुद्ध ही ऐसे पैगम्बर थे, जो कहते थे : 'मैं ईश्वर के बारे में तुम्हारे मत-मतान्तरों को जानने की परवाह नहीं करता। आत्मा के बारे में विभिन्न सूक्ष्म मतों पर बहस करने से क्या लाभ? भला करो और भले बनो! बस, यही निर्वाण की ओर अथवा जो भी कुछ सत्य है, उसकी ओर ले जाएगा।' (3/89)
- उन्होंने सर्वप्रथम साहसपूर्वक कहा था : 'चूँकि कुछ प्राचीन हस्तलिखित पोथियाँ प्रमाण के लिए प्रस्तुत की जाती हैं, केवल इसीलिए किसी बात पर विश्वास मत कर लो; इस बात को इसलिए भी न मान लो कि वह तुम्हारा जातीय विश्वास है अथवा बचपन से ही तुम्हें उस पर विश्वास कराया गया है; वरन् तुम स्वयं उस पर विचार करो, और विशेष रूप से विश्लेषण करने के बाद यदि देखो कि उससे तुम्हारा तथा दूसरों का भी कल्याण होगा, तभी उस पर विश्वास करो, उसके अनुसार अपना जीवन बिताओ तथा दूसरों को भी उसके अनुसार चलने में सहायता पहुँचाओ।'
- अपने सम्बन्ध में भगवान् बुद्ध कहा करते थे : 'बुद्ध शब्द का अर्थ है—आकाश के समान अनन्त ज्ञानसम्पन्न; मुझ गौतम को यह अवस्था प्राप्त हो गई है। तुम भी यदि प्राणपण से प्रयत्न करो, तो उस स्थिति को प्राप्त कर सकते हो।' (7/198)
- बुद्धदेव अन्य सभी धर्माचार्यों की अपेक्षा अधिक साहसी और निष्कपट थे। वे कह गए हैं : 'किसी शास्त्र में विश्वास मत करो। वेद मिथ्या है। यदि मेरी उपलब्धि के साथ वेद मिलते-जुलते हैं, तो वह वेदों का ही सौभाग्य है। मैं ही सर्वश्रेष्ठ हूँ, यज्ञयाग और प्रार्थना व्यर्थ हैं।' बुद्धदेव पहले मानव हैं जिन्होंने संसार को सर्वांगसम्पन्न नीतिविज्ञान की शिक्षा दी थी। वे शुभ के लिए ही शुभ करते थे, प्रेम के लिए ही प्रेम करते थे। (7/51)

एकत्व

- इस बहुत्वपूर्ण जगत् में जो उस एक को, इस परिवर्तनशील जगत् में जो उस अपरिवर्तनशील को अपनी आत्मा की आत्मा के रूप में देखता है, अपना स्वरूप समझता है, वही मुक्त है, वही आनन्दमय है; उसी ने लक्ष्य की प्राप्ति की है। (2/131)
- 'जो एक है, सबका नियन्ता और सब प्राणियों की अन्तरात्मा है, जो अपने एक रूप को अनेक प्रकार का कर लेता है, उसका दर्शन जो ज्ञानी पुरुष अपने में करते हैं, वे ही नित्य सुखी हैं, अन्य नहीं।' नित्योनित्यानां चेतनश्वेतनानामेको बहूनां यो विद्धाति कामान्। तमात्मस्थं येनुपश्यन्ति धीरास्तेषां शान्तिः शाश्वती नेतरेषाम्। (2/141)
- तुम्हारे अन्दर जो परमात्मा है, वही परमात्मा सबमें है। यदि तुमने यह न जाना, तो कुछ न जाना। भेद हो कैसे सकता है? यह सब तो एक है। प्रत्येक प्राणी सर्वोच्च प्रभु का मन्दिर है। यदि तुम उसे देख सके, तो ठीक है और यदि नहीं देख सके, तो तुममें आध्यात्मिकता अभी तक नहीं आई। (9/106)
- अपनी पूजा के समय परमात्मा के पितृ-भाव को स्वीकार कर लेने से ही क्या लाभ, जब हम अपने दैनिक जीवन में प्रत्येक मनुष्य को अपना भाई न मान सकें? (1/257)
- विश्व में कहीं भी कोई अशुभ हो, उसके लिए प्रत्येक उत्तरदायी है। जो क्रियाएँ विश्व से एकत्व स्थापित करें, वे पुण्य हैं और जो विभेद स्थापित करें, वे पाप हैं। तुम उस अनंत के ही एक अंश हो, यही तुम्हारा स्वभाव है। अतः तुम अपने भाई के रक्षक हो।
- जब तक हर प्राणी (चींटी या कुत्ता भी) मुक्ति नहीं प्राप्त कर लेता, तब तक कोई भी मुक्ति नहीं प्राप्त कर सकता। जब तक सभी सुखी नहीं हो जाते, कोई भी सुखी नहीं हो सकता। जब तुम किसी को क्षति पहुँचाते हो, अपनी ही क्षति करते हो क्योंकि वह और तुम एक ही भाई हो। (2/254)
- विस्तार ही जीवन है और संकोच मृत्यु; प्रेम ही जीवन है और द्वेष मृत्यु। (3/332)
- मुझे पूर्ण विश्वास है कि कोई भी मनुष्य या राष्ट्र अपने को दूसरों से अलग रखकर जी नहीं सकता, और जब कभी भी गौरव, नीति या पवित्रता की भ्रान्त धारणा से ऐसा प्रयत्न किया गया है, उसका परिणाम उस पृथक् होनेवाले पक्ष के लिए सदैव घातक सिद्ध हुआ। (3/331)

माया

- हिन्दू जब कहते हैं कि 'संसार माया है', तो साधारण मनुष्य की यह धारणा होती है कि 'संसार एक भ्रम है।' इस प्रकार की व्याख्या का कुछ आधार है; क्योंकि बौद्ध दार्शनिकों की एक श्रेणी के दार्शनिक बाह्य जगत् के अस्तित्व में विश्वास नहीं करते थे। किन्तु वेदान्त में माया का जो अन्तिम विकसित रूप है, वह न तो विज्ञानवाद है, न यथार्थवाद (realism) और न किसी प्रकार का सिद्धान्त ही। वह तो तथ्यों का सहज वर्णन मात्र है कि हम क्या हैं और अपने चारों ओर हम क्या देखते हैं। (2/44)
- जिस प्रकार कोई भी व्यक्ति अपनी सत्ता को नहीं लाँघ सकता, उसी प्रकार देश और काल के नियम ने जो सीमा खड़ी कर दी है, उसका अतिक्रमण करने की क्षमता किसी में नहीं। देश-काल-निमित्त सम्बन्धी रहस्य को खोलने का प्रयत्न ही व्यर्थ है, क्योंकि इसकी चेष्टा करते ही इन तीनों की सत्ता स्वीकार करनी होगी। तब भला यह किस प्रकार सम्भव है? और ऐसा होने पर फिर जगत् के अस्तित्व के कथन का अर्थ भी क्या है? 'इस जगत का अस्तित्व नहीं है', 'जगत् मिथ्या है'—इसका अर्थ क्या है? इसका यही अर्थ है कि उसका निरपेक्ष अस्तित्व नहीं है। मेरे, तुम्हारे और अन्य—सबके मन के सम्बन्ध में इसका केवल सापेक्ष अस्तित्व है। हम पाँच इन्द्रियों द्वारा जगत् को जिस रूप में प्रत्यक्ष करते हैं, यदि हमारी एक इन्द्रिय और होती, तो हम इसमें और भी कुछ अधिक प्रत्यक्ष करते तथा और अधिक इन्द्रिय सम्पन्न होने पर हम इसे और भी भिन्न रूप में देख पाते। अतएव इसकी यथार्थ सत्ता नहीं है—इसकी अपरिवर्तनीय, अचल, अनन्त सत्ता नहीं है। पर इसको अस्तित्वशून्य या असत् भी नहीं कहा जा सकता, क्योंकि यह तो वर्तमान है और इसमें तथा इसी के माध्यम से हम कार्य करते हैं। यह सत् और असत् का मिश्रण है। (2/45-46)
- इस मायावाद को समझना सभी युगों में बड़ा कठिन रहा है। मैं तुमसे संक्षेप में कहता हूँ, मायावाद वास्तव में कोई वाद या मन विशेष नहीं है। वह देश, काल और निमित्त की समष्टि मात्र है—और इस देश, काल, निमित्त को आगे नाम-रूप में परिणत किया गया है। मान लो, समुद्र में एक तरंग है। समुद्र से समुद्र की तरंगों का भेद सिर्फ नाम और रूप से है, और इस नाम और रूप की तरंग से पृथक् कोई सत्ता भी नहीं है। नाम और रूप, दोनों तरंग के साथ ही हैं। तरंगें विलीन हो जा सकती हैं; और तरंग में जो नाम और रूप हैं, वे भी चाहे चिरकाल के लिए विलीन हो जाएँ, पर पानी पहले की तरह सम मात्रा में ही बना रहेगा। इस प्रकार यह माया ही तुममें और हममें, पशुओं और मनुष्यों में, देवताओं और मनुष्यों में भेद-भाव पैदा करती है। सच तो यह है कि यह

माया ही है जिसने आत्मा को मानो लाखों प्राणियों में बाँध रखा है और उनकी परस्पर भिन्नता का बोध नाम और रूप से ही होता है। यदि उनका त्याग कर दिया जाए, नाम और रूप दूर कर दिये जाएँ, तो वह सदा के लिए अन्तर्हित हो जाएगी। तब तुम वास्तव में जो कुछ हो, वही रह जाओगे। यही माया है। (5/309-10)

- नारद ने एक दिन श्रीकृष्ण से पूछा : 'प्रभो, माया कैसी है, मैं देखना चाहता हूँ।' फिर दूसरे दिन श्रीकृष्ण नारद को लेकर एक मरुस्थल की ओर चले। बहुत दूर जाने के बाद श्रीकृष्ण नारद से बोले : 'नारद, मुझे बड़ी प्यास लगी है। क्या कहीं से थोड़ा-सा जल ला सकते हो?' नारद बोले : 'प्रभो, ठहरिए, मैं अभी जल लिये आया।' यह कहकर नारद चले गए। कुछ दूर पर एक गाँव था, नारद वहीं जल की खोज में गए। एक मकान में जाकर उन्होंने दरवाजा खटखटाया। द्वार खुला और एक परम सुन्दरी कन्या उनके सम्मुख आकर खड़ी हुई। उसे देखते ही नारद सब कुछ भूल गए। 'भगवान् मेरी प्रतीक्षा कर रहे होंगे, वे प्यासे होंगे। हो सकता है, प्यास से उनके प्राण निकल जाएँ—ये सारी बातें नारद भूल गए। सब कुछ भूलकर वे उस कन्या के साथ बातचीत करने लगे। उस दिन वे अपने प्रभु के पास लौटे ही नहीं। दूसरे दिन वे फिर से उस लड़की के घर आ उपस्थित हुए और उससे बातचीत करने लगे। धीरे-धीरे बातचीत ने प्रणय का रूप धारण कर लिया। तब नारद उस कन्या के पिता के पास जाकर उस कन्या के साथ विवाह करने की अनुमति माँगने लगे। विवाह हो गया। नवदम्पती उसी गाँव में रहने लगे। धीरे-धीरे उनकी सन्तानें भी हुईं। इस प्रकार बारह वर्ष बीत गए। इस बीच नारद के ससुर मर गए और वे उनकी सम्पत्ति के अत्तराधिकारी हो गए। पुत्र-कलत्र, भूमि, पशु, सम्पत्ति, गृह आदि को लेकर नारद बड़े सुख-चैन से दिन बिताने लगे। कम-से-कम उन्हें तो यह लगने लगा कि वे बड़े सुखी हैं। इतने में उस देश में बाढ़ आई। रात के समय नदी दोनों कगारों को तोड़कर बहने लगी और सारा गाँव डूब गया। मकान गिरने लगे, मनुष्य और पशु बहकर डूबने लगे, नदी की धारा में सब कुछ बहने लगा। नारद को भी भागना पड़ा। एक हाथ से उन्होंने स्त्री को पकड़ा, दूसरे हाथ से दो बच्चों को, और एक बालक को कंधे पर बिठाकर वे उस भयंकर बाढ़ से बचने का प्रयत्न करने लगे। कुछ ही दूर जाने के बाद उन्हें लहरों का वेग अत्यन्त तीव्र प्रतीत होने लगा। कन्धे पर बैठे हुए शिशु की नारद किसी प्रकार रक्षा न कर सके, वह गिरकर तरंगों में बह गया। उसकी रक्षा करने के प्रयास में एक और बालक, जिसका हाथ वे पकड़े हुए थे, हाथ से छूटकर तरंगों में खो गया। निराशा और दुख से नारद आर्तनाद करने लगे। अपनी पत्नी को वे अपने शरीर की सारी शक्ति लगाकर पकड़े हुए थे, अन्त

में तरंगों के वेग से पत्नी भी उनके हाथ से छूट गई और वे स्वयं तट पर जा गिरे एवं मिट्टी में लोटपोट हो बड़े कातर स्वर से विलाप करने लगे। इसी समय मानो किसी ने उनकी पीठ पर कोमल हाथ रखा और कहा : 'बच्चे, जल कहाँ है? तुम जल लेने गए थे न, मैं तुम्हारी प्रतीक्षा में खड़ा हूँ। तुम्हें गए आधा घंटा बीत चुका।'...'आधा घंटा!' नारद चिल्ला पड़े। उनके मन में तो बारह वर्ष बीत चुके थे, और आधे घंटे के भीतर ही ये सब दृश्य उनके मन में से होकर निकल गए! और तब भगवान् ने कहा : यही माया है! (1/75-76)

आत्मा

- प्रत्येक मनुष्य के भीतर अवस्थित जो सत्य है, वही एकमात्र अनन्त, नित्यानन्दमय, नित्य शुद्ध, नित्य पूर्ण ब्रह्म है। वही यह आत्मा है। वह पुण्यशील, पापी, सुखी, दुखी, सुन्दर, कुरूप मनुष्य, पशु—सबमें समान रूप से वर्तमान है। वह ज्योतिर्मय है। (2/171)
- यहाँ पर मैं खड़ा हूँ और अपनी आँखें बन्द करके यदि मैं अपने अस्तित्व—'मैं' 'मैं', 'मैं' को समझने का प्रयत्न करूँ, तो मुझमें किस भाव का उदय होता है? इस भाव का कि मैं शरीर हूँ। तो क्या मैं भौतिक पदार्थों के संघात के सिवा और कुछ नहीं हूँ? वेदों की घोषणा है—'नहीं', मैं शरीर में रहने वाली आत्मा हूँ, मैं शरीर नहीं हूँ। शरीर मर जाएगा, पर मैं नहीं मरूँगी। मैं इस शरीर में विद्यमान हूँ और जब इस शरीर का पतन होगा, तब भी मैं विद्यमान रहूँगी ही। (1/8-9)
- यह बात नहीं कि 'आत्मा को ज्ञान होता है', वरन् वह तो ज्ञानस्वरूप है। यह नहीं कि आत्मा का अस्तित्व है, वरन् वह स्वयं अस्तित्वस्वरूप है। आत्मा सुखी है, ऐसी बात नहीं, आत्मा तो सुखस्वरूप है। जो सुखी होता है, वह उस सुख को किसी दूसरे से प्राप्त करता है—वह अन्य किसी का प्रतिबन्ध है। जिसको ज्ञान है, उसने अवश्य उस ज्ञान को किसी दूसरे से प्राप्त किया है, वह ज्ञान प्रतिबिम्बस्वरूप है। जिसका अस्तित्व सापेक्ष है, उसका वह अस्तित्व किसी दूसरे के अस्तित्व पर निर्भर करता है। (2/111-12)
- आत्मा में कोई भी विकार नहीं है—वह असीम, पूर्ण, शाश्वत और सच्चिदानन्द है। (9/18)
- स्वाधीनता की मुक्ति की वह भावना, जो हम सबों में हुआ करती है, यह संकेत करती है कि हमारे अन्तराल में, शरीर और मन से परे भी कुछ और है। हमारी अन्तर्यामी आत्मा स्वरूपतः स्वाधीन है और वही हममें मुक्ति की इच्छा जाग्रत् करती है। (1/256)

ब्रह्म या अन्तिम सत्य

- ब्रह्म या वेदान्त या ईश्वर के बाहर कुछ नहीं है—बिलकुल कुछ नहीं। यह सब 'वही' है; विश्व में उसकी ही सत्ता है। 'वह' स्वयं विश्व ही है। 'तू ही पुरुष है, तू ही स्त्री है, यौवन-मद में विचरण करते हुए तू ही युवा पुरुष है, पग-पग पर लड़खड़ाता हुआ वह वृद्ध पुरुष भी तू ही है।' (2/284)
- सच्चिदानन्द शब्द का अर्थ है—सत् यानी अस्तित्व, चित् अर्थात् चैतन्य या ज्ञान और आनन्द अर्थात् प्रेम। भगवान् के 'सत्' भाव के विषय से भक्त और ज्ञानी में कोई विवाद नहीं। परन्तु ज्ञानमार्गी ब्रह्म की चित् या चैतन्य सत्ता पर ही सदा अधिक जोर देते हैं और भक्त सदा 'आनन्द' सत्ता पर दृष्टि रखते हैं। परन्तु 'चित्' स्वरूप की अनुभूति होने के साथ ही आनंदस्वरूप की भी उपलब्धि हो जाती है, क्योंकि जो चित् है, वही आनन्द है। (6/136)
- यह सम्पूर्ण विश्व कभी ब्रह्म में ही था। ब्रह्म से यह मानो निकल आया है और तब से सतत भ्रमण करता हुआ यह पुनः अपने उद्‌गम स्थान पर वापस जाना चाहता है। यह सारा क्रम कुछ ऐसा ही है, जैसे डाइनेमो से बिजली का निकलना और विभिन्न धाराओं से चक्कर काटकर पुनः उसी में चले जाना। आत्मा ब्रह्म से प्रक्षेपित होकर विभिन्न रूपों—वनस्पति तथा पशुलोकों—से होती हुई मनुष्य के रूप में आविर्भूत होती है। मनुष्य ब्रह्म के सबसे अधिक समीप है। वस्तुतः जीवन का सारा संग्राम इसीलिए है कि पुनः आत्मा ब्रह्म में मिल जाए। (1/220)
- जो इन्द्रियों के अतीत हैं, जो अरूप हैं, जो रस के अतीत हैं, जो अविकार्य, अचिन्त्य, अनन्त और अनश्वर हैं, उसे जानकर ही मनुष्य मृत्यु के मुख से बच जाता है। (3/164)

स्वातंत्र्य और मुक्ति

- हम सदा मुक्त हैं, यदि हम केवल इस पर विश्वास भर करें, केवल पर्याप्त श्रद्धा। तुम आत्मा हो, मुक्त और शाश्वत, चिर मुक्त, चिर पवित्र। अभीष्ट श्रद्धा रखो और क्षण भर में तुम मुक्त हो जाओगे। हर वस्तु देश, काल, कार्य-कारण से बँधी है। आत्मा सब देश, सब काल, सब कार्य-कारणों के परे है। जो बँधी है, वह प्रकृति है, आत्मा नहीं।

  इसीलिए अपनी मुक्ति घोषित करो और जो हो, वह बनो—सदा मुक्त, सदा पवित्र। (10/25-26)
- यदि हम मन एवं इन्द्रियगोचर इस छोटे-से जगत् से अपनी आसक्ति हटा लें,

तो उसी क्षण हम मुक्त हो जाएँगे। बन्धन से मुक्त होने का एकमात्र उपाय है : सारे नियमों के बाहर चले जाना—कार्य-कारण-शृंखला के बाहर हो जाना। (3/71)

- स्वतंत्र ऐसी अवस्था, जहाँ कोई बन्धन नहीं, कोई परिवर्तन नहीं, प्रकृति नहीं। कुछ ऐसा भी नहीं, जो उसमें कोई परिणाम उत्पन्न कर सके। वेदान्त की ईश्वर-सम्बन्धी इन धारणाओं की जड़ में पूर्ण स्वतंत्रता से उत्पन्न आनन्द व चिरशक्ति के धर्म की यह धारणा सर्वोच्च है। यह स्वातंत्र्य तुम्हारे भीतर है, मेरे भीतर है और यही एकमात्र यथार्थ स्वातंत्र्य है। (2/296)
- ईश्वरोपासना, साधु महापुरुषों की पूजा, एकाग्रता, ध्यान और निष्काम कर्म—ये सब मायाजाल को काटकर निकलने के उपाय हैं, किन्तु हमारे भीतर पहले से तीव्र मुमुक्षुत्व रहना चाहिए। जो ज्योति प्रकाशित होकर हमारे हृदयान्धकार को दूर कर देगी, वह तो हमारे भीतर ही है—यह है वह ज्ञान, जो हमारा स्वभाव या स्वरूप है। यह ज्ञान हमारा 'जन्मगत स्वत्व' नहीं कहा जा सकता, क्योंकि वास्तव में हमारा जन्म तो है ही नहीं। केवल जो मेघ इस ज्ञानसूर्य को आवृत किये हुए हैं, हमें उन्हीं को दूर कर देना होगा। (7/108)
- मुक्ति ही इस विश्व का प्रेरक है और मुक्ति ही इसका लक्ष्य है। प्रकृति के नियम ऐसी पद्धतियाँ हैं, जिनके द्वारा हम जगदंबा के निर्देशन में, उस मुक्ति तक पहुँचने का संघर्ष करते हैं। मुक्ति के लिए इस विश्वव्यापी संघर्ष की सर्वोच्च अभिव्यक्ति मनुष्य में मुक्त होने की सजग अभिलाषा के रूप में होती है। वह मुक्ति तीन प्रकार से प्राप्त होती है—कर्म, उपासना और ज्ञान से।

  (क) कर्म—दूसरों की सहायता करने और दूसरों को प्रेम करने का सतत अविरत प्रयत्न।

  (ख) उपासना—प्रार्थना-वन्दना, गुणगान और ध्यान।

  (ग) ज्ञान—जो ध्यान से उत्पन्न होता है। (9/315-16)

  (च) दार्शनिक रूप से विश्लेषण करने पर हम देखते हैं कि हम स्वतंत्र नहीं हैं। फिर भी, हमारे भीतर यह भाव बना ही रहता है कि हम स्वतंत्र हैं—मुक्त हैं। अब हमें यह समझना है कि यह भाव आता कैसे है? हम देखते हैं कि हममें ये दो प्रेरणाएँ हैं। हमारी बुद्धि बतलाती है कि हमारे प्रत्येक कार्य का कुछ कारण होता है, और साथ ही साथ, प्रत्येक मन:स्पन्दन के साथ हम अपने स्वतंत्र स्वभाव की घोषणा भी कर रहे हैं। इस पर वेदान्त का समाधान यह है कि अन्दर तो स्वतंत्रता है—आत्मा वास्तव में मुक्त है—पर इस आत्मा के कार्य शरीर और मन के द्वारा होते हैं, जो स्वतंत्र नहीं हैं। (9/168)

(छ) मन और शब्दों में खूब दृढ़ता लाओ। 'मैं हीन हूँ', 'मैं दीन हूँ'—ऐसा कहते-कहते मनुष्य वैसा ही हो जाता है। इसीलिए शास्त्रकार ने कहा है :

मुक्ताभिमानी मुक्तो हि बद्धो बद्धाभिमान्यपि।
किवदन्तीति सत्येयं या मतिः सा गतिर्भवेत्॥

[अष्टावक्र संहिता॥1।11॥]

अर्थात् जिसके हृदय में मुक्ताभिमान सर्वदा जाग्रत् है, वह मुक्त हो जाता है और जो 'मैं बद्ध हूँ', ऐसी भावना रखता है, समझ लो कि उसकी जन्म-जन्मान्तर तक बद्ध दशा ही रहेगी। ऐहिक और पारमार्थिक, दोनों पक्षों से ही इस बात को सत्य जानना। इस जीवन में जो सर्वदा हताशचित्त रहते हैं, उनसे कोई भी कार्य नहीं हो सकता। (6/16)

ईश्वर

- दर्शनशास्त्र का स्थान जो भी हो, तत्त्वज्ञान का स्थान जो भी हो, पर जब तक इस लोक में मृत्यु नाम की वस्तु है, जब तक मानव-हृदय में दुर्बलता जैसी वस्तु है, जब तक मनुष्य के अन्तःकरण से दुर्बलताजनित करुण क्रन्दन बाहर निकलता है, तब तक इस संसार में ईश्वर में विश्वास भी कायम रहेगा। (1/24)
- हमारे शास्त्रों में परमात्मा के दो रूप कहे गए हैं : सगुण और निर्गुण। सगुण ईश्वर के अर्थ से वह सर्वव्यापी है; संसार की सृष्टि, स्थिति और प्रलय का कर्ता है; संसार का अनादि जनक तथा जननी है, उसके साथ हमारा नित्य भेद है और मुक्ति का अर्थ—उसके सामीप्य और सालोक्य की प्राप्ति है। सगुण ब्रह्म के ये सब विशेषण निर्गुण ब्रह्म के सम्बन्ध में अनावश्यक और अतार्किक मानकर त्याग दिये गए हैं। यह निर्गुण और सर्वव्यापी पुरुष ज्ञानवान् नहीं कहा जा सकता; क्योंकि ज्ञान मानव-मन का धर्म है। यह चिन्तनशील नहीं कहा जा सकता; क्योंकि चिन्तन ससीम जीवों के ज्ञानलाभ का उपाय मात्र है। वह विचारपरायण नहीं कहा जा सकता; क्योंकि विचार भी ससीम है और दुर्बलता का चिह्न मात्र है। वह सृष्टिकर्ता भी नहीं कहा जा सकता; क्योंकि जो बन्धन में है, वही सृष्टि की ओर प्रवृत्त होता है। उसका बन्धन ही क्या हो सकता है? कोई बिना प्रयोजन के कोई काम नहीं कर सकता, उसे फिर प्रयोजन क्या है? कामना-पूर्ति के लिए ही सब काम करते हैं। उन्हें क्या कामना है? वेदों में उसके लिए 'सः' शब्द का प्रयोग नहीं किया गया। 'सः' शब्द द्वारा निर्देश न करके निर्गुण भाव समझाने के लिए 'तत्' शब्द द्वारा उसका निर्देश किया

गया है। 'स:' शब्द के कहे जाने से वह व्यक्ति विशेष हो जाता है। इससे जीव-जगत् के साथ उसका सम्पूर्ण पार्थक्य सूचित हो जाता है। (5/27-27)

- जब निर्गुण ब्रह्म को हम माया के कुहरे से देखते हैं, तो वही सगुण ब्रह्म या ईश्वर कहलाता है। जब हम उसे पंचेन्द्रियों द्वारा पाने की चेष्टा करते हैं, तो उसे हम सगुण ब्रह्म के रूप में ही देख सकते हैं। तात्पर्य यह कि आत्मा का विषयीकरण (objectification) नहीं हो सकता—आत्मा को दृश्यमान वस्तु नहीं बनाया जा सकता। ज्ञाता स्वयं अपना ज्ञेय कैसे हो सकता है? परन्तु उसका मानो प्रतिबिम्ब पड़ सकता है—चाहो तो, इसे उसका विषयीकरण कह सकते हो। इस प्रतिबिम्ब का सर्वोत्कृष्ट रूप, ज्ञाता को ज्ञेय रूप में लाने का महत्तम प्रयास—यही सगुण ब्रह्म या ईश्वर है। (3/158-59)
- ये सब प्रतीक और विधियाँ, ये प्रार्थनाएँ और ये तीर्थ-यात्राएँ, ये ग्रंथ, घंटियाँ, मोमबत्तियाँ और पुरोहित—ये सब पूर्व तैयारियाँ मात्र हैं। इनसे मन का मैल दूर हो जाता। और जब जीव शुद्ध हो जाता है, तो स्वभावत: ही वह पवित्रतास्वरूप परमात्मा: की ओर जाना चाहता है। (3/251)
- हम लोग बराबर सुनते आ रहे हैं कि प्रत्येक धर्म विश्वास करने पर बल देता है। हमने आँखें बन्द करके विश्वास करने की शिक्षा पाई है। यह अन्धविश्वास सचमुच ही बुरी वस्तु है, इसमें कोई सन्देह नहीं। पर यदि इस अन्धविश्वास का हम विश्लेषण करके देखें, तो ज्ञात होगा कि इसके पीछे एक महान् सत्य है। उसका वास्तविक अर्थ क्या है, उसी के विषय में हम इस समय पढ़ रहे हैं। मन को व्यर्थ ही तर्क के द्वारा चंचल करने से काम नहीं चलेगा, क्योंकि तर्क से कभी ईश्वर की प्राप्ति नहीं हो सकती। यह प्रत्यक्ष का विषय है, तर्क का नहीं। (2/165-66)
- प्रत्येक व्यक्ति के उच्चतम आदर्श को ही ईश्वर कहते हैं। ज्ञानी हो या अज्ञानी, साधु हो या पापी, पुरुष हो अथवा स्त्री, शिक्षित हो अथवा अशिक्षित, प्रत्येक दशा में मनुष्य मात्र का परमोच्च आदर्श ही ईश्वर है। सौन्दर्य, उदात्तता और शक्ति से उच्चतम आदर्शों के योग में ही हमें प्रेममय एवं प्रेमास्पद ईश्वर का पूर्णतम भाव मिलता है।

  स्वभावत: ही ये आदर्श किसी-न-किसी रूप में प्रत्येक व्यक्ति के मन में वर्तमान रहते हैं। वे मानो हमारे मन के अंग या अंशविशेष हैं। उन आदर्शों को व्यावहारिक जीवन में परिणत करने के जो सब प्रयत्न हैं, वे ही मानवीय प्रकृति की नानाविध क्रियाओं के रूप में प्रकट होते हैं। विभिन्न जीवात्माओं में जो विविध आदर्श निहित हैं, वे बाहर आकर मूर्त रूप धारण करने की सतत चेष्टा कर रहे हैं। (4/64)
- केवल ईश्वर ही सत्य है। अन्य सब कुछ असत्य है। ईश्वर के लिए सभी

वस्तुओं का त्याग कर देना चाहिए। सब कुछ असार है, असारों का भी असार। केवल ईश्वर और ईश्वर की ही सेवा करो। (9/60)

- शक्तिशाली बनो, उठो और प्रेमरूपी ईश्वर की खोज करो। यही सर्वोच्च बल है। पवित्रता की शक्ति से बढ़कर और कौन-सी शक्ति श्रेष्ठ हो सकती है? प्रेम और पवित्रता ही दुनिया के शासक हैं। ईश्वर की यह प्रेम बलहीनों द्वारा प्राप्य वस्तु नहीं है। अतः दुर्बल मत बनो—शारीरिक, मानसिक, नैतिक और आध्यात्मिक—किसी भी प्रकार से। (9/60)

अवतार

- साधारण गुरुओं से श्रेष्ठ एक और श्रेणी के गुरु होते हैं, और वे हैं—इस संसार में ईश्वर के अवतार। वे केवल स्पर्श से, यहाँ तक कि इच्छा मात्र से ही आध्यात्मिकता प्रदान कर सकते हैं। उनकी इच्छा से पतित से पतित व्यक्ति भी क्षण भर में साधु हो जाता है। वे गुरुओं के भी गुरु हैं—मनुष्य के माध्यम से ईश्वर की सर्वोच्च अभिव्यक्ति हैं। उनके माध्यम के अतिरिक्त हम अन्य किसी भी उपाय से भगवान् को नहीं देख सकते। हम उनकी उपासना किये बिना रह नहीं सकते। वास्तव में वे ही एकमात्र ऐसे हैं जिनकी उपासना करने के लिए हम विवश हैं। (4/24)
- ईश्वर मनुष्य की दुर्बलताओं को समझता है और मानवता के कल्याण के लिए नर-देह धारण करता है। श्रीकृष्ण ने अवतार के सम्बन्ध में गीता में कहा है : 'जब-जब धर्म की ग्लानि होती है और अधर्म का अभ्युत्थान होता है, तब-तब मैं अवतार लेता हूँ। साधुओं की रक्षा और दुष्टों के नाश के लिए तथा धर्म-संस्थापनार्थ मैं युग-युग में अवतीर्ण होता हूँ। मूर्ख लोग मुझ जगदीश्वर के यथार्थ स्वरूप को न जानने के कारण नरदेहधारी की अवहेलना करते हैं।' भगवान् श्रीरामकृष्ण कहते थे : 'जब एक विशाल लहर आती है, तो छोटे-छोटे नाले और गड्ढे अपने-आप ही लबालब भर जाते हैं। इसी प्रकार जब एक अवतार जन्म लेता है, तो समस्त संसार में आध्यात्मिकता की एक बड़ी बाढ़ आ जाती है और लोग वायु के कण-कण में धर्मभाव का अनुभव करने लगते हैं।' (4/27-28)
- निर्गुण परब्रह्म की उपासना नहीं की जा सकती, इसलिए हमें अपने ही सदृश प्रकृति-सम्पन्न उनके प्रकाश विशेष की उपासना करनी होगी। ईसा हम लोगों के समान मनुष्य-प्रकृति सम्पन्न थे—वे ख्रिश्त हो गए थे। हम भी उनके समान ख्रिश्त हो सकते हैं और हमें वह होना ही होगा। ख्रिश्त और बुद्ध अवस्था विशेष के नाम हैं—जो हमें प्राप्त करनी होगी। ईसा और गौतम वे व्यक्ति हैं जिनमें यह अवस्था व्यक्त हुई। (7/39)

गुरु या आध्यात्मिक मार्गदर्शक

- जिस व्यक्ति की आत्मा से दूसरी आत्मा में शक्ति का संचार होता है, वह गुरु कहलाता है और जिसकी आत्मा में यह शक्ति संचारित होती है, उसे शिष्य कहते हैं।

  'यथार्थ धर्म-गुरु में अपूर्व योग्यता होनी चाहिए, और उसके शिष्य को भी कुशल होना चाहिए।' जब दोनों ही अद्‌भुत और असाधारण होते हैं, तभी अद्‌भुत आध्यात्मिक जागृति होती है, अन्यथा नहीं। (4/17-18)

  (ख) तीर्णा : स्वयं भीमभवार्णवं जनाः अहेतुनान्यानपि तारयन्तः—'वे इस भीषण भवसागर के उस पार स्वयं भी चले गए हैं और बिना किसी लाभ की आशा किये दूसरों को भी पार करते हैं!' ऐसे ही मनुष्य गुरु हैं, और ध्यान रखो, दूसरा कोई गुरु नहीं कहा जा सकता। (5/237)
- सच्चे गुरु वे ही हैं, जिनके द्वारा हमको अपना आध्यात्मिक जन्म प्राप्त हुआ है। वे ही वह साधन हैं, जिसमें से होकर आध्यात्मिक प्रवाह हम लोगों में प्रवाहित होता है। वे ही समग्र आध्यात्मिक जगत् के साथ हम लोगों के संयोग-सूत्र हैं। व्यक्ति विशेष के ऊपर अतिरिक्त विश्वास करने से दुर्बलता और अन्तःसारशून्य बहिःपूजा आ सकती है, किन्तु गुरु के प्रति प्रबल अनुराग से उन्नति अत्यन्त शीघ्र सम्भव है। वे हमारे अन्तःस्थित गुरु के साथ हमारा संयोग करा देते हैं। यदि तुम्हारे गुरु के भीतर यथार्थ सत्य है तो उनकी आराधना करो, यही गुरुभक्ति तुम्हें शीघ्र ही चरम अवस्था में पहुँचा देगी। (7/100)
- यदि किसी एक भी जीव में ब्रह्म का विकास हो गया तो, सहस्रों मनुष्य उसी ज्योति के मार्ग से आगे बढ़ते हैं। ब्रह्मज्ञ पुरुष ही लोक-गुरु बन सकते हैं; यह बात शास्त्र और युक्ति, दोनों से प्रमाणित होती है। स्वार्थयुक्त ब्राह्मणों ने जिस कुलगुरु-प्रथा का प्रचार किया, वह वेद और शास्त्रों के विरुद्ध है। इसीलिए साधना करने पर भी लोग अब सिद्ध या ब्रह्मज्ञ नहीं होते। (6/22-23)
- आध्यात्मिक गुरु के द्वारा संप्रेषित जो ज्ञान आत्मा को प्राप्त होता है, उससे उच्चतर एवं पवित्र वस्तु और कुछ नहीं है। यदि मनुष्य पूर्ण योगी हो चुका है, तो वह स्वतः ही उसे प्राप्त हो जाता है। किन्तु पुस्तकों द्वारा तो उसे प्राप्त नहीं किया जा सकता। तुम दुनिया के चारों कोनों में—हिमालय, आल्प्स, काकेशस पर्वत अथवा गोबी या सहारा की मरुभूमि या समुद्र की तली में जाकर अपना सिर पटको, पर बिना गुरु मिले तुम्हें वह ज्ञान प्राप्त नहीं हो सकता। (9/28-29)

भक्ति या ईश्वर-प्रेम

- 'भगवान् के प्रति उत्कट प्रेम ही भक्ति है। जब मनुष्य इसे प्राप्त कर लेता है, तो सभी उसके प्रेम-पात्र बन जाते हैं। वह किसी से घृणा नहीं करता; वह सदा के लिए सन्तुष्ट हो जाता है। इस प्रेम से किसी काम्य वस्तु की प्राप्ति नहीं हो सकती, क्योंकि जब तक सांसारिक वासनाएँ घर किये रहती हैं, तब तक इस प्रेम का उदय नहीं होता।' (4/4)
- 'भक्ति कर्म से श्रेष्ठ है और योग से भी उच्च है, क्योंकि इन सबका एक न एक लक्ष्य है ही, पर भक्ति स्वयं ही अपना फलस्वरूप तथा साध्य और साधनस्वरूप है।' (4/4)
- भक्तियोग का एक बड़ा लाभ यह है कि वह हमारे महान् दिव्य लक्ष्य की प्राप्ति का सबसे सरल और स्वाभाविक मार्ग है। पर साथ ही उससे एक विशेष आशंका यह है कि वह अपनी निम्न अवस्था में मनुष्य को बहुधा भयानक मतान्ध और कट्टर बना देता है। हिन्दू, इस्लाम या ईसाई धर्म में जहाँ कहीं इस प्रकार के धर्मान्ध व्यक्तियों का दल है, वह सदैव ऐसे ही निम्न श्रेणी के भक्तों द्वारा गठित हुआ है। (4/5)
- भक्ति जो तुम्हारे भीतर ही है—केवल उसके ऊपर काम-कांचन का एक आवरण-सा पड़ा हुआ है। उसको हटाते ही भीतर की वह भक्ति स्वयमेव प्रकट हो जाएगी। (10/371)
- भक्ति प्राप्त करने का एक उपाय है : ईश्वर का बारम्बार नाम-जप। मंत्रों का—केवल शब्दोच्चारण का प्रभाव होता है।

  भक्ति प्राप्त करने के लिए ऐसे पवित्र मनुष्यों की संगति खोजो, जिनमें भक्ति हो और गीता तथा 'ईसानुसरण' जैसी पुस्तकें पढ़ो। सदैव ईश्वर के गुणों के विषय में विचार करो। (1/304)
- अन्त में भक्त इसी भाव पर आ पहुँचता है कि स्वयं प्रेम ही भगवान् है। और बाकी सब कुछ असत् है। भगवान् का अस्तित्व प्रमाणित करने के लिए मनुष्य को अब और कहाँ जाना होगा? इस प्रत्यक्ष संसार में जो कुछ भी पदार्थ है, सबके अन्दर सर्वापेक्षा स्पष्ट दिखाई देनेवाला तो भगवान् ही है। वही वह शक्ति है जो सूर्य, चन्द्र और तारों को घुमाती एवं चलाती है तथा स्त्री-पुरुषों में, सभी जीवों में, सभी वस्तुओं में प्रकाशित हो रही है। जड़ शक्ति के राज्य में, मध्याकर्षण शक्ति के रूप में वही विद्यमान है : प्रत्येक स्थान में, प्रत्येक परमाणु में वही वर्तमान है—सर्वत्र उसकी ज्योति छिटकी हुई है। वही अनन्त प्रेमस्वरूप है, संसार की एकमात्र संचालिनी शक्ति है, और वही सर्वत्र प्रत्यक्ष दिखाई दे रही है। (5/284)

मूर्ति-पूजा

- आजकल मूर्ति-पूजा को गलत बताने की प्रथा-सी चल पड़ी है, और सब लोग बिना किसी आपत्ति के उसमें विश्वास भी करने लग गए हैं। मैंने भी एक समय ऐसी ही सोचा था और उसके दंडस्वरूप मुझे ऐसे व्यक्ति के चरण-कमलों में बैठकर शिक्षा ग्रहण करनी पड़ी, जिन्होंने सब कुछ मूर्ति-पूजा के ही द्वारा प्राप्त किया था। मेरा अभिप्राय श्रीरामकृष्ण परमहंस से है। यदि मूर्ति-पूजा के द्वारा श्रीरामकृष्ण जैसे व्यक्ति उत्पन्न हो सकते हैं, तब तुम क्या पसन्द करोगे—सुधारकों का धर्म, या मूर्ति-पूजा? मैं इस प्रश्न का उत्तर चाहता हूँ। यदि मूर्ति-पूजा के द्वारा इस प्रकार श्रीरामकृष्ण परमहंस उत्पन्न हो सकते हों, तो और हजारों मूर्तियों की पूजा करो। प्रभु तुम्हें सिद्धि दें! (5/113)
- तुम पूजा किसी भी वस्तु की कर सकते हो—पर हाँ, उसमें ईश्वर को देखते हुए। मूर्ति को भूल जाओ और उसमें ईश्वर के दर्शन करो। तुम किसी प्रतिमा का आरोपण ईश्वर पर मत करो, बल्कि प्रतिमा में ईश्वर को व्याप्त देखो। प्रतिमा को भूल जाओ, तभी तुम सही रास्ते पर होगे, क्योंकि 'उसी ईश्वर से सभी वस्तुओं की उत्पत्ति है।' वह ईश्वर सभी वस्तुओं में है। हम एक चित्र की पूजा ईश्वर की तरह कर सकते हैं, पर ईश्वर को वह चित्र मानकर नहीं। चित्र में ईश्वर की भावना करना ठीक है, पर चित्र को ईश्वर समझना भूल है। प्रतिमा में ईश्वर तो ठीक है, उसमें कोई खतरा नहीं; ईश्वर की सच्ची पूजा यही है। (9/47)
- शास्त्र का वाक्य है कि 'बाह्य पूजा या मूर्ति-पूजा सबसे नीचे की अवस्था है; आगे बढ़ने का प्रयास करते समय मानसिक प्रार्थना साधना की दूसरी अवस्था है, और सबसे उच्च अवस्था तो वह है, जब परमेश्वर का साक्षात्कार हो जाए।' देखिए, वही अनुरागी साधक, जो पहले मूर्ति के सामने प्रणत रहता था, अब क्या कह रहा है : 'सूर्य उस परमात्मा को प्रकाशित नहीं कर सकता, न चन्द्रमा या तारागण ही; वह विद्युत्प्रभा भी परमेश्वर को उद्भासित नहीं कर सकती, तब इस सामान्य अग्नि की बात ही क्या! ये सभी उसी परमेश्वर के कारण प्रकाशित होते हैं।' पर वह किसी की मूर्ति को गाली नहीं देता और न उसकी पूजा को पाप ही बताता है। वह तो उसे जीवन की एक आवश्यक अवस्था जानकर उसको स्वीकार करता है। 'बालक ही मनुष्य का जनक है।' (1/18)

मन और विचार

- एक विचार लो; उसी विचार को अपना जीवन बनाओ—उसी का चिन्तन करो, उसी का स्वप्न देखो और उसी में जीवन बिताओ। तुम्हारा मस्तिष्क, स्नायु, शरीर

के सर्वांग उसी के विचार से पूर्ण रहें। दूसरे सारे विचार छोड़ दो। यही सिद्ध होने का उपाय है; और इसी उपाय से बड़े-बड़े धर्मवीरों की उत्पत्ति हुई है। (1/90)

- मन एक ही है, समष्टि मन के अंश मात्र हैं। जिसे एक ढेले का ज्ञान हो गया, उसने दुनिया की सारी मिट्टी जान ली। जो अपने मन को जानता है और स्व-अधीन रख सकता है, वह हर मन का रहस्य जानता है और हर मन पर अधिकार रखता है। (4/174)
- विचार ही हमारी कार्य-प्रवृत्ति का नियामक है। मन को सर्वोच्च विचारों से भर लो, दिन-पर-दिन यही सब भाव सुनते रहो, मास-पर-मास इसी का चिन्तन करो। पहले-पहल सफलता न भी मिले; पर कोई हानि नहीं। वह असफलता तो बिलकुल स्वाभाविक है, यह मानव-जीवन का सौन्दर्य है। (2/156)
- जब तुम्हारा मन संयत हो जाएगा, तब तुम पूरे शरीर को वश में रख सकोगे। तब फिर तुम इस यंत्र के दास नहीं बने रहोगे; यह देह-यंत्र ही तुम्हारा दास होकर रहेगा। तब यह देह-यंत्र आत्मा को खींचकर नीचे की ओर न ले जाकर उसकी मुक्ति में महान् सहायक हो जाएगा। (1/180)
- मन मानो सरोवर के समान है और हमारा प्रत्येक विचार मानो उस सरोवर की लहर के समान है। जिस प्रकार सरोवर में लहर उठती है, गिरती है, गिरकर अन्तर्हित हो जाती है, उसी प्रकार मन में ये सब विचार-तरंगें लगातार उठती और अन्तर्हित होती रहती हैं। किन्तु वे एकदम अन्तर्हित नहीं हो जातीं। वे क्रमशः सूक्ष्मतर होती जाती हैं, पर वर्तमान रहती ही हैं। प्रयोजन होने पर फिर उठती हैं। (2/25)
- मन ज्ञान की अतीत अवस्था में भी जा सकता है। जिस प्रकार अज्ञान-भूमि से जो कार्य होता है, वह ज्ञान की निम्न भूमि का कार्य है, वैसे ही ज्ञान की उच्च भूमि से भी—ज्ञानातीत भूमि से भी कार्य होता है। उसमें भी किसी प्रकार का अहं-भाव नहीं रहता। यह अहं-भाव केवल बीच की अवस्था में रहता है। जब मन इस रेखा के ऊपर या नीचे विचरण करता है, तब किसी प्रकार का अहं-ज्ञान नहीं रहता, किन्तु तब भी मन की क्रिया चलती रहती है। जब मन इस रेखा के ऊपर अर्थात् ज्ञान-भूमि के अतीत प्रदेश में गमन करता है, तब उसे समाधि, अतिचेतन या ज्ञानातीत भूमि कहते हैं। (1/92)
- मन विकल्परहित या वृत्तहीन होता है, तभी मन का लोप होता है और तभी आत्मा प्रत्यक्ष होती है। इस अवस्था का वर्णन भाष्यकार श्रीशंकराचार्य ने 'अपरोक्षानुभूति' कहकर किया है। (6/35)
- हमारा शरीर मानो एक लोहपिंड है और हमारा प्रत्येक विचार मानो धीरे-धीरे उसके ऊपर हथौड़ी की चोट मारता है—उसके द्वारा हम अपने शरीर का गढ़न इच्छानुसार करते हैं। (7/28)

एकाग्रता

- मन सर्वदा ही नाना प्रकार के विषय ग्रहण कर रहा है, सदैव सब प्रकार की वस्तुओं में जा रहा है। फिर मन की ऐसी भी एक उच्चतर अवस्था है, जब वह केवल एक ही वस्तु को ग्रहण करके अन्य सब वस्तुओं को छोड़ सकता है। इस एक वस्तु को ग्रहण करने का फल है समाधि। (1/188)
- प्रतिदिन नियमित रूप से अभ्यास करने पर मन का यह नियत संयम प्रवाहाकार में चलता रहता है। उसकी स्थिरता होने पर मन सदैव एकाग्रशील रह सकता है। (1/188)
- मन एकाग्र हुआ है, यह कैसे जाना जाए? मन के एकाग्र हो जाने पर समय का कोई ज्ञान न रहेगा। जितने ही समय में ज्ञान जाने लगता है, हम उतने ही में एकाग्र होते जाते हैं। हम अपने दैनिक जीवन में भी देख पाते हैं कि जब हम कोई पुस्तक पढ़ने में तल्लीन रहते हैं, तब समय की ओर हमारा ध्यान बिलकुल नहीं रहता। जब हम पढ़कर उठते हैं, तो अचरज करने लगते हैं कि इतना समय बीत गया। सारा समय मानो एकत्र होकर वर्तमान में एकीभूत हो जाता है। इसीलिए कहा गया है कि अतीत, वर्तमान और भविष्य आकर जितने ही एकीभूत होते जाते हैं, मन उतने ही में एकाग्र होता जाता है। (1/188)
- प्रत्येक व्यक्ति का मन कभी-न-कभी एकाग्र हो जाता है। हमें जो चीजें प्यारी होती हैं, उन पर हम मन जमाते हैं और जिन चीजों पर मन जमाते हैं, वे हमें प्यारी होती हैं। (4/108)
- हमारे मन की शक्तियों की एकाग्रता ही हमारे लिए ईश्वर-दर्शन का एकमात्र साधन है। यदि तुम एक आत्मा को (अपनी आत्मा को) जान सको, तो तुम भूत, भविष्य, वर्तमान—सभी आत्माओं को जान सकोगे। इच्छाशक्ति के द्वारा मन की एकाग्रता साधित होती है—और विचार, भक्ति, प्राणायाम इत्यादि विभिन्न उपायों से यह इच्छाशक्ति उद्‌बुद्ध और वशीकृत हो सकती है। एकाग्र मन मानो एक प्रदीप है जिसके द्वारा आत्मा का स्वरूप स्पष्ट रूप से देखा जा सकता है। (7/72)
- एकाग्रता समस्त ज्ञान का सार है, उसके बिना कुछ नहीं किया जा सकता। साधारण मनुष्य अपनी विचारशक्ति का नब्बे प्रतिशत अंश व्यर्थ नष्ट कर देता है और इसलिए वह निरन्तर भारी भूलें करता रहता है। प्रशिक्षित मनुष्य अथवा मन कभी कोई भूल नहीं करता। (4/106)
- जब मन एकाग्र होता है और पीछे मोड़कर स्वयं पर ही केन्द्रित कर दिया जाता है, तो हमारे भीतर जो भी है, वह हमारा स्वामी न रहकर हमारा दास बन जाता है। (4/106)

ध्यान

- मान लो, मन किसी एक विषय को सोचने का प्रयत्न कर रहा है, किसी एक विशेष स्थान में—जैसे, मस्तक के ऊपर अथवा हृदय आदि में—तो वह अपने को पकड़े रखने का प्रयत्न कर रहा है। यदि मन शरीर के केवल उस अंश के द्वारा संवेदनाओं को ग्रहण करने में समर्थ होता है, शरीर के दूसरे भागों के द्वारा नहीं, तो उसका नाम धारणा है; और जब वह अपने को कुछ समय तक उसी अवस्था में रखने में समर्थ होता है, तो उसका नाम है ध्यान। (1/185)
- किसी विषय पर मन को एकाग्र करने का ही नाम ध्यान है। किसी एक विषय पर भी मन की एकाग्रता हो जाने से वह एकाग्रता जिस विषय पर चाहो, उस पर लगा सकते हो। (6/43)
- पहले किसी एक विषय का आश्रय कर ध्यान का अभ्यास करना पड़ता है। किसी समय मैं एक छोटे-से काले बिन्दु पर मन को एकाग्र किया करता था; परन्तु कुछ दिन के अभ्यास के बाद वह बिन्दु मुझे दीखना बन्द हो गया था। वह मेरे सामने है या नहीं, यह भी ध्यान नहीं रहता था। निवात समुद्र के समान मन का सम्पूर्ण निरोध हो जाता था। ऐसी अवस्था में मुझे अतीन्द्रिय सत्य की परछाईं कुछ-कुछ दिखाई देती थी। इसलिए मेरा विचार है कि किसी सामान्य बाहरी विषय का भी आश्रय लेकर ध्यान करने का अभ्यास करने से मन की एकाग्रता होती है। जिसमें जिसका मन लगता है, उसी के ध्यान का अभ्यास करने से मन शीघ्र एकाग्र हो जाता है। इसीलिए हमारे देश में इतने देव-देवी की मूर्तियों के पूजने की व्यवस्था है। देव-देवी की पूजा से ही शिल्प की उन्नति हुई है। परन्तु इस बात को अभी छोड़ दो। अब बात यह है कि ध्यान का बाहरी अवलम्बन सबका एक नहीं हो सकता। जो जिस विषय के आश्रय से ध्यान-सिद्ध हो गया है, वह उस अवलम्बन का ही वर्णन और प्रचार कर गया है। कालान्तर में वह मन को स्थिर करने के लिए है, इस बात के भूलने पर लोगों ने इस बाहरी अवलम्बन को ही श्रेष्ठ समझ लिया। उपाय में ही लोग लगे रह गए; उद्‌देश्य पर लक्ष्य कम हो गया। मन को वृत्तिहीन करना ही उद्‌देश्य है; किन्तु यह किसी विषय में तन्मय हुए बिना असम्भव है। (6/43-44)
- 'भीतर नित्य-शुद्ध-बुद्ध-मुक्त आत्मारूपी सिंह विद्यमान है'; ध्यान-धारणा करके उसका दर्शन पाते ही माया की दुनिया उड़ जाती है। (6/221)
- इसी का नाम यथार्थ पुरुषकार है। तेल की धार की तरह मन को एक ओर लगाए रखना चाहिए। जीव का मन अनेकानेक विषयों से विक्षिप्त हो रहा है। ध्यान के समय भी पहले-पहल मन विक्षिप्त होता है। मन में जो चाहे भाव उठें, उन्हें उस समय स्थिर हो बैठकर देखना चाहिए। देखते-देखते मन स्थिर हो

जाता है और फिर मन में चिन्तन की तरंगें नहीं रहतीं। वह तरंग-समूह ही है, मन की संकल्प-वृत्ति। इससे पूर्व जिन विषयों का तीव्र भाव से चिन्तन किया है, उनका एक मानसिक प्रवाह रहता है। इसीलिए वे विषय-ध्यान के समय मन में उठते हैं। साधक का मन धीरे-धीरे स्थिरता की ओर जा रहा है। उनका उठना या ध्यान के समय स्मरण होना ही इसका प्रमाण है कि मन कभी-कभी किसी भाव को लेकर एकवृत्तिस्थ हो जाता है—उसी का नाम है सविकल्प ध्यान। (6/221-22)

- आध्यात्मिक जीवन का सबसे बड़ा सहायक 'ध्यान' है। ध्यान के द्वारा हम अपनी भौतिक भावनाओं से अपने-आपको स्वतंत्र कर लेते हैं और अपने ईश्वरीय स्वरूप का अनुभव करने लगते हैं। ध्यान करते समय हमें किन्हीं बाहरी साधनों पर अवलम्बित नहीं रहना पड़ता। (3/123)
(छ) तू सर्वव्यापी आत्मा है, इसी बात का मनन और ध्यान किया कर। मैं देह नहीं—मन नहीं—बुद्धि नहीं—स्थूल नहीं—सूक्ष्म नहीं—इस प्रकार 'नेति'-'नेति' करके प्रत्येक चैतन्य-रूपी अपने स्वरूप में मन को डुबो दे। इस प्रकार मन को बार-बार डुबो-डुबोकर मार डालो। तभी ज्ञानस्वरूप का बोध या स्व-स्वरूप में स्थिति होगी। उसी समय ध्याता-ध्येय-ध्यान एक बन जाएँगे—ज्ञाता-ज्ञेय-ज्ञान एक हो जाएँगे। सभी अध्यायों की निवृत्ति हो जाएगी। इसी को शास्त्र में 'त्रिपुटि-भेद' कहा है। इस स्थिति में जानने, न जानने का प्रश्न ही नहीं रह जाता। आत्मा ही जब एकमात्र विज्ञाता है, तब उसे फिर जानेगा कैसे? आत्मा ही ज्ञान—आत्मा ही चैतन्य—आत्मा ही सच्चिदानन्द है। (6/166)

अहिंसा

- शरीर, मन और वचन के द्वारा कभी किसी प्राणी की हिंसा न करना या उसे क्लेश न देना—यह अहिंसा कहलाता है। अहिंसा से बढ़कर और कोई धर्म नहीं। मनुष्य के लिए जीव के प्रति यह अहिंसा-भाव रखने से अधिक और कोई उच्चतर सुख नहीं है। (1/101)
- जो मुक्त होना चाहे, उसे अहिंसक बनना पड़ेगा। जिसमें अहिंसा का भाव है, उससे बढ़कर शक्तिशाली कोई नहीं है। उसकी उपस्थिति में न तो कोई लड़ सकता है और न झगड़ा कर सकता है। हाँ, वह जहाँ कहीं होगा, वहीं उसकी उपस्थिति मात्र से शान्ति और प्रेम उद्भूत होगा, दूसरी किसी वस्तु की आवश्यकता नहीं है। उसकी उपस्थिति में न तो कोई क्रुद्ध होगा, न लड़ेगा। उसके सामने पशु—हिंस्र पशु तक शान्त रहेंगे। (4/182)
- सब महापुरुषों का उपदेश है कि 'अशुभ का प्रतिरोध न करो।' अप्रतिरोध ही

सर्वोच्च नैतिक आदर्श है। हम जानते हैं कि यदि हममें कुछ लोग इस सूत्र को पूर्णतः चरितार्थ करने लगें, तो समाज का सारा संघटन ही छिन्न-भिन्न हो जाएगा। दुष्ट लोग हमारी जान और माल पर हाथ मारने और मनमानी करने लगेंगे। यदि इस प्रकार का 'अप्रतिरोध-धर्म' एक दिन भी आचरण में लाया जाए, तो बड़ी गड़बड़ी मच जाएगी। परन्तु फिर भी अपने हृदय के अन्तस्तल से हम 'अशुभ का प्रतिरोध न करो' उपदेश की सत्यता अनुभव करते रहते हैं। हमें वह सर्वोच्च आदर्श प्रतीत होता है; परन्तु केवल इसी मत का प्रचार करना अधिकांश मानवता की भर्त्सना करना होगा। इतना ही नहीं, बल्कि इसके द्वारा मनुष्यों को सदा यही अनुभव होने लगेगा कि वे अन्याय ही कर रहे हैं। उनके हृदय में प्रत्येक कार्य के बारे में संकल्प-विकल्प-सा होने लगेगा। उनका मन दुर्बल हो जाएगा तथा अन्य किसी दुर्गुण की अपेक्षा यह सतत आत्म-धिक्कार उनमें अधिक दुर्गुणों को उत्पन्न कर देगा। (3/12)

- निष्क्रियता का हर प्रकार से त्याग करना चाहिए। क्रियाशीलता का अर्थ है : 'प्रतिरोध'। मानसिक तथा शारीरिक—समस्त दोषों का प्रतिरोध करो, और जब तुम इस प्रतिरोध में सफल होगे, तभी शान्ति प्राप्त होगी। यह कहना बड़ा सरल है कि 'किसी से घृणा मत करो, किसी अशुभ का प्रतिरोध मत करो', परन्तु हम जानते हैं कि इसे कार्य-रूप में परिणत करना कितना कठिन है। जब सारे समाज की आँखें हमारी ओर लगी हों, तो हम अप्रतिरोध का प्रदर्शन भले ही करें, परन्तु हमारे हृदय को वे सदैव कुरेदती रहती हैं। (3/14-15)
- इस महान् सत्य को हम सबको अवगत कर लेना चाहिए कि सभी विषयों में दोनों चरम अवस्थाएँ एक सदृश होती हैं। चरम 'अस्ति' और चरम 'नास्ति', दोनों सदैव एक समान होते हैं। उदाहरणार्थ, प्रकाश का स्पन्दन यदि अत्यन्त मंद होता है, तो हम उसे नहीं देख सकते; और इसी प्रकार जब वह अत्यन्त तीव्र होता है, तब भी हम उसे देखने में असमर्थ होते हैं। 'ध्वनि' के सम्बन्ध में भी ठीक ऐसा ही है। न तो उसके तार-स्वर के बहुत निम्न होने पर हम उसे सुन सकते हैं और न उसके बहुत उच्च होने पर। इसी प्रकार का भेद 'प्रतिरोध' तथा 'अप्रतिरोध' में है। एक मनुष्य इसलिए प्रतिरोध नहीं करता कि वह कमजोर है, सुस्त है, असमर्थ है; दूसरी ओर एक दूसरा मनुष्य है, जो यह जानता है कि यदि वह चाहे, तो जबर्दस्त प्रतिरोध कर सकता है, परन्तु फिर भी वह केवल अप्रतिरोध ही नहीं करता, वरन् अपने शत्रुओं के प्रति शुभकामनाएँ भी प्रकट करता है। अतः वह मनुष्य, जो दुर्बलता के कारण प्रतिरोध नहीं करता, पापग्रस्त होता है और इसलिए अप्रतिरोध से कोई लाभ नहीं उठा सकता; परन्तु दूसरा मनुष्य यदि प्रतिरोध करे, तो वह भी पाप का भागी होता है। (3/13)

बल

- यह एक बड़ा सत्य है कि बल ही जीवन है और दुर्बलता मरण। बल ही अनन्त सुख है, अमर और शाश्वत जीवन है, और दुर्बलता मृत्यु। (1/177)
- लोग बचपन से ही शिक्षा पाते हैं कि वे दुर्बल हैं, पापी हैं। इस प्रकार की शिक्षा से संसार दिन-पर-दिन दुर्बल होता जा रहा है। उनको सिखाओ कि वे सब उसी अमृत की सन्तान हैं—और तो और, जिसके भीतर आत्मा का प्रकाश अत्यन्त क्षीण है, उसे भी यही शिक्षा दो। बचपन से ही उनके मस्तिष्क में इस प्रकार के विचार प्रविष्ट हो जाएँ, जिनसे उनकी यथार्थ सहायता हो सके, जो उनको सबल बना दें, जिनसे उनका कुछ यथार्थ हित हो। दुर्बलता और अवसादकारक विचार उनके मस्तिष्क में प्रवेश ही न करें। सच्चिन्तन के स्रोत में शरीर को बहा दो, अपने मन से सर्वदा कहते रहो : 'मैं ही वह हूँ, मैं ही वह हूँ।' तुम्हारे मन में दिन-रात यह बात संगीत की भाँति झंकृत होती रहे, और मृत्यु के समय भी तुम्हारे अधरों पर सोहम्-सोहम् खेलता रहे। यही सत्य है—जगत् की अनन्त शक्ति तुम्हारे भीतर है। (2/20)
- वेदान्त कहता है—दुर्बलता ही संसार में समस्त दुख का कारण है। इसी से सारे दुख-कष्ट पैदा होते हैं। हम दुर्बल हैं, इसीलिए इतना दुख भोगते हैं। हम दुर्बलता के कारण ही चोरी-डकैती, झूठ-ठगी तथा इसी प्रकार के अनेकानेक दुष्कर्म करते हैं। दुर्बल होने के कारण ही हम मृत्यु के मुख में गिरते हैं। जहाँ हमें दुर्बल बनानेवाला कोई नहीं है, वहाँ न मृत्यु है, न दुख। (2/186)
- जो लोग अपने दुखों या कष्टों के लिए दूसरो को दोषी बनाते हैं (और दुख की बात तो यह है कि ऐसे लोगों की संख्या दिनोंदिन बढ़ती जा रही है), वे साधारणतया अभागे और दुर्बल-मस्तिष्क हैं। अपने ही कर्म-दोष से वे ऐसी परिस्थिति में आ पड़े हैं, और अब वे दूसरों को इसके लिए दोषी ठहरा रहे हैं। पर इससे उनकी दशा में तनिक भी परिवर्तन नहीं होता—उनका कोई उपकार नहीं होता, वरन् दूसरों पर दोष लादने की चेष्टा करने के कारण वे और भी दुर्बल बन जाते हैं। अतएव अपने दोष के लिए तुम किसी को उत्तरदायी न समझो, अपने ही पैरों पर खड़े होने का प्रयत्न करो, सब कामों के लिए अपने को ही उत्तरदायी समझो। कहो कि जिन कष्टों को हम अभी झेल रहे हैं, वे हमारे ही किये हुए कर्मों के फल हैं। यदि यह मान लिया जाए, तो यह भी प्रमाणित हो जाता है कि वे फिर हमारे द्वारा नष्ट भी किये जा सकते हैं। जो कुछ हमने सृष्ट किया है, उसका हम ध्वंस भी कर सकते हैं; जो कुछ दूसरों ने किया है, उसका नाश हमसे कभी नहीं हो सकता। अतएव उठो, साहसी बनो, वीर्यवान होओ। (2/120)

- तुम जो कुछ बल या सहायता चाहो, सब तुम्हारे ही भीतर विद्यमान है। अतएव इस ज्ञानरूप शक्ति के सहारे तुम बल प्राप्त करो और अपने हाथों अपना भविष्य गढ़ डालो। गतस्य शोचना नास्ति—अब तो सारा भविष्य तुम्हारे सामने पड़ा हुआ है। तुम सदैव यह बात स्मरण रखो कि तुम्हारा प्रत्येक विचार, प्रत्येक कार्य संचित रहेगा; और यह भी याद रखो कि जिस प्रकार तुम्हारे असत्-विचार और असत्-कार्य शेरों की तरह तुम पर कूद पड़ने की ताक में हैं, उसी प्रकार तुम्हारे सत्-विचार और सत्-कार्य भी हजारों देवताओं की शक्ति लेकर सर्वदा तुम्हारी रक्षा के लिए तैयार हैं। (2/120-21)
- शक्ति, शक्ति—यही हमको चाहिए, हमको शक्ति की बड़ी आवश्यकता है। कौन प्रदान करेगा हमको शक्ति? हमको दुर्बल करने के लिए सहस्रों विषय हैं, कहानियाँ भी बहुत हैं। हमारे प्रत्येक पुराण में इतनी कहानियाँ हैं कि जिससे संसार में जितने पुस्तकालय हैं, उनका तीन-चौथाई भाग पूर्ण हो सकता है; जो हमारी जाति को शक्तिहीन कर सकती हैं, ऐसी दुर्बलताओं का प्रवेश हममें विगत एक हजार वर्ष से ही हुआ है। ऐसा प्रतीत होता है, मानो विगत एक हजार वर्ष से हमारे जातीय जीवन का यही एकमात्र लक्ष्य था कि किस प्रकार हम अपने को दुर्बल से दुर्बलतर बना सकेंगे। अन्त में हम वास्तव में हर एक के पैर के पास रेंगनेवाले ऐसे केंचुओं के समान हो गए हैं कि इस समय जो चाहे, वही हमको कुचल सकता है। हे बन्धुगण, तुम्हारी और मेरी नसों में एक ही रक्त का प्रवाह हो रहा है, तुम्हारा जीवन-मरण मेरा भी जीवन-मरण है। मैं तुमसे पूर्वोक्त कारणों से कहता हूँ कि हमको शक्ति, केवल शक्ति ही चाहिए। (5/133)
- जिससे बल मिलता है, उसी का अनुसरण करना चाहिए। अन्यान्य विषयों में जैसा है, धर्म में भी ठीक वैसा ही है—जो तुमको दुर्बल बनाता है, वह समूल त्याज्य है। (1/44)

गृहस्थ जीवन

- गृहस्थ को ब्रह्मनिष्ठ होना चाहिए तथा ब्रह्मज्ञान का लाभ ही उसके जीवन का चरम लक्ष्य होना चाहिए। परन्तु फिर भी उसे निरन्तर अपने सब कर्म करते रहना चाहिए—अपने कर्तव्यों का पालन करते रहना चाहिए, और अपना समस्त कर्मों के फलों को ईश्वर के चरणों में अर्पण कर देना चाहिए। (3/17)
- सबसे ठीक बात यह है कि स्वधर्म का अनुसरण करो। अन्याय मत करो, अत्याचार मत करो, यथासाध्य परोपकार करो। किन्तु गृहस्थ के लिए अन्याय सहना पाप है, उसी समय उसका बदला चुकाने की चेष्टा करनी होगी। (10/52)

- बड़े उत्साह के साथ अर्थोपार्जन कर स्त्री तथा परिवार के दस प्राणियों का पालन करना होगा, दस हितकर बातें करनी होंगी। ऐसा न कर सकने पर तुम मनुष्य किस बात के? जब तुम गृहस्थ ही नहीं हो, फिर मोक्ष की तो बात ही क्या! (10/53)
- गृहस्थ के लिए अपनी आय को व्यय करने का यह नियम है कि वह आय का चतुर्थांश परिवार पर, चतुर्थांश दान पर, चतुर्थांश बचत पर, और चतुर्थांश स्वयं पर व्यय करे। (1/197)
- गृहस्थ ही समाज-जीवन का केन्द्र है। उसके लिए धन कमाना तथा उसका सत्कर्मों में व्यय करना ही उपासना है। जिस प्रकार एक संन्यासी को अपनी कुटी में बैठकर की हुई उपासना उसके मुक्ति-लाभ में सहायक होती है; क्योंकि इन दोनों में ही हम, ईश्वर तथा जो कुछ ईश्वर का है, उस सबके प्रति भक्ति से उत्पन्न हुए आत्मसमर्पण एवं आत्मत्याग का प्रकाश पाते हैं; भेद है केवल प्रकाश के रूप भर में। (3/12)
- अपने बच्चों को तुम जो देते हो, तो क्या उसके बदले में उनसे कुछ माँगते हो? यह तो तुम्हारा कर्तव्य है कि तुम उनके लिए काम करो, और बस, वहीं पर बात समाप्त हो जाती है। इसी प्रकार, किसी दूसरे पुरुष, किसी नगर अथवा देश के लिए तुम जो कुछ करो, उसके प्रति भी वैसा ही भाव रखो; उनसे किसी प्रकार के प्रतिदान की आशा न रखो। यदि तुम सदैव ऐसा ही भाव रख सको कि तुम केवल दाता ही हो। जो कुछ तुम देते हो, उससे तुम किसी प्रकार के प्रतिदान की आशा नहीं रखते, तो उस कर्म से तुम्हें किसी प्रकार की आसक्ति नहीं होगी। (3/35)
- गृहस्थ को अपने शत्रु के सामने शूर होना चाहिए और गुरु और बन्धुओं के समक्ष नम्र।

  शत्रु के सम्मुख शूरता प्रकट करके उसे उस पर शासन करना चाहिए। यह गृहस्थ का आवश्यक कर्तव्य है। गृहस्थ को घर के कोने में बैठकर रोना और 'अहिंसा परमो धर्मः' कहकर खाली बकवास न करना चाहिए। यदि वह शत्रु के सम्मुख वीरता नहीं दिखाता है, तो वह अपने कर्तव्य की अवहेलना करता है। (3/20)
- धीर गृहस्थ को सत्य, मृदु, प्रिय तथा हितकर वचन बोलने चाहिए। वह अपने उत्कर्ष की चर्चा न करे और दूसरों की निन्दा करना छोड़ दे। (3/23)
- उसे सभी प्रकार के यश-अर्जन की चेष्टा करनी चाहिए। जुआ खेलना, दुष्ट व्यक्तियों का संग, असत्य भाषण तथा दूसरों को कष्ट पहुँचाना—उसे कभी नहीं करना चाहिए। (3/22-23)

शिक्षा

- शिक्षा का अर्थ है : उस पूर्णता की अभिव्यक्ति, जो सब मनुष्यों में पहले ही से विद्यमान है। (2/328)
- शिक्षा किसे कहते हैं? क्या वह पठन-मात्र है? नहीं। क्या वह नाना प्रकार से ज्ञानार्जन है? नहीं, यह भी नहीं। जिस संयम के द्वारा इच्छाशक्ति का प्रवाह और विकास वश में लाया जाता है और जो फलदायक होता है, वह शिक्षा कहलाती है। अब सोचो कि शिक्षा क्या वह है, जिसने निरन्तर इच्छाशक्ति को बलपूर्वक पीढ़ी-दर-पीढ़ी रोककर प्रायः नष्ट कर दिया है, जिसके प्रभाव से नये विचारों की तो बात ही जाने दो, पुराने विचार भी एक-एक करके लोप होते चले जा रहे हैं? क्या वह शिक्षा है, जो मनुष्य को धीरे-धीरे यंत्र बना रही है? (7/359)
- वास्तविक शिक्षा की तो अभी हम लोगों में कल्पना भी नहीं की गई है।

  हम इसे मानसिक शक्तियों का विकास—केवल शब्दों का रटना मात्र नहीं, बल्कि व्यक्तियों को ठीक तरह से और दक्षतापूर्वक इच्छा व्यक्त करने का प्रशिक्षण देना कह सकते हैं। इस प्रकार हम भारत की आवश्यकता के लिए महान् निर्भीक नर-नारियाँ तैयार करेंगे। (4/268)
- बालक अपने को स्वयं ही शिक्षा देता है। तुम मेरी बातें सुनने आए हो। घर जाकर, तुमने जो यहाँ सीखा है तथा यहाँ आने के पूर्व तुम्हारे मन में जो था, उन दोनों का मिलान करो। तब तुमको पता लगेगा कि यही बात तो तुमने भी सोची थी; मैंने तो केवल उस बात को प्रकट मात्र किया है। मैं तुमको किसी बात की शिक्षा नहीं दे सकता। शिक्षा तो तुम स्वयं ही अपने को दोगे। मैं तो शायद तुमको अपने उस विचार के प्रकट करने में ही सहायता दे सकता हूँ। (9/55)
- कोई भी किसी को कुछ नहीं सिखा सकता। जो शिक्षक यह समझता है कि वह कुछ सिखा रहा है, सारा गुड़-गोबर कर देता है। वेदान्त का सिद्धान्त है कि मनुष्य के अन्तर में ज्ञान का समस्त भंडार निहित है—एक अबोध शिशु में भी—केवल उसको जाग्रत् कर देने की आवश्यकता है, और यही आचार्य का काम है। हमें बच्चों के लिए बस इतना ही करना है कि वे अपने हाथ-पैर, आँख-कान का समुचित उपयोग करना भर सीख लें और फिर सब आसान है। (8/229)
- क्या तुमने उपनिषदों की कथाएँ नहीं पढ़ी हैं? मैं अभी एक कथा सुनाता हूँ। ब्रह्मचारी सत्यकाम गुरु के पास अध्ययन के लिए गया। गुरु ने उसे गायें चराने जंगल में भेज दिया। गायें चराते-चराते कई वर्ष व्यतीत हो गए। गायों

की संख्या भी दुगुनी हो गई। तब सत्यकाम ने आश्रम लौट चलने का विचार किया। मार्ग में एक वृषभ, अग्नि तथा कुछ अन्य प्राणियों ने सत्यकाम को ब्रह्मज्ञान का उपदेश दिया। जब शिष्य आश्रम में गुरु को प्रणाम करने पहुँचा, तो गुरु ने उसे देखते ही जान लिया कि उसने ब्रह्मज्ञान प्राप्त कर लिया है। इस कथा का सार यह है कि सच्ची शिक्षा सर्वदा प्रकृति के सम्पर्क में रहने से ही प्राप्त होती है। (8/231)

- मेरे विचार से तो शिक्षा का सार मन की एकाग्रता प्राप्त करना है, तथ्यों का संकलन नहीं। यदि मुझे फिर से अपनी शिक्षा आरम्भ करनी हो और इसमें मेरा वश चले, तो मैं तथ्यों का अध्ययन कदापि न करूँ। मैं मन की एकाग्रता और अनासक्ति का सामर्थ्य बढ़ाता और उपकरण के पूर्णतया तैयार होने पर उससे इच्छानुसार तथ्यों का संकलन करता। बच्चे के मन की एकाग्रता और अनासक्ति का सामर्थ्य एक साथ विकसित होना चाहिए। (4/109)
- कुछ उपाधियाँ प्राप्त करने या अच्छा भाषण दे सकने से ही क्या तुम्हारी दृष्टि में वे शिक्षित हो गए? जो शिक्षा साधारण व्यक्ति को जीवन-संग्राम में समर्थ नहीं बना सकती, जो मनुष्य में चरित्र-बल, पर-हित भावना तथा सिंह के समान साहस नहीं ला सकती, वह भी कोई शिक्षा है! जिस शिक्षा के द्वारा जीवन में अपने पैरों पर खड़ा हुआ जाता है, वही शिक्षा है। आजकल के इन सब स्कूल-कॉलेजों में पढ़कर तुम लोग न जाने अजीर्ण के रोगियों की कैसी एक जमात तैयार कर रहे हो! केवल मशीन की तरह परिश्रम कर रहे हो और 'जायस्व म्रियस्व' वाक्य के साक्षी रूप में खड़े हो। (6/106)
- शिक्षा का मतलब यह नहीं है कि तुम्हारे दिमाग में ऐसी बहुत-सी बातें इस तरह ठूँस दी जाएँ कि अन्तर्द्वन्द्व होने लगे और तुम्हारा दिमाग उन्हें जीवन भर पचा न सके। जिस शिक्षा से हम अपना जीवन-निर्माण कर सकें, मनुष्य बन सकें, चरित्र-गठन कर सकें और विचारों का सामंजस्य कर सकें, वही वास्तव में शिक्षा कहलाने योग्य है। यदि तुम पाँचों भावों को पचाकर तदनुसार जीवन और चरित्र गठित कर सके हो, तो तुम्हारी शिक्षा उस आदमी की अपेक्षा बहुत अधिक है, जिसने एक पूरे पुस्तकालय को कंठस्थ कर रखा है। कहा भी है—यथा खरश्चन्दनभारवाही भारस्य वेत्ता न तु चन्दनस्य। अर्थात्—'वह गधा, जिसके ऊपर चन्दन की लकड़ियों का बोझ लाद दिया गया हो, बोझ की ही बात जान सकता है, चन्दन के मूल्य को वह नहीं समझ सकता।' यदि बहुत तरह की खबरों का संचय करना ही शिक्षा है, तब तो ये पुस्तकालय संसार में सर्वश्रेष्ठ मुनि और विश्वकोश ही ऋषि है। (5/195)

- मनुष्य भाषा, साहित्य, दर्शन, कविता, शिल्प आदि अनेकानेक क्षेत्रों में जो प्रयत्न कर रहा है, उसमें वह अनेक गलतियाँ करता है। आवश्यक यह है कि हम उसे उन गलतियों को न बतलाकर प्रगति के मार्ग पर धीरे-धीरे अग्रसर होने के लिए सहायता दें। गलतियाँ दिखाने से लोगों की भावना को ठेस पहुँचती है तथा वे हतोत्साहित हो जाते हैं। श्रीरामकृष्ण को हमने देखा है—जिन्हें हम त्याज्य मानते थे, उन्हें भी वे प्रोत्साहित करके उनके जीवन की गति को मोड़ देते थे। शिक्षा देने का उनका ढंग ही बड़ा अद्‌भुत था। (6/112)
- ज्ञान मनुष्य में अन्तर्निहित है। कोई भी ज्ञान बाहर से नहीं आता, सब अन्दर ही है। हम जो कहते हैं कि मनुष्य 'जानता' है, उसे ठीक- ठीक मनोवैज्ञानिक भाषा में व्यक्त करने पर हमें कहना चाहिए कि वह 'आविष्कार करता' है। मनुष्य जो कुछ 'सीखता' है, वह वास्तव में 'आविष्कार करना' ही है। 'आविष्कार' का अर्थ है—मनुष्य द्वारा अपनी अनन्त ज्ञानस्वरूप आत्मा के ऊपर के आवरण को हटाया जाना। हम कहते हैं कि न्यूटन ने गुरुत्वाकर्षण का आविष्कार किया। तो क्या वह आविष्कार कहीं एक कोने में बैठा हुआ न्यूटन की प्रतीक्षा कर रहा था? वह उसके मन में ही था। समय आया और उसने उसे ढूँढ़ निकाला। (3/3-4)
- समस्त ज्ञान, चाहे वह व्यावहारिक हो अथवा पारमार्थिक, मनुष्य के मन में ही निहित है। बहुधा यह प्रकाशित न होकर ढका रहता है, और जब आवरण धीरे-धीरे हटता जाता है, तो हम कहते हैं कि 'हमें ज्ञान हो रहा है।' ज्यों-ज्यों इस आविष्करण की क्रिया बढ़ती जाती है, त्यों-त्यों हमारे ज्ञान की वृद्धि होती जाती है। जिस मनुष्य पर से यह आवरण उठता जा रहा है, वह अन्य व्यक्तियों की अपेक्षा अधिक ज्ञानी है, और जिस मनुष्य पर यह आवरण तह-पर-तह पड़ा है, वह अज्ञानी है। जिस मनुष्य पर से यह आवरण बिलकुल चला जाता है, वह सर्वज्ञ पुरुष कहलाता है। (3/4)
- तथ्य-समूह से मन को भर देना ही शिक्षा नहीं है। शिक्षा का आदर्श है साधन को योग्य बनाना और अपने मन पर पूर्ण अधिकार प्राप्त करना। यदि मैं किसी विषय पर मन को केन्द्रित करना चाहूँ, तो उसे वहाँ जाना चाहिए, और जिस क्षण कहूँ, वह पुनः मुक्त हो जाए। (4/157)

सेवा

- समस्त उपासनाओं का यही धर्म है कि मनुष्य शुद्ध रहे तथा दूसरों के प्रति सदैव भला करे। वह मनुष्य, जो शिव को निर्धन, दुर्बल तथा रुग्ण व्यक्ति में भी देखता है, वही सचमुच शिव की उपासना करता है; परन्तु यदि वह उन्हें

केवल मूर्ति में ही देखता है तो कहा जा सकता है कि उसकी उपासना अभी नितान्त प्रारम्भिक ही है। यदि किसी मनुष्य ने किसी एक निर्धन मनुष्य की सेवा-शुश्रूषा बिना जाति-पाँति अथवा ऊँच-नीच के भेद-भाव के की है कि उसमें साक्षात् शिव विराजमान हैं, तो शिव उस मनुष्य से दूसरे उस मनुष्य की अपेक्षा, जो कि उन्हें केवल मन्दिर में देखता है, अधिक प्रसन्न होंगे। (5/38-39)

- जो व्यक्ति अपने पिता की सेवा करना चाहता है, उसे अपने भाइयों की सेवा सबसे पहले करनी चाहिए। इसी प्रकार जो शिव की सेवा करना चाहता है, उसे उनकी सन्तान की, विश्व के प्राणिमात्र की पहले सेवा करनी चाहिए। (5/39)
- शास्त्रों में कहा भी गया है कि जो भगवान् के दासों की सेवा करता है, वही भगवान् का सर्वश्रेष्ठ दास है, यह बात सर्वदा ध्यान में रखनी चाहिए। (5/39)
- स्वार्थपरता ही अर्थात् स्वयं के सम्बन्ध में पहले सोचना सबसे बड़ा पाप है। जो मनुष्य यह सोचता रहता है कि मैं ही पहले खा लूँ, मुझे ही सबसे अधिक धन मिल जाए, मेरा ही सर्वस्व का अधिकार बन जाए, मेरी ही सबसे पहले मुक्ति हो जाए तथा मैं ही औरों से पहले सीधा स्वर्ग को चला जाऊँ, वही व्यक्ति स्वार्थी है। निःस्वार्थ व्यक्ति तो यह कहता है, 'मुझे अपनी चिन्ता नहीं है, मुझे स्वर्ग जाने की भी कोई आकांक्षा नहीं है। यदि मेरे नरक में जाने से भी किसी को लाभ हो सकता है, तो भी मैं उसके लिए तैयार हूँ।' यह निःस्वार्थपरता ही धर्म की कसौटी है। (5/39-40)
- यह जीवन क्षणस्थायी है। संसार के भोग-विलास की सामग्रियाँ भी क्षणभंगुर हैं। वे ही यथार्थ में जीवित हैं, जो दूसरों के लिए जीवन धारण करते हैं। बाकी लोगों का जीना तो मरने ही के बराबर है। (2/371)

(च) क्या तुम अपने भाई—मनुष्य जाति—को प्यार करते हो? ईश्वर को कहाँ ढूँढ़ने चले हो—ये सब गरीब, दुखी, दुर्बल मनुष्य क्या ईश्वर नहीं हैं? इन्हीं की पूजा पहले क्यों नहीं करते? गंगा-तट पर कुआँ खोदने क्यों जाते हो? (3/323)

- जगत् को प्रकाश कौन देगा? बलिदान भूतकाल से नियम रहा है और हाय! युगों तक इसे रहना है। संसार के वीरों को और सर्वश्रेष्ठों को 'बहुजन हिताय, बहुजन सुखाय'—अपना बलिदान करना होगा। असीम दया और प्रेम से परिपूर्ण सैकड़ों बुद्धों की आवश्यकता है। (4/407-8)
- हम दूसरों के प्रति दया प्रकाशित कर पाते हैं, यह हमारा एक विशेष सौभाग्य है—क्योंकि इस प्रकार के कार्य के द्वारा ही हमारी आत्मोन्नति होती है। दीन जन मानो इसलिए कष्ट पाते हैं कि हमारा कल्याण हो। अतएव दान करते समय दाता

ग्रहीता के सामने घुटने टेके और धन्यवाद दे; ग्रहीता दाता के सम्मुख खड़ा हो जाए और अनुमति दे। सभी प्राणियों में विद्यमान प्रभु का दर्शन करते हुए उन्हीं को दान दो। (7/82)

- आत्मप्रतिष्ठा नहीं, आत्मत्याग ही सर्वोच्च लोक का धर्म है।

  धर्म की उत्पत्ति प्रखर आत्मत्याग से ही होती है। अपने लिए कुछ भी मत चाहो। सब दूसरों के लिए करो। यही ईश्वर में निवास करना, उन्हीं में विचरण करना और अपने अपनेपन को उन्हीं में प्रतिष्ठित पाना है। (2/154)
- हर मनुष्य में स्वार्थ शैतान का अवतार है। स्वार्थ का एक-एक अंश, अंशतः शैतान है। एक ओर से तुम स्वार्थ को हटा लो और दूसरी ओर से ईश्वर प्रविष्ट हो जाएगा। (1/301)
- सर्वोच्च आदर्श है—चिरंतन और सम्पूर्ण आत्मत्याग, जिसमें किसी प्रकार का 'मैं' नहीं, केवल 'तू' ही 'तू' है। हमारे जाने या बिना जाने, कर्मयोग हमें इसी लक्ष्य की ओर ले जाता है। (3/59)
- स्वार्थशून्यता ही ईश्वर है। (3/61)
- सुर और असुर में कुछ भेद नहीं है, भेद केवल निःस्वार्थ तथा स्वार्थ में है। (9/102)
- मानव-जाति की सेवा करना विशेषाधिकार है, क्योंकि यह ईश्वर की उपासना है। ईश्वर यहीं है, इन सब मानवीय आत्माओं में है। वह मनुष्य की आत्मा है। (9/100-1)
- जिसकी हम सहायता करते हैं—उसे साक्षात् नारायण मानना चाहिए। मनुष्य की सहायता द्वारा ईश्वर की उपासना करना क्या हमारा परम सौभाग्य नहीं है? (3/52)
- यह संसार तो चरित्र-गठन के लिए एक विशाल नैतिक व्यायामशाला है। इसमें हम सभी को अभ्यास-रूपी कसरत करनी पड़ती है, जिससे हम आध्यात्मिक बल से अधिकाधिक बलवान बनते रहें। (3/54)
- प्रत्येक वस्तु का अग्रांश दीनों को देना चाहिए, अवशिष्ट भाग पर ही हमारा अधिकार है। दीन ही परमात्मा के रूप (प्रतिनिधि) हैं। दुखी ही ईश्वर का रूप है। (9/10)

9

युगपुरुष के प्रति श्रद्धांजलि

रवीन्द्रनाथ ठाकुर

थोड़े ही दिनों पूर्व बंगाल में जिन महात्मा विवेकानन्द का देहावसान हुआ है, उन्होंने प्राच्य और पाश्चात्य को अपने दायें तथा बायें रखकर स्वयं को बीच में प्रतिष्ठित किया था। भारतवर्ष के इतिहास से पश्चिमी अवदान को नकारकर भारत को चिर काल के लिए संकीर्ण प्रथाओं में आबद्ध रखना उनके जीवन का उद्देश्य कदापि न था। वस्तुतः उनकी प्रतिभा ग्रहण करने, समन्वय करने और सृजन करने में थी। उन्होंने उस संचार-व्यवस्था को प्रारम्भ करने में अपना जीवन न्योछावर कर दिया था, जिसके माध्यम से भारत की उपलब्धियाँ पश्चिम में और पाश्चात्य उपलब्धियाँ भारत में स्वीकृत हो सकें।

यदि आप भारत को समझना चाहते हैं, तो विवेकानन्द का अध्ययन कीजिए। उनमें सब कुछ सकारात्मक है, नकारात्मक कुछ भी नहीं।

विवेकानन्द ने कहा था कि प्रत्येक मनुष्य में ब्रह्म की शक्ति विद्यमान है; कहा था कि निर्धन के माध्यम से नारायण हमारी सेवा पाना चाहते हैं। इसी को मैं सच्चा सन्देश कहता हूँ।

इस सन्देश ने व्यक्ति को उसकी स्वार्थपरता की सीमा से बाहर निकालकर, उसके आत्मबोध को असीम मुक्ति का मार्ग दिखाया। यह किसी विशेष आचार-व्यवहार का उपदेश नहीं था; और न व्यक्ति के बाह्य जीवन पर थोपा गया कोई संकीर्ण अनुशासन ही था। छूतमार्ग का विरोध इसमें स्वतः ही आ गया है, इस कारण नहीं कि इसके द्वारा राष्ट्रीय स्वाधीनता मिलने में सहायता हो सकती है, बल्कि इस कारण कि इसके द्वारा मनुष्य का अपमान दूर किया जा सकेगा। इस अपमान में, हममें से प्रत्येक की आत्मा का अपमान निहित है।

विवेकानन्द का यह सन्देश सम्पूर्ण मानव-जाति को एक आह्वान है, इसीलिए

यह कर्म तथा त्याग के द्वारा हमारे युवकों को मुक्ति के विभिन्न मार्गों पर चलने को प्रेरित कर रहा है।

'चरखा चलाओ'—वस्तुतः इस उक्ति में कोई महान् अनुशासन नहीं है, इस कारण यह पूर्ण रूप से मनुष्यत्व को जगाने में सक्षम नहीं है। आधुनिक भारत में एकमात्र विवेकानन्द ने ही एक ऐसे महान् सन्देश का प्रचार किया, जो कुछ विधि-निषेधों में ही आबद्ध नहीं है। सम्पूर्ण राष्ट्र का आह्वान करते हुए उन्होंने कहा था : 'तुम सबके भीतर ब्रह्म की शक्ति विद्यमान है—निर्धनों में विराजमान ईश्वर तुम्हीं की सेवा ग्रहण करना चाहते हैं।' इस सन्देश ने नवयुवकों के चित्त को पूर्ण रूप से जाग्रत् कर दिया है। इसीलिए यह सन्देश देशभक्ति के विभिन्न रूपों में तथा विविध प्रकार के त्यागों के रूप में फलीभूत हुआ है। उनके सन्देश ने मानव को श्रद्धा एवं सम्मान के साथ ही शक्ति एवं उत्साह भी प्रदान किया है। ...शक्ति का यह मार्ग एकांगी नहीं है, और न ही यह किन्हीं शारीरिक क्रियाओं की पुनरावृत्ति तक सीमित है। इसने सचमुच ही उनके जीवन के विविध क्षेत्रों को एक अद्‌भुत कर्मठता से समृद्ध किया है। आज के भारतीय युवकों की साहसपूर्ण गतिविधियों के प्रेरणास्रोत के रूप में स्थित है विवेकानन्द का सन्देश—जो मनुष्य की उँगलियों का नहीं, अपितु उसकी अन्तरात्मा का आह्वान करता है। आशंका है कि आचार का संकीर्ण अनुशासन कहीं इस नव-उद्‌बोधित तेज को ढककर म्लान न कर दे, देश के मन को कठोर तपस्या के मार्ग से विचलति करके यांत्रिक आचार के पथ न चला दे।

श्री अरबिन्द

जब स्वामी विवेकानन्द पहली बार श्रीरामकृष्ण के पास आए, तो उन्हें देखते ही वे समझ गए थे कि सम्पूर्ण भारत ही मेरे समीप आया है, सम्पूर्ण भारत मेरे चरणों में सिर झुका रहा है, सम्पूर्ण भारत मुझे अपना सर्वस्व समर्पित करने आया है। भारतवर्ष के राष्ट्रीय आदर्श का बीज विवेकानन्द के भीतर निहित था। ठाकुर रामकृष्ण ने उसी को जल से सींचकर विकसित किया था। इसी कारण भावी भारत के प्रतिनिधि को उन्होंने अतीव यत्नपूर्वक गढ़ा था। विवेकानन्द को देखते ही वे समझ गए थे कि उन्हीं के द्वारा भारतवर्ष तथा सम्पूर्ण पृथ्वी का कल्याण सम्पन्न होगा। उन्होंने चित्र की भाँति स्पष्ट रूप से देखा था कि स्वामीजी उनके सन्देश का सम्पूर्ण विश्व में प्रचार कर रहे हैं। विवेकानन्द ही हमारे राष्ट्रीय जीवन के संगठक हैं। वे ही इसके प्रधान नायक हैं। इसीलिए कल उनका जो आदर्श था, आज उसी को अपनाकर भारतवासी जीवन-पथ पर अग्रसर हो रहे हैं।

रामकृष्ण क्या थे—मानवी आधार में प्रकट भगवान्; ...और विवेकानन्द—महादेव के नयन से निःसृत एक दीप्त कटाक्ष!—परन्तु इसके पीछे थी वही

भागवत-दृष्टि जिससे उद्भूत हुए थे विवेकानन्द, महादेव स्वयं और ब्रह्मा, विष्णु तथा विश्वातीत ओंकार।

महात्मा गांधी

मैं आज (6 फरवरी, 1921 को) यहाँ (बेल्लूड़ मठ में) स्वामी विवेकानन्द के जन्मदिवस पर उनकी पुण्यस्मृति में श्रद्धांजलि अर्पित करने आया हूँ। मैंने स्वामीजी के ग्रंथ बड़े ही मनोयोग के साथ पढ़े हैं और इसके फलस्वरूप देश के प्रति मेरा प्रेम हजारों गुना बढ़ गया है। युवकों से मेरा अनुरोध है कि जिस स्थान पर स्वामी विवेकानन्द ने निवास और देहत्याग किया, वहाँ से—कुछ प्रेरणा लिये बिना, खाली हाथ मत लौटना।

सुभाषचन्द्र बोस

मैं उस समय मुश्किल से पन्द्रह वर्ष का था, जब विवेकानन्द ने मेरे जीवन में प्रवेश किया। इसके परिणास्वरूप मेरे भीतर एक उथल-पुथल मच गई, एक क्रान्ति घटित हुई। स्वामीजी को समझने में तो मुझे काफी समय लगा, लेकिन कुछ बातों की छाप मेरे मन में शुरू से ही ऐसी पड़ी कि कभी मिटाये न मिट सकी। विवेकानन्द अपने चरित्र में और अपने उपदेशों के जरिये मुझे एक पूर्ण विकसित व्यक्तित्व लगे। मैंने उनकी कृतियों में अनेक प्रश्नों के सन्तोषजनक उत्तर पाए। ...अब मैंने उस मार्ग का चयन कर लिया, जो मुझे विवेकानन्द ने दिखाया था...।

स्वामी विवेकानन्द के लिए धर्म राष्ट्रीयतावाद का प्रेरणास्रोत था। उन्होंने युवावर्ग में भारतवर्ष के अतीत के विषय में गर्वबोध और भविष्य के विषय में आशा का मनोभाव संचारित करना चाहा था; और उनमें आत्मविश्वास तथा आत्म-मर्यादा का बोध जगाने का प्रयास किया था। स्वामीजी ने किसी राजनीतिक मतवाद का प्रचार नहीं किया। परन्तु जिन लोगों ने भी उनका सान्निध्य प्राप्त किया या उनके लेखों का अध्ययन किया, उनके भीतर स्वतः ही देशप्रेम तथा राजनीतिक मानसिकता प्रकट हो गई। कम-से-कम बंगाल में तो स्वामी विवेकानन्द आधुनिक राष्ट्रवादी आन्दोलन के आध्यात्मिक जनक के रूप में सम्मानित होने के योग्य हैं। अत्यन्त अल्प आयु—1902 ई. में उन्होंने देहत्याग किया। परन्तु उनके देहान्त के बाद उनका प्रभाव और भी अधिक व्यापक हो उठा है।

स्वामीजी पूर्ण विकसित पौरुष से सम्पन्न थे। उनके रग-रग में योद्धापन भरा था। इसीलिए वे शक्ति के उपासक थे और इसी कारण उन्होंने अपने देशवासियों का उत्थान करने हेतु वेदान्त की एक नवीन व्यावहारिक व्याख्या दी। 'उपनिषद्—शक्ति, शक्ति

और शक्ति का उपदेश देते हैं'—यही बात स्वामीजी बारम्बार करते थे। चरित्र-गठन को वे सर्वाधिक महत्त्व दे गए हैं। वे इतने महान्, गहन तथा बहुमुखी थे कि मैं घंटों लिखकर भी इन महापुरुष की महिमा के प्रति तनिक भी न्याय नहीं कर सकूँगा। वे विश्व के प्रथम ऐसे सर्वोच्च कोटि के योगी थे, जिन्होंने ब्रह्म का साक्षात्कार करने के बाद भी स्वदेश तथा मानवता के नैतिक एवं आध्यात्मिक उत्थान के लिए अपना सम्पूर्ण जीवन अर्पित कर दिया था। आज यदि वे जीवित होते, तो मैं उनके चरणों में होता। यदि मैं भूल नहीं करता, तो आधुनिक भारत उन्हीं की सृष्टि है।

श्रीरामकृष्ण और स्वामी विवेकानन्द के प्रति मैं कितना ऋणी हूँ—यह शब्दों में लिखकर भला मैं कैसे व्यक्त कर सकता हूँ? उन्हीं के पुण्य प्रभाव से मेरे जीवन में चेतना का प्रथम प्रादुर्भाव हुआ था। निवेदिता के समान ही मेरा भी विश्वास है कि रामकृष्ण और विवेकानन्द एक ही अखंड व्यक्तित्व के दो रूप हैं। आज यदि स्वामीजी जीवित होते, तो निश्चय ही वे मेरे गुरु होते—अर्थात् मैंने अवश्य ही उनका गुरु के रूप में वरण कर लिया होता। अस्तु। कहना न होगा कि मैं जब तक जीवित रहूँगा, 'रामकृष्ण-विवेकानन्द' का अनन्य अनुगत तथा अनुरागी बना रहूँगा।

स्वामीजी ने प्राच्य और पाश्चात्य, धर्म और विज्ञान तथा अतीत एवं वर्तमान के बीच समन्वय साधित किया; वे इसी कारण महान हैं। उनकी शिक्षाओं में हमारे देशवासी अभूतपूर्व आत्मसम्मान, आत्मविश्वास और आत्मगौरव का बोध कर रहे हैं।

स्वामी विवेकानन्द ने मनुष्य को तरह-तरह के बन्धनों से मुक्त होकर सही मनुष्य बनने को कहा और दूसरी तरफ सर्व-धर्म-समन्वय प्रचार के जरिये भारतीय राष्ट्रीयता की आधारशिला स्थापित की।

आध्यात्मिक ढोंग का तो स्वामीजी में नाम तक न था। यह चीज उन्हें बिलकुल असह्य थी। प्रच्छन्न धार्मिकों से वे कहा करते थे : 'मुक्ति गीता पढ़ने से नहीं, फुटबॉल खेलने से आएगी।' वेदान्ती होकर भी वे भगवान् बुद्ध के बड़े भक्त थे। एक दिन वे अत्यन्त उत्साहपूर्वक बुद्धदेव के बारे में बोल रहे थे कि बीच में ही कोई पूछ बैठा : 'स्वामीजी, क्या आप बौद्ध हैं?' सुनते ही स्वामीजी के मन में भावुकता उमड़ आई और वे रुँधे कंठ से बोल उठे : 'क्या? मैं! बौद्ध! मैं तो बुद्ध के दासों का भी दास हूँ।' भगवान् बुद्ध का प्रसंग आते ही वे अत्यन्त विनम्र हो जाते थे। वे प्राय: कहा करते थे : 'शंकराचार्य की मेधा और बुद्धदेव का हृदय—इसी को हमें अपना लक्ष्य बनाना होगा।'

सच्चे मनुष्यों का निर्माण हुए बिना स्वाधीन और बलवान राष्ट्र का जन्म नहीं हो सकता। इसीलिए उन्होंने कहा था : 'Man-making is my mission.' (मनुष्य-निर्माण ही मेरे जीवन का उद्देश्य है।) फिर सच्चे मनुष्य-निर्माण करने के लिए उन्होंने अपनी दृष्टि किसी वर्ग विशेष की ओर केन्द्रित न करके समग्र समाज का आह्वान किया था। उनकी वह वाणी अमर होकर अब भी घर-घर में गूँज रही है : 'एक नया भारत निकल पड़े हाट से, बाजार से, कल-कारखाने से।'

समाजवाद का जन्म कार्ल मार्क्स की पोथी से नहीं हुआ। भारतीय चिन्तन तथा संस्कृति ही इसका स्रोत है। स्वामी विवेकानन्द ने जिस गणतंत्र के आदर्श का प्रचार किया था, वह देशबन्धु चित्तरंजन की रचनाओं तथा कर्म में मूर्तिमान हुआ था। ...राष्ट्रगठन की प्रथम आधारशिला है—मनुष्य-निर्माण और उसके बाद है संगठन। स्वामीजी तथा अन्य लोगों ने मनुष्य-निर्माण का प्रयास किया है और देशबन्धु ने राजनीतिक संगठन बनाना चाहा था।

लोकमान्य तिलक

शायद ही ऐसा कोई हिन्दू होगा, जो विवेकानन्द के नाम से परिचित न हो। उन्नीसवीं शताब्दी में भौतिक-विज्ञान ने असाधारण प्रगति करके (विश्व में) अपने लिए एक उच्च स्थान बना लिया था। उसी शताब्दी के उत्तरार्द्ध में, हिन्दुस्तान में सहस्रों वर्ष पूर्व से प्रचलित अध्यात्मशास्त्र को पाश्चात्य विद्वानों के समक्ष समझाकर प्रस्तुत करना तथा उनसे उनकी अपूर्वता की बात मनवाना; और जिस राष्ट्र में उन शास्त्रों का सृजन हुआ, वहाँ के लोगों के बारे में सहानुभूति उत्पन्न कराना—यह कोई मामूली काम नहीं है। अंग्रेजी शिक्षा के साथ-ही-साथ पश्चिम की भौतिकता का प्रवाह भी भारत में इतनी तेजी के साथ बहा चला आ रहा है कि उसे वापस लौटने के लिए एक असाधारण धैर्यशाली और मेधावी पुरुष के आविर्भाव की आवश्यकता थी। स्वामी विवेकानन्द के पहले यह कार्य थियोसॉफिकल सोसायटी ने आरम्भ किया था, परन्तु इसमें कोई दो राय नहीं है कि उस दिशा में सच्चे हिन्दुत्व का आनयन सर्वप्रथम स्वामीजी ने ही किया...।

सम्पूर्ण विश्व में हिन्दू धर्म अर्थात् हिन्दुओं का गौरव बढ़ाते हुए धर्म की स्थापना का कार्य स्वामी विवेकानन्द ने अपने हाथ में ले लिया था। बारह शताब्दियों पूर्व के शंकराचार्य ही एक अन्य ऐसे विराट व्यक्ति थे, जिन्होंने हमारे विशुद्ध धर्म के विषय में कहा कि यह धर्म हमारी शक्ति तथा समृद्धि का मूल है और इसे सम्पूर्ण विश्व में प्रचारित करना हमारा पवित्र कर्तव्य है। उन्होंने यह सब केवल कहा ही नहीं, अपितु अपने जीवन में भी कर दिखाया था। स्वामी विवेकानन्द भी शंकराचार्य के ही स्तर के व्यक्ति थे।

बिपिनचन्द्र पाल

स्वामी विवेकानन्द अकेले नहीं हैं। अपने गुरुदेव परमहंस श्रीरामकृष्ण के साथ वे अविच्छेद्य रूप से जुड़े हुए हैं। केवल भारतवर्ष के ही नहीं, बल्कि वृहत्तर विश्व के भी आधुनिक मानव के लिए, ये दोनों मानो संयुक्त रूप धारण किये हुए हैं।

आधुनिक मनुष्य केवल विवेकानन्द के माध्यम से ही परमहंस देव को समझ सकता है; इसी प्रकार विवेकानन्द को भी उनके गुरुदेव के जीवनालोक में ही समझा जा सकता है। श्रीरामकृष्ण एक महान् आध्यात्मिक शक्ति थे। इसी कारण वे उस पीढ़ी के लिए एक सुनिश्चित रहस्य बने रहे, जो 'बुद्धिवाद' के नारों को ही समझती थी और उसी को लेकर अभिभूत थी। बुद्धिवाद का अर्थ है—भावुकता का अभाव; और यह भावुकता ही आध्यात्मिक जीवन का प्राण है। भावुकता कल्पना मात्र नहीं है। वस्तुतः यह इन्द्रियों तथा बुद्धि के स्तर के भी परे स्थित तत्त्व की कल्पना नहीं, अपितु अनुभव करने की शक्ति है। श्रीरामकृष्ण जिस पीढ़ी में आए, उसमें इस भाव-प्रवणता का अभाव था। इस कारण वे उन लोगों के लिए एक रहस्य बने रहे।

अतः श्रीरामकृष्ण परमहंस की अन्तरात्मा तथा जीवन-सन्देश को इस पीढ़ी के लिए बोधगम्य भाषा में व्याख्या तथा प्रस्तुत करने का कार्य विवेकानन्द के ऊपर ही न्यस्त था।

स्वामी विवेकानन्द का सन्देश, यद्यपि सर्वविदित वेदान्त की शब्दावली में दिया गया था, तथापि वह वस्तुतः आधुनिक मानवता को उनके गुरुदेव का सन्देश था। स्वामीजी का सन्देश आधुनिक मानवता का सन्देश था। उन्होंने अपने देशवासियों का आह्वान करते हुए कहा : 'तुम लोग मनुष्य बनो...।'

सभी धार्मिक साधनाओं का उद्देश्य है—मनुष्य को उसकी मूलभत दिव्यता की अनुभूति करने में सहायता करना। जब स्वामीजी ने अपने देशवासियों के प्रति मनुष्य बनने का आह्वान किया, तो वस्तुतः उनका यही तात्पर्य था। ब्राह्मण के संध्या-वन्दन में एक पंक्ति आती है, जिसका अर्थ है : 'मैं ब्रह्म हूँ। मैं अन्य कुछ भी नहीं हूँ। दुख तथा शोक मेरा स्पर्श नहीं कर सकते। मैं सत्यस्वरूप, आत्म-चैतन्य तथा चिरंजीवी हूँ। मैं स्वरूपतः चिरमुक्त हूँ।' वस्तुतः यही स्वामी विवेकानन्द द्वारा उद्घोषित आधुनिक जगत् के प्रति उनके गुरुदेव का सन्देश था...।

जवाहरलाल नेहरू

प्राचीन भारत में पगे और भारतीय परम्परा के गर्व से परिपूर्ण, विवेकानन्द का जीवन की समस्याओं के प्रति दृष्टिकोण अत्याधुनिक था। प्राचीन और वर्तमान भारत के बीच वे एक सेतु के समान थे...।

उनका व्यक्तित्व प्रभावशाली था। गम्भीरता, आत्मसम्मान उनमें भरा हुआ था। अपने तथा अपने कार्य के प्रति उनमें श्रद्धा थी और साथ ही वे क्रियाशीलता और अदम्य शक्ति से ओतप्रोत थे। भारत को आगे बढ़ाने की उनमें तीव्र उत्कंठा थी। हताश और निरुत्साहित हिन्दू मानस के लिए वे एक संजीवनी औषधि के रूप में आए। उन्होंने हमें आत्मविश्वास प्रदान किया और प्राचीन धारा से जुड़ने के कुछ सूत्र दिये।

यदि आप स्वामी विवेकानन्द की रचनाएँ और व्याख्यान पढ़ें, तो उनमें आप एक अद्भुत बात देखेंगे कि वे कभी पुरानी नहीं प्रतीत होतीं। ये बातें 56 वर्ष पूर्व (यह उक्ति 1949 ई. की है) कही गई थीं, पर आज भी वैसी ही तरोताजा हैं, क्योंकि उन्होंने जो कुछ भी लिखा या कहा, वह हमारी अथवा विश्व-समस्याओं के मूलभूत तत्त्वों तथा पहलुओं से सम्बन्धित था। यही कारण है कि वे पुराने नहीं लगते। आज भी यदि आप उन्हें पढ़ें, तो वे नये ही प्रतीत होंगे।

उन्होंने ऐसा कुछ दिया, जो हमें अपनी विरासत के प्रति एक तरह का गर्व प्रदान करता है। पर उन्होंने हमें बख्शा नहीं। उन्होंने हमारे दोषों और असफलताओं के बारे में भी बहुत-कुछ कहा। उन्हें कुछ भी छिपा रखने की इच्छा न थी और वस्तुत: उनके लिए ऐसा करना उचित भी नहीं था। चूँकि हमें उन दोषों के दूर करने की जरूरत है, इसलिए उन्होंने उन दोषों की ओर भी इंगित किया। कभी-कभी वे हमारे ऊपर कठोरता करते हैं, पर कभी-कभी वे भारत के उन महान् तत्त्वों का भी बोध कराते थे, जो भारत का वैशिष्ट्य रहे हैं और जिन्होंने हमारे दुर्दिनों में भी हमारी महानता को कुछ हद तक बरकरार रखा है।

इसलिए, स्वामीजी ने जो कुछ भी लिखा या कहा है, वह हमारे हित में है और होना भी चाहिए तथा वह आनेवाले लम्बे अरसे तक हमें प्रभावित करता रहेगा। वे साधारण अर्थ में कोई राजनीतिज्ञ नहीं थे, फिर भी, मेरी राय में, वे भारत के राष्ट्रीय आन्दोलन के महान् संस्थापकों में से एक थे; और आगे चलकर जिन लोगों ने उस आन्दोलन में थोड़ा या अधिक सक्रिय भाग लिया, उनमें से अनेक ने स्वामी विवेकानन्द से ही प्रेरणा ग्रहण की थी। प्रत्यक्ष या अप्रत्यक्ष रूप से, उन्होंने वर्तमान भारत को सशक्त रूप से प्रभावित किया था और मेरा विश्वास है कि हमारी युवा पीढ़ी स्वामी विवेकानन्द के अन्तर् से प्रवहमान ज्ञान, प्रेरणा और उत्साह के स्रोत से लाभ उठाएगी।

चक्रवर्ती राजगोपालाचारी

अपने आधुनिक इतिहास पर दृष्टिपात करने से यह स्पष्ट रूप से प्रतिभात हो उठता है कि हम विवेकानन्द के कितने ऋणी हैं। उन्होंने भारत के आत्मगौरव की ओर भारत के नेत्र खोल दिये। उन्होंने राजनीति के लिए अध्यात्म की आधारशिला रखी। हम अन्धे थे, उन्होंने हमें दृष्टि प्रदान की। वे ही भारतीय स्वाधीनता के जनक हैं, हमारे राजनीतिक, सांस्कृतिक तथा आध्यात्मिक स्वाधीनता के पिता हैं।

स्वामी विवेकानन्द ने हिन्दू धर्म को बचाया और इस प्रकार भारतवर्ष की रक्षा की। वे न होते, तो हम अपना धर्म गवाँ बैठते और स्वाधीन भी नहीं हो पाते। अत: सभी बातों के लिए हम स्वामी विवेकानन्द के ऋणी हैं। मेरी कामना है कि उनका

विश्वास, उनका साहस और उनका विवेक हमें सदा-सर्वदा प्रेरित करता रहे, ताकि उनसे मिली सम्पदा को हम सुरक्षित रख सकें।

विनोबा भावे

विवेकानन्द ने हमें न केवल अपनी शक्ति के विषय में सजग बनाया, बल्कि हमारे दोषों तथा दुर्बलताओं के प्रति भी हमारा ध्यान आकृष्ट किया। ...भारतवर्ष उन दिनों तमोगुण (अज्ञान तथा अविवेक) में डूबा हुआ था और अपनी दुर्बलता को ही अनासक्ति तथा शान्ति समझने की भूल कर बैठा था। इसीलिए स्वामीजी ने तो यहाँ तक कहा कि आलस्य तथा प्रमाद की तुलना में आपराधिक सक्रियता भी वांछनीय है। उन्होंने लोगों को इस विषय में सचेत किया कि वे जिस तामसिक अवस्था में स्थित हैं, इस स्थिति को तोड़कर बाहर निकल आने की आवश्यकता को समझें, ताकि वे सीधे खड़े होकर अपने जीवन में वेदान्त की शक्ति की अनुभूति कर सकें।

जो लोग निर्जन में जाकर समाज से कटकर दर्शनशास्त्र तथा धर्मग्रंथों के अध्ययन का आनन्द ले रहे थे, उनके विषय में उन्होंने कहा कि इस प्रकार के जीवन की अपेक्षा फुटबॉल खेलना कहीं अधिक अच्छा है। विभिन्न प्रसंगों में अपनी उक्तियों के द्वारा उन्होंने उस तमोगुण की ओर संकेत किया, जो भारत की आत्मिक शक्ति को आच्छन्न किये हुए था। उन्होंने उसके गौरव को पुनः स्थापित किया। उनकी शिक्षा थी : 'हर प्राणी के भीतर एक ही आत्मा विराजती है; और यदि तुम्हें इस बात पर विश्वास है, तो तुम्हारा यह कर्तव्य हो जाता है कि सबको अपना भाई मानो और सम्पूर्ण मानव-जाति की सेवा करो।' लोगों की ऐसी धारणा थी कि तत्त्वज्ञान में यद्यपि सभी लोगों का समान अधिकार है, तथापि दिन-प्रतिदिन के व्यवहार तथा सम्बन्धों में ऊँच-नीच के भेद को बनाए रखना चाहिए। स्वामीजी ने हमें इस सत्य का बोध कराया कि जिस तत्त्वज्ञान का अपने मानव-भाइयों के साथ हमारे प्रतिदिन के व्यवहार तथा क्रिया-कलापों में कोई स्थान नहीं है, वह (तत्त्वज्ञान) व्यर्थ और निरर्थक है। इसीलिए उन्होंने हमें सलाह दी कि 'दरिद्रनारायण' की उन्नति के लिए हमें अपना जीवन उनकी सेवा में अर्पित कर देना चाहिए। 'दरिद्रनारायण' शब्द स्वामीजी ने बनाया और उसे लोकप्रिय बनाने का कार्य गांधीजी ने किया।

सर्वपल्ली राधाकृष्णन्

आज हम केवल भारतीय ही नहीं, अपितु विश्व-इतिहास में एक संकट के दौर से गुजर रहे हैं। बहुतों के मत हैं कि इस समय हम एक अथाह गर्त के कगार पर खड़े हैं। आदर्शों में विकृति आ गई है, नैतिकता में गिरावट आ गई है, पलायनवाद का

विस्तार हो रहा है और जनमानस मानो एक उन्माद से ग्रस्त हो रहा है। जनमानस इस पर विचार करता हुआ निराशा, पराजय तथा व्यर्थता की अनुभूति से अवसन्न होता जा रहा है। ये ही वे चीजें हैं, जो आज हमें दृष्टिगोचर हो रही हैं। मानव-आत्मा की शक्ति पर इस तरह का अविश्वास मनुष्य के आत्मसम्मान के प्रति विश्वासघात है, यह मानव-प्रकृति का अपमान है। जगत् में जितने भी महान् परिवर्तन हुए हैं, वे मानव-प्रकृति के द्वारा हुए हैं। यदि स्वामी विवेकानन्द ने हमें कोई सन्देश दिया है, तो वह यही है कि अपनी निज की आध्यात्मिक शक्तियों पर विश्वास रखो। ...मनुष्य के पास आध्यात्मिक शक्तियों का अक्षय भंडार है। उसकी आत्मा सर्वोपरि है। मानव अद्वितीय है। जगत् में कुछ भी असम्भव नहीं है और हम अपने सम्मुख आनेवाली भीषणतम विपत्तियों तथा बाधाओं पर विजय पा सकते हैं। बस, हमें आशा का परित्याग नहीं करना चाहिए। उन्होंने हमें संकट में सहनशीलता की शिक्षा दी, दुख में धैर्य और निराशा में साहस दिया।

सुनीति कुमार चट्टोपाध्याय

स्वामी विवेकानन्द मेरे सम्मुख एक ऐसे मनुष्य के रूप में प्रगट हुए, जो मानव-जाति और विशेष कर भारतवासियों की पीड़ाओं से काफी अभिभूत हो गए थे। इस सन्दर्भ में मध्यम तथा उच्च वर्ग के विरुद्ध उनकी कुछ तिरस्कार-सूचक उक्तियाँ हमें अपनी अन्तरात्मा की गहराई तक हिलाकर रख देती हैं। उन्होंने हमारे लिए मनुष्य की, विशेष कर उन निम्नतर श्रेणियों के लोगों की महिमा का आविष्कार किया, जिन्हें भारतीय समाज में उपेक्षा का शिकार होकर रहना पड़ा था। इसके साथ ही उन्होंने हमें वेदान्त द्वारा विशुद्ध तथा सर्वोत्कृष्ट रूप में निरूपित भारतीय चिन्तन के महत्त्व के प्रति सचेत किया। वे हम लोगों को यह विश्वास दिलाने में सफल हुए कि वेदान्त-दर्शन के रूप में हमारे पूर्वजों द्वारा छोड़ी गई विरासत, न केवल हम भारतवासियों के लिए, अपितु बाकी मानव-जाति के लिए भी चिरकालिक महत्त्व की है। इसने हमारे हृदय को उदार बनाया और हमें एक ऐसे देश के वासी होने के गर्व का बोध कराया, जिसने सदा से ही मानव-जाति की सेवा को अपना उद्देश्य तथा पुनीत कर्तव्य बनाए रखा। हिन्दू जाति अपना साहस खोती जा रही थी और स्वामी विवेकानन्द ने ही हमें पुनः उस साहस की प्राप्ति में सहायता की। विशेष कर पुराने ढर्रे के ईसाई मिशनरियों द्वारा हमारी परम्पराओं तथा जीवन-शैली की अविचारपूर्ण तथा सहानुभूतिहीन निन्दा होती रहती थी, और स्वामीजी ने इसे ध्वस्त कर दिया। अपने इन्हीं कृतित्वों के कारण वे हमारे अत्यन्त प्रिय हो गए और हम उन्हें एक ऐसे नये प्रकार के महान् आचार्य या अवतार के रूप में मानने लगे, जो हमें एक बेहतर तथा सबल व्यक्ति का जीवन बिताने का मार्ग दिखाने के लिए इस धरातल पर अवतीर्ण हुए थे।

भारत की राजनीतिक पराधीनता तथा आध्यात्मिक शून्यता के उस काल में, जब सब कुछ निराशाजनक प्रतीत हो रहा था और आम जनता पूरी तौर से आत्मविश्वास खो चुकी थी, उस समय 'कार्यक्षेत्र में उतर पड़ने का आह्वान' लेकर 'विवेकानन्द' नामक एक शक्ति का आविर्भाव कैसे सम्भव हो सका था! यह निश्चय ही एक उल्लेखनीय घटना है। जब हम पूरी तौर से हताश हो चुके थे, हमारी सारी आशाएँ धूमिल हो चुकी थीं, ऐसे समय में ऐसे एक व्यक्ति का आगमन इस बात का द्योतक है कि कृपालु ईश्वर कभी अपने जनों को त्यागते नहीं और यह एक प्रकार से गीता के प्रायः ही उद्धृत होनेवाले श्लोक के महान् भाव का प्रतिफल है—जब-जब धर्म का क्षय तथा अधर्म का प्राबल्य होता है, तब-तब ईश्वर स्वयं को एक महान् अवतार के रूप में प्रकट करके लोगों को नेतृत्व प्रदान करते हुए, मुक्ति के सच्चे मार्ग पर ले जाते हैं। इस अर्थ में विवेकानन्द एक अवतार थे, और न केवल भारत के, अपितु वर्तमान युग की सम्पूर्ण मानवता के लिए, एक दैवी प्रेरणा-सम्पन्न तथा ईश्वर-निर्दिष्ट पथ-प्रदर्शक थे।

लियो टॉल्स्टॉय

1896 ई. के 13 सितम्बर को टॉल्स्टॉय ने अनेन्द्र कुमार दत्त (जिन्होंने टॉल्स्टॉय को स्वामी विवेकानन्द का 'राजयोग' ग्रंथ भेजा था) को एक पत्र में लिखा : 'आपका पत्र और पुस्तक, दोनों ही प्राप्त हुए, इसके लिए आप मेरा विशेष धन्यवाद स्वीकार करें। ग्रंथ अत्यन्त विलक्षण है और इससे मुझे काफी शिक्षा मिली है। इसमें निरूपित आत्मा का वास्तविक स्वरूप, अर्थात् उस सिद्धान्त का दार्शनिक पक्ष अति सुन्दर है। मानव जाति अब तक जीवन के बार में सच्चे, उदात्त और स्पष्ट धारणा से बारम्बार पीछे हटती जा रही है, पर वह कभी भी उसके दायरे से बाहर नहीं जा सकी है।'

1908 ई. के 5 जून को टॉल्स्टॉय ने मैकोवित्सकी से कहा : 'आज सुबह छह बजे से ही मैं विवेकानन्द के बारे में सोच रहा हूँ। कल दिन भर विवेकानन्द के ग्रंथ पढ़ता रहा। उनमें बुराई का प्रतिरोध करने हेतु हिंसा का सहारा लेने के औचित्य पर एक अध्याय है। वह अत्यन्त प्रतिभापूर्वक लिखा गया है।'

1908 ई. के 5 जून को मैकोवित्सकी ने अपनी डायरी में लिखा : 'कल जब टॉल्स्टॉय हॉल में आए, तो वे स्वामी विवेकानन्द की ग्रंथावली के तीन खंडों में से एक को हाथ में लिये हुए थे। उन्होंने कहा, 'यह एक असाधारण ग्रंथ है। इसमें कितने ही विचार बारम्बार पढ़ने योग्य हैं।''

उसी दिन की टॉल्स्टॉय की डायरी से एक अंश का उद्धरण इस प्रकार है : 'आज प्रथम बार विवेकानन्द के उस कथन की सत्यता की सम्भावना का बोध हुआ कि 'मैं' को पूर्णरूप से 'तुम' में विलीन किया जा सकता है। यह भी बोध हुआ कि आत्मत्याग

किसी विशेष उद्देश्य से नहीं, अपितु सत्य के ज्ञान के लिए करना होगा। 'अहंता' तथा 'ममता' की इस भयंकर आसक्ति से बच निकलना अत्यन्त कठिन, किन्तु परम आवश्यक है। अपनी मृत्यु के पूर्व, अब मुझे अपने 'अहं त्याग' की सम्भावना का बोध होने लगा है। (मेरे लिए) वह ('अहं'—त्याग) कोई बड़ी बात नहीं है।'

1908 ई. की 4 जुलाई को टॉल्स्टॉय ने अपनी डायरी में लिखा : 'ईश्वर विषयक विवेकानन्द का लेख पढ़ा। यह अद्भुत तथा अपूर्व है। इसका अनुवाद होना चाहिए। यह विषय मेरे मन में भी उदित हुआ था। इच्छाशक्ति के विषय में शापेनहावर के मतवाद के प्रसंग में विवेकानन्द की समालोचना पूरी तौर से सत्य है। केवल जहाँ उन्होंने (विवेकानन्द) जगत् के वस्तुगत विचार द्वारा आरम्भ किया है, उतना ही ठीक नहीं है।'

1908 ई. के 17 अगस्त को टॉल्स्टॉय ने अपना 'धर्म और विज्ञान' लेख पूरा किया, जिसमें उन्होंने विवेकानन्द का मूल्यांकन किया था। इसके पूर्व भी वे उनकी अनेक रचनाओं के साथ विशेष रूप से परिचित हुए। उन्होंने मानव-समाज से अनुरोध किया कि वे पृथ्वी के अन्य महापुरुषों के साथ-साथ विवेकानन्द के भी भावों को ग्रहण करें।

रोम्याँ रोलाँ

वे (स्वामी विवेकानन्द) शक्ति की सजीव प्रतिमा थे और 'कर्म' की मानवता के प्रति उनका सन्देश था। बीथोवन के समान ही उनके लिए भी यही सभी सद्गुणों का मूल था...।

उनका सम्राट् जैसा भाव ही उनका वैशिष्ट्य था। वे मानो एक जन्मजात महाराजा थे। भारत अथवा अमरीका में जो कोई भी उनके सम्पर्क में आया, उनकी तेजस्विता के सम्मुख मस्तक झुकाने को बाध्य हुआ।

1893 ई. के सितम्बर में, शिकागो में आयोजित सर्वधर्म सम्मेलन के कार्डिनल गिबन्स द्वारा उद्घाटन के अवसर पर, जब तीस वर्ष का यह अज्ञात युवक प्रकट हुआ, तो उसकी भव्य उपस्थिति में अन्य सभी प्रतिनिधि भुला दिये गए। एंग्लो-सैक्कन जाति की विपुल श्रोतृ-मंडली पहले तो उनके रंग के कारण उनके प्रति पूर्वग्रह से युक्त थी; परन्तु उनका बल, उनका सौन्दर्य, उनका ओज, उनकी शालीनता, उनके नेत्रों की गहरी चमक तथा प्रभावशाली मुद्रा देखकर; और जब उन्होंने बोलना आरम्भ किया, तो उनकी गुरु-गम्भीर वाणी के भव्य संगीत को सुनकर, ठगी-सी रह गई। इन योद्धा उपदेशक ने संयुक्त राज्य अमरीका पर गहरी छाप छोड़ी।

उन्हें कहीं भी दूसरे स्थान पर सोच पाना असम्भव था। वे जहाँ कहीं भी गए, प्रथम रहे। ...प्रत्येक व्यक्ति ने प्रथम दृष्टि में ही उन्हें पहचान लिया कि वे एक

नायक हैं, ईश्वर-प्रेरित व्यक्ति हैं; एक ऐसे आधिकारिक व्यक्ति, जिनमें लोगों पर आदेश चलाने की क्षमता है। हिमालय में यात्रा के दौरान उनके सामने से आता हुआ एक यात्री—उन्हें पहचाने बिना ही, उन्हें देखकर स्तम्भित होकर खड़ा हो गया और चिल्ला उठा—'शिव!' मानो उनके प्रिय देवता ने स्वयं ही उनके मस्तक पर अपना नाम अंकित कर दिया था...।

उन्होंने अपनी आयु के अभी चालीस वर्ष भी पूरे नहीं किये थे कि उनका बलिष्ठ शरीर चिता पर सुला दिया गया।...परन्तु उस चिता की अग्नि मानो अब भी प्रज्वलित है। उसी चिता के भस्म से भारत की अन्तश्चेतना—प्राचीन आख्यान के अलौकिक पक्षी 'फीनिक्स' की भाँति—नवजीवन पाकर जाग उठी है; जाग उठी है अपनी एकता और उस महान् सन्देश के प्रति श्रद्धा, जिसका उसकी प्राचीन जाति की स्वप्नदर्शी आत्मा वैदिक काल से ही चिन्तन-मनन करती आई है। और वही सन्देश अब बाकी मानवता को भी थाती रूप में सौंपना है।

लोगों की उद्दाम आकांक्षा को उन्होंने भारत के प्रति अपना सन्देश देकर सन्तुष्ट किया। वह सन्देश मानो राम, कृष्ण और शिव की भूमि के जागरण का शंखनाद था, अमर आत्मा के वीरत्व के प्रति युद्ध में मार्च करने का आह्वान था। वे—एक सेनानायक—अपने लोगों को अपनी समर-नीति सुझाते हुए एक साथ उठ खड़े होने को पुकार रहे थे : 'मेरे भारत, जागो...!'

'आगामी पचास वर्षों तक...हमारे मन से अन्य सभी व्यर्थ के देवी-देवता लुप्त हो जाएँ। हमारा राष्ट्र—यही हमारा एकमात्र ईश्वर है, सर्वत्र उनके कान हैं, वे सब कुछ आवृत्त किये हुए हैं और बाकी सभी देवता सो रहे हैं। जब उस देवता की, जिसे हम अपने चारों ओर देख पाते हैं, उस विराट् की पूजा नहीं कर पाते, तो फिर हम अन्य व्यर्थ के देवताओं के पीछे क्यों पड़ें?...हमारे चारों तरफ जो लोग हैं, सर्वप्रथम उन विराट् की पूजा करो। मानव और पशु—सभी हमारे देवता हैं, और सबसे पहले हमें जिन देवताओं की पूजा करनी होगी, वे हैं हमारे अपने देशवासी।...'

विल डुराण्ट

उन्होंने (स्वामी विवेकानन्द) अपने देशवासियों को जैसा शक्तिदायी मतवाद प्रदान किया, वैसा वैदिक काल से अब तक किसी भी हिन्दू धर्म-प्रचारक ने नहीं किया था :

'हम मनुष्य बनानेवाला धर्म चाहते हैं। ...उन दुर्बल बनानेवाले रहस्यमय मतवादों को छोड़ो और बलवान बनो। ...अगले पचास वर्षों के लिए अपने मन से अन्य व्यर्थ के देवताओं को लुप्त हो जाने दो। एकमात्र यह देवता जाग्रत् है—हमारा अपना राष्ट्र, सर्वत्र उसके हाथ हैं, सर्वत्र उसके पाँव हैं, सर्वत्र उसके नेत्र हैं; वे सब कुछ को आवृत्त किये हुए हैं। ...हमें सर्वप्रथम उन लोगों की पूजा करनी होगी, जो

हमारे चारों ओर विद्यमान हैं। ...ये हमारे ईश्वर हैं—मानव तथा जीव-जन्तु, और पूजा के योग्य प्रथम देवता हैं हमारे अपने देशवासी।'

इससे एक कदम आगे बढ़ते ही गांधीजी का आविर्भाव हुआ।

डॉ. ए. एल. बासम

परवर्ती काल में स्वामी विवेकानन्द के रूप में परिचित होनेवाले नरेन्द्रनाथ दत्त के जन्म के सौ साल बाद—आज भी विश्व-इतिहास की तुला पर उनके महत्त्व का आकलन कर पाना बड़ा कठिन है। पाश्चात्य तथा अधिकांश भारतीय इतिहासकारों के लिए यह कार्य, उनके देहान्त के समय जितना कठिन था, अब निश्चित रूप से यह और भी कठिन हो गया है; क्योंकि तब से अब तक के अन्तराल के वर्षों में होनेवाली अनेक विस्मयकारी एवं अप्रत्याशित घटनाओं से ऐसा संकेत मिलता है कि आनेवाली शताब्दियों में, विशेष कर जहाँ तक एशिया का सवाल है, वे 'आधुनिक विश्व को गढ़नेवाले लोगों में से एक' के रूप में याद किये जाएँगे; और भारतीय धर्म के सम्पूर्ण इतिहास में वे सर्वाधिक महत्त्वपूर्ण व्यक्तियों में से एक के रूप में गिने जाएँगे, जिनके महत्त्व की तुलना शंकर तथा रामानुज जैसे महान् आचार्यों से ही हो सकती है; परन्तु कबीर, चैतन्य तथा दक्षिण भारत के आलवार एवं नायनार आदि स्थानीय तथा आंचलिक सन्तों की तुलना में तो वे निःसन्देह अधिक महत्त्वपूर्ण थे।

मेरा यह भी विश्वास है कि विवेकानन्द विश्व-इतिहास में, अपने इस कार्य को प्रारम्भ करने के लिए भी सदा स्मरण किये जाएँगे, जिसे डॉ. सी.ई.एम. जोड़ ने 'पूरब का प्रति-आक्रमण' कहा था। लगभग हजार वर्ष पहले दक्षिण-पूर्व एशिया तथा चीन में बौद्ध तथा हिन्दू धर्मों का प्रचार करते हुए भ्रमण करनेवाले भारतीय धर्माचार्यों के बाद, वे ही एक ऐसे प्रथम धर्म-प्रचारक हुए, जिन्होंने भारत के बाहर अपने प्रभाव का विस्तार किया।

हुआंग जिन चुआन

चीन में हम लोग स्वामी विवेकानन्द को एक धर्माचार्य मात्र नहीं मानते। हम उन्हें आधुनिक भारतवर्ष के एक सर्वश्रेष्ठ समाज-सुधारक के रूप में देखते हैं। यह बात प्रमाणसिद्ध है कि भारत में उन्होंने ही सर्वप्रथम समाजवाद की बात कही थी। भारत के अनेक क्रान्तिकारियों के वे प्रेरणास्रोत थे।

आज के चीन में विवेकानन्द ही भारत के सबसे प्रसिद्ध दार्शनिक और समाजसेवी माने जाते हैं। उनकी दार्शनिक तथा सामाजिक चिन्तन-राशि और उद्दाम देशप्रेम ने,

न केवल स्वदेश में राष्ट्रवादी आन्दोलन के विकास की प्रेरणा दी, अपितु विदेशों में भी महान् प्रभाव का विस्तार किया। 1893 ई. में स्वामीजी ने कैटन और उसके आसपास के क्षेत्रों का परिदर्शन किया था। उन्होंने मद्रासवासियों के नाम लिखे अपने एक पत्र में इस भ्रमण का विवरण दिया है। उन्हें चीन में इतिहास के बारे में थोड़ी-बहुत जानकारी और समझ भी थी। अपने लेखों एवं व्याख्यानों में उन्होंने बहुधा चीन के बारे में उच्च भाव व्यक्त किये हैं। उन्होंने एक भविष्यवाणी भी की थी कि चीनी संस्कृति एक दिन निश्चित रूप से 'फीनिक्स पक्षी' की भाँति पुनर्जीवित होगी और प्राच्य एवं पाश्चात्य संस्कृतियों से समन्वय का महान् उत्तरदायित्व ग्रहण करेगी। उनके जीवनीकार रोम्याँ रोलाँ ने इस विषय में उनके विचारों के विकास का विवरण भी दिया है।

अपनी कल्पना के समाजवाद की व्याख्या करते हुए विवेकानन्द ने एक उपयोगी सिद्धान्त प्रस्तुत किया है। उन्होंने कहा कि भावी समाज श्रमिक वर्ग द्वारा शासित होगा और यह घटना पहले चीन में होगी। अपनी 'वर्तमान भारत' पुस्तक में वे कहते हैं : 'परन्तु फिर भी आशा है। काल के प्रभाव से ब्राह्मण आदि वर्ण भी शूद्रों का नीचा स्थान प्राप्त कर रहे हैं। ...और शूद्र जाति ऊँचा स्थान पा रही है। ...महा-बलवान चीन हम लोगों के सामने ही बड़ी शीघ्रता से शूद्रत्व को प्राप्त कर रहा है। ...तो भी एक ऐसा समय आएगा, जब शूद्रत्वसहित शूद्रों का प्राधान्य होगा। ...एक समय आएगा, जब प्रत्येक देश के शूद्र अपने-अपने समाज का पूर्ण आधिपत्य करेंगे। ...समाजवाद, अराजकतावाद, नाशवाद आदि सम्प्रदाय (भविष्य में) आनेवाले सामाजिक विप्लव की ध्वजाएँ हैं...।'

ई. पी. चेलीशेव

सोवियत रूस में, काफी काल से 'विवेकानन्द' एक लोकप्रिय नाम है। सोवियत रूस में मेरे ही जैसे अनेक लोग हैं, जो विवेकानन्द तथा उनकी रचनाओं से प्रेम करते हैं। उनके विचार कितने सहज और कितने सबल हैं! और मानव-मात्र के लिए उनके हृदय में कितनी गहरी संवेदना है! लगभग 90 वर्ष पुरानी होने के बावजूद उनकी बातें आज भी वैसी ही तेजोदीप्त और वैसी ही प्रेरणादायी हैं। मेरे देशवासियों में, विवेकानन्द के विषय में और भी अधिक जानने का आग्रह क्रमशः बढ़ता जा रहा है। हम लोगों का मानना है कि विवेकानन्द के विचार, उनका आदर्श और उनकी रचनाएँ केवल भारतवर्ष की ही नहीं, समग्र भारतवर्ष की सम्पदा हैं।

विवेकानन्द की ग्रंथावली का मैंने भली भाँति अध्ययन किया है और साथ ही उनकी कई प्रामाणिक जीवनियाँ भी पढ़ी हैं। उस आधार पर मैं यह घोषणा कर सकता हूँ कि यदि विवेकानन्द को केवल एक तथाकथित धर्म-प्रचारक के रूप में

देखा जाए, तो फिर वह एक विराट् भूल होगी। सामान्य अर्थों में हम जिन्हें धर्माचार्य कहते हैं, विवेकानन्द में वैसा कुछ भी न था। वे उन लोगों से काफी बड़े थे और उनके चिन्तन तथा कर्म की परिधि अत्यन्त व्यापक थी। वे शान्ति, समन्वय तथा विश्व-भ्रातृत्व के एक महान् पैगम्बर थे। वे मौलिक चिन्तन से सम्पन्न एक विचार-नायक; और स्वच्छ दृष्टि से सम्पन्न एक उदार मानवप्रेमी थे। धार्मिक सम्प्रदायों की कट्टरता तथा संकीर्णता उनमें बिलकुल भी न थी। वे एक असाधारण देशभक्त थे, एक आदर्श गणतंत्रवादी तथा एक महान् मानवतावादी थे। उन्होंने अपने देशवासियों को औपनिवेशक दासता की शृंखला से मुक्त होने का मार्ग दिखाया था। वे अपने मन-प्राण से सामाजिक अत्याचार का विनाश चाहते थे, और सामाजिक, आर्थिक, राजनीतिक तथा धार्मिक—हर प्रकार के शोषण का विराम चाहते थे। वे सभी प्रकार के सुविधावाद तथा विशेष अधिकारों के विरोधी थे। इसीलिए सोवियत रूस के लोगों के बीच विवेकानन्द इतने लोकप्रिय हैं। उन्होंने ही भारतवर्ष में सर्वप्रथम सर्वाहारा-वर्ग के आविर्भाव का स्वागत किया था और स्वयं को एक समाजवादी घोषित किया था। उन्होंने एक शोषणमुक्त, वर्गविहीन निर्दोष नवीन समाज की स्थापना का स्वप्न देखा था। वैसे इस कार्य को सम्पन्न करने हेतु उन्होंने अपने हथियार के रूप में धर्म का उपयोग किया था...।

वस्तुत: धर्म के दो पहलू हैं : एक सकारात्मक और दूसरा नकारात्मक। देश तथा समाज का कल्याण हेतु स्वामी विवेकानन्द ने धर्म के सकारात्मक पहलू को ही चुन लिया था। नकारात्मक दृष्टिकोण उग्र साम्प्रदायिकता को जन्म देता है। मानव-मानव के बीच भेदभाव तथा द्वन्द्व को बढ़ा देता है। केवल धर्म के सन्दर्भ में ही नहीं, विवेकानन्द के समय में चिन्तन तथा परिकल्पना में किसी भी नकारात्मक तत्त्व को स्थान नहीं मिला। रवीन्द्रनाथ ने इस बात का उल्लेख किया है। इसीलिए विवेकानन्द और उनके गुरु रामकृष्ण परमहंस की हम लोग प्रचलित अर्थों में विशुद्ध धर्माचार्य मात्र नहीं मानते। किसी भी विश्लेषण करनेवाले शोधार्थी के लिए वैसा करना उचित नहीं होगा। इन लोगों ने जिन धर्मोपदेशों का प्रचार किया है, उनके तथा किसी परिपक्व समाज-सुधारक की नीति के बीच कोई पार्थक्य नहीं है, किसी भी यथार्थ मानवतावादी विचारक के मत के साथ कोई भेद नहीं है। रामकृष्ण परमहंस ने कहा है : 'खाली पेट धर्म नहीं होता, जिसका यहाँ (इहलोक में) नहीं, उसका वहाँ (परलोक में) भी नहीं।' और उनके शिष्य स्वामी विवेकानन्द ने कहा है : 'मैं उस धर्म में विश्वास नहीं करता, जो विधवा के अश्रु नहीं पोंछ सकता, जो भूखे के मुख में अन्न नहीं पहुँचा सकता,' आगे उन्होंने कहा है : 'मनुष्य की तो बात ही क्या, जब तक एक कुत्ता भी भूखा रहेगा, तब तक उसे खिलाना ही मेरा धर्म होगा।... कहा है : 'जीवन्त देवता मनुष्य के रूप में आकर तुम्हारे सामने खड़े हैं, उनकी सेवा करना ही तुम्हारा धर्म है।'

किसी भी देश के, किसी भी साम्प्रदायिक धर्माचार्य के मुख से, किसी भी काल में, क्या ऐसी बातें किसी ने सुनी हैं? मुझे लगता है कि मार्क्स का डायलेक्टिकल भौतिकवाद इस दृष्टि से रामकृष्ण-विवेकानन्द के धर्म-दर्शन के काफी निकट है...।

विवेकानन्द किसी भी प्रकार की अलौकिकता को प्रश्रय नहीं देते थे। उन्होंने वेदान्त के धार्मिक-दार्शनिक भावों को आत्मसात् करके उसे नवीन युग की अवस्था तथा आवश्यकता के अनुसार उपयोगी बनाकर उसकी स्थापना की थी। इसे उन्होंने 'व्यावहारिक वेदान्त' का नाम दिया था। कम्यूनिस्ट लोग वेदान्त के अतीन्द्रियवाद को नहीं समझ सकते। परन्तु विवेकानन्द के व्यावहारिक वेदान्त के साथ हमारा कोई विरोध नहीं है, बल्कि सहयोगिता ही है...।

क्रिस्टोफर ईशरवुड

भारतीय निर्धनता तथा ब्रिटिश साम्राज्यवादी शासन का अत्याचार देखकर विवेकानन्द के हृदय में महान् करुणा का संचार हुआ था। उन्होंने एक क्रान्तिकारी विचार सामने रखा। क्रान्ति के इस भाव ने गांधीजी को अत्यधिक प्रभावित किया और आज तक भारतीय राजनीतिक विचारधारा को प्रभावित कर रहा है। इस दृष्टि से देखा जाए, तो विवेकानन्द भारतीय इतिहास की एक महान् विभूति हैं और भारत में आज तक पैदा होनेवाले महानतम ऐतिहासिक व्यक्तियों में एक हैं। यहाँ पर यह ध्यान रखना उचित होगा कि अन्य महान् नेताओं की क्रान्ति और राष्ट्रवादी भावनाएँ अपने-आप में चाहे जितनी भी प्रशंसनीय और उत्तम रही हों, पर विवेकानन्द की क्रान्ति और राष्ट्रवाद उन्हीं की श्रेणी का नहीं था। विवेकानन्द उन सबकी अपेक्षा बहुत महान् थे। उनके भावों की विविधता देखकर हम हत्प्रभ रह जाते थे। पाश्चात्य लोगों को स्वामीजी ने एशिया के कुछ भाग तथा अन्य अविकसित अंचलों का शोषण करनेवाले अत्याचारियों के रूप में ही नहीं, वरन् भावी सहयोगियों के रूप में भी देखा था—ऐसे सहयोगियों के रूप में, जिनके पास देने को भी बहुत कुछ था। फिर इसके साथ ही उन्होंने बिना किसी दिखावटी नम्रता के पश्चिम का सामना करते हुए कहा : 'हमारे पास भी देने को उतना ही, बल्कि उससे कुछ अधिक ही है। हम आपको अपनी वह महान् आध्यात्मिक परम्परा प्रदान करेंगे जो आज भी श्रीरामकृष्ण के समान व्यक्तित्व पैदा करने में सक्षम है। आप हमें चिकित्सा, सेवा, समय से चलने वाली रेलगाड़ियाँ, स्वास्थ्य-विज्ञान, सिंचाई-व्यवस्था और विद्युत-आलोक दे सकते हैं। ये सब अत्यन्त महत्त्व की हैं; हम इन्हें चाहते हैं और हम आपके कुछ गुणों के अतीव प्रशंसक हैं।'

स्वामीजी के सर्वाधिक आकर्षक गुणों में एक यह भी है कि वे भिन्न-भिन्न प्रकार के लोगों से बातें करते समय भिन्न-भिन्न प्रकार के भावों का आश्रय लेते

हैं। एक क्षण तो वे अपनी ज्वालामुखी वाणी में ब्रिटिश लोगों को खरी-खोटी सुनाते हैं, दूसरे ही क्षण भारतवासियों की तरफ मुड़कर कहते हैं : 'तुम एक पिन तक तो बना नहीं सकते और चले हो अंग्रेजों की निन्दा करने!' कभी वे अमरीका की भयावह भौतिकता के बारे में बोलते और कभी कहते : 'वहाँ के समान महीयसी महिलाएँ दुनिया भर में कहीं नहीं हैं और भारत में नारियों के प्रति प्रचलित व्यवहार पूर्णतया निन्दनीय है।' इस प्रकार वे हर तरह का सामंजस्य स्थापित कर रहे थे। विभिन्न देशों में हितकर और रचनात्मक शक्तियों को क्रियाशील देखकर वे कह उठते : 'हम क्यों न विनिमय करें?' अतः विवेकानन्द की क्रान्ति हर व्यक्ति के लिए एक क्रान्ति थी, एक ऐसी क्रान्ति—जो अंग्रेजों के लिए भी उतनी ही उपयोगी होनेवाली थी, जितनी कि भारतवासियों के लिए। फिर स्वामीजी का राष्ट्रवाद—भारत को अपनी शक्तियों को पहचानने का आह्वान—यह कोई संकीर्ण राष्ट्रवाद नहीं था, अपितु एक तरह का महाराष्ट्रवाद था, एक तरह का उदात्त अन्तर्राष्ट्रीवाद था।

एनी बेसेन्ट

शिकागो के धूम्रमलिन क्षितिज पर भारतीय सूर्य के समान दीप्तिमान, सिंह के समान उन्नत सिर, अन्तर्भेदी दृष्टि, चंचल ओष्ठद्वय, मनोहर तथा द्रुत चाल, गैरिक वस्त्रों में विभूषित एक महिमामय मूर्ति—ऐसी हुई स्वामी विवेकानन्द के बारे में मेरी धारणा, जब मैं महासभा के प्रतिनिधियों के लिए निर्धारित कमरे में पहली बार उनसे मिली। वे एक संन्यासी के रूप में परिचित थे, जो कि उचित ही था, परन्तु वे थे एक योद्धा संन्यासी, और पहली भेंट के समय वे मुझे संन्यासी की अपेक्षा योद्धा ही अधिक प्रतीत हुए थे। क्योंकि जब वे प्राचीनतम जीवित धर्म के प्रतिनिधि के रूप में मंच पर से उतरकर आते, आयु में सबसे कम होकर भी उत्सुक दर्शकों से घिरे हुए, वे इस बात को मानने के लिए कतई राजी न थे कि जिस प्राचीन धर्म के वे प्रवक्ता थे, वह किसी भी दृष्टि से वहाँ उपस्थित सर्वश्रेष्ठ धर्म से बिन्दुमात्र भी न्यून है; और तब उनके अंग-अंग से देश तथा जाति का गर्व फूट पड़ता-सा प्रतीत होता था। चंचल, तेज और उद्धत अपनी इस सन्देशवाहक सन्तान को पश्चिम में भेजकर भारत के लज्जित होने का कोई कारण नहीं था। वे भारतवर्ष के सन्देश लेकर आए थे और भारत के नाम पर ही उन्होंने उसका प्रचार किया। जिस महिमामंडित देश से प्रतिनिधि के रूप में वे आए थे, उसकी मर्यादा का उन्हें सदैव भान रहता था। वे उद्यमशील, शक्तिमान और उद्देश्य के अटल थे; मनुष्यों के बीच एक मनुष्य के रूप में अपना सिर ऊँचा करके खड़े होते थे और सर्वदा अपने मतों का समर्थन करने की उनमें क्षमता थी।

मंच पर उनका एक अन्य रूप ही दीख पड़ता। वहाँ भी अपनी मर्यादा, गुणावली और शक्ति के बारे में एक जन्मजात विश्वास उनमें झलकता रहता; परन्तु जो आध्यात्मिक सन्देश लेकर वे आए थे, उसके अनुपम सौन्दर्य के सामने—भारत के हृदयस्वरूप—भारत के प्राणस्वरूप—प्राच्य के उस अतुलनीय सन्देश, उस अत्यद्भुत आत्मविद्या के गाम्भीर्य के सामने—वह फीका पड़ जाता था। विशाल जनसमुदाय भावविभोर होकर उनके मुख से उच्चरित शब्दों के लिए कान खड़े रखता था कि कहीं एक भी शब्द से वंचित न रह जाए, उनकी स्वरलहरी का कोई भी लय छूट न जाए। सभागार से निकलते हुए एक श्रोता बोल उठा : 'ऐसे व्यक्ति को हम लोग जंगली धर्मवाला कहते हैं और उसके देश में मिशनरी भेजते हैं! बल्कि उचित तो यह होगा कि वे लोग ही हमारे बीच मिशनरी भेजें।'

जयप्रकाश नारायण

स्वामी विवेकानन्द सत्यद्रष्टा महान् ऋषियों की कोटि के थे। उनकी प्रज्ञा महान् थी, पर उससे भी महान् था उनका हृदय। बेल्लूड़ मठ में एक बार उन्होंने अपने शिष्यों से कहा था कि यदि कभी बुद्धि और हृदय में द्वन्द्व पैदा हो, तो बुद्धि को छोड़कर हृदय का ही अनुसरण करना होगा। हमारे देश में अनेक सन्तों का जन्म हुआ है। उनमें से कुछ को ऐसा लगा कि हिमालय की कन्दराओं में जाकर आत्मचिन्तन करना ही सच्चा मार्ग है। स्वामी विवेकानन्द भी इसी परम्परा से प्रभावित हुए थे और उनकी किशोरावस्था में उनके मन में भी यह अन्तर्द्वन्द्व उठा था—उनकी बुद्धि परम्परागत आत्मदर्शन में डूब जाने को व्यग्र थी, जबकि उनका हृदय आसपास के लोगों के दुख से विगलित हो रहा था। अन्त में उन्होंने निश्चय किया कि 'मैं अपना एकान्तवास छोड़कर, प्रत्येक जीव की आत्मा में प्रविष्ट होकर उसकी सेवा के माध्यम से ईश्वर का पूजन करूँगा।'

निर्धन और पिछड़े लोगों को स्वामीजी की ओर खींचनेवाला उनका करुणामय हृदय था, जो उन लोगों के लिए सदैव द्रवित होता रहता था और जो उन्तालीस वर्ष के संक्षिप्त जीवनकाल में उनकी निरन्तर सेवा से क्लान्त हो गया था। ...अपने मानव-बन्धुओं और विशेष कर स्वदेशवासियों के आध्यात्मिक तथा भौतिक दारिद्र्य तथा पीड़ा की टीस का अनुभव करते हुए वे नैतिक ऊर्जा के एक तूफान के रूप में सारे विश्व में संचरण करते रहे और उनके जीवन के अन्तिम काल तक इसने उन्हें चैन नहीं लेने दिया। अपनी इन भावनाओं से अभिभूत होकर ही उन्होंने प्राच्य तथा पाश्चात्य देशों का विजय-अभियान किया और रामकृष्ण मठ एवं मिशन की स्थापना की।

उनका जीवन प्रेम और पवित्रता से परिपूर्ण था; इस जगत् में उनका उदय

तथा अस्त द्रुत और अचानक ही हुआ था। पर उन्तालीस वर्ष के अपने संक्षिप्त जीवनकाल में उन्होंने जनमानस में नई चेतना और नई आशा जगाने और दृढ़प्रतिज्ञ करने की दिशा में इतना कुछ किया है कि हमें अपने महान् देश के इतिहास में सम्भवत: शंकराचार्य के अतिरिक्त उनकी बराबरी का दूसरा कोई नहीं दिखता।

के. एन. पण्णिक्कर

हिन्दुओं के बीच एक अखंड समाजबोध ने ही भारतीय राष्ट्रीयता को गतिशीलता प्रदान की थी—जिसने अन्तत: भारतवर्ष के बृहत् अंश को एक राष्ट्र के रूप में गठित करने में समर्थ किया है; और इसका श्रेय अधिकांशत: स्वामी विवेकानन्द को ही दिया जाना चाहिए। इसे अभिनव शंकराचार्य की हिन्दू विचारधाराओं के बीच सहज ही एकता-सम्पादक के रूप में स्वीकार किया जा सकता है। समग्र भारत में भ्रमण करके उन्होंने न केवल हिन्दुत्व की भावना को जाग्रत् किया, अपितु नवीन हिन्दू सुधार-आन्दोलन की आधारशिला के रूप में सार्वभौमिक वेदान्त का भी प्रचार किया। ...उनके पहले के हिन्दू धार्मिक आन्दोलन मात्र स्थानीय तथा सम्प्रदायबद्ध थे और अखिल भारतीय स्तर पर उनका कोई प्रभाव न था। आर्यसमाज, ब्रह्मसमाज, देवसमाज तथा अन्य आन्दोलन—अपने-आपमें महत्त्वपूर्ण थे, परन्तु वे इन सुधार-आन्दोलनों के प्रादेशिक वैशिष्ट्य पर ही अधिक बल देते प्रतीत होते थे। विवेकानन्द ने ही सर्वप्रथम हिन्दू आन्दोलन को एक राष्ट्रीयता का बोध प्रदान किया और अधिकांश आन्दोलनों को एक अखिल भारतीय दृष्टिकोण से सम्पन्न किया।

लालबहादुर शास्त्री

मुझे याद है कि मैंने अपने विद्यार्थी-जीवन में स्वामीजी के व्याख्यान पढ़े थे और उनके प्रति गहन आकर्षण का अनुभव किया था। उनके साहित्य ने मेरे मन पर इतना गहरा प्रभाव डाला कि मेरे सम्पूर्ण दृष्टिकोण में परिवर्तन आ गया और जीवन के विषय में मैं एक भिन्न धारणा रखने लगा।

देश जब गहरी निद्रा में डूबा हुआ था, तब उन्होंने एक हलचल की सृष्टि की थी। उन्होंने वेदान्त की बातें कहीं, तो भी इन ऋषि-दार्शनिक ने आम जनता में एक जागृति ला दी। सम्पूर्ण भारतवर्ष उनके सामने एक खुले हुए चित्र के समान था। वे चाहते थे कि हमारे देशवासी कर्मठ बनें और काम में जुट जाएँ। उनके अद्वैतवाद का अर्थ निष्क्रियता नहीं था और उन्होंने कभी भाग्य या नियति के भरोसे बैठकर प्रतीक्षा करने को भी नहीं कहा। वे जानते थे कि यदि इस देश के लोग बलिदान तथा परिश्रम करने के लिए तैयार न हुए, तो भारत की उन्नति तथा समृद्धि असम्भव है।

देश की पराधीनता उन्हें मर्माहत करती थी। ...उन्होंने सबको एक महान् उद्देश्य की प्राप्ति के लिए बलिदान हो जाने का आह्वान किया। धन-सम्पदा तथा सत्ता के अभिलाषियों को वे वक्र दृष्टि से देखते थे। जिस देश के करोड़ों लोग अभाव का जीवन बिता रहे हों, वहाँ व्यक्तिगत भोग-कामनाओं को वे अन्यायपूर्ण मानते थे। ...स्वामीजी का सन्देश था—उठो, जागो और लक्ष्य तक पहुँचे बिना रुको मत। वे एक ऋषि और ईश्वर-प्रेरित व्यक्ति थे।

बाबू राजेन्द्र प्रसाद

जीवन के किसी भी क्षेत्र में अपने साथ के लोगों को नेतृत्व देनेवाले लोग अत्यन्त विरल हैं; और इन नेताओं का नेतृत्व करनेवाले व्यक्ति तो और भी विरल हैं। इस प्रकार के परम नेता कभी-कभार ही पृथ्वी पर अवतीर्ण होते हैं और वे पतित हो रहे मानव-समाज का उद्धार करने के लिए आते हैं। स्वामी विवेकानन्द इसी श्रेणी के एक अतिमानवीय आत्मा थे।

एकमात्र वे ही पाश्चात्य लोगों के संशयी चित्त को आध्यात्मिक शान्ति देने में समर्थ थे। उनके पहले भी एशिया में धार्मिक सन्देश देनेवाले दूतों का आविर्भाव हुआ है, परन्तु उन्होंने अपनी जिस परम विश्वास की वाणी के द्वारा पाश्चात्य जगत् के श्रोताओं को आलोड़ित तथा मंत्रमुग्ध कर लिया था, वैसा करने में अन्य कोई भी समर्थ नहीं हुआ था। महान् गुरु के ये योग्य शिष्य आध्यात्मिक महिमा के सर्वोच्च शिखर पर आरूढ़ हुए। उन्होंने मानव-जाति में अन्तर्निहित एकता, सार्वजनीन प्रेम और समस्त मानवात्माओं की आत्मीयता के सन्देश का प्रचार किया।

केवल भारतवासी ही नहीं, पाश्चात्य लोग भी स्वामी विवेकानन्द के प्रति ऋणी हैं, क्योंकि वे भावी पीढ़ियों को अपने विवेक की थाती सौंप गए हैं।

मनुष्य की गुलामी की प्रथा से विकसित रंगभेद की नीति पर चलनेवाले विश्व के लिए, उन्होंने एक ऐसा आदर्श दिखाया, जिसके द्वारा मनुष्य का सार्वभौमिक भ्रातृभाव एक व्यावहारिक अवधारणा बन सकता था। उनका आध्यात्मिक दृष्टिकोण सम्पूर्ण विश्व में मानव-जाति के चिन्तनशील वर्ग की संवेदना को जगाने में सफल हुआ। वे वैदिक सभ्यता की महानता के विषय में पश्चिमी जगत् का विश्वास जगाने में भी सफल हुए।

एक महान् गुरु के इन महान् शिष्य ने अपनी मातृभूमि की कीर्ति तथा प्रतिष्ठा को एक ऐसे ढंग से अमर कर दिया कि भारतीय आध्यात्मिकता के आधुनिक काल के इतिहास में वह आज भी बेजोड़ है। निर्भय उत्साहवाला एक सन्देहवादी युवक विकसित होकर महान् परमहंस की आध्यात्मिक सम्पदा-रूपी विरासत का योग्यतम तथा महत्तम उत्तराधिकारी बना।

श्यामा प्रसाद मुखर्जी

उन्नीसवीं शताब्दी में भारत के विभिन्न अंचलों में अनेक वीर पुरुषों का जन्म हुआ। स्वामी विवेकानन्द उनमें सर्वश्रेष्ठ थे। स्वामीजी की वाणी अब भी भारतवासी के हृदय को झंकृत कर रही है। उनके द्वारा निर्दिष्ट पथ पर चलकर भारतवर्ष का सम्पूर्ण राष्ट्रीय पुनरुत्थान सम्भव है। जिस प्रकार सम्राट अशोक के प्रजारंजन में सफलता के माध्यम से भगवान् बुद्ध के उदार आदर्शों को पूर्णता प्राप्त हुई थी, उसी प्रकार भगवान् श्रीरामकृष्ण के आध्यात्मिक भाव स्वामी विवेकानन्द के कर्मजीवन के माध्यम से अभिव्यक्त हुए थे। अशोक के शान्तिदूतों के पीछे विराट् राजशक्ति विद्यमान थी, परन्तु स्वामी विवेकानन्द द्वारा प्रवर्तित कर्म के पीछे त्याग एवं प्रेम के अतिरिक्त अन्य कोई भी सहायता विद्यमान न थी। ...देश तथा राष्ट्र के गठन के कार्य में स्वामीजी के आदर्श का अनुसरण करना आवश्यक है। ...लोग बिना किसी आदर्श के रह नहीं सकते। स्वामीजी के जीवन तथा सन्देश में ऐसे कालोपयोगी तत्त्व, ऐसा आदर्श विद्यमान है, जिसका अनुसरण करके हम एक बलवान देश और सबल राष्ट्र का गठन कर सकेंगे।

सुब्रह्मण्य भारती

बंगाल के राजनेताओं द्वारा अँधेरे प्रान्त के रूप में चिह्नित मद्रास ने ही सर्वप्रथम विवेकानन्द नामक 'आलोक' का आविष्कार किया—जो बाद में सम्पूर्ण विश्व के समक्ष उद्भासित हो उठा था। विवेकानन्द ने क्रान्तिकारी नव-हिन्दुत्व की आधारशिला स्थापित की। तमिलभाषियों द्वारा सर्वप्रथम स्वीकार किये जाने के बाद ही बंगाल तथा महाराष्ट्र के लोगों ने उनकी महिमा को पहचाना था। ...स्वामी विवेकानन्द ही वे व्यक्ति हैं, जिनके माध्यम से 'स्वराज' तथा स्वाधीनता के आन्दोलनों की नींव पड़ी थी। ...वे भारत में देशभक्ति के एक महान् प्रेरणादाता और देशप्रेम-जागरण के क्षेत्र की विराट् मूल शक्ति थे। ...श्रीरामकृष्ण ने स्वामी विवेकानन्द की सृष्टि की थी और विवेकानन्द नवीन भारत के स्रष्टाओं में सर्वश्रेष्ठ हैं...।

जिस क्षण स्वामीजी अमरीका में वैदिक धर्म का प्रचार करने हेतु भारत से यात्रा आरम्भ करके जापान पहुँचे, उसी क्षण भारत की मातृशक्ति या वेदशक्ति ने महाज्ञान के दो पंख देते हुए उन्हें आशीर्वाद दिया था। जापान से लिखे गए उनके पत्रों में एक नवीन आलोक देखने में आया। नव हिन्दू धर्म की अग्नि उनके हृदय में अवतीर्ण होकर नृत्य करने लगी थी। यही ईश्वरीय विधान था कि उन्नीसवीं शताब्दी के अन्त में नव हिन्दू धर्म की विजय-पताका उस अमरीका में फहराई जाए, जो यूरोपीय सभ्यता का आदर्शलोक था। विवेकानन्द इसी कार्य के लिए निर्धारित व्यक्ति थे।

काका कालेलकर

स्वामी विवेकानन्दजी ने नवभारत का—प्रबुद्ध भारत का—आरम्भ किया, इसलिए मैं उन्हें सच्चा युगपुरुष कहूँगा। ...ब्रिटिशकाल में स्वामीजी के पूर्व के लोगों ने भारतीय संस्कृति के सम्बन्ध में श्रद्धाभाव प्रकट किया था, परन्तु 'भारतीय संस्कृति जगत् को नया रास्ता बता सकती है'—पश्चिमी देशों को यह प्रकाश दिखाने का काम सर्वप्रथम स्वामी विवेकानन्दजी ने ही किया। फिर वहाँ से लौटकर उन्होंने भारत में आत्मविश्वास जगाने का भगीरथ प्रयत्न किया। स्वामीजी का यह काम सचमुच ही अद्‌भुत था। जिस काल में स्वामीजी ने दुनिया और भारत पर अपना तेजस्वी असर डाला, मैं उसी युग का एक नवयुवक हूँ। उनसे पहले हम नौजवान लोग क्या सोचते थे और बाद में क्या सोचने लगे, उस सारे परिवर्तन का मैंने अनुभव किया है...।

आपको यदि स्वामी विवेकानन्द का हृदय देखना है तो उनके लिखे पत्र देखें। मेरे मत में स्वामी विवेकानन्द को समझने के लिए दो ग्रंथ महत्त्व के हैं : एक तो उनके पत्र और दूसरा निवेदिता को लिखा हुआ—The Master As I saw Him नामक ग्रंथ। निवेदिता के इस ग्रंथ में हम स्वामी विवेकानन्द-रूपी मशाल की ज्योति को देख सकते हैं, जो स्वामीजी ने अपने जीवन को जला-जलाकर प्रकट की थी। उनका जीवन बड़ी जल्दी खत्म हुआ, परन्तु वह जीवन अपने ढंग से कृतार्थ बना...।

स्वामीजी ने मुझे नास्तिक होने से बचाया। वे मेरे ईश्वर पर विश्वास न करने के दिन थे, जिनका मनुष्य के जीवन में कभी-न-कभी आना आवश्यक ही होता है। ऐसी नास्तिकता मुझमें न आती, तो मैं केवल परम्पराओं का उपासक और रूढ़िवादी ही बना रहता। मेरे जो संशय के दिन थे, उन्हें भी मैं आदरपूर्वक श्रद्धा की दृष्टि से देखता हूँ। ...मेरा उद्धार करनेवाले, मेरे हृदय को जाग्रत् करके आगे ले जानेवाले जो युगपुरुष थे, वे थे स्वामीजी, जिनकी तेजस्वी वाणी ने मुझे जगाया...।

विवेकानन्द अकेले नहीं थे। तीन आत्माओं ने मिलकर वह कार्य किया था। श्री रामकृष्ण देव ने हमें वेदान्त के अध्यात्म का मर्म दे दिया। विवेकानन्द ने उस अध्यात्म का मानव-सेवा में उपयोग करके दिखाया। उनकी शिक्षाओं ने बताया कि किस रीति से अध्यात्म अपनाया जाए; और भगिनी निवेदिता ने हमें उसका समाज-विज्ञान दे दिया। हमें इस त्रिमूर्ति को एक साथ लेकर सोचना है। तीनों का साहित्य साथ लेकर पढ़ना है...।

स्वामी विवेकानन्द सच्चे अर्थ में युगपुरुष थे। केवल भारत के ही युगपुरुष नहीं, सारे जगत् के युगपुरुष थे। आज उनके जीवन से, उनके कार्य से और उनके साहित्य से हम प्रेरणा लें। ...उन्होंने कहा है कि हमें ग्रंथ पढ़ना है और उसका सार ग्रहण करके काम करना है।

मुंशी प्रेमचन्द

भगवान् कृष्ण ने गीता में कहा है कि जब-जब धर्म का ह्रास और पाप की प्रबलता होती है, तब-तब मैं मानव-जाति के कल्याण के लिए अवतार लिया करता हूँ। ...ईसा की पिछली शताब्दी के प्रारम्भ में जड़वाद ने फिर सिर उठाया; और इस बार उसका आक्रमण ऐसा प्रबल था, अस्त्र ऐसे अमोघ और सहायक ऐसे सबल थे कि भारत के आत्मवाद को उसके सामने सिर झुका देना पड़ा और कुछ ही दिनों में हिमालय से लेकर कन्याकुमारी तथा अटक से कटक तक उसकी पताका फहराने लगी। हमारी आँखें इस भौतिक प्रकाश के सामने चौंधिया गईं और हमने अपने प्राचीन तत्त्वज्ञान, प्राचीन शास्त्रविज्ञान, प्राचीन समाज-व्यवस्था, प्राचीन धर्म और प्राचीन आदर्शों को त्यागना आरम्भ कर दिया। हमारे मन में दृढ़ धारणा हो गई कि हम बहुत दिनों से मार्गभ्रष्ट हो रहे थे और आत्मा-परमात्मा की बातें निरी ढकोसला हैं। पुराने जमाने में भले ही इनसे कुछ लाभ हुआ हो, पर वर्तमान काल के लिए यह किसी प्रकार उपयुक्त नहीं और इस रास्ते से हटकर यदि हमने नये राजमार्ग को न पकड़ा, तो कुछ ही दिनों में धरा-धाम से लुप्त हो जाएँगे।

ऐसे समय पुनीत भारतभूमि में पुन: एक महापुरुष का आविर्भाव हुआ, जिसके हृदय में अध्यात्म-भाव का सागर लहरा रहा था; जिसके विचार ऊँचे और दृष्टि दूरगामी थी; जिसका हृदय मानव-प्रेम से ओतप्रोत था। उसकी सचाई-भरी ललकार ने क्षण भर में जड़वादी संसार में हलचल मचा दी। उसने नास्तिक्य के गढ़ में घुसकर साबित कर दिया कि तुम जिसे प्रकाश समझ रहे हो, वह वास्तव में अन्धकार है; और यह सभ्यता जिस पर तुमको इतना गर्व है, सच्ची सभ्यता नहीं है। इस सच्चे विश्वास के बल से भरे हुए भाषण ने भारत पर भी जादू-सा असर किया और जड़वाद के प्रखर प्रवाह ने अपने सामने ऊँची दीवार खड़ी पाई, जिसकी जड़ को हिलाना या जिसके ऊपर से निकल जाना, उसके लिए असाध्य कार्य था।

आज अपनी समाज-व्यवस्था, अपने वेदशास्त्र, अपने रीति-व्यवहार और धर्म को हम आदर की दृष्टि से देखते हैं। यह उसी पूतात्मा के उपदेशों का सुफल है कि हम अपने प्राचीन आदर्शों की पूजा करने को प्रस्तुत हैं और यूरोप के वीर पुरुष और योद्धा, विद्वान् और दार्शनिक हमें अपने पंडितों, मनीषियों के सामने निरे बच्चे मालूम होते हैं। आज हम किसी बात को, चाहे वह धर्म और समाज-व्यवस्था से सम्बन्ध रखती हो या ज्ञान-विज्ञान से, केवल इसलिए मान लेने को तैयार नहीं हैं कि यूरोप में उसका चलन है। किन्तु उसके लिए हम अपने धर्मग्रंथों और पुरातन पूर्वजों का मत जानने का यत्न करते हैं और उनके निर्णय को सर्वोपरि मानते हैं। और यह सब ब्रह्मलीन स्वामी विवेकानन्द के आध्यात्मिक उपदेशों का ही चमत्कार है...।

धर्मगत रागद्वेष का तो उनके स्वभाव में कहीं लेश भी न था। दूसरे धर्मों की निन्दा और अपमान को वे बहुत अनुचित मानते थे। ईसाई धर्म, इस्लाम, बौद्ध धर्म—सबको समान दृष्टि से देखते थे। एक भाषण में हजरत व ईसा को ईश्वर का अवतार माना था...।

स्वामीजी अपनी जाति के आचार-व्यवहार, रीति-नीति, साहित्य और दर्शन, सामाजिक जीवन, उसके पूर्वकाल के महापुरुष और पुनीत भारतभूमि—सबको श्रद्धेय और सम्मान्य मानते थे। ...स्वामीजी के उपदेशों का सार यह है कि हम स्वजाति और स्वदेश के प्रति अपने कर्तव्यों का पालन करें, आत्मबल प्राप्त करें, बलवान और वीर बनें। नीची जातियों को उभारें और उन्हें अपना भाई समझें। जब तक 90 प्रतिशत भारतवासी अपने को दीन-हीन समझते रहेंगे, भारत में एका और मेल का होना सर्वथा असम्भव है। हम धर्म में आस्था रखें, पर संन्यासी-विरागी न बनें। हाँ, हम अपने एका के लिए सब प्रकार के त्याग करने को तैयार रहें। हम एक पैसा कमाएँ, पर उसे अपने सुख-विलास में खर्च न करें, राष्ट्रहित में लगा दें। हिन्दू तत्त्वज्ञान के कर्म-सम्बन्धी अंग का अनुसरण करें। शम-दम और तप-त्याग उन लोगों के लिए छोड़ दें, जिन्हें भगवान् ने इस उच्च पद पर पहुँचने की क्षमता प्रदान की है।

स्वामीजी की शिक्षा का आधार प्रेम और शक्ति है। निर्भीकता उसका प्राण है और आत्मविश्वास उसका धर्म है। उनकी शिक्षा में दुर्बलता और अनुनय-विनय के लिए तनिक भी स्थान नहीं था। उनका वेदान्त मनुष्य को सांसारिक दुख-क्लेश से बचाने, जीवन-संग्राम में वीर की भाँति जुटने और मानसिक-आध्यात्मिक आकांक्षाओं की पूर्ति की समान रूप से शिक्षा देता है।

रामधारी सिंह 'दिनकर'

प्राय: डेढ़ सौ वर्षों से ईसाई धर्म-प्रचारक संसार में हिन्दुत्व की जो निन्दा फैला रहे थे, उस पर अकेले स्वामीजी के कर्तत्व ने रोक लगा दी और जब भारतवासियों ने यह सुना कि सारा पश्चिमी जगत् स्वामीजी के मुख से हिन्दुत्व का आख्यान सुनकर गद्‌गद हो रहा है, तब हिन्दू भी अपने धर्म और संस्कृति के गौरव का अनुभव कुछ तीव्रता से करने लगे। अंग्रेजी पढ़कर बहके हुए हिन्दू बुद्धिवादियों को समझाना बहुत कठिन कार्य था। किन्तु, जब उन्होंने देखा कि स्वयं यूरोप और अमरीका के नर-नारी स्वामीजी के शिष्य बनकर हिन्दुत्व की सेवा में लगते जा रहे हैं, तब उनके भीतर भी ग्लानि की भावना जगी और बकवास छोड़कर वे भी स्थिर हो गए। इस प्रकार हिन्दुत्व को लीलने के लिए, अंग्रेजी भाषा, ईसाई धर्म और यूरोपीय बुद्धिवाद के पेट से जो तूफान उठा था, वह स्वामी विवेकानन्द के हिमालय जैसे विशाल वक्ष से टकराकर लौट गया। हिन्दू-जाति का धर्म है कि वह जब तक जीवित रहे,

विवेकानन्द की याद उसी श्रद्धा से करती जाए, जिस श्रद्धा से वह व्यास और वाल्मीकि की याद करती है...।

स्वामीजी की व्यावहारिकता यह थी कि यूरोप तथा अमरीका को उन्होंने संयम और त्याग का महत्त्व समझाया था, किन्तु, भारतवासियों का ध्यान उन्होंने भारतीय समाज की आर्थिक दुरवस्था की ओर आकृष्ट किया एवं धर्म को उनके सामने ऐसा बनाकर रखा, जिससे मनुष्य की आधिभौतिक उन्नति में कोई बाधा नहीं पड़े। अमेरिका की उच्छल जीवनी-शक्ति, वहाँ की स्वच्छता, वहाँ का संगठन, वहाँ की सौंदर्य-भावना और वहाँ के वैज्ञानिक साधनों का उपयोग—ये बातें स्वामीजी को बहुत पसन्द आई थीं, परन्तु यूरोपीय सभ्यता के जो दोष हैं, वे भी उनकी आँखों से ओझल नहीं रहे...।

भारतीय एकता का महत्त्व स्वामीजी ने जनता के समक्ष अत्यन्त सुस्पष्ट रूप में रखा : 'अथर्ववेद में एक मंत्र है जिसका अर्थ होता है कि मन से एक बनो, विचार से एक बनो। प्राचीन काल में देवताओं की अर्चना इसलिए करते हैं कि देवताओं का मन एक है। मन से एक होना समाज के अस्तित्व का सार है। किन्तु, द्रविड़ और आर्य, ब्राह्मण और अब्राह्मण—इन तुच्छ विवादों में पड़कर तुम जितना ही झगड़ते जाओगे, तुम्हारी शक्ति उतनी ही क्षीण होती जाएगी। तुम्हारा संकल्प एकता से उतना ही दूर पड़ता जाएगा। स्मरण रखो कि शक्तिसंचय और संकल्प की एकता, इन्हीं पर भारत का भविष्य निर्भर करता है। जब तक महान् कार्यों के लिए तुम अपनी शक्तियों का संचय नहीं करते, जब तक एकमन होकर तुम आत्मोद्धार के कार्य में नहीं लगते, तब तक तुम्हारा कल्याण नहीं है। प्रत्येक चीनी अपने ही ढंग पर सोचता है, किन्तु मुट्ठी भर जापानियों का मन एक है। इसके जो परिणाम निकले हैं, उन्हें तुम भली भाँति जानते हो। विश्व के समग्र इतिहास में यही होता आया है...।'

विवेकानन्द की प्रतिभा लोकोत्तर थी, यह हम भी कह सकते हैं। वर्तमान भारत जिस ध्येय को लेकर उठा है, उसका सारा आख्यान विवेकानन्द कह चुके थे। बाद के महात्मा और नेता उस ध्येय को कार्य का रूप देने का प्रयास करते रहे हैं। जिस स्वप्न के कवि विवेकानन्द थे, गांधी और जवाहरलाल उसके इंजीनियर हुए हैं।

सूर्यकान्त त्रिपाठी 'निराला'

भारत के उत्थान में जितना हाथ स्वामी विवेकानन्द का है, उतना और किसी भी दूसरे का नहीं। जब तक ज्ञान के भीतर मनुष्य का सीमा-रूप खो नहीं जाता, तब तक वह मुक्ति का यथार्थ मतलब नहीं समझ सकता। स्वामीजी केवल ज्ञानी न थे। उन्होंने सूक्ष्म रूप से देश की मुक्ति के लिए सब कुछ कहा है और सबसे अच्छी

तरह कहा है। जातीय भेद, धर्म, मनुष्यता आदि साधारण विषयों तक उनकी गहन दृष्टि पहुँची थी। सेवाधर्म सबसे पहले उन्हीं ने देश के सामने रखा। संगठन तो उन्होंने इतना दृढ़ किया कि आज सम्पूर्ण भूमंडल उनकी आध्यात्मिकता की रश्मियों से बँधा हुआ है। वे जाति-भेद के प्रबल विरोधी थे। कारण, वे जानते थे, गुलामों की कोई जाति नहीं हो सकती। उन्होंने शिल्प, कला, धर्म, विज्ञान आदि सभी राहों से मुक्ति की प्राप्ति बतलाई है। इस तरह देश को सभी कर्मों में प्रोत्साहित किया है। लोग इनकी उक्तियों के बड़े-बड़े राजनीतिक अर्थ लगाते हैं।

व्यक्ति का विकास एक पेड़ की तरह अपना ही विकास है, जो अपने ही फूल और फल दे सकता है। स्वामी विवेकानन्दजी का विकास आकाश का अनन्त विस्तार है, जिसके भीतर व्यष्टि अपनी परिपूर्णता प्राप्त करती है। इस देश को जब-जब जरूरत पड़ी, तब-तब ऐसे ही महापुरुषों का आगमन हुआ है, जिनके बाद उस महाशक्ति के विस्तार से देश परिपूर्ण हो गया है। स्वामीजी गंगाजल की तरह हैं, जिन पर देश के समस्त मल-क्लेद और शव आदि पड़े रहते हैं; पर ज्ञान-जल के प्रवाह की फटकार से सब क्लेद साफ होता जाता है और सर्वत्र संसार के सभी जलों से सुस्वादु, स्वास्थ्यकर और निर्मल जल रह जाता है—यही स्वामीजी का इस देश के लिए कार्य है। संन्यासी की कोई जाति नहीं होती। संन्यास लेने के बाद वे सब जातियों के भीतर सबके ज्ञानरूप हैं।

महिलाओं को वे साक्षात् माता जगद्धात्री के रूप में देखते थे। अपने व्याख्यान में एक जगह उन्होंने कहा है : यदि इस देश का सम्पूर्ण साहित्य नष्ट हो जाए, वेदों का अस्तित्व लुप्त हो जाए, कोई इतिहास न रहे, केवल सीता का नाम और चरित्र, इसी तरह हम लोगों को याद रहे, तो हमारी कुछ भी क्षति नहीं हो सकती। उनकी महत्ता से हम फिर सब कुछ तैयार कर सकते हैं; वे ही हमारी माता हैं। हम सब लोग सीता की सन्तान हैं; राम तो अनेक हो गए होंगे; पर सीता दूसरी नहीं हुई...'

स्वामी विवेकानन्दजी की तरह देश को कोई नहीं उठा सका। यथार्थतः ज्ञान की तरफ से उठाना ही उठाना है। यह महाज्ञान सबमें नहीं होता। स्वामीजी स्वयं महाज्ञान हैं। किसी भी तरफ से विचार किया जाए, वे अपने श्रेष्ठ आसन पर ही रहेंगे। ऐसा चरित्र, ऐसी मेधा, ऐसी वाग्मिता, ऐसा हृदय, ऐसा ज्ञान, ऐसी कर्मनिष्ठा संसार में दुर्लभ है। विद्या तो उनकी आत्मा थी। बड़े-बड़े अभिधान (विश्वकोश) सात दिन में पूरा पढ़ डालते थे।

उनकी वक्तृता में जो आनन्द है, वह बड़े-बड़े कवियों की कविता में नहीं। उनकी मूर्ति में जो वीरभाव की व्यंजना है, वह नेपोलियन, नेल्सन और कैसर में नहीं। उनकी महत्ता की तुलना उन्हें छोड़ किसी से नहीं हो सकती, यही जाग्रत् भारत की यथार्थ व्याख्या है, और यही है भारत के नवीन युग का स्वतंत्र प्रकाश।

डॉ. भीमराव अम्बेडकर

भारतवर्ष में अब तक जितने महापुरुष पैदा हुए हैं, उनमें से बुद्ध का स्थान सर्वोपरि है। ...पिछली कुछ शताब्दियों के दौरान भारत में जिन महानतम व्यक्ति का जन्म हुआ, वे थे स्वामी विवेकानन्द।

डॉ. जाकिर हुसैन

जब मैं पीछे मुड़कर अपने छात्र-जीवन की ओर देखता हूँ, तो मुझे स्पष्ट रूप से स्मरण आता है कि किस प्रकार इन महान् संन्यासी (स्वामी विवेकानन्द) की कुछ रचनाओं का पठन मुझमें कैसी बिजली तड़का देता था। मैं स्वीकार करता हूँ कि उनकी आध्यात्मिकता उस समय मेरी पहुँच से बाहर थी, परन्तु मैं अपने को एक धार्मिक व्यक्ति जैसा अनुभव करने से नहीं रोक पाया, क्योंकि मैंने उनमें एक ऐसे आध्यात्मिक पुरुष के दर्शन किये, जिन्होंने धर्म को तंग दायरे में नहीं रखा और मानव-समाज को ऐसे धर्मान्ध खेमों में विभक्त होने से बचाया, जो सत्य पर एकाधिकार का सतही दावा किया करते थे। ...प्रकृति ने इन तरुण संन्यासी के लिए पृथ्वी पर केवल चालीस वर्ष निवास की अवधि ही निर्धारित कर रखी थी। इस दौरान, भारतीय पराधीनता के घोर अन्धकार के बीच भी उन्होंने विश्व का भ्रमण करते हुए भारतीय संस्कृति की महिमा को उजागर किया, आम जनता के उत्थान हेतु निरन्तर कार्य करते रहे और लोगों को स्वाधीनता के मार्ग पर चलने के लिए शक्ति प्रदान की। उन्होंने 'रामकृष्ण मिशन' नामक एक अभूतपूर्व सेवा-संस्थान का गठन किया। ...काश, वे आज भी हम लोगों के बीच होते! क्योंकि ऐसी स्थिति में उनका अग्निमय विश्वास हमारी दुविधाओं को जलाकर भस्म कर देता और उनके आह्वान को अनसुना कर पाना असम्भव हो जाता। ...वे एक ऐसे व्यक्ति थे, जो जीवित रहेंगे। वे हमारे बीच अब भी हैं और भविष्य में भी रहेंगे।

10

उपसंहार

दस अध्यायों में स्वामी विवेकानन्द पर इस नातिदीर्घ पुस्तक की रचना मेरे लिए एक लम्बी अनुभूतिपूर्ण यात्रा थी—अनंत की यात्रा। विवेकानन्द की अनंत अनुभूति। स्वामी विवेकानन्द का जीवन, उनकी रचनाएँ, उनके गुरु श्रीरामकृष्ण के साथ उनके जीवन की घटनाएँ, उनकी भारत-यात्रा, भाषण, भूखे पेट दिन-पर-दिन पानी के सहारे जीना, पश्चिम की यात्रा, उनकी घोर विरोधिता—इन सबमें मुझे स्वामी विवेकानन्द के व्यक्तित्व के दो गुणों को हमेशा झलकते देखा है : उनके व्यक्तित्व का काठिन्य जो वेदान्तवादी होने के कारण उन्हें भारत के प्राचीन ज्ञान-दर्शन से प्राप्त हुआ था। और दूसरा, उनकी निर्भीकता। वेदों की मूल शिक्षा 'मा भैषीः' (डरो मत) को उन्होंने अपने जीवन में धारण कर लिया था।

विवेकानन्द का मगर सबसे बड़ा गुण था, अध्यात्मवाद को व्यावहारिक रूप देकर उसका नवरूपायण, जिससे समाज के दरिद्रों, दलितों, पददलित स्त्रियों का भला हो सके। उन्होंने इस वर्ग के उत्थान के लिए अपने को समर्पित कर दिया था और राष्ट्र के पुनरुत्थान के लिए इसी को आधार बना लिया था।

आज भारत एक कठिन समय के बीच से गुजर रहा है। राजनीतिक, धार्मिक और दूसरे शत्रु देशों के प्रभाव से इस देश को इसी देश के नागरिक तोड़ने में लगे हुए हैं। और भी कई गम्भीर चुनौतियाँ देश के सामने हैं : पर्यावरण प्रदूषण, धार्मिक कट्टरता, हिंसा और नैतिक मूल्यों का क्षरण। इन चुनौतियों का सामना करने के लिए हम विवेकानन्द जैसे महान देशभक्त संन्यासी को याद करें जिन्होंने भारत के दरिद्र, दीन, विनीत और अछूतों के लिए अपना पूरा जीवन समर्पित कर दिया था।

स्वामीजी ने वेदान्त के मार्ग का अनुसरण करते हुए यह अनुभव किया था कि आत्मा और परमात्मा में कोई अन्तर नहीं है और प्रत्येक मनुष्य ही परमात्मा रूप है और इसीलिए भारत के दरिद्र, दीन और विनीत के लिए उन्होंने मैसाचुसेट से सन् 1893 में अपने शिष्य आलासिंगा पेरुमल को एक पत्र में लिखा था : 'मेरी ठंड और भूख से कदाचित् मृत्यु हो जाए परंतु आप जैसे नौजवानों को

अपीड़ित, मूढ़ दरिद्रों के प्रति मेरी सहानुभूति और उनके उत्थान के लिए मेरे संघर्ष का मैं उत्तरदान करता हूँ। उनके सामने अवनत होकर अपना पूरा जीवन उन्हें समर्पित कर दो।'

फिर कहते हैं : 'ईश्वर इनके लिए कभी-कभी आते हैं, क्योंकि इन सबसे उनका प्यार है—उत्पीड़ित, मूढ़ और दरिद्र।'

और एक स्थान पर स्वामीजी ने कहा था : 'सच्ची ईशोपासना यह है कि हम अपने मानव-बंधुओं की सेवा में अपने-आपको लगा दें। जब पड़ोसी भूखा मरता हो, तब मन्दिर में भोग चढ़ाना पुण्य नहीं, पाप है। मेरे जीवन का परम ध्येय उस ईश्वर के विरुद्ध संघर्ष करना है जो परलोक में आनंद देने के बहाने इस लोक में मुझे रोटियों से वंचित रखता है, जो विधवाओं के आँसू पोंछने में असमर्थ है, जो माँ-बाप से हीन बच्चे के मुख में रोटी का टुकड़ा नहीं दे सकता।'

उन्होंने एक बार कहा था : 'हम भारत के लाखों निर्धनों के लिए लगातार दिन-रात प्रार्थना करें। जो निर्धनता, पुजारी-प्रपंच तथा तानाशाही अत्याचार के शिकार हैं—उनके लिए रात-दिन प्रार्थना करें। ये लोग तुम्हारे ईश्वर हैं।'

स्वामीजी की 'दरिद्रनारायण' की अवधारणा का उद्भव इसी तरह हुआ है—ईश्वर-मनुष्य ईश्वर है। जो भी मनुष्य रूपधारी है, उसी में ही ईश्वर का आविष्कार करना, जो निर्धनों में प्रकट होता है।

स्वामीजी वेदान्त के आधार पर कर्मयोग युक्त अध्यात्म का प्रचार चाहते थे। इसीलिए वेदान्त की उन्होंने अपने ढंग से व्याख्या की और :

1. धर्म-विचारों की ऐकांतिकता (exclusiveness) का विरोध किया।
2. सत्य के एकाधिपत्य के सारे दावों का उन्होंने बहिष्कार किया तथा
3. अपने गुरु श्रीरामकृष्ण परमहंस की समन्वयात्मक (syncretic) दृष्टि के आश्रय से विश्व धर्म (universal religion) के आदर्शों की स्थापना, जो विचार प्रत्येक धर्म की सचेतन स्वीकृति पर आधारित था।

स्वामीजी ने उस समन्वयात्मक दृष्टि का अनुसरण किया था जिसके प्रसार में समाज की निर्धन निम्नजाति से सम्बद्ध मध्ययुग के कबीर, नानक, दादू जैसे ईश्वर की संतानों का बड़ा हाथ था। स्वामीजी 19वीं शती की हिन्दू पुनरुत्थानवादी दृष्टि से प्रभावित नहीं थे, जिसका उद्देश्य मूलत: ईसाई धर्म से हिन्दू धर्म को बचाना था। यह दृष्टि सबको मिलाकर प्रकट होनेवाली व्यापक दृष्टि नहीं थी। स्वामीजी के जीवन की दो निर्देश दृष्टियाँ (referents) थीं :

1. आध्यात्मिकता और उसकी सांस्कृतिक अभिव्यक्तियुक्त धर्मों का प्रसार अर्थात् अध्यात्मवाद।
2. राष्ट्रवादी चेतना पर आधारित देश-प्रेम का उत्साह अर्थात् कर्मयोग और देशप्रेम।

ये उनकी दो मुख्य चिन्तन-धाराएँ थीं और ये एक-दूसरे से इस रूप में जुड़ी हुई थीं कि उनको अलग-अलग रूप में देखना कठिन था। परिणामतः स्वामीजी के धर्म या आध्यात्मिकता-सम्बन्धी विचार एक सामाजिक-सांस्कृतिक अभिप्राय का रूप धारण कर लेते हैं, जिसकी तीन विशेषताएँ हैं :

(क) धर्मनिष्ठता (Piety),

(ख) सांसारिक नैतिकता (Worldly morality)

(ग) स्व-निश्चयात्मकता (Self assertion)।

यह स्वामीजी के द्वारा हिन्दुत्व का पुनर्निमित रूप है। मानवता की सेवा में वे धर्म का नया अनुस्थापन चाहते थे। जिसका आधार था वेदान्त। वेदान्त—जिसके आश्रय से उन्होंने विश्वधर्म और मानवता के प्रति प्रेम का प्रसार किया।

सहायक ग्रंथ-सूची

संस्कृत

1. वेद, वैदिक संशोधन मंडल, पूना, 1946
2. ईशाद्यष्टोत्तर शतोपनिषद्, राष्ट्रीय संस्कृत संस्थानम्, नई दिल्ली, 2003

हिन्दी

1. विवेकानन्द साहित्य संचयन, स्वामी विवेकानन्द, रामकृष्ण मठ, नागपुर, 2015
2. विवेकानन्द का दार्शनिक चिंतन, भरत कुमार तिवारी, भारतीय भाषापीठ, नई दिल्ली, 1988
3. श्रीरामकृष्ण रचनामृत-सार, श्री महेन्द्रनाथ गुप्त (श्री 'म'), अनुवादक : पं. सूर्यकान्त त्रिपाठी 'निराला', रामकृष्ण मठ, नागपुर, 2014
4. भक्तियोग, स्वामी विवेकानन्द, अनुवादक : डॉ. विद्याभास्कर शुक्ल, रामकृष्ण मठ, नागपुर, 2018
5. सरल राजयोग, स्वामी विवेकानन्द, अनुवादक : श्री पृथ्वीनाथ शास्त्री, रामकृष्ण मठ, नागपुर, 2018
6. स्वामी विवेकानन्द का मानवतावाद, स्वामी रंगनाथनन्द, अनुवादक : स्वामी विदेहात्मानन्द, अद्वैत आश्रम, कोलकाता, 1986
7. विवेकानन्द : एक जीवनी, स्वामी निखिलानन्द, अद्वैत आश्रम, 1989
8. प्रेमयोग, स्वामी विवेकानन्द, अनुवादक : स्व. पं. द्वारकानाथ तिवारी, रामकृष्ण मठ, नागपुर, 2017
9. कर्मयोग, स्वामी विवेकानन्द, अनुवादक : पं. डॉ. विद्या भास्कर शुक्ल, रामकृष्ण मठ, नागपुर, 2018
10. राजयोग (पातंजल योगसूत्र, सूत्रार्थ और व्याख्यासहित, स्वामी विवेकानन्द), अनुवादक : पं. सूर्यकान्त त्रिपाठी 'निराला' तथा प्रो. श्री दिनेशचन्द्र गुहा, रामकृष्ण मठ, नागपुर, 1949
11. भारतीय नवजागरण, रवीन्द्रनाथ ठाकुर, महात्मा गांधी और स्वामी विवेकानन्द, इन्द्रनाथ चौधुरी, सस्ता साहित्य मंडल, नई दिल्ली, 2019

12. विवेकानन्द-चरित, श्री सत्येन्द्र नाथ मजुमदार, अनुवादक : पं. मोहिनी मोहन गोस्वामी, श्रीरामकृष्ण आश्रम, नागपुर, 1951
13. वेदान्त, स्वामी विवेकानन्द, रामकृष्ण मठ, नागपुर, 1965
14. व्यावहारिक जीवन में वेदान्त, स्वामी विवेकानन्द, अनुवादक : श्री पृथ्वीनाथ शास्त्री, रामकृष्ण मठ, नागपुर, 1951
15. ज्ञानयोग पर प्रवचन, स्वामी विवेकानन्द, रामकृष्ण मठ, नागपुर, 1965
16. वेदान्त-सिद्धान्त और व्यवहार, स्वामी सारदानन्द, अनुवादक : श्री त्रिगुणानन्द शुक्ल, रामकृष्ण मठ, नागपुर, 1950
17. भक्तियोग, स्वामी विवेकानन्द, अनुवादक : डॉ. विद्याभास्कर शुक्ल, रामकृष्ण मठ, नागपुर, 1947
18. परिव्राजक (मेरी भ्रमण कहानी) स्वामी विवेकानन्द, अनुवादक : पं. सूर्यकांत त्रिपाठी 'निराला', रामकृष्ण मठ, नागपुर, 1941
19. कर्मयोग, स्वामी विवेकानन्द, अनुवादक : पं. डॉ. विद्याभास्कर जी, रामकृष्ण मठ, नागपुर, 1950
20. ज्ञानयोग, स्वामी विवेकानन्द, अनुवादक : श्री ब्रह्मेन्द्र शर्मा, श्री अमल सरकार, रामकृष्ण मठ, नागपुर, 1987
21. युगनायक विवेकानन्द (तीन खंडों में, रामकृष्ण मठ एवं मिशन के ग्यारहवें महाध्यक्ष स्वामी गंभीरानन्द द्वारा रचित बृहद प्रामाणिक जीवनी), रामकृष्ण मठ, नागपुर, 1994-2005
22. विवेकानंद : जीवन के अनजाने सच, अनुवाद : सुशील गुप्ता, पेंगुइन तथा यात्रा बुक्स, 2010
23. रामकृष्ण परमहंस, रोम्याँ रोलाँ, अनुवादक : धनराज वेदालंकार, संपादक : डॉ. रघुराज गुप्त, लोकभारती, प्रकाशन, इलाहाबाद, 1968

बांग्ला

1. आमि विवेकानन्द बलछि, मुखबंध ओ सम्पादना : शंकर साहित्यम्, कोलकात्ता, 2008
2. विवेकान्देर भारत साधना, जीनेन्दु राय, साहित्य श्री, कोलकात्ता, 1991
3. विवेकानन्द : समय ओ इतिहास-चेतना, भवतोष चट्टोपाध्याय, प्यापिरास, कोलकात्ता, 1998
4. स्वामी विवेकानन्द, सार्धशतवर्षेक भावना, संपादना : रामकुमार मुखोपाध्याय, 2017
5. विवेकानन्द ओर समकालीन भारतवर्ष (18 खंड), शंकरी प्रसाद बसु, मंडल बुक हाउस, कोलकात्ता

अंग्रेज़ी

1. The Advaita of Vivekananda : A Philosophical Appraisal, Thomas Mannumel, S.J., Satya Nilayam Publications, Madras, 1991
2. The Universal Symphony of Swami Vivekananda, Swami Ranganathananda, Advaita Ashrama, Kolkata-14, 2003

3. Understanding Vivekananda, Publisher : Rama Krishna Mission Institute of Mission, Institute of Culture, Gol Park, Kolkata-700009, 2013
4. Swami Vivekananda : Selected Speeches and Writings, Edited and with Introduction by Bimal Prasad, Vikas Publishing House Pvt. Ltd., 1994
5. Europe Reconsidered : Perceptions of the West in 19th Century, Bengal : Bhudev Mukhopadhyay, Bankimchandra Chattopadhyay & Swami Vivekananda, Tapan Ray Chaudhuri, Oxford, 1988
6. Reflections on Swami Vivekananda : Hundred Years after Chicago, Edited by M. Sivaram Krishna & Sumita Roy, Starling, 1993
7. Political Concept of Swami Vivekananda, Sajal Basu, Sujan Publications, Calcutta-29, 1993
8. Swami Vivekananda : On Himself, Advaita Ashrama, Kolkata-14, 1963
9. Lectures from Colombo to Almora : Swami Vivekananda, Kolkata-14, 2018
10. Vivekananda : The Great Spiritual Teacher : A compilation, Advaita Ashrama, Kolkata-14, 1995

अनुक्रमणिका

✪✪✪